포구와 지역경제사

포구와 지역경제사

초판 1쇄 발행 2022년 2월 28일

저 자　　　김덕진
펴낸이　　　윤관백
펴낸곳　　　돌선출판 **선인**
등 록　　　제5-77호(1998.11.4)
주 소　　　서울시 마포구 마포대로 4다길 4 곳마루빌딩 1층
전 화　　　02)718-6252/6257
팩 스　　　02)718-6253
E-mail　　sunin72@chol.com

정가　30,000원
ISBN 979-11-6068-692-0 93900

포구와
지역경제사

김덕진 저

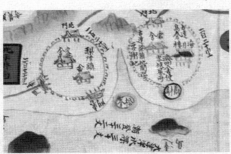

도서출판 선인

머리말

우리나라는 3면을 바다와 접하고 있다. 바다는 우리 민족에게 오래 전부터 다양한 해양활동을 펼 수 있는 기반을 마련해주었다. 해양활동의 중심지는 단연 사람, 선박, 물산, 문화, 연결망으로 운용되는 포구이다. 포구는 우리 민족사의 전개에 적지 않은 영향을 다방면으로 미치지 않을 수 없었다. 이러한 점으로 인해 필자는 그 동안 포구가 국가는 물론이고 지역경제에 미친 영향을 전라도를 중심으로 연구해왔다. 그 결과 이미 학술지에 게재한 논문이 있는가 하면, 시·군지나 신문·잡지에 기고한 글 또는 학술대회나 강연에서 발표만 한 글이 있고, 집필하다 중단된 원고나 구상만으로 그친 주제도 있었다. 그것들을 수정·보완하고 새로 작성하여 지금 『포구와 지역경제사』라는 이름으로 출간하려고 한다.

전라도의 지역적 특성이라면 물산이 풍부하고, 서해·남해를 끼고 있고, 수도와 멀리 떨어진 점 등을 들 수 있다. 그러므로 국가 세금을 포함한 풍부한 물산이 해로·선박·뱃사람을 통해 개성·한양 등의 수도와 전국 각지로 운송될 수밖에 없는 역사적 운명을 전라도는 지니게 되었고, 이러한 운명의 시발과 종착 기지가 바로 포구였다. 그러므로 전라도 지역사는 포구의 영향을 적지 않게 받아왔던 것이 사실이고, 그 흔적은 오늘날까지 전라도 지역사회 곳곳에 여러 형태로 많이 남아 있다. 바로 이 점 때문에 필자는 포구를 통한 전라도 사람들의 삶을 추적하였고 그 귀결점은 필자의 오랜 관심 분야인 경제활동이었다.

이 책은 고려~조선시대를 대상으로 하지만, 주 대상이 조선시대이다. 크게 2부로 나뉘어져 13개 논문으로 구성되었다. 1부는 '포구와 세곡운송' 관계를 알아보기 위한 것으로 고려시대 조창, 나주 영산포 영산창, 영광 법성포 법성창, 전남 해창, 순천 용두포 해창, 강화도 갑곶 연미정에 관한 글로 구성되었다. 그리고 2부는 '포구와 해상교역' 관계를 알아보기 위한 것으로 영암 상대포, 강진 남당포, 낙안(현재 보성) 벌교포, 영암(현재 해남) 달량포, 광양 섬진, 진도 벽파진, 곡성 압록진에 관한 글로 구성되었다. 미처 못 다룬 포구가 있는 것이 사실이고, 포구끼리의 교류관계나 포구민의 인적구성은 물론이고 동학·의병·전쟁 때의 포구 역할이나 간척지 공사로 육지가 된 후 포구민의 삶등 관심 가는 주제가 없는 것은 아니지만, 여기에서 매듭을 짓고자 한다. 특히 이미 게재된 글들을 모아서 일정한 틀로 재정비하고 최근 연구성과를 폭넓게 수용하는 작업도 미흡한 감이 없지 않음을 인정하지 않을 수 없다.

제 개인적으로는 아쉬움을 뒤로하는 선에서 위안을 삼지만, 독자 여러분에게는 죄송할 따름이니 넓은 이해를 구한다. 그럼에도 불구하고 기꺼이 출판을 허락해주신 도서출판 선인의 윤관백 사장님과 편집진 여러분에게도 고맙다는 말을 아니 할 수 없다. 사랑하고 존경하는 가족에게도 늘 고맙고 미안하다는 말을 이 자리를 빌어 한다.

2022년 2월 저자 김덕진

목차

1부
포구와 세곡 운송

1장

고려시대 조운제도와 조창

| 머리말

　전통시대에 세금은 기본적으로 부피가 넓고 무게가 많이 나가는 곡물 형태로 납부되었다. 이들 세곡(稅穀)을 지방에서 수도로 운송하는 대표적인 제도가 조운(漕運)이다. 조운이란 지방의 몇몇 요지에서 인근 지역의 세곡을 수합하여 선박으로 한꺼번에 수도로 운송하는 제도로, 우리나라의 경우 고려 초기에 정비되어 조선시대까지 1천년 가까이 국가재정 운영의 근간을 이루었다.

　고려시대에 국가재정을 운영하는 대표적인 기관은 수도에 있는 호부(戶部)와 삼사(三司)였다. 이들 기관에 들어오는 막대한 재원은 지방에 있는 백성들이 조세 명목으로 내는 곡물로 대부분 충당되었다. 각지의 백성들이 내는 방대한 세곡은 대부분 조운제도에 의해 개경으로 운송되었다. 조운제도에 의해 백성들이 세곡을 바닷가나 강가 포구의 조창(漕倉)에 납부하면, 조창에서 선박을 통해 수도의 경창(京倉)으로 운송하였다. 따라서 조창은 세곡이 제1차로 집결하여 수도 창고까지 안전하게 운송하는 역할을 맡는 곳이었기 때문에, 국가재정의 운영에서 핵심이 되는 곳이었다. 조창이 이러한 역할을 원활이 수행하여 안전한 재원 확보가 이루어 질 수 있도록 중앙정부는 각종 행정·재정적 지원을 아끼지 않았다. 조창이 들어서 있는 포구(浦口)는 국가 세금뿐만 아니라 민간 화물까지 운송되었기 때문에, 국가 물류의 중심 기지나 마찬가지였다.

그런데 이러한 조창이 고려 왕조에 들어와 하루아침에 설치되었던 것은 아니다. 중앙의 왕권과 지방의 호족세력 사이의 역학관계 속에서 지방 지배력 강화와 병행하여 정비되어 13조창으로 정착되었다. 그리고 각 조창마다 일정한 관할 구역이 정해져 있었고, 구역 안의 세곡을 수집·보관·선적·운송·납부를 위한 시스템을 갖추고 있었다. 조창을 관리하는 사람과 선운(船運)에 동원되는 선원과 주민 등 인적구성이 갖추어져 있었다. 조창을 보호하는 성곽과 세곡을 보관하는 창고 및 선박을 정박하는 선착장 등 각종 시설이 구비되어 있었다. 세곡을 운송하는 선박이 각 조창마다 비치되어 있었고 그 선박들은 규정에 따라 운항되었다. 이러한 것들을 여기에서 하나씩 살펴보도록 하겠다.

1. 조창의 설치

1) 60포에서 13조창으로

우리 역사에서 언제 조운이 실시되어 조창이 설치되었는지에 대해서는 자세히 알 수 없다. 하지만 중앙의 강력한 통제 아래에 전국적인 네트워크를 구축한 조운제도가 정비되어 곳곳에 조창이 들어선 시기는 고려가 918년에 건국되어 1백년 이상이 지난 11세기 전반이었다. 조운제도는 중앙 집권적 통치체제를 바탕으로 성립될 수밖에 없는 성격을 지니고 있다. 그런데 고려 건국 초기에 전국 각지에 호족이 할거하고 있어 국가 지배력이 지방 곳곳에 미치지 못하였다. 이러한 상태에서 조운제도가 정비될 수 없어 오랜 시간이 흘렀던 것이다.

그렇지만 호족들은 개경 중앙정부와 원만한 관계유지를 위해 국가에 세곡을 납부하는 일에 대체로 협조적이었다. 그리하여 호족들은 자신들 관할 구역의 세곡을 스스로 수합하여 인근에 있는 해안이나 강변의 포구로 운반한 후 선박을 통해 중앙에 자진 상납하였다. 당시 호족들이 각기 장악하고 있는 포구는 내륙의 한강 연안과 충청·전라·경상도의 연해안에 대략 60곳 이상이나 되었다. 현재 확인할 수 있는 곳은 성종 대에 거론된 60곳이다. 번잡을 피하기 위해 이의 열거는 생략하겠다.

따라서 당시 조운은 60포구를 중심으로 운영되었다. 각 포구에서 개경에 이르는 운임은 호족들에 의해 고가로 책정되어 백성들에게 떠넘겨졌다. 호족들은 세금 운송 과정에 개입하여 운임을 통해 막대한 이윤을 남기고 있었다. 그러기 때문에 이들 포구는 호족들의 세력 거점이나 다름없었다. 이때 중앙정부의 역할은 세금의 징수를 감독하기 위하여 외읍에 금유(今有)·조장(租藏)을, 운송을 감독하기 위하여 각 도에 전운사(轉運使)를 임시로 파견하는 정도에 그쳤다. 그런 선에서 중앙정부는 호족과 타협 정책을 폈다. 이렇게 볼 때 건국 초기에 세금은 호족의 주도적 역할에 의해 그들이 장악하고 있는 60포구를 중심으로 하여 수도로 운송되었던 것이다.

그런데 건국된 지 60여 년이 지난 성종(成宗, 981~997) 대에 이르면 조운제도는 획기적인 전기를 맞게 되었다. 수취한 조세를 운반하는 조운망은 군현제의 정비를 통한 지배력 강화와 더불어 더욱 정비될 수밖에 없었기 때문이다. 고려의 중앙정부는 983년(성종 2)에 전국 주요 지역에 12목(牧)을 설치하고 목사(牧使)라고 불리는 지방관을 파견하면서 호족들을 지배기구 안에 흡수하고 지방 지배력을 강화시켜 갔다. 그리고 992년(성종 11)에 종래의 60곳 포구에 새로이 정한 이름을 부여함으로써 호족의 포구에서 국가의 포구로 성격을 바꾸고 각 포구에 대한 실질적 지배를 꾀하였고, 더불어 호족들이 자의적으로 운임을 정하던 것을 통제하고 합리적으로 재조정하여 민생을 안정시키고 국가 수입을 강화하였다. 이때 새로 제정된 운임률은 거리에 따라 10단계로 구분되어 적재량의 최고 20%에서 최하 4.8%에 이르렀다.

성종 대부터 본격화한 군현제는 현종(顯宗, 1010~1031) 대에 이르러 4도호부, 8목, 56군, 28진, 20현으로 정비되어 정부의 지배력은 더욱 강화되었다. 이를 전후하여 지금까지 지방에서 큰 세력을 갖고 거의 자치적으로 군림하던 지방 호족들은 향리로 개편되어 중앙정부의 행정 보조자로서의 지위로 전락하였다. 이러한 시대적 상황을 배경으로 하여 호족이 관장하던 포구 중심의 조운도 국가가 통제하는 조창 중심의 조운제도로 개편될 수 있었다. 국가가 조창을 설치하고 운영하면서 이제 조운은 중앙정부에 의해 완전히 통제되었다.

호족 관할 아래에 있는 포구를 중심으로 운영되던 조운은 지방에 대한 중앙정부의 지배력이 한층 강화되면서 국가의 제도로 정비되었다. 조운의 국가적 제도화는 금유·조장·전운사가 폐지되고 포구에 대신하여 조창이 조운의 기점이 된 데서 구체화 되었다. 고려 때에 조운을 맡아 본 조창은 현종 다다음 정종(靖宗, 1035~1046) 대에 12곳이 설치되었다. 그리고 문종(文宗, 1047~1083) 대에 1곳이 추가되어 모두 13곳이 설치되었다. 이 점에 대해서 『고려사(高麗史)』 식화지(食貨志)에 다음과 같이 기록되어 있다.

건국 초기에 남방 각 도의 수군(水郡)들에 12개의 창고를 설치하였는데 충주에는 덕흥창(德興倉), 원주에는 흥원창(興元倉), 아주에는 하양창(河陽倉), 부성에는 영풍창(永豊倉), 보안에는 안흥창(安興倉), 임피에는 진성창(鎭城倉), 나주에는 해릉창(海陵倉), 영광에는 부용창(芙蓉倉), 영암에는 장흥창(長興倉), 승주에는 해룡창(海龍倉), 사주에는 통양창(通陽倉), 합포

에는 석두창(石頭倉)을 두었다. 또 서해도 장연현에 안란창(安瀾倉)을 설
치하였다.

　여기에서 국초에 12개의 조창을 설치하였다는 시기가 언제인가가
궁금한데, 구체적인 시기에 대하여 견해가 엇갈려 태조 대, 성종 대,
정종 대로 각각 보고 있다. 이 중에서 중앙 집권적 지배체제의 강화와
연결시켜 정종 대로 보는 견해가 가장 우세하다. 이 정종 대에 조창별
로 조운선의 수와 크기도 정해졌다. 그리고 안란창 설치 시기에 대해
서는 문종 대로 보고 있다. 문종 대에 안란창까지 설치됨으로써 조창
설치는 일단락되어 고려의 조운망은 완성되었다.

　중앙 집권적 재정구조를 지탱하는 동맥인 조운망은 성종 대에 그 기
틀이 마련되고 문종 대에 완성되었다. 이 13개 조창을 근간으로 하여
고려의 조운제도는 왕조가 사라질 때까지 운영되었다. 따라서 고려의
조운제도는 건국된 지 140년 가까이 지나서 13조창으로 정비되어 조
선 왕조에 의해 재편될 때까지 350년 가량 운영되었던 것이다.

2) 조창의 위치와 수세구역

　지금까지 13조창이 들어서는 과정을 살펴보았다. 그러면 이어서 조
창이 들어선 지역과 각 조창의 수세구역에 대해서 알아보자. 이를 위
해 13조창을 정리하면 다음과 같다.

〈표 1〉 고려의 13조창

조창	포구	위치(현재)	조운선	적재량
德興倉	麗水浦 ← 金遷浦	충주(충북 충주시 가금면 관내)	평저선 20척	200석
興元倉	銀蟾浦 ← 蟾口浦	원주(강원 원주시 부론면 관내)	평저선 21척	

조창	포구	위치(현재)	조운선	적재량
河陽倉	便涉浦 ← 打伊浦	아주(경기 평택시 팽성읍 본정리)	초마선 6척	1,000석
永豊倉	*倉浦	부성(충남 서산시 팔봉면 어송리)	초마선 6척	
安興倉	濟安浦 ← 無浦	보안(전북 부안군 보안면 영전리)	초마선 6척	
鎭城倉	朝宗浦 ← 鎭浦	임피(전북 군산시 성산면 창오리)	초마선 6척	
海陵倉	通津浦 ← 置乙浦	나주(전남 나주시 영강동 관내)	초마선 6척	
芙蓉倉	芙蓉浦 ← 阿無浦	영광(전남 영광군 법성법 고법성)	초마선 6척	
長興倉	潮東浦 ← 薪浦	영암(전남 영암군 군서면 해창리)	초마선 6척	
海龍倉	潮陽浦 ← 沙飛浦	승주(전남 순천시 홍내동)	초마선 6척	
通陽倉	通潮浦 ← 末潮浦	사주(경남 사천시 용현면 선진리)	초마선 6척	
石頭倉	螺浦 ← 骨浦	합포(경남 마산시 산호동)	초마선 6척	
安瀾倉	*海葦浦	장연(황해 장연군 해안면 구진리)		

13조창 가운데 덕흥창(德興倉), 흥원창(興元倉) 2곳은 수로를 이용할 수 있도록 한강 강변에, 그리고 하양창(河陽倉), 영풍창(永豊倉), 안흥창(安興倉), 진성창(鎭城倉), 해릉창(海陵倉), 부용창(芙蓉倉), 장흥창(長興倉), 해룡창(海龍倉), 통양창(通陽倉), 석두창(石頭倉), 안란창(安瀾倉) 등 11곳은 해로를 이용할 수 있도록 서남해 해변에 설치되었다. 그러므로 운송 형태면에서 2곳은 강창(江倉)으로서 강운을 하도록, 그리고 11곳은 해창(海倉)으로서 해운을 하도록 하였으니, 조운에서 해운이 압도적 비중을 차지하였다. 이 가운데 강창은 오로지 남한

강에만 존재하였으니 북한강 유역이 조운지역이었던 조선시대와는 달랐다. 그리고 해창은 서해안에서 남해안에 걸쳐 분포되었을 뿐 동해안은 제외되었는데, 남해안 가운데 경상도는 조선초기에 강운지역이었다가 후기에 해운지역으로 바뀌었다.

13조창의 분포지를 보면, 강원도에 1곳, 서해도에 1곳, 경상도에 2곳, 충청도에 3곳, 전라도에 6곳이다. 이 가운데 전라도 지역 6곳에 조창이 설치되어 전체의 50% 가량을 점유하였던 것이 주목된다. 임피 진성창, 보안 안흥창, 그리고 나주 해릉창, 영광 부용창, 영암 장흥창, 승주(현재 순천) 해룡창이 바로 그곳인데, 이러한 높은 비율은 전라도 지역이 이미 고려시대에 국가의 주요 재정원으로 자리를 잡았음을 의미한다. 그런데 조선시대에 가면 세곡량이 증가하는 추세 속에서 전체적인 조창수가 줄어들면서 전라도 지역 조창도 2~3개로 줄었는데, 이는 선박의 수와 적재량이나 항해 방법의 변화에서 초래된 결과일 것이다.

이제, 조창이 소재한 포구를 자세히 알아보자. 조창은 기본적으로 선박이 정박하여 세곡을 선적할 수 있는 조건을 양호하게 갖춘 포구에 설치되었다. 그리고 영풍창과 안란창을 제외한 11조창은 이전의 60포를 모체로 설치되었다. 그러므로 고려의 조창은 이전부터 사용되어 오던 포구 중에서 정박 조건과 수세 구역을 고려하여 선정·설치되었다. 그렇기 때문에 그러한 포구들은 토사가 쌓이어 포구로서의 기능을 상실한 일부를 제외하고는 고려 이후 조선시대까지도 주요한 해상교역의 거점으로 존재할 수밖에 없었다. 우리는 이 대목에서 역사의 지속성을 발견할 수 있다.

13조창 가운데 충주 덕흥창은 현재의 충북 충주시 중앙탑면 관내에 위치한 여수포(麗水浦)에 설치되었다. 여수포는 국초에 금천포(金遷浦)였는데 성종 대에 개칭된 곳으로, 고을 서쪽 10리 남한강 강가에 있었다. 이곳에 들어선 덕흥창은 13조창 가운데 관할 수세구역이 가장 넓었다. 수세구역은 충주목 직할, 상주목 직할, 경산부 관내, 안동부 관내, 경주 직할, 예주 관내로 대부분 소백산맥 이남의 경상도 중북부 지역이었다. 그러므로 장거리의 운송거리 뿐만 아니라 소백산맥 고갯 길(죽령과 조령)을 넘는 어려움이 더해져 운반이 쉽지 않은 곳이다. 그러니까 경상도 지역은 세곡을 육운으로 소백산맥 고개를 넘은 후 남한강에 이르러 다시 강운으로 덕흥창에 이르렀던 것이다.

원주 흥원창은 본래 섬구포(蟾口浦)로 불리다가 성종 대에 은섬포(銀蟾浦)로 바뀐 곳에 설치되었다. 횡성의 동북쪽 덕고산에서 발원한 섬강이 횡성과 원주 서쪽을 지나 은섬포(섬구포)에서 남한강과 합류한다. 이곳은 고을 서남쪽 50리 금천 아래 남한강 강가에 있고, 현재의 강원도 원주시 부론면 관내이다. 흥원창의 수세구역은 원주 관내였다. 그러므로 원주 관내 지역은 육로를 거쳐 섬강을 따라 내려와 흥원창에 이르러 세곡을 납부하였다.

아주(牙州) 하양창은 국초의 타이포(打伊浦)가 성종 대에 편섭포(便涉浦)로 개칭된 곳에 설치되었다. 이곳은 둔포천과 안성천이 만나는 곳으로, 현재 경기도 평택시 팽성읍 노양·본정리에 위치한다. 이곳의 수세구역은 청주목 직할, 천안부 관내, 공주 관내였다. 이들 지역은 대부분 수로를 거치지 않고 육로를 거쳐 하양창에 이르렀다.

부성(富城) 영풍창은 당시 어떤 포구에 설치되었는지 자료가 없어 알 수 없으나, 현재 충남 서산시 팔봉면 어송리 창포(倉浦) 마을에 있었을 것으로 추정된다. 수세구역은 홍주 관내, 가림현 관내, 부성현 관내였다. 이들 지역은 구릉지와 평야지로 비교적 편리한 육상교통 조건을 지니고 있어 쉽게 육로를 통해 영풍창에 이르렀다.

보안(保安) 안흥창은 국초에 무포(無浦)라고 하다가 성종 대에 제안포(濟安浦)로 바뀐 곳에 설치되었다. 이곳은 현재 전북 부안군 보안면 영전리로 곰소만 깊숙한 곳에 위치한다. 수세구역은 남원부 관내, 고부군 관내였다. 남원부 관내는 원거리 육로를 통해 안흥창에 이르지만, 고부군 관내는 동진강 수계에 해당되어 쉽게 안흥창에 이르렀다. 제안포 바로 인접한 곳에 있는 검모포(黔毛浦)는 조선시대에 수군진이 설치된 곳이다.

임피 진성창은 진포(鎭浦)라고 불리다가 조종포(朝宗浦)로 바뀐 곳에 설치되었다. 이곳은 금강 하구로 현재 전북 군산시 성산면 창오리이다. 수세구역은 전주목 직할, 임피현 관내, 진례현 관내, 김제현 관내, 금구현 관내였다. 이들 지역은 만경강 수계에 해당되기 때문에 수로나 육로를 통해 진성창에 이르렀다.

영광 부용창은 아무포(阿無浦)로 불리다가 부용포(芙蓉浦)로 바뀐 곳에 설치되었다. 이곳은 현재 전남 영광군 법성면 고법성으로, 불교가 최초로 전래되었다는 설과 칠산 앞바다 파시가 형성되었다는 사실을 종합해 볼 때 일찍부터 해상교통이 발달한 곳임에 분명하다. 수세구역은 영광군 관내에 불과하였다. 그래서 이곳은 육로를 통해 부용창에 이르렀다. 부용포는 조선시대에 법성포로 불리며 법성창과 법성진이 들어서 해상교역의 중심지로서의 명성을 이어나갔다.

나주 해릉창은 국초에 치을포(置乙浦)로 불리다가 성종 대에 통진포(通津浦)로 개칭된 곳에 설치되었다. 이곳은 나주의 대표적인 포구인 남포를 지칭할 가능성이 크고, 현재의 전남 나주시 영강동 관내로 조선시대에 영산창이 들어선 곳이다. 수세구역은 나주목 직할, 해양현, 능성현이었다. 그러므로 이들 지역은 영산강 수계를 따라 내려와 해릉창에 이르렀다.

영암 장흥창은 신포(薪浦)였다가 조동포(潮東浦)로 바뀐 곳에 설치되었다. 이곳은 현재의 전남 영암군 군서면 해창리로, 장흥부 관내, 영암군 관내, 진도현 관내가 수세구역이었다. 그러므로 이들 지역은 서남해로를 이용하거나 육로를 통해 장흥창에 이르렀을 것이다. 이곳에 조선시대에 해창이 들어서 영암 세곡을 운송하였다.

승주 해룡창은 사비포(沙飛浦)라고 불리다가 조양포(潮陽浦)로 바뀐 곳에 설치되었다. 이곳은 현재의 전남 순천시 흥내동 해룡산 아래이다. 수세구역은 보성군과 승평군 관할지역이다. 그러므로 이들 지역은 육로나 해로를 통하여 세곡을 해룡창에 이르렀다. 해룡창은 고려말기에 폐쇄되고 조선시대에는 다른 곳으로 해창이 이전되었다.

사주(泗州, 현재 경남 사천) 통양창(通陽倉)은 국초의 말조포(末潮浦)가 성종 대에 통조포(通潮浦)로 바뀌었다가 그곳에 정종 대에 통양창이 들어선 것이다. 통양창이 들어선 통조포는 현재의 경남 사천시 용현면 선진리에 위치한 것으로 보고 있다. 이곳에 세곡을 보내는 곳은 진주목을 계수관으로 하는 모든 군현 및 부곡이었으니, 지금의 행정구역으로는 사천, 진주, 하동, 산청, 함양, 거창, 합천, 의령, 고성, 통영, 거제, 남해, 마산 일부 일원이었다. 통양창에서 수송하는 세곡은 주로 개경의 좌창(左倉)에 입고되어 녹봉용으로 쓰여 졌다.

합포(合浦) 석두창(石頭倉)은 이전의 골포(骨浦)가 성종 대에 나포(螺浦)로 고쳐졌다가 그곳에 정종 대에 석두창이 들어선 것이다. 석두창이 있는 나포(골포)의 위치에 대한 기록을 찾을 수 없어 현재 위치에 대해 이론이 있지만, 마산만 깊숙한 곳에 위치한 현재의 경남 마산시 산호동 일대로 추정된다. 이곳에서 수합되는 세곡은 울주(동래현, 헌양현), 금주(의안군, 함안군, 칠원현, 웅신현, 합포현), 양주(동평현, 기장현), 밀성군(창녕군, 청도군, 현풍현, 계성현, 영산현, 풍각현) 것이었다. 이들 지역은 효과적으로 세곡을 석두창으로 운반하기 위해 낙동강 수운이나 연근해 항로나 내륙 역로를 이용하였다. 이러한 석두창도 고려후기에 인근에 마산창이 개설되면서 사라지게 되었다. 마산창은 여몽연합군의 일본원정 때에 대표적인 발진기지로, 그리고 조선시대에 경남 대표적인 장시가 열리며 마산창이 개설되었던 곳이다.

장연 안란창은 해위포(海葦浦)에 있었던 것으로 추정된다. 이곳은 현재의 황해 장연군 해안면 구진리로, 풍주 관내와 옹진현 관내가 수세구역이다. 이들 지역은 육로를 통해 안란창에 이르렀다.

조창이 들어선 이들 포구는 조창 설치 이전에 관내의 중심 포구였다. 그리고 조선시대에도 전국적인 포구로 존재하며 민간 물동량을 처리하거나 세곡을 운송하였을 뿐만 아니라, 수군진이 설치되기도 하였다. 가령, 충주 덕흥창이 들어선 여수포(금천포)는 가흥창이라는 조창이 들어서 경상도와 충청도 세곡을 운송하였다. 원주 흥원창이 들어선 은섬포(섬구포)는 흥원창이라는 조창이 들어서 강원도 세곡을 운송하였다. 임피 진성창이 들어선 조종포(진포)는 민가들이 즐비하고 배부리는 것을 생업을 삼고 있었고 해창이 들어서 임피 세곡을 운송하였다. 이렇게 볼 때 조창이 들어선 포구는 기본적으로 해상교통이 편리하고 풍부한 물산이 생산되는 배후지를 끼고 있었던 곳이었다.

2. 조창의 시설

1) 선박과 선창

조창은 특정 군현 안에 존재하며 그 군현에 예속된 하부 행정구획이었다. 그렇지만 조창은 단순한 창고가 아니라 일반군현과 같은 수준의 독립적인 형태로 존재였다. 그러므로 조창에는 업무를 감독하는 관리와 실무자 및 운송에 종사하는 선원, 그리고 노역에 동원되는 주민이 상주하였다. 또한 세곡을 수합·보관·운송하는 데 필요한 각종 시설이 갖추어져 있었다. 조창의 시설부터 살펴보도록 하겠다.

조창은 선박, 선창, 성곽, 마을 네 가지가 세트를 이루어 공간구조를 이루고 있었다. 선박은 세곡 운반을 전문으로 하는 것이다. 선창은 배가 정박하는 곳이다. 성곽은 조창을 감독하는 관리들이 업무를 보는 관사가 있고, 세곡을 보관하는 창고가 있고, 주민들이 사는 마을이 있는 곳이다. 물론 마을은 성곽 밖에도 있었을 것이다. 이것이 조창의 풍경이다.

각 조창에 수납·보관된 세곡은 일정한 기한 안에 경창으로 운반되어야 했다. 국가 재정지출은 세곡으로 충당되었기 때문이다. 그러므로 기한 안에 안전한 상납은 절대적이었다. 이를 위해 각 조창에는 세곡 운송을 전담하는 선박이 비치되어 있었다. 그 선박을 조선(漕船) 또는 조운선(漕運船)이라고 하는데, 법으로 수량과 규격 및 적재량과 운항 규정이 정해져 있었을 뿐만 아니라 타용도로 전용될 수도 없었다. 『고려사』에 수록된 조운선 규정을 보면,

> 정종 때에 12창의 조운선의 수효를 정했는바 석두·통양·하양·영풍·진성·부용·장흥·해룡·해릉·안흥창은 각각 배 6척씩인데 모두 초마선이요 한 척에 1천석을 싣게 되어 있었고 덕흥창은 20척, 흥원창은 21척인데 모두 평저선이며 한 척에 2백석을 싣게 되어 있었다.

고 하여, 강창인 덕흥창과 흥원창은 평저선(平底船)이라는 조운선을 각각 20척과 21척 보유하였다. 그리고 안란창을 제외한 해창은 모두 초마선(哨馬船)이라는 조운선을 6척씩 보유하였다. 해안에 위치한 10곳 조창이 똑같이 초마선 6척씩을 조운선으로 보유했다는 점은 적재량이 같다는 사실을 감안하면 연간 운송하는 세곡량이 거의 비슷했으며 수세구역 또한 적절히 안배되었음을 의미할 것이다. 그렇다면 조창의 선정이 수세구역 안배의 결과물이었음을 짐작할 수 있다.

13조창에서 보유한 선박은 초마선 66척, 평저선 41척 등 모두 107척이었다. 이들이 1년에 운송할 수 있는 총 적재량은 74,200석이었다. 적재량이 초마선은 척당 1천석이었기 때문에 66척이 적재할 수 있는 양은 66,000척이었고, 평저선은 척당 2백석이었기 때문에 41척이 적재할 수 있는 양은 8,200석이었다. 그러므로 전체 조운에서 해운이 차지하는 비중이 89%에 이르렀다. 한강을 오가는 평저선이나 수도 인근의 초마선은 적어도 1회 이상 운항하였을 것이기 때문에, 전체적인 운송량은 이보다 많았을 것 같다. 또한 고려후기에 왜구에게 한 번 약탈당한 전라도 조운선이 200척이었던 점을 고려하면, 조운선과 함께 일반 사선도 동원되었을 것으로 추정된다. 녹봉을 지급하던 좌창(左倉)의 경우 그 세입액은 약 14만석에 이르렀고, 또 왕실 경비를 맡은 우창(右倉) 또한 이와 비슷하였기 때문에, 사선이 동원되었을 가능성은 높아 보인다.

원거리 바닷길을 운항하는 조운선은 기본적으로 1년 1회 운항이 원칙이었다. 그러면 조창은 장기간 동안 선박을 포구 선착장에 안전하게 정박시켜 놓아야 하였다. 바람과 풍랑에 견딜 수 있고 적의 눈을 차단할 수 있는 선착장이 조창에 필요하였다. 그러한 선착장을 굴강(掘江)이라고 하였을 것이다. 조선시대의 사례에서 보듯이, 굴강은 포구에 S형태의 수로를 파서 그 안에 선박을 안전하게 정박하는 선착장인 것이다.

수납한 세곡은 출항 때까지 일정 기간 조창에 보관되었다. 전천후 선박이 구비되어 있지 않았던 당시에 있어서, 운항은 기후의 변화로 말미암은 시간적 제약을 받아야 했다. 특히 풍랑의 험하고 순조로움은 국가 재정의 생명선인 조운에 있어서 무엇보다도 주의 깊게 고려되어야 했다. 우리 나라에서는 예나 지금이나 1년 중 6·7·8월은 풍고(風高)라 하여 풍파가 심하여 선박의 운항이 어려웠고, 파도가 일지 않고 행선하기에 가장 적합한 시기는 풍화(風和)라 하여 2월에서 5월 사이였다. 그리하여 조운을 제도화한 위정자들은 이 점에 유의하여 조선의 운항시기를 정해 놓았다. 즉, "여러 고을들의 조세는 각각 부근에 있는 여러 창고들에 운반하였다가 이듬해 2월에 배로 나르는데 서울에서 가까운 곳에서는 4월까지, 먼 곳에서는 5월까지, 경창에로의 운반을 끝낼 것"이라고 하였다. 당해년의 세곡은 11~12월에 수합하여 일단 조창에 보관하였다가, 이듬해 2월부터 수송을 시작하여 가까운 조창에서는 4월까지 3개월 안에, 먼 곳의 조창에서는 5월까지 4개월 안에 조운을 마쳐야 했다.

2) 성곽과 마을

조창의 시설 가운데 성곽과 마을을 이어서 살펴보겠다. 조창은 해상교통의 중심지가 되는 포구에 설치되었고, 연해 호족은 그러한 포구를 거점으로 삼아 사병을 주둔시키고 해상활동을 펴며 세력을 유지하였다. 내륙 호족 또한 월경지(越境地)를 통해 포구를 장악하고 있었는데, 월경지란 자기 관할지 경계를 넘어 남의 땅에 두는 것으로 군현제 형태로 고려시대에 널리 존재하였고 조선시대까지 이어졌다. 이리하여 나말여초 호족들은 포구를 주요한 세력 거점으로 삼고 있었고, 그러한 포구를 보호하기 위해 성곽을 쌓았을 가능성이 높다. 뿐만 아니라 조창을 조성한 고려정부에 의해서도 조창 보호를 위해 성곽을 쌓았을 것 같다. 이렇게 보면, 당시 조창에는 성곽이 있었고, 그것을 조창성(漕倉城)이라고 할 수 있다. 조창성 존재를 알아보기 위해 조선초기 15세기에 편찬된 『동국여지승람』을 살펴본 결과, 다음과 같은 3곳을 찾았다.

- 진성창: 해창은 서 10리에 있고 본래 고려 진성창으로 12조창 가운데
  하나이다. 토성을 축조하였는데, 둘레가 10여 리이다.
- 해룡창: 해룡산(부의 남쪽 10리에 있음)에 토성 옛터가 있는데 세상
  에서 전하기를 세금을 받아서 바다로 운반하던 곳이라 한다.
- 통양창: 통양창성은 현 남쪽 17리 지점에 있다. 토축이며 둘레는
  3,086척인데, 곧 옛날 세를 거두던 곳이다.

　진성창, 해룡창, 통양창에 둘레 10여 리 혹은 3,086척의 토성(土城)
이 축조되어 있었다. 이 외에 유형원(柳馨遠)이 편찬한『동국여지지』
영암 고적조를 보면, "古長興倉 在郡○ 高麗初設倉 收附近州縣租稅 漕
至京 卽十二倉之一 今有土城基址"라 하여, 지금까지 장흥창의 토성 터
가 남아 있다고 하였다. 부안 안흥창에 대해서도 토성 터가 남아 있고
둘레가 4리라고 하였다. 그리고 영풍창 터를 조사한 결과에 의하면,
폭 3m, 높이 1.5m 가량의 토축이 토성처럼 둘려져 있고, 이 터는 초
석과 다량의 기와편을 토대로 볼 때 고려시대 건물터로 추정한다고 한
다. 이렇게 보면 13조창 가운데 최소한 6곳에 성곽이 축조되어 있었음
을 확인할 수 있다.
　이러한 조창성은 포구와 바로 붙어 있거나 약간 떨어져 있기도 하였
다. 전자의 사례는 찾을 수 없지만, 후자의 사례는 사천 통양창에서
찾을 수 있다. 통양창은 현의 남쪽 20리 지점에 통조포 포구에 있었는
데, 포구 위로 3리 떨어진 곳에 통양창 창성(倉城)이 있었다. 이 창성
은 토성으로 둘레가 3,086척인데, 정유재란 때에 일본의 석만자가 이
곳에 웅거하였다고 한다. 2002년부터 실시된 발굴 조사에 의하면, 이
성터는 통일신라 때에 처음 토축된 이래 세 차례나 수축을 거쳐 정유
재란 때에 왜군에 의해 석축된 것으로 알려졌다.
　조창성 안에는 그곳을 관리 감독하는 관아가 들어서 있었을 것이다.

그 터를 건물터와 기와편이 발견된 서산 영풍창에서 찾을 수 있다. 또한 창고도 조창성 안에 있었을 것이다. 각 조창은 농민에게서 거두어들인 세곡을 이듬해 2월까지 보관하였다. 자연히 출항 때까지 비바람을 막도록 보관하는 창고가 있어야 하였다. 조령에서 충주 덕흥창으로 내려가는 중간에 있는 청풍 무암산에 경상도 세곡을 운수하는 창고가 있었던 사실은 조창의 사정을 이해하는 데에 참고될 것이다.

그런데 지금까지의 조운제 연구 결과에 의하면, 고려의 조창은 노적창으로 알려져 있다. 세곡 보관을 위한 창고 시설이 구비되지 않고, 다만 흙이나 돌로 축대를 쌓은 위에 세곡을 노적한 채 비와 바람을 가리는 정도의 설비밖에는 갖추지 못하고 있었다고 한다. 단기간 그것도 겨울철 건기에 잠시 보관하는 곳이므로 굳이 그럴 필요가 없었다는 가정 아래 이러한 결론을 내린 것으로 보인다. 그러면서 충주 덕흥창의 후신인 조선시대의 가흥창(可興倉)의 경우 16세기 중종 때에 이르러 부근의 폐허된 절의 재목으로 창고를 지으면서부터 겨우 노적을 면하였고, 개경에 있던 경창마저도 제대로 된 창고시설을 가지지 못하고 흙으로 쌓은 축대 위에 미곡 가마니를 쌓고 그 위를 덮개로 씌워 바람과 비를 가리고 있는 정도라는 사례를 인용하고 있다.

또한 도적이나 약탈과 같은 외부로부터의 위협에 적절히 대처할 수 있는 보호시설도 없었다고 한다. 경창(京倉)의 예로 보아 겨우 토담이나 목책이 둘러져 있는 정도였다고 추측하였다. 그러면서 『동국여지승람』에 기록된 몇몇 조창의 토성 터에 대해서 고려 말에 왜구 침입에 대비하기 위해 쌓은 토성의 흔적으로 해석하고 있다. 이로써 볼 때 각지의 고려 조창시설은 매우 미비한 상태였다는 것이 기존의 견해이다.

이에 대해 필자는 꼭 그렇지는 않았다고 생각한다. 국가의 생명줄과 같은 세곡을 그렇게 가볍게 보관하지 않았을 것이기 때문이다. 이 점은 이미 순천 해룡창을 다룬 논문에서 그 단서가 제시되었다. 토성으로 축조된 해룡산성에는 신라말 고려초에 순천을 지배하던 대호족 박영(朴英規)가 웅거하고 있었다. 박영규는 해상교통의 요충지에 위치한 해룡산성의 지리적 이점을 이용하여 해상무역을 통해 성장한 해상세력 출신 호족이다. 그는 견훤의 사위로서 후백제의 유력자였다가 견훤을 따라 고려에 귀부하여 왕건 밑에서 크게 영달하였다. 이 해룡산성 바로 밑에 사비포가 있어 해룡창으로 이용되었다.

그러므로 조창에는 성곽 안과 밖에 최소한 2개 이상의 촌락이 존재하였을 것으로 추정된다. 이 점과 관련하여 이미 통양창이 2개 이상의 자연촌으로 구성되었을 것으로 추정한 바 있다. 이곳에 거주하는 주민들이 바로 선박을 운항하고 노역을 담당하였던 것이다.

3. 조창의 사람들

1) 판관과 색전

조창은 조창이 들어서 있는 마을과 그 인근 마을을 기본 단위로 하는 영역을 관할하고 있었다. 그 관할 영역 안에 있는 주민을 관리하고 조운을 감독할 치소와 청사 또한 조창에 조성되어 있었다. 일종의 행정구획 성격을 갖는 조창에 관리 감독자가 없을 리가 없었다.

먼저, 조창에는 판관(判官)이라는 최고 감독관리가 주재하였다. 판관은 관할 영역을 다스리고 주민들을 관리할 뿐만 아니라, 조운관련 일을 수행하는 최고 책임자였다. 판관은 평시에 조운선을 건조하거나 보수하고 뱃사람을 관리하는 일을 하였다. 성곽이나 창고를 보수하는 일도 그에게는 중요한 일과였다. 그러다가 조운 때가 닥치면 수효대로 고을별 세곡을 접수하여 창고에 보관하다가 선박에 적재하여 안전하게 출항시키는 일을 감독하였다. 선적시 개인 물건을 싣는 행위는 주요한 단속 사항이었다. 직접 승선하지는 않았을 것 같지만, 무사하게 경창에 입고하는 일까지 감독하였다. 이러한 막중한 일 때문에 외관의 대우를 받아 미곡 20석의 녹봉을 지급받았다.

그런데 고려 때에 군현제가 실시되었다고 하여도 지방관이 파견된 곳은 군·현·진에 한하였고, 그러한 경우에도 모든 군현에 획일적으로 파견된 것이 아니라 파견되지 않은 곳도 많았다. 하급 행정구획의 일환을 이루고 있던 조창에는 물론 지방관이 파견되지 않았다. 조창의 판관은 어디까지나 지방 행정관은 아니었지만, 각 조창에 상주하면서 세곡을 수납하고, 그것을 조운토록 하는 직임을 띠고 있었다. 그럼에도 조창의 감독관이 중앙에서 파견되었다는 것은 조운에 대한 중앙정부의 지배력이 강화되었음을 의미한다. 즉 조창은 행정면에서는 군현에 예속되었지만, 조운면에서는 중앙정부가 직접 관할하고 있었던 것이다.

한편 고려 시대에는 국가권력의 최말단에서 행정실무를 담당하던 향리가 있었다. 다른 행정구획에서와 마찬가지로 조창에도 색전(色典)이라 불리는 향리가 존재하였다. 이들은 본래 호족 출신으로서 포구를 관장하였는데, 중앙정부의 지배력이 강화되면서 조창의 향리로 개편된 존재들이라고 여겨진다. 색전은 조운선을 몰고 가는 초공(梢工), 수수(水手)의 선원들과 더불어 사고가 일어나면 책임을 져야하는 보상의 주체였으므로, 조운 수행에 있어서 실제적 책임자였다. 또 운송한 세곡을 경창(京倉)에 입고시키는 것도 색전의 직무였다. 즉 조창 소속의 색전은 판관의 지휘 하에 세곡을 조창에 수납하고, 이어서 조선에 승선하여 조운을 감독하며, 그리고 개경에 도착하여 세곡을 경창에 납입시키는 임무까지 지니고 있었던 것이다.

2) 선원과 주민

조창 경유 지역의 조세 수납 과정은 ① 일반 민호로부터 수취한 조세를 군현별로 수합하여 조창으로 보냈다가, ② 각 조창에서 조운선을 이용하여 동·서강 포구까지 운송하였고, ③ 포구에서 개경 내의 경창으로 옮기는 세 단계로 구성된다.

이 가운데 첫 번째 단계의 일은 납세자 농민 몫이다. 조운하는 곡물은 농민에게서 거두어들인 세금이다. 세곡은 당시 국가가 토지를 소유한 농민에게 부과한 각종 부담의 하나였다. 세곡 수납의 기능을 지니고 있는 조창은 그 수세 관할구역이 정해져 있었다. 앞서 살핀 것처럼, 전국의 13조창은 각지에 산재하여 각기 부근 고을의 세곡을 징수하였다. 이 때 조창까지 세곡 운반은 생산자이면서 납세자인 농민이 요역의 형태로 직접 담당하였다. 세 번째 단계의 일은 경창의 몫이었다.

두 번째 단계의 일이 바로 조창의 몫이다. 이 일을 직접 맡는 사람들이 조창민(漕倉民)이다. 그러므로 조창민은 세곡의 접수·보관·운송의 세 가지 기능을 떠맡았던 것이다. 세곡의 접수 과정에서 판관·색전의 업무를 지원하는 잡부가 동원되었을 것이다. 그러한 잡부는 당연히 조창에 거주하는 주민들이 요역의 형태로 맡았을 것 같다. 또한 출항 때까지 창고에 곡물을 보관하는 일 역시 조창에 거주하던 사람들의 공동 책임이었다. 판관의 책임 하에 고지기가 상설로 지키고 있었을 것이다. 그런가 하면 선운에 동원되었던 사람들 또한 조창민이었음에 분명하다. 선운에는 다음과 같은 사람들이 동원되었다.

제 기한 안에 출발하였으나 바람이 순조롭지 못하여 초공(梢工, 키잡이) 3명 이상, 수수(水手, 뱃꾼)와 잡부 5명 이상이 미곡과 함께 침몰한 경우에는 조세를 다시 징수하지 않으며 제 기한보다 늦어서 출발하였고 초공·수수의 3분의 1까지의 인원이 빠져 죽은 경우에는 그 고을의 관장·색전·초공·수수 등에게 평균하여 징수하게 하였다.

선운에는 초공·수수·잡부 등이 동원되었다. 초마선 1척당 초공 12명, 수수와 잡부 20명 등 총 32명이 승선하였다. 그러면 조창당 6척이 출항하면 총 200명이 동원되었다. 상당히 많은 인원이 투입된 셈인데, 이는 곧 조창촌(漕倉村)의 규모를 짐작하게 한다.

이들은 모두 조창의 주민으로서 조창에 속한 조운선을 부리며 선운에 종사하였다. 포구에서 살고 있는 이들 선인(船人)은 평시에는 어업과 선운업 등의 생업에 종사하다, 조운 때에 신역의 일환으로 동원되었던 것이다. 이들은 색전, 즉 향리의 지휘하에 해로 또는 수로를 잘 살펴 가면서 조선을 난파시키지 않고 세곡을 목적지인 경창까지 조운하였다.

조운의 일은 신역이었기 때문에 의무여서 대가가 지급된 것이 아니었다. 해상활동을 전제로 하는 것인 만큼 항상 생명의 위협을 수반하는 고된 역이었다. 조운의 역은, 역 그 자체가 가혹하였을 뿐 아니라 운송 도중에 세곡에 손실이 생기면 보상을 해야 하는 의무까지 부과되어 있었다. 또한 조창민들은 수군에도 동원되었기 때문에 그들이 감수해야 하는 노고는 매우 무거웠을 것이다.

4. 조창의 폐쇄

고려후기에 조운제가 파탄의 지경에 이르러 조창이 폐쇄되는 사태가 벌어졌다. 그 이유는 왜구(倭寇)의 침입에 있었다.

왜구란 대략 13세기에서 16세기에 걸쳐 한반도와 중국 연안에서 노략질을 일삼던 일본의 해적집단을 일컫는다. 왜구는 당시 일본 중앙정부의 힘이 약해져 통치력이 지방까지 미치지 아니하자, 기근에 허덕이던 변경의 영세어민들이 노략질에 나서면서 문제화되었다. 그들의 근거지는 주로 쓰시마[對馬島]와 잇키 섬[壹岐島]이었다. 왜구의 침략 목적은 식량의 약탈이었으므로 그들의 주된 표적은 양곡을 보관하고 있던 조창과 세곡을 운반하고 있던 조운선이었다.

왜구의 조운선 약탈 상황을 살펴보면 다음과 같다. 1350년(충정왕 2)에 왜선 100여 척이 전라도 순천에 침입하여 남원·구례·영광·장흥 등지에 있는 조운선을 약탈해 갔다. 1354년(공민왕 3)에 왜적이 전라도 조운선 40여 척을 탈취해 갔고, 이듬해에는 무려 200여 척의 조운선이 왜적에게 약탈당하였다. 1361년(공민왕 10)에 왜적이 동래와 울산에 침입하여 불을 지르고 약탈하였으며 그 조운선을 빼앗아 갔다. 이 일로 인해 조운선의 통행은 거의 불가능한 상태에 빠지게 되었다. 그래서 임금은 경기 우도병마사 변광수와 좌도병마사 이선에게 명하여 전라도 조운선을 보호하여 운송하게 하였는데 적을 만나서 대패하고 말았다.

왜구는 조운선 뿐만 아니라 조창까지 습격하였다. 1358년(공민왕 7)에 왜적이 부안 안흥창 바로 옆 검모포(黔毛浦)에 침입하여 전라도 조운선에 불을 질렀다. 이 때 왜적이 임피의 진성창(鎭城倉)에도 침입하였다. 이때 전라도 진변사 고용현이 해창(海倉)을 내지로 옮길 것을 청하여 임금의 허락을 받기까지 하는 일이 벌어졌다. 동 9년에는 강화도의 창고를 습격하여 미곡 4만여 석을 약탈해 갔고, 우왕 때에는 순천·아주·서주·영광 등지의 조창이 노략질 당했다.

이러한 상태에서 조창을 내륙으로 옮겨야 한다거나, 조운을 육운으로 대체해야 한다는 방안이 제기되었다. 급기야 1376년(우왕 2)에는 왜적의 침입으로 뱃길이 막혔으므로 조운을 중단하라고 하였다. 더 이상 조창의 정상적 운영이 곤란해진 상태에 이르고 말았다. 예컨대 조창이 폐허화되거나, 내륙으로 옮겨야만 했다. 전라도 임피의 진성창이 대표적 사례이고, 충청도 아산의 하양창은 아예 폐해지고 대신 아산 고을이 직접 세곡의 운송을 책임지고 있었다. 일부 지역에서는 조창의 근거지를 산성으로 옮겨 조전성(漕轉城)이란 용어도 생겨났다. 왜구의 발호가 특히 심하였던 14세기 후반에 조창은 제 구실을 하지 못하고 있었다.

한편 조운선의 확보도 용이치 않았다. 본래 조선의 건조도 쉽지 않은데다가, 그 관리도 쉬운 것이 아니었다. 각 조창은 소정의 조선을 확보하고 있었는데, 해창의 경우 1천 석을 실을 수 있는 큰 배 6척씩을 보유하고 있었다. 그런데 공민왕 3년 왜구는 전라도 조운선 40여 척을 약탈해 갔다. 전라도의 조운선은 모두 분실된 것이나 마찬가지다. 약탈된 조선이 모두 조창 소속의 선박인지는 분명하지 않지만, 운송기능이 상실되고 있었음을 알 수 있다. 그러나 이후에도 계속적으로 조선의 약탈상이 보여지고 있는 상황에서도 고려 말 중앙정부는 조운선을 거의 확보하지 못하고 있었다.

이러한 상황 속에서 조선을 부리는 선인들 역시 온전하지 못하였다. 본래 부역제의 일환으로 강제로 사역되고 있던 초공·수수 등 선인들은 왜구가 조창과 조운선을 습격할 때 잡혀가거나 살해되었다. 그들은 살기 위하여 도망가야 했다. 왜구의 노략질이 아니어도 선인들은 고된 노동과 천한 대우로 견딜 수 없는 형편이었다. 이러한 때 정치질서와 사회기강이 문란해지면서 각지에서 농민과 천민들이 중앙정부의 압제에 반발하는 움직임이 일어났다. 선인들도 이 기회에 고된 노동에서 벗어나고자 조창을 탈출하였다.

이와 같이 왜구가 창궐하면서 조운제는 정상적으로 운영되지 못하였다. 그리하여 국가재정 또한 어려움에 처하여 관리들의 녹봉을 줄 수 없는 상황까지 이르게 되었다. 그래서 1358년(공민왕 7)에 도평의 사사에서

요즈음 왜적의 침입으로 세미를 실은 배가 통하지 못하여 백관들의 봉록을 주지 못하고 있사오니, 청하건대 이제부터는 모든 봉백(封伯)들 중에 이미 시중 벼슬을 지낸 자에게는 재추의 예로 주고 그 나머지 백(伯)들에게는 '이성제군'(異姓諸君)의 예로 주도록 하소서.

라고 하자, 왕이 따랐다. 조운선이 제대로 도착하지 않아 재원이 부족하니 녹봉을 규정대로 지급하지 않고 삭감하여 지급하는 조치가 취해졌던 것이다. 그러나 우왕 대에 접어들어 조운이 중단되고 창고 모두비어 국비 지출이 곤란한 형편에 이르자 초긴축 재정정책을 펴 재상으로서 봉군된 사람에게만 녹봉을 지급하도록 하였다. 조운제 파탄으로 초래된 재정위기는 곧 국가위기일 수밖에 없었다.

맺음말

조운은 국가가 조세로 징수한 곡물을 선박으로 운송하는 제도를 말한다. 국가가 특별히 조창을 두고 조운제도를 명문화한 것은 국가재정을 충당하는 재원이 주로 수로로 운송되었기 때문이다. 물론 내륙을 통한 육운도 있었지만 조운에 비길 바가 아니었다. 그러므로 국가의 입장에서 국가재정과 직결되는 조운은 대단히 중요한 사안이었다. 그렇게 중요한 문제였음에도 불구하고 건국 초기에 조운은 호족의 손에 맡겨져 있었다. 그러다가 60여 년 지난 성종 대에 60포구제로 정비되

었고, 군현제가 일단락된 현종 대 이후 정종·문종 대에 13조창이 설치되었으니 건국된 지 140여 년이 지나서였다.

　13조창은 한강변에 2곳, 서남해안에 11곳 설치되었다. 조창이 들어선 포구는 이전부터 해상이나 수상 교통의 중심지였다. 그러한 포구를 중심으로 각 조창은 각기 수세구역을 지니었다. 조창은 원활한 조운업무를 수행하기 위해 선박, 선창, 성곽, 창고 등의 시설을 갖추고 있었다. 그리고 관리 감독하는 판관과 색전이 주재하였다. 이들은 조창이 소재한 촌락을 관할하며 그 주민들을 선운에 동원하였다. 이렇게 운영되던 조창도 말기에 왜구가 창궐하면서 대부분 폐쇄되기에 이르렀다.[1]

1) 이 글은 다음의 논저를 참고하였다.
　金載名, 「高麗의 漕運制度와 泗川 通陽倉」, 『한국중세사연구』 20, 한국중세사학회, 2006.
　邊東明, 「海龍山城과 順天」, 『全南史學』 19, 全南史學會, 2002.
　尹龍爀, 「서산·태안지역의 漕運 관련 유적과 고려 永豐漕倉」, 『백제연구』 22, 충남대 백제연구소, 1991.
　李志雨, 「傳統時代 馬山地域의 漕運과 漕倉」, 『加羅文化』 16, 慶南大 加羅文化硏究所, 2002.
　한정훈, 『고려시대 교통운수사 연구』, 혜안, 2013.
　최일성, 「德興倉과 慶原倉 考察」, 『충주공업전문대 논문집』 25, 1991.
　崔壹聖, 「興元倉 고찰」, 『祥明史學』 3·4, 祥明史學會, 1995.
　최완기, 「조운과 조창」, 『한국사』 14, 국사편찬위원회, 2003.
　北村秀人, 「高麗初期の漕運についての考察」, 『古代東アシア論集』 上, 吉川弘文館, 1978.
　丸龜金作, 「高麗の十二漕倉に就にて」, 『靑丘學叢』 22, 靑丘學會, 1935.

| 머리말

조운(漕運)이란 국가가 중앙집권체제를 강화하기 위해 각지에서 조세로 징수한 곡물을 선박을 통해 서울로 운송하는 제도를 말한다. 조세는 일단 강가나 바닷가의 포구에 설치된 조창(漕倉)에 수합된 후 선박에 실리어 경창(京倉)으로 운송되었다. 이러한 조운제도는 고려왕조에 들어와서 실시되었는데, 그때 나주 통진포(通津浦)에 해릉창(海陵倉)이라는 조창이 설치되어 관할구역의 세곡을 개경으로 운송하였다. 나주는 생산물이 풍부하고 해양활동이 발달한 곳일 뿐만 아니라, 지역의 중심 고을이었기 때문에 관내에 조창이 설치되었을 것이다. 그러나 고려 말기 왜구의 잦은 침입은 조창 존립은 물론이고 국가 운영마저 어렵게 하였고, 그 극복 과정에서 통진포는 이름이 영산포(榮山浦)로 바뀌고 더불어 해릉창도 이름이 영산창(榮山倉)으로 바뀌어 조선왕조에 들어와서까지 한동안 존치되었다.

조운제도는 국가의 최대 물적기반이 되는 장치여서 그동안 재정사와 교통사 분야에서 많은 연구가 이루어졌다. 그 과정에서 자연히 해릉창·영산창도 언급되었지만,[1] 그 내용이 매우 소략할 뿐만 아니라 해릉창과

---

1) 해릉창·영산창에 대한 연구로는 다음을 들 수 있다.

영산창이 마치 별개인 것처럼 기술되어 있기도 하다. 더군다나 해릉창·
영산창에 대한 기존연구는 『금성일기(錦城日記)』, 『태안마도 4호선 수중
발굴조사 보고서』, 그리고 각종 나주 지역 자료를 주의 깊게 관찰하지
못한 한계마저 있다. 이 가운데 『금성일기』는 나주의 행정 실무층인 호
장(戶長)이 쓴 일기로 현재 1358년(공민왕 7)부터 1481년(성종 12)까지의
기록이 남아 있는데,[2] 여기에는 조운 감독차 나주에 내려온 관리 동태
또는 영산창 운영 현황 등이 기록되어 있어 주목된다. 또한 『태안마도
4호선 수중발굴조사 보고서』는 태안 해역에서 2014~2015년에 발굴된
'마도 4호선'에 관한 보고서인데, 여기에는 선체에서 발견된 '羅州廣興
倉', 즉 '나주에서 광흥창으로 보냄'이라는 글자가 쓰여진 목간 56점이
소개되어 있다. 이 목간을 토대로 보고서는 '마도 4호선'이 나주에서 세
곡을 싣고 가는 조운선이고, 선체부재와 유물을 방사성탄소연대 측정을
실시한 결과와 광흥창 설치와 적재된 분청사기 명문을 분석한 결과를
토대로 1413(태종 13)~1418년(태종 18)에 침몰하였을 것이라고 하였다.[3]
그렇다면 이 조운선은 나주 영산창에서 출발한 것임에 분명하다. 이러
한 점을 토대로 볼 때 해릉창·영산창은 천착할 여지가 충분히 있는 주

六反田豊, 「李朝初期の田税輸送體制－各道單位にみたその整備·變遷過程」,
『朝鮮學報』123, 조선학회, 1987, 77~78쪽.
한국향토사연구전국협의회, 『榮山江流域史研究』, 1997.
정홍일, 「고려시대 전라도 지방 조창연구」, 목포대 석사학위논문, 2012,
25~27쪽.
한정훈, 『고려시대 교통운수사 연구』, 혜안, 2013, 197~198쪽.
문경호, 『고려시대 조운제도 연구』, 혜안, 2014, 95~96쪽.
2) 羅州市文化院·羅州市, 『國譯 錦城日記』, 1989. 원본은 이 책 외에『朝鮮學
報』53, 1970에도 실려 있다.
3) 문화재청·국립해양문화재연구소, 『태안마도 4호선 수중발굴조사 보고서』,
2016.
한정훈, 「태안해역 출수 木簡의 비교를 통한 해운 활동 고찰－마도 4호선을
중심으로 －」,『목간과 문자』19, 한국목간학회, 2017.

제여서 이 글을 작성하게 되었다.

따라서 여기에서는 해릉창과 그 후신인 영산창에 대해서 알아보겠다. 이를 위해 먼저 한 장소가 통진포·목포·남포 또는 남포진·금강진 등으로 불린 이유, 통진포에 개설된 해릉창의 운영에 대해서 정리해보겠다. 이어 통진포가 영산포로 이름이 바뀌는 과정, 그곳 신축 영산성에 개설된 영산창의 운영, 영산창의 법성창으로의 합속과 폐창 이후 등장한 해창에 대해서도 정리하겠다. 본 연구는 고려와 조선의 조창이었던 해릉창과 영산창을 살피는 것이 주안점인데, 이 조창이 서 있던 통진포와 영산포도 고려하지 않을 수 없어 함께 살펴보고자 한다.

이렇게 살펴보면 지금까지 잘 알려지지 않은 14~16세기 영산창의 실상과 전통시대 영산포의 위상이 어느 정도 드러날 것이다. 이는 고려말 조창 복구와 조선전기 조운제도의 정비과정을 이해하는 데에 의미가 있을 것 같다. 현재 한국사학계의 천착해야 할 과제 가운데 하나가 고려말~조선초 조운체제의 실태가 아닌가 하여 가져본 생각이다. 그리고 전통시대 영산포의 지역적 또는 전국적 역할을 이해하는 데에도 본 연구는 의미가 있을 것이다. 영산포의 개항 이후 상품유통[4]에 비하여 전통시대의 그것에 대해서는 알려진 바가 많지 않아서 그렇고, 영산강 수운[5]에 대해서는 많은 언급을 하면서도 진정 영산포가 어떤 역할을 하였는지에 대해서는 주목하지 않아서도 그렇다.

---

4) 張錫興,「日帝下 榮山浦植民基地의 形成」,『韓國學報』58, 一志社, 1990.
   하원호,「韓末 榮山江 流域과 木浦의 상품유통」,『한말 일제하 나주지역의 사회변동연구』(하원호 외), 성균관대 대동문화연구원, 2008.
   금천면지편찬위원회,『金川面誌: 나주배 본고장 금천』, 2017.
5) 나주목향토문화연구회,「榮山水路와 榮山浦의 盛衰」,『羅州牧地理誌』, 1989.
   金京洙,『榮山江 流域의 景觀變化 硏究』, 전남대박사학위논문, 2001.

1. 통진포와 해릉창

1) 통진포: 목포·남포, 남포진·금강진

현재의 영산포 이름은 역사 속에 여러 개 있었다. 그 가운데 어느 것부터 불리었는가에 대해서는 현재 확언하기 어려운 상황이다. 고려 초기로 추정되는 시기의 포구 이름은 치을포(置乙浦)였다.[6] 그러다가 "別號通義·錦城【成廟所定】"라고 하여, 성종(成宗, 981~997년 재임) 때에 통의(通義)와 금성(錦城)이라는 나주 별호가 생기었다.[7] 이 무렵에 치을포는 통진포(通津浦)로 이름이 바뀌었는데,[8] '통의'의 '진포'라는 의미로 통진포라고 불리었을 것으로 해석되고 있다. 한 장소가 포와 진의 역할을 하였음을 알 수 있다. 이와 때를 같이 하여 나주 관내가 국가에 내야 할 세곡을 통진포에서 개경으로 운송하도록 하였다. 이 사실은 992년(성종 11)에 세곡의 원활한 운수활동을 위해 전국에 분포하는 포구 중 주요 포구 60개를 선정하여 각 포구의 운송조건에 따라 수경가(輸京價)라는 운송비용을 책정하는 이른바 '60포제'를 시행하면서 나타났다.[9] 통진포가 치을포였다는 말도 바로 이 '漕船輸京價' 제정 기사 속에 들어 있다. 그렇다면 치을포, 즉 통진포는 어디에

---

6) 치을포는 『동사강목』에 매을포(買乙浦)로 기록되어 있다. 그것이 오기인지 아니면 동의이음인지에 대해서는 확언할 수는 없지만, 전자로 추정된다.

7) 『高麗史』57, 志 11, 地理 2, 全羅道 羅州牧 沿革.

8) 『高麗史』79, 志 33, 殖貨 2, 漕運.
   國初 南道水郡 置十二倉 忠州曰德興 原州曰興元 牙州曰河陽 富城曰永豊 保安曰安興 臨陂曰鎭城 羅州曰海陵 靈光曰芙蓉 靈岩曰長興 昇州曰海龍 泗州曰通陽 合浦曰石頭 又於西海道長淵縣 置安瀾倉 倉置判官 州郡租稅 各以附近輸諸倉 翌年二月漕運 近地限四月 遠地限五月 畢輸京倉 (중략) 成宗十一年 定漕船輸京價 (중략) 通津浦【前號置乙浦 羅州海陵倉在焉】.

9) 한정훈, 앞의 책, 82쪽.

있었을까? 현재의 나주시 영강동 또는 더 내려간 회진에 있었을 것 같다는 설이 기존의 연구 결과이지만, 영강동 설이 옳다고 본다.

60포제는 곧 이어 12조창제로 개편되었다. 이로 인해 우리 역사상 조운제도가 최초로 공식화되었다. 그 시기는 대체로 현종(顯宗, 1010~1031년 재임) 또는 정종(靖宗, 1034~1046년 재임) 때로 추정되고 있다. 12조창제는 문종(文宗, 1046~1083년 재임) 때에 1곳이 추가되어 13조창제로 확대되었다. 바로 이 12조창제 실시 때 통진포에 해릉창(海陵倉)이라는 조창이 설립되었다. 해릉창은 중국 한나라의 창고 이름으로 교통이 편리하여 저장된 양곡이 풍족하기로 유명한 곳이었다고 한다.[10] 이처럼 고려 정부에서는 통진포라고 불리는 포구에 해릉창이라는 조창을 설치하였음을 알 수 있다. 19세기 사람 김정호(金正浩)도 해릉창은 나주 영산강의 통진포(전호 치을포)에 있었다고 하였다.[11] 그러면 해릉창이 있었던 곳은 통진포가 있었던 지금의 나주시 영강동 일원일 것이다. 이 점은 국립해양문제연구소의 "고려 뱃길로 세금을 걷다" 특별전팀에 의해서도 확인된 바 있다.[12]

---

10) 고려는 포구 이름과 조창 이름을 별도로 불리게 하였다. 예를 들면 아주 편섭포(便涉浦)에 하양창(河陽倉)이 그리고 부성현 창포(倉浦)라는 곳에 영풍창(永豊倉)이 들어섰다. 하양창과 영풍창은 중국 당나라의 조창 명칭이다(朴近七, 「唐代 漕運路와 外商의 活動-江淮運河와 新羅商의 활동을 중심으로 -」,『대외문물교류연구』3, 해상왕장보고기념사업회, 2004). 그렇다면 고려 정부는 한나라 또는 당나라의 조창 이름을 가져와서 일부 조창의 이름으로 사용하였음을 알 수 있다. 이와는 달리 조선은 '법성포'에 '법성창'처럼 포구 이름과 조창 이름을 동일하게 불렀다. 두 왕조의 차이점을 발견할 수 있는 대목이다.

11)『大東地志』32, 方輿總志 4, 高麗, 漕倉.
海陵倉 在羅州榮山江之通津浦 前號置乙浦.

12) 국립해양문제연구소,『고려 뱃길로 세금을 걷다』, 2009, 58.121쪽.
현재의 영강동은 법정동명으로 일반동인 삼영동(내영산, 택촌)과 안창동(제창, 용두, 월호, 투주, 방죽안, 전추)으로 구성되어 있다. 이 가운데 해

한편 치을포·통진포는 목포(木浦), 남포(南浦) 또는 남포진(南浦津), 금강진(錦江津) 등으로도 불리었다. 한 장소가 포 또는 진으로 불리었다는 말인데, 포는 선박의 정박처이고 진은 강의 도하처이다. 따라서 통진포 한 곳에서 강을 오르내리는 배와 강을 건너는 배가 동시에 왕래하였던 것이다. 이 점과 관련하여 『동국여지승람』에 "금강진은 일명 금천, 일명 목포이며, 혹은 남포라고도 한다. 곧 광탄의 하류인데 주의 남쪽 11리에 있다."[13]고 하였다. 주 남쪽 11리에 있는 금강진이 곧 목포이자 남포라는 말이다. 이는 18세기에 나온 『여지도서』에도 그대로 수록되어 있다.[14] 금강진의 위치가 주 남쪽 10리에 있다는 기록도 있다. 18세기 중반 김정호가 편찬한 『여도비지』와 『대동지지』에 그렇게 기록되어 있다.[15] 그리고 1897년에 나주에서 발간한 『금성읍지』에도 "금강진은 주 남쪽 10리에 있다. 일명 금천이나 남포라 한다. 지금은 영포라 한다."[16]고 기록되어 있다. 거리상 1리, 즉 약 400미터의 차이가 난다. 어떤 지점을 기준점으로 두느냐에 따른 차이인 것 같다. 아니면 홍수를 겪고 포의 터 또는 진의 터가 이동되었을 가능성도 있다. 영산강의 범람은 잦은 일이었기 때문이다.

그러면 한 포구가 왜 이렇게 다양하게 불리었을까? ① 목포는 고을

릉창은 삼영동에 위치한다. 기존의 연구논저 가운데 해릉창·영산창이 영산동(영산강 남쪽), 영산면(옛 이름) 등지에 있었다는 표현은 수정되어야 한다.

13) 『新增東國輿地勝覽』 35, 全羅道, 羅州牧, 山川.
　　錦江津 一名錦川 一名木浦 或云南浦 卽廣灘下流 在州南十一里.

14) 『輿地圖書』, 全羅道, 羅州, 山川.

15) 『輿圖備志』, 全羅道, 羅州牧, 津渡.
　　『大東地志』, 全羅道, 羅州, 津渡.

16) 『錦城邑誌』(1897년), 津渡.
　　錦江津 在州南十里 一名錦川 一名木浦 今榮浦.

의 '목'[입구]에 있는 포구여서 그렇게 불리었을 것 같다. 장화왕후(莊和王后) 오씨 집안이 대대로 살아온 곳이 목포이고, 왕건이 수군장군으로 나주에 진출하여 정박한 곳도 목포였다.[17] 그렇다면 목포는 해상 교역을 할 수 있는 곳이면서 전함이 정박할 수 있는 곳이었다. 상선이나 전함이 정박할 수 있었으면 당연히 조운선도 정박하였을 것이다. ② 남포와 남포진은 고을의 남쪽에 있는 포구이자 나루여서 그렇게 불리었을 것 같다. 남포에 있기 때문에, 해릉창은 남포창(南浦倉)이라고도 불리었다. 『고려사』 지리지의 나주 연혁에도 남포진이 관내 교통요지로 유일하게 나온다. 동서의 각 군 연혁에 진(津)이 나온 곳은 전라도 관내에서 전주 신창진, 남원 순자진, 구례 잔수진, 광양 섬진, 진도 대진, 그리고 나주 남포진에 불과하다. 그렇다면 남포진은 나주의 관문 역할을 하였을 것이고, 그런 역할을 하려면 진기(津基)가 나주 치소와 근접 거리에 있어야 한다. 정리하자면 이러한 목포, 남포, 남포진이 곧 치을포·통진포였다는 것이다.

한편, 금강진은 무엇인가? 앞에서 말한 것처럼, '조선수경가'가 제정될 때에 통의 또는 금성이라는 나주 별호가 제정되었다.[18] 군현 별호의 제정은 지방 토호세력의 회유정책의 일환으로 비롯되었다고 한다.[19] 별호의 제정과 함께 나주 사람들은 자신들의 고을을 본명 대신 별호로 부르는 경우가 많았다. 예를 들면 나주의 호장(戶長) 나재견(羅在堅)이 발원하여 1093년(大安 9년, 선종 10)에 나주읍성 안에 세운 '나주 서성문 안 석등'의 명문을 보면, '錦邑安泰富貴恒存'이라는 구

---

17) 『高麗史』 88, 列傳 1, 后妃, 「太祖后妃莊和王后吳氏」.

18) 윤경진, 「고려 성종 11년 읍호개정에 대한 연구 −고려초기 군현제의 구성과 관련하여−」, 『역사와 현실』 45, 한국역사연구회, 2002.

19) 禹太連, 「高麗初 地名別號의 制定과 그 運用」(下), 『慶北史學』 12, 慶北史學會, 1989.

절이 나온다.[20] '금읍', 즉 금성 고을이 항상 편안·태평하고 부유·존귀하기를 기원한다는 말이다. 당시 호장은 지역을 대표하는 토착세력으로써 행정실무를 맡았을 뿐만 아니라 축성이나 불사를 주도하였다. 이러한 호장이 별호를 사용하였으니, 나주 사람들 전체 또한 자신들의 고을을 나주 대신에 고려 때 들와서 별호가 된 금성(錦城) 또는 그 금성에서 유래한 금읍(錦邑)을 즐겨 사용할 수밖에 없었다. 그러면 나주를 흐르는 강도 자연스럽게 '금'자를 넣어 금강(錦江), 금천(錦川), 금수(錦水)가 되었다. 더 나아가 '금강(錦江)'으로 부르는 사람에게 치을포·통진포는 곧 금강진(錦江津)으로 불릴 수밖에 없었다. 금강진은 줄여서 금진(錦津)으로도 불리었는데, 백광훈(白光勳, 1537~1582)이 금진 배 위에서 민충원(閔忠元, 자 恕初)과 헤어지면서 지은 시가 있다.[21] 이렇게 보면, 치을포·통진포·목포·남포 및 남포진·금강진·금진은 결국 같은 이름인 것이다. 하지만 영산포 등장 이후에도 그 이전 이름을 부르는 사람이 적지 않았다. 예를 들면 18세기 충청도 출신의 선비 이하곤(李夏坤, 1677~1724)이 전라도를 여행하면서 나주에 들어와서 지은 시 가운데 영산포를 일명 금강진이라 한다고 하였던 점으로 보아, 금강진이 여전히 널리 불리고 있었음을 알 수 있다.[22] 이처럼 한 장소를 당대에 여러 이름으로 부르고, 이미 지나버린 이름을 뒤에도 사용하는 사례는 조선 선비들에게 흔한 일이었다. 따라서 이런 점을 깊이 헤아리지 못하면 지명을 놓고 혼선과 갈등을 빚는 경우가 발생할 수밖에 없다.

---

20) 국립나주박물관, 『나주 서성문 안 석등』, 2017, 177쪽.
21) 白光勳, 『玉峯詩』上, 詩, 七言絶句, 「錦津舟上 別閔恕初」.
22) 李夏坤, 『頭陀草』9, 詩, 南行集, 「靈山浦 一名錦江津」.
　　이 시는 밤에 나주성에 들어와 묵고 새벽에 영산포를 건너다로 시작된다. 현존 문집에는 영산포가 '靈山浦'로 기록되어 있다.

2) 해릉창

앞에서 말한 것처럼, 통진포 포구에 해릉창 조창이 개설되었다. 그러면 해릉창은 어떻게 운영되었을까? 산발적인 자료를 토대로 정리하면 다음과 같다. ① 조창이 설치된 포구는 교통이 편리하고 물산이 풍부하게 생산되는 배후지를 끼고 있는 관내의 중심 포구였을 것임을 감안하면, 통진포 또한 당시에 영산강 수운의 중심지였을 것이다. 이는 나주오씨 세력이 목포(통진포)를 근거지로 삼아 해상활동을 하였던 점을 통해 입증된다. ② 해릉창의 수세구역은 나주목 직할 군현,[23] 해양현, 능성현이었다. 지금의 나주·광주·담양·무안의 일원과 장성·화순의 일부 지역이다. 이들 지역은 세곡을 싣고 영산강 수계를 따라 내려와 해릉창에 납부하였다. ③ 조창에는 업무를 감독하는 관리와 실무자, 조운선, 운송에 종사하는 선원, 그리고 노역에 동원되는 주민이 상주하였다. 조창에는 판관(判官)이라는 최고 감독관리가 주재하였다. 『금성일기』의 고려 때 기사를 보면, 판관이 거의 매년 왔다갔는데, 이 판관이 조운 감독자인지 아니면 조선시대처럼 목사 보좌인인지에 대해서는 알 수 없다. 판관 외에 색전(色典)이라 불리는 향리가 존재하였다. 이 색전은 조선전기까지도 있었다. 1452년(문종 2)에 '榮山城田稅捧上色典 汎濫辭緣推考 敬差官'인 수군기판사 윤처공(守軍器判事 尹處恭)이 2월 17일 영산에 도착하여 머무른 후 상경하였다(『금성일기』). 실록에는 13일자로 판군기감사(判軍器監事) 윤처공을 나주 등지에 보내어 전세를 징수할 때의 불법한 일을 몰래 살피게 하였다.[24] 색

---

23) 나주목의 직할군현은 무안군, 담양군, 곡성군, 낙안군, 남평군, 철야현, 회진현, 반남현, 안로현, 복룡현, 원율현, 여황현, 창평현, 장산현, 진원현, 화순현 등이다. 이 가운데 곡성군, 낙안군은 교통 여건상 승주 해룡창 소속이었고, 나머지만 나주 해릉창 소속이었을 것 같다.

24) 『文宗實錄』 12, 문종 2년 2월 13일(丁丑).

전이 함부로 전세를 거둔 비행을 조사하기 위해 윤처공이 파견되었던 것이다. 당시 조운 규정을 보면, 해릉창의 보유 조운선은 초마선(哨馬船) 6척으로, 척당 1천석을 싣는다고 하였다. 왜구에게 한 번에 조운선 200척이 약탈당했다는 기사를 보면, 초마선이라는 관선 6척 외에 사선도 조운선으로 동원되었을 것이다. ④ 조창의 선적과 발선 시기에 대해 2월에 배로 실어 나르는데 서울에서 가까운 곳에서는 4월까지, 먼 곳에서는 5월까지 경창에 운반을 끝내야 한다고 하였으니, 해릉창도 원칙적으로 이 시한을 준수해야만 하였을 것이다. 그러나 정해진 선박으로 한꺼번에 운송할 수 없어 두세 번 운송한 적도 있었기 때문에 실제 완료 시기는 여름이나 가을까지 가기도 하였다. ⑤ 해릉창의 모습을 보면, 1920년에 발간된『속수나주지(續修羅州誌)』에 세곡을 거두어 가까운 산에 야적해 두었다가 봄이 되면 바다를 통해 조운하는데 백성들의 운송 고통이 매우 컸다고 기록되어 있다.[25] 세곡을 보관하는 창고 건물이 없었다는 말인데, 이는 나주 지역에 구전되어 오는 말을 채록하여 기록한 것으로 여겨진다. 이와는 달리 진성창, 해릉창, 통양창, 영풍창 등지에는 흙으로 쌓은 성곽이 있었다고 하는데, 이들 성이 고려 전기에 축성된 것인지 아니면 고려 말기에 축성된 것인지에 대해서는 확언할 수 없다.[26] 하지만 "왜가 일어나면서부터는 조세 받는 곳을 해구(海口)에 두지 않고 산에 있는 모든 성(城)에 두었다."는「용안성조전기」를 두고 볼 때에 애초에는 성곽이 없었던 것 같다.

그런데 고려 말기에 이르면 왜구 침략으로 해릉창 운영이 어려운 상태에 이르고 말았다. 1355년(공민왕 4)에 왜적이 전라도 조운선 2백여 척을 약탈한 바 있었다. 1358년(공민왕 7)에는 임피의 진성창과 부

---

25)『續修羅州誌』(1920년), 榮山漕倉古蹟.
26) 김덕진,「고려시대 조운제도와 조창」,『고려 뱃길로 세금을 걷다』(국립해양문화재연구소), 2009, 143쪽 ; 본서 제1장.

안의 검모포가 습격을 받자, 전라도 진변사 고용현(高用賢)이 바닷가 지역에 있는 창고를 내지로 옮길 것을 청하기까지 하였다.[27] 이때 고용현은 나주에도 들어왔는데 『금성일기』에는 직책이 도문순사로 기록되어 있다. 이런 악조건 속에서도 고려 정부는 내지로의 이창을 하지 않고 나주에 조전사(漕轉使)를 파견하여 해릉창의 조운을 이어나갔다. 조전사란 조운 감독관일 텐데, 『금성일기』를 보면 1363년(공민왕 12)에 조전사 김횡(金鉉)이 나주에서 군량과 녹봉의 운송 책임자를 붙잡아서 7월에 배를 나누어 타고 서울로 올라갔다는 기사가 최초로 보인다.[28] 『고려사』에 전년도 8월에 김횡을 전라도연해순방 겸 조전사로 삼았다고 하였으니, 이때 왔다가 이듬해에 올라간 것 같다. 바로 이 무렵에 흑산도 주민들이 영산강 하류 남포(영산포)로 집단 이주해왔다.

　이상을 통해 볼 때 남포 지역의 치안은 확보되고 있었음에 분명하다. 이 이야기를 고려 외교와 관련하여 이어나가겠다. 원(元)나라 사람 설사(偰斯)가 명(明)나라에 귀부하여 고위직에 있으면서, 1369년(공민왕 18) 4월과 이듬 해 5월에 각각 고려에 사신으로 왔다.[29] 예를 들면, 명 태조가 설사를 보내어 새서(璽書) 및 얇은 비단[紗羅]을 하사하니, 1369년 4월에 왕이 백관을 거느리고 숭인문 밖에 나가서 맞이하였다.[30] 설사 일행이 고려 땅 어디로 들어왔는지에 대해서는 『고려사』·『고려사절요』에 언급이 없지만, 『금성일기』에는 그들이 4월에 나주 땅 곡화포에 정박하였고 체복사 이하생이 나주에 와서 마중을 한

27) 『高麗史』 39, 世家 39, 恭愍王 7년 4월.
28) 漕轉使金鉉 軍粮祿轉押領 七月分騎船上京.
29) 백옥경, 「麗末 鮮初 偰長壽의 政治活動과 現實認識」, 『朝鮮時代史學報』 46, 朝鮮時代史學會, 2008, 13쪽.
30) 『高麗史節要』 28, 恭愍王 18년 4월.

후 설사 일행과 함께 서울로 갔다고 기록되어 있다.[31] 이에 답하기 위해 고려 정부는 5월에 돌아가는 설사 일행 편에 예부상서 홍상재(洪尙載)와 감문위상호군 이하생(李夏生)을 보내어 표문을 받들고 명 수도에 가서 등극을 하례하고 이어서 은혜에 사례하게 하였다.[32] 바로 이 회례사 일행이 호송사 임견미와 함께 내려와 나주에 이르렀으니, 나주에서 배를 타고 명나라로 들어갔음에 분명하다. 홍상재 일행은 이듬해 1370년(공민왕 19)에 돌아올 때에는 목포에서 하륙한 후 나주 읍성으로 들어갔다(『금성일기』).[33] 이야기를 길게 한 것은 당시 목포는 통행이 비교적 자유로운 곳이었다는 점을 증명하기 위해서이다. 이 무렵 제주 안렴사도 나주에 왔다가 선편으로 개경으로 올라갔다. 전라도 도순문사 이금강(李金剛)이 나주목사 하을지의 옥정아를 빼앗고 조운 시기를 늦추어 조운선의 표류·침몰 사고를 내어 사헌부에서 추궁하려 했다.[34] 이때가 1370년(공민왕 19)이었으니(『고려사』, 『금성일기』), 이때까지도 나주 조운은 시행되고 있었음을 알 수 있다.

그런데 왜구들이 1373년(공민왕 22)에 회진을 침략하고 1376년(우왕 2)에도 목포를 공략하였다. 다른 지역도 비슷한 상황이었던지 이 무렵에 세곡을 조운으로 할 것이 아니라 육전(陸轉)을 하자는 말이 나

---

31) 丙午年(1366, 공민왕 15) (중략) 皇帝使佐俀相公副官人行李唐船 以四月日州地曲火浦到泊下陸 體覆使李下生下界到州迎逢 同使佐行次一同上京.
　　설사가 입국한 시기에 대해 『고려사절요』는 공민왕 18년으로, 『금성일기』는 공민왕 15년으로 각각 기록되어 있는데, 『고려사절요』 기록이 옳을 것 같다. 정미년(1367, 공민왕 16)~기유년(1369, 공민왕 18)까지 3년간 기록이 누락된 것으로 보아, 『금성일기』 기록에 착오가 있을 것 같다.

32) 『高麗史節要』 28, 恭愍王 18년 5월.

33) 庚戌年(1370, 공민왕 19) (중략) 五月初二日 詔書使佐俀相公 回謝副使書狀押物打軍譯語 並只還出來 州地木浦下陸 到州成茶院 洪經歷一行到州.

34) 『高麗史』 117, 列傳 30, 李詹.

왔고, 1376년(우왕 2)에는 조운을 전면적으로 금지했다고 한다.[35] 그러나 당시 왜구 격퇴에 공을 세운 지용기와 정지 등이 나주를 거점으로 활약했던 점을 토대로 볼 때에 나주를 침략한 왜구는 곧 평정되고 말았다. 그리고 1390년(공양왕 2) 6월에 나주목사로 여칭(呂稱)이 부임해 와서 1392년 정월에 3도 조전부사(漕轉副使)로 옮겨 갔으니(『금성일기』),[36] 나주 조운은 계속되고 있었음에 분명하다. 따라서 고려말 왜구의 침입으로 조운제도가 와해된 것처럼 말한 기존연구는 적어도 나주 해릉창에 있어서는 적용되기 어렵다는 점을 발견할 수 있다.

2. 영산포와 영산창

1) 영산현과 영산포

고려 말기에 왜구 침략에도 불구하고 해릉창의 조운은 이어지고 있었으나, 나주목이 관할하는 지역사회 전체는 큰 혼란을 겪게 되었다. 왜구가 나주 근해에 처음 나타난 때는 1323년(충숙왕 10)으로 추정된다.[37] 별다른 징후는 나타나지 않다가 공민왕 때에 이르면 왜구가 목포(木浦)를 직접 침략하기까지 하였다. 나주에 거주할 적에 토지와 백

---

35) 문경호, 「여말 선초 조운제도의 연속과 변화」, 『지방사와 지방문화』 17-1, 역사문화학회, 2014, 74쪽.

36) 실록에는 여칭이 조선왕조에 들어와서 양광·경상·전라도 조전부사가 되었다고 기록되어 있다(『世宗實錄』 19, 세종 5년 3월 28일(己酉). 이성계가 7월에 왕위에 올랐지만, 실제는 권력을 행사하고 있었기 때문에 그렇게 실록에 기록된 것인지 아니면 실록 기록이 오기인지 알 수 없다.

37) 김덕진, 「왜구의 침탈」, 『나주읍지』 제1권(나주시지편찬위원회), 2006, 199쪽.

성을 탈점하여 재물을 크게 늘린 김횡(金鉱)이 일찍이 목포에서 왜구를 공격하여 관직을 상으로 받은 적이 있었다.[38] 왜구가 목포 부근에 나타난 때는 김횡이 왜인추포 겸 녹전감송사로 나주에 와서 2월 10일 기선으로 개경으로 올라간 1361년(공민왕 10)으로 보여진다.[39] 바로 이 무렵에 왜구의 침략을 이겨내지 못하고 서남해상의 압해군·장산현은 나주로, 육창현·임치현은 영광으로 분속되었다. 그리고 흑산도 사람들은 배를 타고 나주로 나와 남포강변에 터를 잡았다. 그러자 그곳이 영산현(榮山縣)이 되었고, 1363년(공민왕 12)에는 군으로 승격되었다.[40] 학계에서는 흑산도 사람들의 출륙 시기를 1363년으로 보고 있다.[41] 출륙한 해에 현이 되고 군으로 승격되었을 것으로 보고 그렇게 추정한 것이다. 영산현의 치소는 주의 남쪽 10리에 있었다고 한다.[42] 남포가 주의 10리 또는 11리에 있었으니, 바로 그곳에 영산현 치소가 들어선 것이다. 치소 위치는 현재의 영강동 택촌마을 구릉지대에 있었던 것으로 보고 있다.

영산현이 개설됨으로써 목포는 그 이름이 자연스럽게 영산포(榮山浦)가 되었다. 그렇지만 '목포'라는 이름은 사라지지 않고 강을 따라 내려간 지점에 붙여졌다. 1397년(태조 6)에 전라도 4개의 수군 첨절

---

38) 『高麗史節要』 29, 恭愍王 23년 4월.

39) 羅州市文化院·羅州市, 『國譯 錦城日記』, 1989, 40쪽.

40) 『高麗史』 57, 志 11, 地理 2, 全羅道 羅州牧.
   黑山島【島人出陸 僑寓南浦江邊 稱榮山縣 恭愍王十二年 陞爲郡】.

41) 尹京鎭, 「고려 말 조선 초 서해·남해안 僑郡 사례의 분석」, 『韓國史學報』 31, 2008, 高麗史學會, 89쪽.

42) 『新增東國輿地勝覽』 35, 全羅道, 羅州牧, 古蹟.
   榮山廢縣 在州南十里 本黑山島人 出陸僑寓南浦 稱榮山縣 高麗恭愍王十二年陞爲郡 後來屬. 이 기록은 『여지도서』에도 그대로 수록되어 있다.

제사 가운데 목포진(木浦鎭)이 등장하는데,[43] 그때 목포의 위치가 정확하게 어디인지를 말하기가 쉽지 않다. 하지만 지금의 목포시 지역에 만호(萬戶)를 진장(鎭將)으로 하는 목포진이 설치된 때는 1439년(세종 21)이다.[44] 이로써 지금의 목포를 일컫는 이름이 공식화되었다. 영산포의 위치 또한 영산현 치소가 있었던 택촌마을 부근으로 영산강의 좌안에 있었다. 이 점과 관련하여 1897년『금성읍지』산천조를 보면, "영산포는 주 남쪽 10리 지량면(知良面)에 있다. 해산물을 실은 선박이 모여들어 정박하여 인근의 12읍의 물화가 서로 통하는 곳이다."고 하였다. 영산포는 본래 지량면,[45] 즉 영산강 좌안에 있었다. 그러다가 일제 강점기에 오늘날의 영산동인 영산강 우안으로 옮겨갔다.[46] 포구 이름이 영산포로 바뀐 이후부터는 왜구가 목포를 침략한 기사는 역사서에 '영산'을 침략한 것으로 기록되기 시작하였다. 예를 들면 1374년(공민왕 23) 8월에 군사들이 나주에 도착하니 최영(崔瑩)이 영산(榮山)에서 열병하고 여러 장수들과 함께 힘껏 싸울 것을 약속하였다.[47] 제주에서 원나라 목자(牧子)들이 반란을 일으키자 최영이 양광·전라·경상도 도통사가 되어 큰 병선 314척과 사병 25,600명을 거느리고 토

---

43)『太祖實錄』11, 태조 6년 5월 21일(壬申).

44) 김덕진, 「목포진의 설치와 운영」, 『전쟁과 전라도 지역사』, 선인, 2018, 57쪽.

45) 읍지를 보면, 읍내에서 가까운 면이 신촌면으로 치남 초 10리 종 15리이고, 그 다음이 지량면으로 치남 초 15리 종 30리이다. 이렇게 보면 11리 또는 10리에 있다는 영산포는 신촌면에 있어야 한다. 실제 신촌면에는 성시촌(城市村), 진부촌(津夫村), 내영산촌(內榮山村) 등이 있어 이곳에 영산포가 있었을 것 같다. 기록의 신빙성에 의문이 가지 않을 수 없다.

46) 고동환, 「朝鮮後期~韓末 榮山江 水運과 場市」, 『島嶼文化』 38, 목포대 도서문화연구원, 2011, 22쪽.

47)『高麗史』113, 列傳 26, 諸臣, 崔瑩.
    八月 師至羅州 瑩閱兵于榮山 與諸將條約曰.

벌하게 되었다. 바로 이때 최영이 영산포에서 열병한 후 배를 타고 제주로 출발하였고, 토벌에 성공한 후 제주에서 10월에 나주로 돌아왔다.[48] 우왕 때에는 "왜적이 전라도 원수의 영(營)을 침범하고, 또 영산(榮山)을 침범하여 전함을 불사르고, 또 나주를 침범하여 불을 놓고 노략질하였다."[49]고 하여, 왜구가 수군이 주둔하고 있는 영산포를 또다시 침략하여 전함을 불지르고 상륙까지 하여 온갖 약탈을 자행하였던 것이다.

목포가 영산포로 이름이 바뀌었음에도 불구하고, 관행적으로 여전히 목포라고 한 경우도 적지 않았다. 예를 들면 전라도는 조창이 둘인데, 하나는 영산창으로 나주 목포에 있고, 또 하나는 덕성창으로 함열현 서쪽 피포에 있다고 『세종실록 지리지』에 적혀 있다. 결국 영산현은 나중 조선왕조 때의 행정구역 개편으로 나주목으로 편입되었다. 그래서 『신증동국여지승람』 나주목 고적조에 '영산폐현'으로 기재되어 있다. 그때 나주목으로 편입된 군현은 영산현 외에 압해현, 여황현, 회진현, 안로현, 복령현, 반남현, 장산현 등도 있었다. 9개 군현이 나주목 하나로 통폐합되었던 것이다.[50]

포구 이름이 영산포로 바뀜에 따라 자연스럽게 금강의 이름도 영산

---

48) 변남주, 「榮山江 중하류 뱃길 環境과 돛단배 항해술」, 『지방사와 지방문화』 14-1, 역사문화학회, 2011, 390쪽.

49) 『高麗史節要』30, 禑王 2년 7월.
　　倭賊二十餘艘 寇全羅道元帥營 又寇榮山 焚戰艦.

50) 그런데 1731년(영조 7) 부교리 황정(黃晸)의 상소에는 "금성(錦城) 한 고을은 땅이 넓고 인구가 많고 전결이 많은 것이 평소 팔도에서 제일이라고 일컫습니다. 대개 본현은 예전에는 금성·반남·회진·복룡·여황·영산·장산·압해 등 8개 군현이 있었는데 합쳐서 한 주(州)를 만들었던 것입니다."(『備邊司謄錄』 89, 英祖 7년 5월 3일)고 하여, 안로현(安老縣)이 누락되어 있다.

강(榮山江)으로 바뀌게 되었다. 덩달아 금강진의 이름도 영산강진(榮山江津) 또는 영산진(榮山津), 줄여서 영진(榮津)으로 불리었다. 영산강진은 김정호가 지은 『여도비지』에 기록되어 있고, 영산진은 능주 출신 양진영(梁進永, 1788~1860)이 지은 「영산진」이라는 시에 등장한다.[51] 나주목사를 역임한 김성일(金誠一, 1538~1593)의『학봉집』에는 영산진과 함께 영진도 등장한다. 그와 함께 그곳에 있던 다리도 '영산교(榮山橋)'라고 하였다. 영산교는 금강진에 있다고 하였으니,[52] 영산진과 금강진은 이름만 다를 뿐 같은 곳이었음을 알 수 있다. 영산교는 목교로써 1년에 한 번씩 수리하였고, 밑으로 배가 드나들 수 있는 정도의 규모였다.[53] 영산강은 줄여서 영강(榮江)으로도 불리었다. 그럼에 따라 금강진의 이름 또한 영강진(榮江津)으로도, 영산포의 이름 또한 영강포(榮江浦)로도 불리었다. 영강진의 경우 고려 때에 남포진(南浦鎭)이라 칭하였다고 한 것으로 보아,[54] 영강진 자리가 남포가 있었던 곳이었음을 쉽게 알 수 있다. 영강포의 경우 나주의 상선 정박 선창네 군데를 소개한 읍지 기사를 보면 두 번째 포구가 관문 남쪽 10리 지량면 영강포였으니,[55] 곧 영산포였던 것이다. 영산강을 줄여서 영강이라 하듯이, 영산포·영강포를 영포(榮浦)라고도 하였다.[56]

---

51) 梁進永, 『晩義集』 2, 詩, 七言絶句, 「榮山津」.
　　雙峯山下細流淙 注到榮江勢漸雄 到海前程知幾許 倚船今日問漁工

52) 『新增東國輿地勝覽』 35, 全羅道, 羅州牧, 橋梁.

53) 변남주, 「영산강 상류지역 포구와 바닷배 뱃길 여부 검토」, 『지방사와 지방문화』 15-1, 역사문화학회, 2012, 94쪽.

54) 『大東地志』, 全羅道, 羅州, 津渡, 榮江津.

55) 商船所泊船滄有四 一在官門南十里新村面濟倉前 一在官門南十里知良面榮江浦 一在官門南四十里空樹面三浦 一在官門南六十里終南面都市浦.

56) 『湖南邑誌』(1895년), 「羅州牧邑誌」, 浦口.
　　榮浦 在州南十里.

〈영산창 터〉

2) 영산성과 영산창

통진포에 흑산도 사람들이 들어와서 살면서 영산현이 개설되자 포구 이름이 영산포로 바뀌었다. 더불어 그동안 사람들 입에 자주 오르내렸던 목포와 남포도 회자에서 거의 사라지고 포구 이름이 영산포로 단일화되어 갔다. 포구 이름이 바뀜에 따라 그곳에 있던 조창도 이름이 해릉창에서 영산창(榮山倉)으로 바뀌었다. 영산창의 위치는 해릉창 자리에서 약간 이동한 곳에 있었다고 여겨진다. 이를 알 수 있는 것이 "영산창은 금강진 언덕에 있으니 곧 영산현이다"는 『신증동국여지승람』 기사이다.[57] 이 기사는 17세기에 나온 『동국여지지』에도 동일하게

---

57) 『新增東國輿地勝覽』 35, 全羅道, 羅州牧, 倉庫.
　　榮山倉 在錦江津岸 卽榮山縣也.

수록되어 있다. 19세기『대동지지』에는 더 자세하게 수록되어 있는데, 영산현 터에 축성을 하여 영산창이 설치되었다고 하였다.[58] 종합해 보면, 야적 시설이 없었다는 기사로 미루어 해릉창 자리는 금강진 나룻터에 있었을 것 같다. 반면에 영산창은 그곳에서 산쪽으로 약간 올라간 언덕의 영산현 치소에 설치되었다. 개설 7년된 영산현의 치소에 성을 새로이 쌓아서 조창을 만들었다. 그 성을 영산성(榮山城)이라고 하였다. 그러면 영산성은 치소성도 되고 조창성도 될 수 있는데, 오늘날은 '나주 삼영동 영산창성지'라고 하여 조창성으로 명명하고 있다. 위치는 영산현터, 즉 현재의 택촌마을 뒤의 야트막한 야산으로 보고 있다. 조창이 있던 지형은 남북으로 뻗어 내린 낮고 편평한 구릉성 대지로써 남쪽사면은 영산강 본류와 접하여 급경사를 이루고 북쪽사면은 4단으로 축조되었다고 추정되는 계단식 토성 흔적이 뚜렷이 남아 있다. 테뫼식의 이 토성지는 북쪽 노출된 단면에서는 지름 3cm 이하의 잔자갈과 흙을 섞어 쌓은 판축기법을 관찰할 수 있다.[59]

축성을 한 후 조성된 영산창의 개설 단초는 1389년(공양왕 1)으로 거슬러 올라간다. 그해 9월에 노숭(盧嵩)이 전라도의 신임 도관찰사로 부임해 온다(『금성일기』). 그는 이듬해 1390년(공양왕 2)에 나주판관 윤의(尹義), 전개성윤 김중광(金仲光)·정윤부(鄭允孚), 전판사 나진(羅璡)으로 하여금 영산포에 성곽을 쌓고 조창을 설치하라고 하였다.[60] 이유는 왜적의 공격을 피하기 위해 세곡을 산성에다 두어 이고 지고 산 속을 오고가는 데에 백성들이 노고가 많아서 였다. 그래서 물

---

58)『大東地志』, 全羅道, 羅州, 倉庫.
　　榮山倉 在錦江津岸 古榮山縣址 國初置漕倉 築倉城.
59) 국립나주문화재연구소,『영산강 유역 마을의 역사와 문화』, 2009, 144~145쪽.
60) 權近,『陽村集』11, 記,「龍安城漕轉記」.

가 가까운 곳에 조전성을 쌓고 운송할 때에는 성 밑에다 배를 대고 바로 가져다가 실을 수 있도록 하였다. 그곳에서 관할 구역 세곡의 수납과 발송을 관장하게 하였다. 바로 이 해에는 양광도, 전라도, 경상도의 바닷길과 연해 각처 모두에 수군이 설치되었는데, 이는 조운활동의 안전을 확보하는 것이었다고 해석하고 있다.[61]

영산창은 조선왕조에 들어와서도 계속 존치되었다. 태조 이성계는 건국하자마자 종실인 왕강(王康)을 중용하여 전라도와 경상도 일대에서 거둬들인 세곡을 개경까지 운송해 오는 데에 성공한다.[62] 태종은 즉위 직후 임정(林整)을 조운체찰사(漕運體察使)로 삼아 삼남 세곡을 조운하도록 하였는데, 임정은 삼남 미두를 총 10만 2천 3백 14석이나 운송하였다.[63] 그리고 태종은 임정으로 하여금 삼남에서 조운선 500척을 건조하도록 하였다.[64] 그런데 그해 겨울 추위로 인해 목표량을 다 채우지 못하고 절반 가량인 251척을 건조하는 데에 그쳤다. 이때 영산창에 몇 척이 배속되었는지는 알 수 없다. 왜구가 조금 잠잠하여 다시 해로로 수운하게 하여 이 무렵 들어오는 공부(貢賦)가 전에 비해 배나 된다고 하였으니,[65] 조운이 전국에서 순조롭게 진행되고 있었음이 분명하다. 태종 때 조운체찰사 외에 도안무조전사(都安撫漕轉使)를 전라도에 파견하고 그로 하여금 수군절제사를 겸하게 하였던 것으로 보아,[66] 간헐적인 왜구들의 출몰에도 불구하고 영산창의 조운도 원활하

---

61) 韓禎訓, 「조선 건국기 漕運體制의 정비와 그 의미」, 『震檀學報』120, 震檀學會, 2014, 59쪽.
62) 『太祖實錄』4, 태조 2년 8월 10일(癸未).
63) 『太宗實錄』3, 태종 2년 6월 1일(癸丑).
64) 『태종실록』2, 태종 1년 10월 11일(丙寅).
65) 『태종실록』2, 태종 1년 8월 2일(戊午).
66) 六反田豊, 「李朝初期の漕運運營機構」, 『朝鮮學報』151, 朝鮮學會, 1994,

게 행해지고 있었던 것 같다.

　그런데 1414년(태종 14)에 전라도 조운선 66척이 충청도 안흥량에서 파손되어 쌀과 콩 5,800석이 패몰되고 200여명이 빠져 죽은 사고가 발생하였다.[67] 그래서 실록에는 이조참의 이지강(李至剛)을 충청·전라도에 보냈다고 기록되어 있지만, 『금성일기』를 보면 경차관 이지강이 '漕運船 逢風敗船 辭緣推考'의 일로 나주에 왔다. 영산창 조운선도 침몰하였던 것 같다. 이에 대한 대책으로 다시 전라도의 미곡을 육운 또는 부분 조운하는 방안이 제기되었다. 예를 들면, 나주의 세곡은 왜구의 발길이 뜸한 충청도의 공주나 홍주로 육운하게 하도록 하자거나,[68] 전라도의 상도(上道) 각 고을은 충청도 내포에, 중도(中道)·하도(下道)는 용안성이나 혹은 진포에 육지로 운송하도록 하자고 하였다.[69] 그러나 9만석에 이르는 전라도의 많은 세곡을 육로로 운송하는 것 자체가 물리적으로 불가능한 일이었기 때문에, 위 논의는 제안에 그칠 수밖에 없었다. 「용안성 조전기」에도 전라도 세곡은 반드시 바다로 수송한 뒤라야 서울에 올 수 있다고 하였다. 이후의 실록을 보아도 전라도 세곡을 실제 육운했다는 기사는 전혀 보이지 않고, 오히려 전라도 관찰사의 보고에 의해 조운 때 물건을 함부로 사용한 어란양(於瀾梁) 수군만호 송안(宋安)을 파직했다는 기사는 보인다.[70] 전라도 하도 지역의 조운이 계속되고 있었다는 결정적인 증거이다. 이런 속에서 영산창의 조운도 계속되지 않을 수 없었다. 더군다나 당시 나주에 손분(損分), 목장(牧場), 병영(兵營), 점선(點船) 등의 일로 바다를 오가

　　21~22쪽.
67) 『태종실록』 28, 태종 14년 8월 4일(甲辰).
68) 『태종실록』 24, 태종 12년 8월 28일(庚辰).
69) 『태종실록』 28, 태종 14년 9월 12일(壬午).
70) 『태종실록』 33, 태종 17년 5월 11일(丙申).

는 사신이 끊이지 않았다. 따라서 마도 4호선은 태종 때 나주 영산창에서 출발한 조운선임에 분명하다.[71]

〈마도 4호선 출토 목간〉

그래서 조선 정부는 조운을 감독할 사람을 차출하여 각지에 파견하였다. 그 사람을 조운체찰사(漕運體察使), 조전사(漕轉使), 전운사(轉運使) 등으로 불렀다. 이들을 넓은 의미로 경차관(敬差官)이라고 하였다. 경차관이란 국왕으로부터 특정한 임무를 부여받고서 지방으로 파견되었던 사신을 말한다. 그래서 '조전'을 감독할 '경차관'이라는 이름의 '조전경차관(漕轉敬差官)'이 나주에 매년 내려왔다. 조전경차관이 실록에는 1451년(문종 1)부터 나오지만, 『금성일기』에는 그보다 먼저 1447년(세종 29)부터 나주에 들어온 것으로 나오는데 그 현황을 정리하면 다음과 같다.

  1447년(세종 29), 3도 조전경차관 이숙경이 2월 28일에 나주에 들어와서 광주로 갔다.
  1451년(문종 1),   조전경차관 남회가 3월 25일에 나주에 들어왔다가 적재 감독을 마치고 5월 2일 상경하였다.
  1452년(문종 2),   조전경차관 유자명이 3월 14일 나주에 들어왔다.
  1454년(단종 2),   조전경차관 전운색별감 이첨이 2월 28일 나주에 들

---

71) 마도 4호선을 영산창 선박이 아니라 진포 또는 덕성창 선박으로 본 연구(문경호, 「泰安 馬島 4號船 出水 遺物을 통해 본 朝鮮 初 漕卒의 船上 生活」, 『島嶼文化』 48, 목포대 도서문화연구원, 2016)가 있으나, 관련 자료를 종합적으로 검토해 볼 때 그렇지 않을 가능성이 훨씬 높아 보인다.

어왔다가 광주로 갔다.

1458년(세조 4), 조전경차관 남소의가 5월 25일 진원을 거쳐 상경

1462년(세조 8), 조전경차관 임팽노가 2월 21일 입주하여 함평으로 떠났다.

1463년(세조 9), 전운판관이 왔다.

1472년(성종 3), 조전경차관 김양완이 1월 21일 입주하였다.

1478년(성종 9), 삼도경차관 정윤증이 2월 21일 입주하여 영산포에서 전세를 조운선에 실은 다음 3월 4일 영광으로 떠났다.

　　조전경차관은 대체로 2월에 나주에 들어왔다. 2월에 배에 실어 출발시켜야 한다는 고려 때의 규정과 활동 시기가 일치한다. 수교(受敎)를 참작하여 호조에서 작성한 '田稅 節目'에 "영산성·법성포의 경차관은 그 소재하는 나주·영광의 관청에서 접대하기가 쉬우나, 덕성창에 소재하는 함열의 관청은 가장 빈약하므로 경차관은 창곡(倉穀)을 사용하여 접대하도록 하소서"[72]라고 한 것으로 보아, 영산창 조전경차관에 대한 접대는 나주목에서 담당하였다.

　　『경국대전』을 반포하면서 해운판관(海運判官) 1인을 두어 충청도와 전라도 조운을 감독하도록 하였다. 그럼에 따라 "해운판관과 조전경차관 두 관원에게 길을 나누어, 영산성·법성포의 전세 싣는 것을 감찰한 뒤에 또 덕성창에 이르러 싣는 것을 감독하게 하였습니다."[73]고 하였듯이, 조전경차관과 해운판관이 동시에 파견되었다. 그러다가 조전경차관은 폐지되고 해운판관으로 일원화되었다. 이 외에 행대별감(行臺別監) 조침(趙琛)이 1472년(성종 3) 정월 14일에 입주하여 영산성에서 전세를 받을 때에 쓰는 곡두(斛斗)를 교정하고서 갔다(『금성일기』). 실

---

72) 『成宗實錄』 21, 성종 3년 8월 14일(戊寅).

73) 『성종실록』 21, 성종 3년 8월 13일(丁丑).

록에는 "행대감찰(行臺監察)을 충청도·경상도·전라도의 수세제창(收稅諸倉)에 나누어 보내, 불법한 일을 규찰하게 하였다."[74]고만 기록되어 있다. 2년 뒤에는 행대감찰 이숙규(李淑珪)를 전라도의 덕성·법성·영산창에 보내어 수세의 불법을 조사하게 하였다.[75] 이때 영산창에서의 불법으로 공리(貢吏)와 상인 사이의 비행이 적발되었다.[76] 본래는 농부가 직접 세곡을 납부하도록 되어 있는데, 그렇게 하지 않고 통주(統主)와 공리가 짜고 상인들로부터 매입하여 납부하면서 자신들은 이익을 보고 농부들에게 피해를 주었던 것 같다. 결국 당시 호조에서 '전세 절목'으로 공리 침어 금지, 두량 농간 금지, 흥리인 포소 출입 금지 등을 선포했음에도 불구하고, 그런 금지사항을 위반한 일이 영산창에서 일어나서 중앙에서 조사관이 현지로 내려왔던 것이다.

이렇게 영산창이 설치되었지만, 처음에는 영산창에 납입해야 할 세곡종류와 지역이 일목요연하게 정리되지는 않았던 것 같다. 나주와 광주 이남 각 고을의 주민들이 군자감에 바칠 미두는 나주의 영산창으로 운반하여 조운하고, 각 관사에 납세할 미두는 용안의 덕성창으로 운반하여 조운하고 있으니, 한 호(戶)에서 전세를 두 곳으로 나누어 운반하여 소와 말이 피곤하여 죽을 지경일 뿐만 아니라, 기일에 맞추어 운반하여 바치지 못하는 폐단이 적지 않다는 1427년(세종 9) 호조의 보고를 통하여 알 수 있다.[77] 이러한 지적에 따라 광주 이남 주민들이 각 관사에 바칠 전세도 모두 영산창에다 운반하여 바치게 하였다. 그리하여 세종 말기 『세종실록 지리지』 전라도 총설편에는 강진, 고창, 고흥, 곡성, 광양, 나주, 낙안, 남평, 능성, 담양, 동복, 무안, 무장, 무진, 보

---

74) 『성종실록』 14, 성종 3년 1월 5일(壬寅).
75) 『성종실록』 38, 성종 5년 1월 24일(庚戌).
76) 『성종실록』 41, 성종 5년 4월 3일(丁巳).
77) 『世宗實錄』 35, 세종 9년 2월 2일(庚申).

성, 순천, 영광, 영암, 옥과, 장성, 장흥, 진원, 창평, 함평, 해진, 화순, 홍덕 등 27읍의 세곡을 영산창에 바치도록 하였다. 고려 때 영광 부용창 수세지역이 전부 영산창으로 들어와서, 영산창의 수세지역이 이전에 비해 크게 확대되었다. 그런데 성종 때『동국여지승람』나주목 편에는 강진, 광산, 광양, 나주, 낙안, 남평, 능성, 동복, 무안, 보성, 순천, 영암, 장흥, 진도, 해남, 화순, 흥양 등 17읍의 세곡을 영산창에 납부하여 배로 서울에 운반한다고 하였다. 이전에 비해 9읍(곡성, 담양, 영광, 옥과, 장성, 진원, 창평, 함평, 홍덕)이 줄었으니, 이는 영광에 법성창이 들어서서 그러하였을 것 같다. 성종 때 관할구역은 법제화되어『경국대전』에 수록되었다.

전라도 조창은『세종실록 지리지』에는 나주 영산창과 함열 덕성창 등 2곳이지만,『경국대전』에는 함열 덕성창과 영광 법성창과 나주 영산창 등 3곳이었다. 영산창에는 조운선이 53척이나 있었다.[78] 덕성창이 63척이고 법성창이 39척이었다. 당시 척당 적게는 500~600석 또는 700~800석, 많게는 1천석을 실었다. 그러면 영산창에서 적게는 2만 6천 5백석, 많게는 5만 3천석이 조운되었다. 당시 전라도 세곡으로 9만석이 거론되었으니, 대략 3만석 내외가 영산창 몫이었다. 1487년(성종 17)에 전라도 관찰사가 되어 나주에 들어온 김종직(金宗直, 1431~1492)은 영산창의 모습을 다음과 같이 읊었다.

붉은 뱃전 검은 노가 파도 위에 가득하고 / 紅舷烏榜滿波濤
자잘한 집 마을마다 노적 더미가 높직한데 / 矮屋村村積稻高
영산창에는 백만 섬의 곡식이 쌓여 있으니 / 百萬榮山倉裏粟

---

78)『經國大典』, 戶典, 漕轉.
咸悅德城倉·靈光法聖浦倉·羅州榮山倉 漕船之數 全羅道榮山倉五十三隻
法聖浦倉三十九隻 德城倉六十三隻.

금년에는 백성의 고혈 탈취한다 말하지 마소 / 今年休道浚民膏.[79]

영산창에 백만 섬의 곡식이 쌓여 있다는 말은 매우 많다는 표현이다. 그것들은 선적 전까지 자잘한 집 마당에 노적 더미로 쌓여 있었다. 이 세곡을 서울로 실어갈 조운선과 각지에서 자기 지역 세곡을 싣고 온 선박이 포구 안에 가득하였다.

조운선 1척에는 40명의 인원[조군(漕軍)]이 배속되어 2교대로 나누어 승선했다. 그러면 53척이 배치된 영산창에는 1,444명의 인원이 필요한 셈이다. 이들이 모두 영산포에 거주하지는 않았을 것이지만, 상당수는 영산포에 살고 있거나 영산포를 매개로 생업을 유지하고 있었을 것이다. 1447년(세종 29)의 경우 초운선과 2운선에 이어 7월에는 3운선이 경창에 도착하기도 하였다.[80] 1년에 3회 운송하였다는 말이다. 이들이 서울에서 돌아올 때에 전국의 상품을 영산포에 반입하였을 것이고, 영산포는 다시금 그 상품을 받기 위해 모여든 인근 상인들에 의해 또 다시 북적거렸을 것이다.

3) 법성창과 해창

그런데 영산창의 존립에 위험신호가 나타났다. 조운선이 파선되어 세곡이 침수되고 선졸이 죽는 사태가 자주 발생하였기 때문이다. 1451년(문종 1)에 전라도 조전경차관(漕轉敬差官)이 아뢰기를, 영산성의 초운선이 태안 안흥량에서 큰바람을 만나 7척은 표몰하고 4척은 간 곳을 모른다고 하였다.[81] 사고는 이어졌다. 1466년(세조 12)에 조운선이

---

79) 金宗直,『佔畢齋集』22, 詩,「錦城曲」.
80)『世宗實錄』117, 세종 29년 7월 6일(丙申).
81)『文宗實錄』7, 문종 1년 5월 26일(癸亥).

파선된 사연을 추고하기 위하여 찰리사 안초(安迢)가 영광으로부터 나주에 들어와 영암으로 갔다.[82] 이런 해난사고에 대해 이때까지의 대책은 책임을 다하지 못한 담당 관리를 문책하는 정도였다. 그런데 성종대에 들어와서는 영산창과 덕성창 외에 법성창이 새로이 등장하면서 상황은 이전과 완전히 달라졌다.[83] 급기야 영산창에서 받는 조세를 법성창 또는 덕성창으로 옮겨서 받게 하자는 제안이 공론화되기에 이르고 말았다.[84] 연산군 대에는 영산포와 법성포 두 창고의 곡식을 운반하는 물길이 멀어서 근래 빈번하게 침몰되고 조군(漕軍)도 많이 죽으니, 두 곳 창고의 조세를 옥구의 군산포(群山浦)에서 조운하게 하면 좋지 않겠느냐는 제안이 나오기도 하였다.[85]

이러한 논란을 펴다가 마침내 1512년(중종 7)에는 영산창을 혁파하고 법성창으로 이관하는 조치가 단행되고 말았다. 영광 부용창 수세지역이 나주 영산창으로 이전되었던 것과는 완전히 정반대의 조치였다. 당시 조창 관할구역을 재조정하자는 여론이 조성되어 있었다. 전라도 관찰사 남곤(南袞)은 조창의 이설 여부를 조사하였다. 그리고 그는 정부에 "득성창은 군산포로 옮기고 영산창은 법성창에 합쳐, 도내 각 고을들을 가까운 데로 따라 나누어 붙여 세미를 바치게 한다면, 육로로 수송할 길이 그다지 멀지 아니하여, 백성들이 원망하고 고생하게 되지 아니할 것이요, 산료(散料)의 비용과 파선할 염려도 전일에 비하여 10분

82) 『국역 금성일기』, 112쪽.
83) 법성창이 기록에 처음 등장한 때는 1472년(성종 3)이다(『成宗實錄』 20, 성종 3년 7월 14일(己酉). 『萬機要覽』에는 법성창이 1512년(중종 7)에 설치되었다고 기록되어 있으니, 오기임에 분명하다.
84) 『성종실록』 29, 성종 4년 4월 20일(庚辰).
    『성종실록』 216, 성종 19년 5월 25일(戊子).
85) 『燕山君日記』 50, 연산군 9년 6월 21일(丙辰).

의 5~6은 줄게 되니, 보탬이 없지 않습니다. 편의한 방책을 널리 의논하여 처치하소서."라고 보고하였다. 국왕이 대신들에게 의논을 모아 보도록 명하니, 영의정 유순정 등이 남곤의 아뢴 말이 편리하고 합당할 듯하다고 보고하였다. 이에 국왕이 의논대로 시행하라고 하여, 드디어 영산창은 혁파되고 말았다.[86] 이는 『신증동국여지승람』에 "금상(今上) 7년에 영산창에서 거두어들이던 것을 영광의 법성창으로 옮겼으므로 영산창은 폐지되었다."고 기록되었다. 이유는 영산창에서 법성창까지 수로의 험난에 있었다. 그리고 양창과 경창 사이의 거리가 다른 점도 이유였다. 조군료(漕軍料) 지급 규정을 기준으로 할 때에 세곡을 조운선으로 운반할 때에 실은 날부터 경강에 도착하는 날까지가 영산창은 29일인데 법성포창은 18일에 불과하였다.[87] 돌아올 때의 조군료는 영산창은 10일분을 지급하지만, 법성창은 7일분을 지급하였다.[88] 경창과의 거리가 멀면 당연히 조창 유지비가 더 들 수밖에 없었다. 이상의 이유로 영산창이 폐지되자 나주 쪽 사람들의 반발이 있었던지, 1629년(인조 7)에 다시 영산창을 설치하였다. 하지만 1630년(인조 8)과 1631년(인조 9)에 영광 앞바다 칠산에서 조운선이 연이어 침몰하는 사고를 계기로, 영산창은 1632(인조 10)년에 순찰사의 장계에 의해 영구히 폐지되었다.[89] 이 기사는 『탁지지』에만 나오기 때문에 전후 사정을 상세하게 알 수 없다. 사고에 대해서는 1630년에 본주 조운선이 패몰했다는 나주목사 장유(張維)의 짧은 보고서만이 실록에 들

---

86) 『中宗實錄』 16, 중종 7년 9월 27일(戊戌).

87) 『經國大典』, 兵典, 番次都目, 漕卒.

88) 『大典續錄』, 戶典, 漕轉, 漕軍料.

89) 『度支志』 7, 版籍司, 漕轉部, 漕倉.
    國初設倉收光州等五邑田稅 中宗六年 以七山之險 移納於法聖倉 仁祖七年
    因漕卒呈訴 復爲設倉 庚午辛未漕船連覆於七山 壬申巡使狀啓永罷.

어 있을 뿐이다.[90] 1632년 당시 순찰사 심기원이 어떤 조치를 취했는지에 대해서는 찾아지지 않는다. 이 점에 대해『속수나주지』에는 해운판관 김광혁(金光爀)의 계문(啓聞)으로 법성창에 합병되었다고 적혀있다.[91] 김광혁은 1631년에 삼남독향어사(三南督餉御史) 가운데 전라도 담당자로 차출되었다가,[92] 곧 바로 교체되고 말았다. 따라서 인조때의 영산창 치폐 사실에 대해서는 더 이상 확인할 수는 없지만, 나주목사 장유의 보고를 감안하면『탁지지』기록이 사실인 것 같다.

하지만 영산창 복설론은 지속적으로 제기되었다. 가령, 1682(숙종8)에 전라감사 신익상(申翼相)이 크고 작은 배의 운행이 모두 영산포에서 나오므로, 만약 조창을 그곳으로 옮기지 않는다면 가까운 곳을 버려두고 법성창까지 멀리 운송해야 하니, 백성들이 모두 원망을 호소할 것이라고 하였다.[93] 영산강 중상류 수로에 임한 군현은 세곡을 강선에 선적하여 영산포로 집결한 후 해선으로 옮겨서 법성포로 납부하고 있던 상황 속에서 그럴 바에야 영산포에서 납부하도록 하자는 의견이 도내에 비등하였을 것 같다. 1725년(영조 1)에 헌납 정택하(鄭宅河)는 호남의 능주·광주·화순·동복·창평 등 5읍은 전세를 4·50리 거리의 나주 영산포를 버리고, 3·4일 걸리는 머나먼 법성포로 운송하니, 등에 지고 머리에 이는 사람들의 고통이 말할 수 없고 원거리 왕래

---

90) 『仁祖實錄』23, 인조 8년 7월 26일(癸卯).
91) 『續修羅州志』(1920년), 榮山漕倉古蹟.
　　漕運水路 或有淺灘 或有隱石 反仁祖朝 漕船連歲致敗 海運判官金光爀啓聞
　　移於靈光法聖浦.
92) 『承政院日記』33, 仁祖 9년 6월 13일(乙卯).
93) 『肅宗實錄補闕正誤』13, 숙종 8년 1월 8일(丙辰).
　　先是 全羅道榮山倉有移設之議 而海運判官尹恍又請勿移 監司申翼相狀請
　　左道船路 皆由七山(海名) 大小船運 皆出榮山 若不移倉 捨近而遠輸於法聖
　　(漕倉名) 民皆呼冤 廟堂議覆委道臣 更加詢訪便否.

비는 가난한 사람들을 못살게 한다고 하였다.[94] 영산포를 조창으로 활용하자는 말인데, 송강 정철 후손이자 창평 출신으로 인근 양반들과 크게 교류[95]한 정택하의 의견은 지역민들의 의견을 반영한 것이었음에 분명하다. 그리고 1790년(정조 14)에 나주 유학 임욱원(林旭遠) 등이 상언하여 영산포 옆 제민창(濟民倉)에 조창을 설치하여 능주·남평·나주 3읍의 양세(전세, 대동미)를 조운하도록 하자고 하였다.[96] 나주와 그 인근 사람들은 여전히 영산창 복설을 주창하였던 것이다. 이런 상황에서 실학자들의 개혁론에도 조창 재배치는 빠질 수가 없었다. 가령, 반계 유형원(柳馨遠, 1622~1673)은 운송거리를 감안한 조창의 전면적인 재정비를 주장하였다. 그 개혁안이 바로 15조창제였다. 그 구상에 따르면 15조창은 강음 조읍포창, 배천 금곡포창, 춘천 소양강창, 원주 흥원창, 충주 가흥창, 아산 공진창, 서산 조창, 옥구 군산창, 부안 조창, 영광 법성창, 나주 영산창, 해남 조창, 순천 조창, 사천 조창, 창원 조창이다.[97]

이처럼 나주 영산창은 조선시대의 경우 당대 전라도 2대 또는 3대 조창으로서 27읍 또는 17읍의 세곡을 모아 해로를 통하여 경창으로 운반하는 곳이었다. 그러나 영광 칠산 바다에서의 잦은 해난사고를 이

---

94) 『承政院日記』589, 英祖 1년 3월 25일(癸亥).
    臣有在鄕時所聞觀者 敢忘僭越 而略陳之 湖南之綾州·光州·和順·同福·昌平五邑田稅之出浦也 捨羅州榮山江四五十里之地 而遠輸於法聖浦三四日之程 民人等負載艱辛之狀 已不可言 而遠地往來之費 亦作窮民之巨弊 其所捨近而取遠者 實爲可愍 故曾自本道 採聽民情 至於狀聞 下備局議處 而備局只以重難防塞 蓋其初頭設置之際 似不無一時之弊 而此其所費者狹 所及者廣也 伏願殿下 更令備局與本道 從便議處焉.

95) 김덕진, 『소쇄원 사람들』2, 선인, 2011, 151쪽.

96) 『備邊司謄錄』176, 正祖 14년 2월 13일.

97) 문광균, 「반계 유형원의 조운제도 개혁론」, 『朝鮮時代史學報』79, 朝鮮時代史學會, 2016, 222쪽.

유로 16세기에 영산창은 폐지되고 영산창 관할 세곡은 법성창으로 운반되었다. 한편, 17세기에 접어들면서 조운제도가 변동되면서 일부 지역은 예전처럼 조운제로 운영되었지만, 나머지 지역은 직납제로 운영되었다. 그래서 직납읍(直納邑)은 전라도의 경우 26읍이나 되었는데, 그런 고을에서는 자신들이 수합한 세곡을 직접 서울로 발송하기 위해 해창(海倉)을 설치하였다. 나주 또한 직납읍이어서 해창이 설치되었다. 나주 해창은 영산포에 있었다.[98] 2월에 영산포 해창에서 세곡을 수봉하여 3월에 선적되어 출발되었는데, 영산포에서 서강까지 20일 일정이었다.[99] 앞에서 말한 임욱원 상언에 의하면, 경선(京船)을 빌려 운반한다고 하였다. 당시 지토선(地土船) 아니면 경선(훈련도감 선박, 경강상인 선박)을 임대하는 것이 전국적인 현상이었다. 그리고 남평과 능주의 세곡도 영산포 해창에서 수합되어 발송되었다. 그래서 능주 출신 양진영은 영산강 해창 풍경을 "榮山江口稅船登 一石傳聞數斗增 彼輩安知民力重 沿流歌鼓氣騰騰"[100]이라고 읊었다. 이를 두고 남평·능주가 영산창 소속이라는 지적이 있지만,[101] 그게 아니라 영산포 해창을 빌려 사용한 것이다. 당시 18세기 이후의 읍지에 등장하는 영산창(주남 15리)은 조창이 아니라 동창·서창·남창·북창·삼향창·선소창과

98) 영산포에서 발선했다는 기사만 있고, 해창이 영산포에 있었다는 사실을 적시한 기록은 찾아지지 않고 있다. 하지만 영산포에 나주와 남평·능주 세곡을 집적·선적할 수 있는 시설을 갖춘 해창이 있었을 것이다. 참고로 해창을 바닷가가 아닌 강가에 둔 사례로 나주 외에, 구례는 섬진강 연곡사 입구에, 무안은 동 15리 영산강에 각각 해창을 두었다.

99) 『輿地圖書』, 全羅道, 羅州, 田稅.
二月收捧海倉三月裝發 自羅州榮山浦忠淸道元山鎭前洋京畿金浦前洋達于西江 二十日程.

100) 梁進永, 『晩羲集』 2, 詩, 「田家五月」.

101) 변남주, 「영산강 상류지역 포구와 바닷배 뱃길 여부 검토」, 『지방사와 지방문화』 15-1, 역사문화학회, 2012, 102쪽.

함께 환곡을 관리하는 창고였다. 환곡 관리 영산창은 "江倉 榮山江邊"(『興圖備志』)이라고 하듯이, '강창'이라고 하였다. 주의하여 자료를 살펴야 한다.

영산창 조창이 폐지된 후 영산포는 크게 변하기 시작하였다. 우선, 영산포가 포구상업의 중심지로 조선시대는 물론이고 일제시대까지 전국적 명성을 날리게 되었다. 그리하여 영산포는 조선 굴지의 상선 정박처였다. 이 점에 대해 『택리지』에 "전라도는 나주의 영산강, 영광의 법성포, 흥덕의 사진포, 전주의 사탄이 비록 짧은 강이나 모두 조수가 통하므로 장삿배가 모인다."고 기록되어 있다. 영산포는 강과 바다를 통해 물자를 실어 날라 이익을 크게 보는 곳으로 해석된다. 그리하여 영산포 상인이 영산포에서 선박을 이끌고 나가 상업을 하다가 해난사고를 당한 후 일본에 표착하기도 하였다. 어떤 이는 쌀과 면포를 가지고 진도에 가서 어채(魚菜)와 죽기(竹器) 등을 샀고, 어떤 이는 전주 상인 및 서울 상인과 함께 승선하여 서울에서 곡물을 샀다.[102] 어염이 반입되었기에 내수사 파견인을 칭하는 사람들처럼 유세층이 영산포에 들어와 수세를 하기도 하였다.[103] 또한, 영산포에 엘리트층들이 입주해오게 되었다. 나덕준(羅德峻)이 들어오면서 택촌마을에 나주나씨들이 세거하기 시작하였다고 한다. 그리고 그의 셋째 아들 송암 나위소(羅緯素, 1583~1667)가 '영산창등'에 수운정이라는 정자를 짓고 살았던 적이 있었고,[104] 다섯째 나경소의 후손들은 지금까지 택촌마을에

---

102) 『同文彙考』3, 附編 32, 漂風 4, 我國人.

103) 『承政院日記』2852, 高宗 15년 7월 29일(丁丑).
    又見完營所報 則羅州之榮山濟倉兩浦 漁鹽雜物 稱以內司差人 持圖署下來 都賈收稅云.

104) 金萬英, 『南圃集』5, 七言律詩, 「題峀雲亭」(亭在州南榮江上 卽羅慶州緯素 棲息之所).

집단으로 거주하고 있다.[105] 아마 영산창이 폐창되면서 그곳에 살던 조군들이 흩어지고 그 빈자리에 나씨들이 들어왔을 것 같다.

맺음말

나주 치소의 관문은 치을포였다. 치을포는 통의의 진포라고 하여 통 진포, 읍내의 남쪽 포구라고 하여 남포, 나주로 들어오는 '목'에 있는 포구라고 하여 목포 등으로도 불리었다. 고려 초기에 금성이라는 별호 가 제정되면서 치을포를 흐르는 강 이름은 금강으로 불리었다. 그럼에 따라 치을포는 금강진·금진으로도 불리었다. 강을 건너는 진이면서 강과 바다를 오가는 포구여서 그러했던 것이다. 이 치을포에 고려 초 기에 해릉창이라는 조창이 개설되었다. 판관과 색전이라는 감독자가 파견되었고, 조운선과 조군이 배치되어 오늘날의 나주·광주·담양·무 안의 일원과 장성·화순의 일부 지역 세곡을 개경으로 운송하였다.

14세기 중반에 왜구가 침략하면서 나주 지역사회가 흔들리기 시작 하였다. 왜구가 조창과 세곡선을 공격하면서 조운이 막힐 지경이었으 나, 군 지휘관의 파견과 조전사라는 감독관의 파견으로 해릉창의 조운 은 이어지고 있었다. 그때 왜구의 침탈에 못이긴 흑산도 사람들이 나 주 목포로 나와 이거하면서 그곳이 영산현이 되었다. 그와 함께 강 이 름도 영산강으로, 포구 이름도 영산포로, 진 이름도 영산진으로 각각 바뀌었다. 약탈을 막기 위해 산 속에 야적하는 폐단을 막기 위해 전라 도 도관찰사 노숭은 1390년(공양왕 2)에 영산현 치소의 강변에 영산

---

105) 국립나주문화재연구소, 『영산강 유역 마을의 역사와 문화』, 2009, 146~147쪽.

성이라는 성을 쌓고 그 안에 영산창을 개설하였다. 이때 영산창의 관할 구역은 5읍에 불과하였지만, 조선왕조가 개창되고 사회가 안정되면서 세종 때에는 무려 27읍으로 확대되었다. 영광에 법성창이 창설되면서 관할구역이 17읍으로 축소되었지만 배속 조운선은 53척이나 되었고, 매년 2~3만석의 세곡을 집적한 후 발송하였다.

그런데 영광 앞바다 칠산과 충청도 태안반도 안흥량에서 영산창 조운선이 잦은 해난사고를 당하고 말았다. 그 가운데 태종 때에 안흥량에서 조난당한 영산창 조운선이 물속에 잠겨 있다가 1천년 지나서야 모습을 드러냈다. 이런 사고 때문에 영산창은 폐지 논의가 있다가, 마침내 1512년(중종 7)에 법성창으로 합속되고 말았다. 하지만 이후에도 영산창을 부활하자는 논의가 끊이지 않았고, 영산포에는 해창이 설치되어 나주와 남평·능주 세곡을 운송하였다. 조창이 폐지되면서 영산포는 상업포구로 본격적인 활동을 하여 전국에 그 이름이 알려지게 되었다.

| 머리말

법성창(法聖倉)이란 전라도 일부 군현의 세곡을 서울로 실어나르기 위해 조선초기에 영광에 설치된 조창(漕倉)이다. 그런데 법성창에 관한 전론은 현재 없는 편이다. 법성창에 관해서는 고려와 조선의 조운제도를 연구한 논저를 통해 기초적인 지식을 접할 수 있고, 법성포의 포구·굴비[조기] 및 법성진의 진성·구조 또는 법성 단오제를 다룬 논문도 발표되어 대략적인 내용은 드러난 셈이다.[1] 그렇지만 기존연구는 제도 중심의 고찰에 머물러 법성창의 생생한 모습을 제대로 드러내지 못하였다. 특히 기존의 전반적인 조운연구는 조운 자체에만 초점을 두어서 지역사정을 고려대상에 두지 않은 한계를 안고 있다. 더군다나 국가재정 측면에서 법성창의 위상에 대해서도 정리된 바도 없다. 이러한 상황에서 우선 법성창의 위상을 정리할 필요가 있어 이 글을 작성하였다.

---

1) 順天大學校博物館·靈光郡, 『靈光法聖鎭城』, 2001.
   고려대 민족문화연구원, 『법성포 단오제』, 월인, 2007.
   오창현·편성철, 『영광군 법성포』, 전라남도·국립민속박물관, 2011.
   변남주, 「영광 법성포 조창과 수군진의 변화」, 『도서문화』 44, 목포대학교 도서문화연구원, 2014.

따라서 여기에서는 법성창에 소속되었던 군현, 법성창에 비치된 조운선, 그리고 법성창에서 실어나른 세곡량 등을 알아보겠다. 이상을 알아보면 법성창의 위상이 국가재정 운용 측면에서 어떠하였는지가 드러날 것이다. 그렇게 되면 법성창 관련 역사문화 자원에 대한 보존과 활용의 필요성이 보다 분명해질 것 같다.

---

1. 조운읍, 도내 최다

안정복(1712~1791)이 지은 『동사강목』에 "영광 부용창(芙蓉倉)은 영광군 부용포(芙蓉浦)에 있었고 전에는 아무포(阿無浦)라고 일컬었으나 지금은 자세히 알 수 없다."고 하여 고려시대에 전에 아무포로 불렸던 부용포(현재 법성면 고법성)에 부용창이라는 조창이 개설되어 있었다. 부용창은 고려초기에 12조창의 하나로 정종 대에 개설되어 1천 석을 적재할 수 있는 초마선 6척이 배정되어 있었다.

조운제가 고려후기에 파탄의 지경에 이르러 조창이 폐쇄되는 사태가 벌어졌다. 그 이유는 왜구의 침입에 있었다. 왜구들의 침략 목적은 식량의 약탈이었으므로 주된 표적은 양곡을 보관하고 있던 조창과 세곡을 운반하고 있던 조운선이었다. 조운선의 통행은 거의 불가능한 상태에 빠지게 되었고, 조창이 노략질을 당해 폐허화되거나 내륙으로 이동되었다. 이로 인해 세곡이 수도 개경에 반입되지 못하여 정부는 재정위기를 겪을 수밖에 없었고 결국 고려 왕조는 지탱하지 못하고 무너지고 말았다.

조선왕조는 건국과 함께 조운제도의 정상화에 나섰다. 그것은 우선 창고의 보수와 이설로 조창을 복구하는 데에 집중되었다. 『세종실록지리지』에 의하면, 당시 전라도에는 함열현 서쪽 피포의 덕성창(德成倉)과 나주 목포의 영산창(榮山倉) 등 2개의 조창이 있었다. 이 가운데 덕성창의 관할 고을은 함열 등 26읍이었고, 나주 등 27읍은 영산창에 조세를 수납하였다. 전라도 전체 53읍이 영산창과 덕성창 2조창에 분속되어 있었던 것이다.

<표 1> 조선시대 전라도 조창의 속읍

전거	조창	위치	속읍	관할지역
세종실록지리지	영산창	나주 목포	27	강진, 고창, 고흥, 곡성, 광양, 나주, 낙안, 남평, 능성, 담양, 동복, 무안, 무장, 무진, 보성, 순천, 영광, 영암, 옥과, 장성, 장흥, 진원, 창평, 함평, 해진, 화순, 흥덕
	덕성창	함열 피포	26	고부, 고산, 구례, 금구, 금산, 김제, 남원, 만경, 무주, 부안, 순창, 여산, 옥구, 용담, 용안, 운봉, 익산, 임실, 임피, 장수, 전주, 정읍, 진산, 진안, 태인, 함열
동국여지승람	득성창	용안 금두포	21	고산, 금구, 금산, 김제, 남원, 만경, 무주, 여산, 옥구, 용담, 용안, 운봉, 익산, 임실, 임피, 장수, 전주, 진산, 진안, 태인, 함열
	법성창	영광 법성포	16	고부, 고창, 곡성, 구례, 담양, 무장, 부안, 순창, 영광, 옥과, 장성, 정읍, 진원, 창평, 함평, 흥덕
	영산창	나주 영산포	17	강진, 광산, 광양, 나주, 낙안, 남평, 능성, 동복, 무안, 보성, 순천, 영암, 장흥, 진도, 해남, 화순, 흥양
신증동국여지승람	군산창	옥구	25	고부, 고산, 금구, 금산, 김제, 남원, 만경, 무주, 부안, 여산, 옥구, 용담, 용안, 운봉, 익산, 임실, 임피, 장수, 전주, 정읍, 진산, 진안, 태인, 함열, 흥덕
	법성창	영광	29	강진, 고창, 곡성, 광산, 광양, 구례, 나주, 낙안, 남평, 능성, 담양, 동복, 무안, 무장, 보성, 순창, 순천, 영광, 영암, 옥과, 장성, 장흥, 진도, 진원, 창평, 함평, 해남, 화순, 흥양

전거	조창	위치	속읍	관할지역
속대전 만기 요람	성당창	함열	8	고산, 금산, 남원, 용담, 운봉, 익산, 진안, 함열
	군산창	옥구	7	금구, 옥구, 임실, 장수, 전주, 진안, 태인
	법성창	영광	13	고창, 곡성, 광주, 담양, 동복, 법성, 순창, 영광, 옥과, 장성, 정읍, 창평, 화순

　아직 복구되지 않던 부용창은 세조 대 또는 성종 대에 복구되어 법성창으로 개명되었다고 한다. 그 후 물길이 막힌 덕성창을 1482년(성종 13)에 용안 금두포에 득성창(得成倉)을 신설하여 이설하였다. 그 결과 『동국여지승람』에 따르면, 용안 득성창(용안 등 21읍), 영광 법성창(영광 등 16읍), 나주 영산창(나주 등 17읍) 등 3조창에서 전라도 세곡을 조운하였다. 이때까지만 해도 법성창의 위상이 두드러진 상태는 아니었다.

　그런데 모래갯벌로 뒤덮여 수심이 얕은 칠산바다(함평 손불면~영광 염산면)를 통과해야 하는 나주 영산창의 수로가 험난하여 해난 사고가 자주 발생하였다. 그 대책을 1473년(성종 4)에 임금이 묻자, 영산창에서 받는 조세를 법성창으로 옮겨서 받게 하자는 의견이 제시되었지만 실현에 옮겨지지 못했다. 그리고 1488년(성종 19)에는 영산창에서 받는 조세를 덕성창에 옮겨서 수납하게 하면 침몰의 걱정이 없을 것이라는 의견도 제시되었다. 영산창 이설 문제는 연산군 대에도 거론되다가, 마침내 1512년(중종 7)에 전라도 관찰사 남곤(南袞)의 건의에 의해 영산창을 폐지하고 그 소속 고을을 법성창으로 옮기고, 용안 득성창을 신설 옥구 군산창으로 옮기었다. 이리하여 법성창은 29읍을 관할하는데 반하여, 군산창은 25개 고을을 관할하는 데에 그쳤다. 이는 『신증동국여지승람』에 수록되었고, 이리하여 법성창은 전라도 안에서 가장 많은 고을을 관할구역으로 둔 조창이 되었던 것이다.

따라서 전라도는 조선전기에 전 고을이 조운지역이었지만, 수로와 포구 상태 때문에 덕성창·영산창 2조창 체제에서 덕성창·법성창·영산창 3조창 체제로, 다시 득성창·법성창·영산창 3조창 체제로, 또 다시 군산창·법성창 2조창 체제로 조정되었다.

　17세기에 들어서도 전라도 조창은 변화를 맞게 되었다. 인조 때에 여산에 나암창(羅巖倉)이 설치되더니 곧이어 함열 진포로 옮겨 성당창(聖堂倉)이라 하고 군산창의 관할지역 일부를 맡도록 하였다. 그런데 그 무렵 관선 조운읍 가운데 일부 고을이 사선 직납읍으로 변하기 시작하였다. 그리하여 53개읍 가운데 25개읍은 임선으로 직접 상납하는 직납읍으로,[2] 1개읍은 면포로 육상 납부하는 육운읍으로 바뀌고, 나머지 27개읍만이 조운읍으로 남았다. 27개 조운읍은 18세기 영조대의 『속대전(續大典)』에 따르면, 함열의 성당창, 옥구의 군산창, 영광의 법성창 3조창에 분속되었다. 3조창의 분속읍을 보면, 전체 53읍 가운데 성당창에 8읍, 군산창에 7읍, 법성창에 13읍진 등이었다. 정조대 『탁지지(度支志)』와 순조대 『만기요람(萬機要覽)』의 조전조에 기록된 3조창에 소속된 고을을 살펴보아도 이전과 동일하였다. 따라서 조선후기 동안 법성창은 도내 3조창 가운데 가장 많은 분속읍을 배당받은 조창이었던 것이다.

2. 조운선, 전국 최다

　조운읍은 각기 소속 조창에 세곡을 운반하여 납부하였다. 그러면 조

---

2) 이런 직납읍(直納邑)은 자기 고을에 해창(海倉)을 설치하고 그곳에서 임대 선박으로 세곡을 서울로 운송하였다.

창에서는 각읍의 세곡을 모아 조운선에 나누어 실어 서울로 가지고 가
서 납부하였다. 따라서 조창에는 일정수의 조운선이 비치되어 있었다.
『경국대전』에 따르면, 조운선이 함열 덕성창에는 63척, 영광 법성창에
는 39척, 나주 영산창에는 53척 각각 있었다. 이들이 전라도의 세곡을
나누어 운송하였다.[3] 1488년(성종 19)에 전라도관찰사 김종직(金宗
直)이 "법성의 조운선 31척이 파손되어 조졸(漕卒)이 익사하였는데 시
신 아홉 구를 찾아내었습니다."고 하여 31척이 파손되었다고 한 것으
로 보아,[4] 당시 법정 선척이 구비되어 있었던 것 같다. 그런데 이러한
조운선 패몰 사고로 국고 수입이 감소될 것이고 그로 인해 갑사·근
장·대졸 등의 녹봉 지급이 편치 못할 것이라고 하였다.[5] 비록 법으로
정해진 속읍과 척수는 적었지만, 실제 납부액이 많아 법성포 조운선
사고가 국가재정 운영에 적지 않은 영향을 미쳤음을 알 수 있다. 이런
사례는 속읍수가 도내 최대로 불어난 16세기 이후 빈번하게 발생할 수
밖에 없었다. 아무튼 조선초기에 법성창의 조운읍이 적었던 만큼 조운
선의 척수도 도내 조창 가운데 가장 적었지만, 법성창에서 상납하는
세곡량은 적지 않았음을 알 수 있다.

조운읍의 변경 및 납세제도의 개편에 따라 조운선 척수도 변하게 되
었다. 16세기 이후 조창별 조운선 척수에 대해서는 자료가 없어 알 수

---

3) 『經國大典』, 戶典, 漕轉.
　　諸道漕稅倉京畿諸邑, 江原道淮陽·金城·金化·平康·伊川·安峽·鐵原等邑,
　　田稅直納京倉。牙山貢稅串倉, 收忠淸道田稅。忠州可興倉, 收忠淸·慶尙道田
　　稅。咸悅德城倉·靈光法聖浦倉·羅州榮山倉, 並收全羅道田稅。原州興原倉·
　　春川昭陽江倉, 並收江原道田稅。白川金谷浦倉·江陰助邑浦倉, 並收黃海道田
　　稅 (중략) 漕船之數, 全羅道榮山倉五十三隻·法聖浦倉三十九隻·德城倉
　　六十三隻, 京畿左道五十一隻·右道二十隻.
4) 『成宗實錄』 215, 성종 19년 4월 10일(癸卯).
5) 『성종실록』 215, 성종 19년 4월 18일(辛亥).

없다. 그러나 『속대전』에 성당창 11척, 법성창 28척, 군산창 17척 등 56척으로 기록되어 있다. 이 숫자는 이후 별다른 변화 없이 유지되었다. 실제도 이와 같았다. 1749년(영조 25) 호조판서 박문수(朴文秀)가 법성창 28척·13읍, 성당창 11척·7읍, 군산창 17척·6읍이라고 말한 점으로,[6] 그리고 1775년(영조 51)에 호조판서 구윤옥(具允鈺)이 전라도 3조창의 '元漕船'이 56척이라고 말하였던 점으로 확인된다.[7] 『만기요람』에 기록된 법성창 25척 척수도 1816년(순조 16) 관찬사서에도 동일하게 나와 있다.[8] 아무튼 『속대전』에 기록된 법성창의 28척 조운선은 이후 『대전통편』에 29척, 『탁지지』에 29척, 『만기요람』에 25척, 『대전회통』에 21척 등으로 약간 조정되었다. 그렇지만 법성창의 조운선 척수가 도내 3조창 가운데 줄곧 가장 많았던 것은 사실이다.

〈표 2〉 조선후기 조창의 조선·조군

	공진창		성당창		법성창		군산창		마산창		가산창		삼랑창	
	조선	조군	조선	조군	조선	조군	조선	조군	조선	저군	조선	조군	조선	조군
속대전	15	720	11	528	28	1344	17	816						
대전통편	15		14		29		23		20		20		15	
탁지지					29									
만기요람	12		12		25		19		20		20		15	

6) 『承政院日記』1051, 영조 25년 12월 21일(乙未).
   文秀曰, 湖南設置漕舡, 其意深遠。靈光法聖倉, 則漕舡二十八隻, 載光州等十三邑稅穀。咸悅聖堂倉, 漕舡十一隻, 載高山等七邑稅穀。沃溝群山倉, 漕舡十七隻, 載泰仁等六邑稅穀。此乃金之典也.

7) 『備邊司謄錄』영조 51년 윤10월 4일.
   戶曹判書具允鈺所啓, 全羅道法聖·群山·聖堂三漕倉, 元漕船五十六隻.

8) 『승정원일기』2072, 순조 16년 윤6월 16일(甲午).
   法聖鎭漕舡二十五隻.

조운선이 어떤 사연으로 부족할 경우 사선(私船)을 임대하기도 하였다. 일찍이 전라도 농사가 잘된 1529년(중종 24) 전세가 많이 걷히어 도내 조창 조운선이 부족하자 사선에도 함께 싣게 한 바 있다.[9] 그리고 1791년(정조 15년) 법성창의 원조선(元漕船) 24척과 임선(賃船) 1척이 서울로 올라가다 충청도 안흥 앞바다에서 바람을 만나 4척이 파손되는 일이 있었다.[10] 그리고 법성창 조운선 3척이 군산창 소속읍 세곡을 운송하였던 점으로 보아 타 조창 일에 동원되기도 하였다.[11] 아무튼 전국 조창은 물론이고 전라도 조창 가운데 법성창의 조운선 척수가 가장 많았다.

조운선의 모양이나 규격은 정해져 있었다. '體樣'이라는 샘플이 있어 그것을 보고 배를 건조하였다. 그런데 1697년(숙종 23) 충청도 해운판관 임수간(任守幹)의 보고에 따르면, 아산창의 신조조선(新造漕船) 1척의 규모가 다른 것에 비해 "長四尺二寸, 廣一尺, 高二寸"이나 부족하여 정해진 적재량을 다 실을 수 없을 것 같다고 하였다.[12] 정해진 규격이 있었음을 알 수 있다.

만드는 대로 배 이름을 낙인(烙印)하도록 하였는데, 『천자문』자호(字號)를 따서 배 이름을 붙였다. 당시 우리나라에서는 주흥사의 『천자문』을 공부하는 아동들의 교재로 사용하였을 뿐만 아니라 과장의 시

---

9) 『中宗實錄』65, 24년 4월 5일(庚午).
　　執義朴命孫曰 全羅道, 去年農事稍稔, 故年分等第, 似爲高重. 田稅數多, 而漕船數少, 以私船幷令載之, 至爲騷擾.
10) 『비변사등록』정조 15년 5월 3일.
11) 『승정원일기』508, 숙종 44년 5월 14일(壬戌).
　　戶曹達曰, 全羅道群山倉所屬全州等七邑丁酉條田三稅米太竝一萬七百十七石零, 本站元漕船十七隻·法聖倉餘漕船三隻合二十隻亦中分載.
12) 『승정원일기』370, 숙종 23년 윤3월 4일(甲申).

권 및 족보의 편수와 면수, 양전의 순서를 모두 주흥사의 『천자문』을 써서 표시하고 나누어서 살펴보기에 편하게 한다.[13] 소두산(蘇斗山, 1627~1693)이 18세기 후반에 작성한 장계에 법성창 소속의 '黃字', '成字', '鳳字', '善字', '國字', '奈字', '愛字' 등 7척의 조운선이 기록되어 있다. 1867년에 편집된 『육전조례(六典條例)』의 호전 조전 조항을 보면, 전라도 3조창의 조운선 자호가 나와 있다.

<표 3> 조창 조운선 자호

조창	척수	조운선 자호
성당창	12척	天字, 宙字, 暑字, 醎字, 黎字, 歸字, 白字, 駒字, 萬字, 德字, 貢字, 恒字
군산창	19척	宇字, 閏字, 雲字, 騰字, 雨字, 生字, 光字, 菜字, 重字, 羽字, 龍字, 湯字, 寶字, 慶字, 福字, 寧字, 公字, 合字, 載字
법성창	21척	地字, 玄字, 盈字, 成字, 律字, 呂字, 霜字, 珠字, 珍字, 師字, 國字, 虞字, 陶字, 殷字, 章字, 育字, 體字, 鳳字, 善字, 興字, 定字

성당창에 '天字船'이 있고 법성창에 '地字船'이 있는 것으로 보아, 한 조창의 조운선 자호가 天·地·玄·黃 등의 천자문의 일련 순서대로 되어 있지는 않았다. 그러므로 어떤 이유로 법성창 조운선에 地字, 玄字, 盈字, 成字, 律字, 呂字, 霜字, 珠字, 珍字, 師字, 國字, 虞字, 陶字, 殷字, 章字, 育字, 體字, 鳳字, 善字, 興字, 定字 등의 이름이 붙여졌는지에 대해서는 알 수 없다. 하지만 1867년 이전 자료를 보면 이 자호를 단 조운선이 나온다. 예를 들면 1634년에 '珠字船',[14] 1651년에

---

13) 홍한주(김윤조 외 역), 『19세기 견문지식의 축적과 지식의 탄생(상)』, 소명출판사, 2013, 117쪽.

14) 『승정원일기』 44, 인조 12년 7월 11일(乙未).

'陶字船',¹⁵⁾ 1739년에 '珍字舡',¹⁶⁾ 1748년에 '虞字船',¹⁷⁾ 1791년에 '善字船'¹⁸⁾과 '俊字船'·'體字船'·'平字船'·'國字船'('俊字船'과 '平字船'은 보이지 않는다), 1793년에 '鳳字船',¹⁹⁾ 1850년에 '陶字船',²⁰⁾ 1851년에 '珍字船',²¹⁾ 1854년에 '興字船',²²⁾ 1861년에 '定字船'²³⁾ 등이 나온다. 그리

藍浦竹島致敗, 法聖倉珠字漕船, 溺死船人等, 恤典擧行事, 自上別敎, 已爲移文于本道矣。臣曹, 聞溺死漕軍中崔夢世者, 安在其家, 曾無以漕軍上來之事云云, 極爲怪訝。就考靈光縣上送漕軍都案成冊, 則果無崔夢世名.

15) 『승정원일기』119, 효종 2년 5월 23일(己亥).
朴慶源則以法聖倉押領官, 陶字漕船, 近岸致敗, 自今月十七日被囚, 渠稱許多漕船, 皆無弊到泊, 一船致敗, 乃其船人之罪, 非渠所知云云.

16) 『승정원일기』904, 영조 15년 12월 21일(癸巳).
全羅道法聖倉珍字漕舡, 致敗於南陽地, 仍又漂失之狀.

17) 『승정원일기』1035, 영조 24년 10월 28일(己酉).
法聖倉虞字漕船載來昌平·同福·玉果·谷城等四邑, 丁卯條稅米六百石, 當納別營。而沙工黃禹器, 未入倉前, 偸食米二十四石, 仍爲逃躱.

18) 『승정원일기』1691, 정조 15년 6월 23일(丙寅).
京畿水使申曮狀啓, 以爲德積鎭留鎭將廉處行牒呈內, 全羅道法聖倉, 善字漕船一隻, 所載稅穀, 無事上納, 回還之路, 今月初三日, 到本鎭屬蔚島, 致敗, 格卒九名, 幸得圖生, 孫一壽·洪鷽嶹[洪鷽嶹]·金辰南·崔一九·成男金等五名, 俱爲溺死, 敗船木物, 一時漂流云, 聞甚驚駭, 發遣帶率軍官金方彦, 使之摘奸, 待其回告, 追後狀聞, 爲辭矣。卽者善字船格卒洪鷽嶹·金辰南·崔一九·成男金等四名, 來現本曹, 洪鷽嶹等, 俱是狀聞中溺死人姓名, 而來言生活, 故問其事情, 則所告內, 致敗時一船格卒各自圖生之時, 渠等四名, 同乘帆席, 屢日漂流, 而孫一壽落水溺死, 渠等四名, 漂至海州, 僅得生活, 受營邑立旨上來云。四名之生活, 誠爲多幸, 而留鎭將廉處行之不能探察, 遽然牒報, 極爲可駭, 拿致本營, 嚴棍懲礪.

19) 『승정원일기』1717, 정조 17년 5월 27일(戊午).
法聖倉鳳字漕船致敗委折査實馳啓事.

20) 『江華府留營狀啓謄錄』, 1850년 5월 10일.
全羅道法聖倉陶字漕船監官丁再民, 色吏安廷一, 沙工張替成, 格軍宋明元等十八名, 一竝俱格嚴囚府獄爲白乎旀.

21) 『全羅監司啓錄』, 1851년 윤7월 19일.

고 『충청감영계록』·『충청도수영장계등록』·『호남계록』 등의 자료를 보아도 『육전조례』 속의 자호를 단 조운선이 1867년 이후에도 나온다. 예를 들면 1868년에 '興字船', 1869년에 '善字船'·'成字船'·'律字船'·'珠字船', 1871년에 '國字船', 1872년에 '盈字船'·'律字船'·'地字船'·'鳳字船'·'興字船', 1878년에 '鳳字船', 1879년에 '成字船'·'陶字船', 1880년에 '興字船'·'師字船', 1881년에 '體字船', 1883년에 '鳳字船' 등이 나온다. 이 가운데 무오년에 신조한 '흥자선'의 경우 1868년에 연한이 되어 몸체가 두루 썩고 손상되어 사용할 길이 없으니 개조하는 데 소요되는 소나무 160주를 안면도에서 벌채할 수 있도록 허락해주라는 법성첨사의 요청이 있었다.[24] 그렇게 하여 다시 신조한 배의 이름은 그대로 '흥자선'이라 하여 운항 중이다가 1880년 사고를 당했던 것이다. 그리고 '봉자선'이 잦은 사고를 당한 것도 눈에 띈다.

조운선은 일정 기간이 지나면 수리를 해야 하고 새로 건조해야 한다. 『경국대전』에 따르면, 병선과 조운선은 건조한지 8년만에 수리하

節到付法聖兼任茂長縣監曹錫元牒呈內, 本倉珍字漕船, 去癸卯冬新造, 已過十年, 而船體腐傷, 駕海無路.

22) 『忠淸監營啓錄』, 1854년 7월 15일.
全羅道法聖倉興字漕船一隻, 上納後下來是如可, 六月二十五日夜, 逢風致敗於本里後洋, 而船體段, 沈沒於洋中, 格軍十五名, 跳下從船, 僅僅生出是如, 故今方馳往摘奸緣由, 爲先馳報亦爲有臥乎所, 漕船致敗, 聞甚驚駭.

23) 『忠淸道水營狀啓謄錄』, 1861년 5월 18일.
全羅道法聖倉漕船, 作綜上來是如可, 定字船一隻, 十二日午時量, 逢風致敗於本里金貴味磧前洋.

24) 『忠淸水營啓錄』, 1868년 11월 6일.
議政府爲相考事, 卽接戶曹所報, 則枚擧法聖僉使牒呈, 以爲, 本倉興字漕船, 戊午新造, 已準年限, 遍體朽傷, 萬無使用之道, 所入松材一百六十株, 許斫於安眠島之意, 發關分付亦爲有臥乎所, 有額漕船, 不容暫曠, 一隻船材, 依所報許令斫給是矣, 發遣褊裨, 夤緣濫斫之弊, 另加察飭, 宜當向事.

고 다시 6년만에 수리한 후 6년 뒤에 개조한다.[25] 그런데『속대전』에는 10년만에 개삭(改槊)하고 20년만에 신조(新造)한다고 되어 있다.[26]『대전통편』에는 5년 개삭, 10년 신조로 되어 있다.[27] 일정 기간이 지나면 개삭이나 신조를 해야 한다.

우선 개삭에 대해 알아보자. 기간이 지나고 선체가 부패되었는데도 경비나 목재를 확보하지 못하여 제때 개삭하지 못한 경우가 잦았다. 이때 위험을 무릅쓰고 그대로 운항한 적이 있었다. 예를 들면, 1801년(순조 1) 법성창의 조선 중 도자선(陶字船)과 흥자선(興字船) 두 척은 신해년(1791, 정조 15)에 새로 만들었는데 특별히 개삭하거나 덧대어 만든일 없이 10년의 사용 연한을 채웠으므로 선체가 모두 썩고 손상되어 있었다.[28] 그리고 제때 객삭하지 못하여 운항을 정지한 적도 있었다. 예를 들면, 법성첨사를 겸하고 있는 무장현감은 1851년(철종 2) 법성창의 '珍字漕船'은 지난 계묘년(1843) 겨울에 신조하여 10년 가까이 되어 선체가 썩고 상하여 항해할 수 없어 '落後船'이라 하여 창소(倉所)에 그대로 두게 하고 운항을 정지시켰다. 그러면서 썩고 상한 본판(本板), 삼판(杉板), 가목(駕木), 치목(鴟木) 등을 모두 규정대로 지금 개조하여 내년 봄 조운에는 투입하고자 한다고 관계 당국에 보고하였다.[29]

---

25)『經國大典』, 兵典, 兵船.
  造作八年仍修, 又六年更修, 又六年改造。漕船同.
26)『續大典』, 戶典, 漕轉.
  水站船, 七年改槊, 十四年新造。漕船, 十年改槊, 二十年新造.
27)『大典通編』, 戶典, 漕轉.
  漕船, 依原工典, 五年改槊·十年新造.
28)『日省錄』순조 1년 9월 4일(戊寅).
  法聖倉漕船 陶字興字兩隻 辛亥新造 別無改槊添造之事 而使用已準十年之限 船體擧皆朽傷.
29)『전라감사계록』, 1851년 윤7월 19일.

이어, 신조에 대해 알아보자. 조운선을 신조하는 일은 매우 큰 사업이었다. 조선시 판목(板木)으로 사용되는 소나무가 보통 1백년은 넘은 것이어야 했기 때문이다.[30] 전라도에서 29척을 신조하는 데에 소나무 3천주가 소요되었다. 송전에서 소나무를 재배하고 그곳에서 베어서 신조장까지 운송하는 일이 보통이 아니었다. 그래서 소나무가 많은 변산에서 건조해오기도 하였다. 1573년(선조 6) 법성창 조운선을 부안 변산에서 많이 건조하는데 그곳 사람들이 허술하게 하였다는 지적이 있다.[31] 소두산의 장계에도 법성창 소속 조운선 7척을 으레 변산에 들어가서 건조하였다. 그때 감조차사원(監造差使員)으로 임명된 검모포만호 박승좌(朴昇佐)가 모든 것을 지휘 감독하였다.[32] 1697년(숙종 23) 기사에 의하면, 법성만호 박두한(朴斗漢)이 조운선을 잘 건조하였다고 포계론상(褒啓論賞)하였다.[33] 건조비는 국가에서 지급하였다(대동유치미). 1826년(순조 26) 법성첨사는 5척을 신조하는 데에 2,500냥

節到付法聖兼任茂長縣監曹錫元牒呈內, 本倉珍字漕船, 去癸卯冬新造, 已過十年, 而船體腐傷, 駕海無路, 今春以落後船, 仍留倉所, 趁今改造下亦爲白有等以。取考臣營上漕船案, 則同珍字船癸卯新造, 果爲限滿當次。故發遣編裨, 一一摘奸, 則本板及杉板・駕木・鴟木, 俱爲腐傷是白乎所。依定式及今改造, 然後可期明春漕運乙仍于。緣由馳啓爲白去乎。依例改造事, 令該曹稟處爲白只爲.

30) 崔完基, 『朝鮮後期船運業史硏究』, 一潮閣, 1989, 19쪽.

31) 『선조실록』7, 6년 2월 23일(갑술).

32) 蘇斗山, 『月洲集』3, 狀啓, 「新造船漕軍等加給復戶請更爲行會狀啓」.
法聖倉七隻段置。俱是限滿新造是白乎矣。黃字成字善字鳳字四隻段。持本板改造爲白遣。國字奈字段。本板尤甚腐破乙仍于。全船新造次以。依例邊山入造。監造差使員黔毛浦萬戶朴昇佐以并令一體董役爲白㫆。愛字段。雖已限滿。本板及左右杉板小無腐毀之處。漕軍等情願據新造除良。姑爲改槊爲白遣。國字段。亦爲一體邊山入造事是白乎矣.

33) 『승정원일기』370, 숙종 23년 윤3월 4일(甲申).

정도 들어간다고 하였다.[34)]

3. 운송량, 연 2만석

일반적으로 고려 초마선의 경우 최대 1천석을 적재할 수 있었으나, 조선시대의 경우 적게는 3·4백석에서 5백석 또는 6·7백석이나 8백석 그리고 많게는 1천석 내외를 실었다. 예를 들면 1472년(성종 3) 전라도 영산·법성·덕성 세 참(站)의 조운선이 처음에는 7·8백석을 실었는데, 개삭(改槊)한 뒤에는 겨우 3·4백석을 싣는다고 하였다.[35)] 그런가 하면 세곡 외에 선가와 잡비 등을 포함하여 1천 4·5백석을 적재하기도 하였다.[36)] 예를 들면 1791년(정조 15) 법성창을 출발한 조운선 25척 가운데 4척이 안흥진(安興鎭) 앞바다에서 침몰 되었다. 정조는 많은 조운선이 침몰된 것은 기강에 크게 관계된다고 여겨, 묘당으로 하여금

---

34) 『비변사등록』 순조 26년 11월 6일.

又所啓, 卽見戶曹所報, 則枚擧法聖僉使牒呈以爲, 本倉漕船新造物力, 例於漕需中取用, 而漕需挽近漸縮, 實無除出支用之路, 無論錢與穀, 五隻船新造物力, 限二千五百兩, 卽爲區劃爲請矣, 本倉事勢旣如此, 則不可不推移措劃, 而前此造船物力多數容入之時, 以左右水營休番木, 移劃添助, 曾有已例矣, 今亦以左右水營休番木各十同, 權許貸下, 使之完役之地, 而第念漕船之改槊與新造, 皆是該曹之所主管, 故雖以湖南三倉言之, 漕餘遺儲, 自有其數, 此或不敷, 彼以互濟者, 自是例也, 且於戊寅五隻船改造時, 以減額米布, 自該曹貸下, 追後還報, 則今雖以減額漕復米, 屬之於婢貢給代, 戊寅近行之例, 有此可據, 其嘗還報於該曹者, 獨於休番木, 不爲還報者, 揆以事理, 說亦不成, 每以請貸爲名, 而有貸無報, 名實甚舛, 曾往所許貸之年久者, 有難一時督推, 而自昨年所貸爲始, 另加嚴飭, 使之漸次充償, 每於歲末, 捧納數爻, 懸錄於報司成册, 以爲憑考之地何如, 上曰, 依爲之.

35) 『성종실록』 20, 성종 3년 7월 14일(己酉).

36) 『비변사등록』 186, 정조 21년 10월 5일.

사례를 뽑아서 회계하도록 명하였다. 비변사가 복주하기를, "짐을 선적하여 출발한 날짜가 있는데 이제야 안흥 앞바다에 이르렀으니 이는 때가 지체된 것이며, 배 한 척에 싣는 1천 석의 정량 이외에 더 많은 양을 실었으니 이는 초과 선적한 것"이라고 하였다.[37] 4척 가운데 준자선(俊字船)은 1,160석을, 체자선(體字船)은 1,164석을, 국자선(國字船)은 1,147석을, 평자선(平字船)은 1,086석을 각각 적재하였다.[38] 2년 뒤 발생한 법성창 조운선 침몰 사고 때에도 2척이 2,070여 석을 싣고 있었다.[39]

그러나 법으로 척당 적재량은 정해져 있었다. 『경국대전』에는 보이지 않지만, 1790년(정조 14) 호조판서 정민시(鄭民始)가 호남과 호서의 조운선을 창설할 때 모두 6백 석을 싣는 것으로 제한하였다고 한 발언을 감안하면,[40] 국초부터 600석을 한도로 삼았던 것 같다. 바로 이어 편찬된 『대전속록』에는 사적 물건을 함께 실으면 호송관과 물주를 전가사변(全家徙邊) 시킨다고 하였으니,[41] 적재량은 준수되고 있었

---

37) 『정조실록』 32, 정조 15년 5월 4일(戊寅).

38) 『비변사등록』 178, 정조 15년 5월 3일.

39) 『정조실록』 37, 정조 17년 4월 20일(壬午).

40) 『정조실록』 30, 정조 14년 7월 26일(甲辰).
   戶曹判書鄭民始啓言: "兩湖漕船創始時, 皆以載六百石爲限者, 似由於不慣海道, 欲爲先試之計, 而嶺南漕倉, 比湖南水路之加遠, 殆過數千里, 而以千石爲限. 湖南漕船, 辛卯年因道臣狀請, 加載二百石. 大抵船隻則恰受千餘石, 而最遠之嶺南, 則限千石, 稍近之湖南, 則限八百石者, 已無意義. 當此船材漸貴之時, 十餘隻漕船之加造, 亦非儲積材木之道. 且以漕卒言之, 裝載千石, 則雜費條, 亦隨以加多, 上納之際, 多有利益, 擧皆願載千石. 目下湖南限滿船爲十三隻, 卽當新造, 而所入材木, 當爲屢千株. 且造船之費, 漕需不足, 勢當請得財力, 趁此時變通爲宜. 請自明春漕運時, 湖南漕船, 使之限千石裝載, 限滿十三船, 勿令改造." 從之.

41) 『大典續錄』, 戶典, 漕轉.

음에 분명하다. 『속대전』에 不屬漕倉邑=直納邑의 지토선·경강선은 적재량을 1천석을 한도로 하고, 조운선은 예전처럼 6백석을 한도로 하여 적재한다고 하였다. 신묘년(1771년, 영조 47년)에 전라감사의 장계로 인하여 2백석을 더 싣게 하였다.[42] 그리하여 『대전통편』에서는 충청·전라도 조운선은 8백석을, 경상도 조운선은 1천석을 한도로 한다고 수정되었다.[43] 800석에 잡비를 합하면 1천석이 되었지만, 이는 어디까지나 비공식적 가이드라인이었다. 이에 정민시는 영남 조운선은 1천석을 제한으로 삼으면서, 1천석을 충분히 실을 수 있음에도 전라도 조운선을 800석으로 제한하는 것은 불합리하다면서 1천석 적재를 주장하였다. 그렇게 하면 지금 당장 새로 해야 하는 13척 조운선 건조일도 할 필요 없어 그에 소요되는 예산을 절감할 수 있다고 하였다. 정민시 제안은 수용되어 『만기요람』에 전라도 조운선은

조선 1척에 실지로 싣는 것은 양남 1,000석, 호서 800석으로 한정하고,

田稅載船時, 并載私物者, 雖在赦前, 領船千戶及物主, 並全家徙邊, 不能檢舉押領人員, 罷黜.

42) 영의정 김치인(金致仁)은 근래 경강선이 삼남으로 내려오는 숫자가 전에 비해 줄어들어 세곡을 '晚發濫載'한다면서 이러한 폐단을 염려하여 일전에 전라감사가 비변사에 조운선 적재량을 800석을 한도로 해주라고 여러 차례 요청하였다고 하자, 영조가 그렇게 하라고 허락하였다(『승정원일기』 1318, 영조 47년 6월 14일癸未). 이때 전라감사는 윤동승(尹東昇)이었고, 그는 선체는 대소가 없는데 법은 '本道漕船 準載六百石'과 '嶺南漕船 準載千石'으로 서로 달라 참으로 불분명하니, 전라도 조운선 적재량을 800석으로 개정해주라고 하였다(『승정원일기』 1319, 영조 47년 7월 25일癸亥). 따라서 신묘년은 1771년(영조 47)임에 분명하다.

43) 『大典通編』, 戶典, 漕轉, 「地土船直納」.
實載以一千石爲限過數者, 守令與船人, 並論罪。漕船, 則依前以六百石爲限。(增)兩湖漕船八百石·嶺南漕船一千石爲限.

각 읍의 감관(監官)과 색리(色吏)가 함께 배를 타고 읍마다 감관 1명, 배마다 색리 1명·사공 1명·격군 15명 배를 일제히 '종(綜)'을 만들어 조선은 운항할 때마다 30척으로 1종을 만들어 도박(到泊)과 향발(回發)할 때에 앞서거나 뒤지지 못함.[44]

이라 하여 1천석을 적재량으로 하였다. 선적할 때 만약 우수리가 남을 경우 400석 이하이면 각 선박에 초과로 적재하고, 400석 이상이면 별도로 1척을 마련하여 적재하도록 하였다. 가능하면 각 선박의 적재량 모두 똑 같이 나누어 실어야 하였다.[45]

이상을 보면 법성창 조운선의 적재량은 국초 600석 → 1771년 800석 → 18세기말 1,000석으로 변화되었다. 시비가 없었던 것은 아니지만, 법성창의 조운선은 대체로 규정을 준수한 편이었다. 예를 들면, 1718년(숙종 44) 법성창 조운선 25척이 창 소속 광주 등 11읍 전세미태 13,295석을 나눠 실고 무사히 서울 서강 앞에 도착하였다.[46] 척당 531.8석을 실은 셈이었으니, 규정(600석)을 준수한 것이다. 그리고 1791년(정조 15)의 경우 준자선(俊字船) 1,160석, 체자선(體字船) 1,164석, 국자선(國字船) 1,147석, 평자선(平字船) 1,086석을 적재한 바 있다. 본래 선원들의 인건비 등 잡비를 함께 적재할 수 있었기에 이 경우도 규정을

---

44) 『萬機要覽』財用編 2, 漕轉,「漕規」.
　　漕舡一隻實載 兩南一千石 湖西八百石爲限 各邑監官色吏同騎舡 每邑監官一人 每舡色吏一人沙工一名格軍十五名 舡隻一齋作綜 漕舡每運以三十隻作一綜 到泊回發毋得先後.

45) 『度支志』7, 版籍司, 漕船節目,「兩湖船節目 附湖南改節目」.

46) 『승정원일기』508, 숙종 44년 5월 1일(己酉).
　　戶曹達曰, 全羅道法聖倉所屬光州等十一邑丁酉條田三稅米太竝一萬三千二百九十五石零, 本站元漕船二十五隻亦中分載, 無事到泊于西江前洋爲白有昆.

크게 위반한 것은 아니다. 1793년(정조 17) 법성창은 광주 등 13개 읍진의 전세·대동 2만 4,117석을 본창 조운선 24척에 나누어 싣고 올라오다 교하 경내에서 2척이 모래톱에 걸린 사고가 발생하였다.[47] 척당 1,004석을 실은 것이다.

1767년(영조 43)에 법성창 조운선 20척이 한꺼번에 파선된 사고가 발생하여 정부를 크게 긴장시켰다. 당연히 운송업무가 끝나면 법성첨사를 나문할 것이라고 하였다.[48] 첨사에게 부탁하여 조운선에 화분(花盆)을 더하여 실은 영광군수 이흥종(李興宗)은 위도(蝟島)로 귀양 보내졌다.[49] 그때 원임 대신 및 비국 유사 당상이 입시한 자리에서 영조가 격노하며 "근 2만 석이 침몰되었다는 얘기는 처음 들어보았다. 곡식 때문이 아니라 나라의 체모를 엄히 하고자 특별히 어사를 파견한 것이었다."고 말하였다.[50] 2만석이 거론된 것으로 보아, 척당 1천석을 선적하였던 것 같다.

여기에서 우리의 주목을 크는 것은 '2만석'이라는 숫자이다. 이 숫자가 무엇을 의미할까? 이를 알아보기 위해 우선, 당시 조운 대상이 되는 세목부터 검토할 필요가 있다. 여기에는 전세가 있는데, 결당 영정법 이후 4~6두이다. 선조 때 창설되어 결당 1두 2승을 걷는 삼수미가 있다. 17세기에 실시된 대동법으로 결당 12두의 대동미 가운데 상납미가 있는데, 전라도의 경우 41.6% 정도 되지만 일부는 작목·작포·작전되어 육로로 운송되었다. 여기에 외읍에서 서울 각사·궁방에 상납하는 각종 재물도 비공식적으로 조운선에 적재(이를 添載라 한다) 되었다.

---

47) 『日省錄』 정조 17년 4월 23일(乙酉).
48) 『영조실록』 108, 영조 43년 5월 20일(癸未).
49) 『영조실록』 110, 영조 44년 4월 17일(甲戌).
50) 『영조실록』 109, 영조 43년 6월 19일(辛亥).

이어, 법성창으로 수납되는 것을 알아보자. 『여지도서』에는 각읍에서 내는 세목별 세금량과 납부방법이 기록되어 있는데, 법성창에 내는 것만 정리하면 다음과 같다.

〈표 4〉 법성창 속읍의 세목·세곡량(『여지도서』)[51]

군현	세목	세곡량(미·태)	비고
고창	전세, 삼수	610석	대동 미, 흥덕 사진포
곡성	전세, 삼수	670	대동 작목전, 육운
광주	전세, 삼수	3,287	대동 작목전, 육운
담양	전세, 삼수	1,340	대동 작목전, 육운
동복	전세, 삼수	611	대동 작목전, 육운
순창	전세, 삼수	1,415	대동 작목전, 육운
영광	전세, 삼수, 대동	5,543	
옥과	전세, 삼수	448	대동 작목전, 육운
장성	전세, 삼수	2,088	대동 미, 흥덕 사진포. 면세미 세선 첨재
정읍	전세, 삼수, 대동	1,669	
창평	전세, 삼수	802	대동 작목전, 육운
화순	전세, 삼수	479	대동 작목전, 육운
합계		18,962석	

12읍에서 18,962석을 법성창에 수납하였다. 따라서 영조가 말한 '近二萬石'은 실제 법성창에서 경창으로 상납하는 양이었다. 법성창 소속 조운선이 21척이었기 때문에 1천석씩 선적하면 당연히 2만석 이상이 된다. 그렇다면 2만석은 국가재정에서 어느 정도일까? 우선 국가재무기관인 호조의 재정규모를 볼 필요가 있다. 1724년(영조 즉위)

---

51) 『여지도서』에는 담양, 정읍 것이 누락되어 있기 때문에, 『호남읍지』 것을 사용하였다.

10월에 참찬관 김동필(金東弼)이 아뢰기를, "호조의 1년 세입은 풍년에도 12~13만 석에 지나지 않고, 흉년의 경우는 겨우 7, 8만 석 밖에 받지 못할 때도 있습니다."[52]고 하였다. 이것 가지고도 1년 지출을 감당하지 못하여 '가입(加入)'이라 하여 외부에서 끌어쓰는 경우가 잦았다. 아무튼 풍년을 기준으로 호조의 1년 세입 12만석 가운데 16.7%인 2만석을 법성창에서 운송하였다. 나머지 2조창 조운과 대동·균세 육운을 감안하면, 호남에서 국용의 50%를 부담한다는 발언은 과언이 아니었다.[53]

이렇게 보면, 법성창의 세곡이 국가재정 운용에서 매우 중요한 자산이었다. 이는 여러 곳에서 지적되었다. 광해군 때를 보면, 1620년(광해군 12) 우부승지 유효립(柳孝立)이 아뢰기를, "법성창의 조운선 10여 척이 강화도에서 침몰했다고 합니다. 온 나라의 경비가 전적으로 여기에 의지하고 있는데, 1만여 섬의 쌀과 수백 명의 조운선 뱃사공들이 일시에 침몰하였으니, 이것은 근래에 없었던 재앙으로 놀랍고 참혹함을 이루 다 말할 수 있겠습니까."[54]하였다. 다소 과장된 표현으로 보일 수 있지만, 당시 조선의 경비가 전적으로 법성창 쌀에 의지하고 있다고 하였다. 이런 일은 계속 이어졌다. 1621년(광해 13) 10월 호조가

창고가 바닥나서 겨울에 지급할 녹봉을 오로지 법성포에서 다시 실어 오기만을 믿고 있는데, 배가 떠난 지 이미 오래되었는데도 아직 경강(京江)에 당도하지 않고 있습니다. 녹봉을 내줄 날이 이미 박두하였는데 어

---

52) 『비변사등록』 영조 즉위년 10월 14일.
　　夫地部一年稅入, 豊年不過十二三萬石, 凶年亦有僅捧七八萬石之時.

53) 전라도 세곡량으로 태종 때 7만석, 중종 때 10만석, 인조 때 5만석 등이 거론되었다(최완기, 『조선후기선운업사연구』, 일조각, 1989, 31쪽).

54) 『광해군일기』 154, 광해군 12년 7월 11일(丙戌).

떻게 할 도리가 없으니 하는 수 없이 여러 창고에 남아 있는 세미(稅米)로 징수한 쌀을 여기저기서 되는 대로 긁어모아 그 반만을 우선 나누어 주겠습니다.[55]

고 한 바 있다. 국고가 바닥난 상태에서 법성창 세곡마저 올라오지 않아 관리들에게 녹봉을 줄 수 없는 상황이라고 하였다. 하는 수 없이 여러 창고에 남아 있는 세미를 싹싹 끌어와서 절반만 우선 나누어 주었다. 애타게 기다리던 법성창 조운선이 이듬해 2월에 들어왔는데, 겨우 미태 4천석에 불과하였다. 그나마도 눈앞의 위급함을 구제하는 데에 긴요하였다.[56] 5월에는 의당 올려보내야 하는 법성창 전세가 아직까지 조운선을 출발시켰다는 보고가 없으니, 엄하게 독촉해서 눈앞의 다급한 상황을 구제하도록 해야 한다고 호조는 목소리를 높였다.[57]

맺음말

세조~성종 때 설립된 법성창에 당시에는 전라도내 16읍이 조운읍으로 소속되어 있었지만, 16세기부터는 29읍에서 13읍진으로 조정되어 19세기 말 조운제의 혁파와 함께 운명을 다하였다. 이 속읍수는 도내 3조창 가운데 가장 많은 숫자이다.

그리고 법성창에는 국초에는 39척이 조운선으로 소속되어 있었지만, 조선후기에는 29~25척이 있었는데, 이 수는 전국 조창 가운데 가

---

55) 『광해군일기』170, 광해군 13년 10월 5일(壬申).
56) 『광해군일기』174, 광해군 14년 2월 24일(庚寅).
57) 『광해군일기』177, 광해군 14년 5월 12일(丁未).

장 많은 숫자이다. 이들 선박은 소나무가 무성한 변산에서 건조되었던 것으로 확인되고 있고, 건조시 천자문 자호가 낙인되어 있었는데 그 번호가 언제부터 어떤 절차에 의해 부여되었는지에 대해서는 알 수 없지만 조창별로 부여된 번호였다.

이들 조운선은 세곡만 600석~800석~1,000석을 적재하였고, 잡비도 함께 실을 수 있었다. 이리하여 영조 때 법성포 조운선에 적재된 전라도 13읍진의 세곡이 2만 여석에 이르렀는데, 이는 국가 재무기관인 호조의 1년 세입의 15.4~28.6%에 해당하는 분량이다. 따라서 법성창 세곡의 운송이 국가재정 운용에서 매우 중요한 비중을 차지할 수밖에 없어, 법성창 조운선의 움직임에 정부 당국자들은 이목을 집중하지 않을 수 없었다.

| 머리말

조선 왕조는 전 왕조의 제도를 이어받아 세곡(稅穀)을 조운(漕運) 제도에 의해 운송하였다. 조운이란 전국의 교통요지에 선박과 선원이 딸린 조창(漕倉)을 두고서 그로 하여금 주변 고을의 세곡을 모아서 한양으로 운송하도록 한 제도이다.

그에 따라 전라도(全羅道)에도 조창이 들어섰는데, 처음에는 함열 덕성창(德成倉, 26읍 소속)과 나주 영산창(榮山倉, 27읍 소속) 등 2곳이 있었다(『세종실록 지리지』). 그러나 이 이후부터 줄곧 3곳이 있었는데, 『경국대전』을 보면 기존의 덕성창(조운선 63척)과 영산창(조운선 53척) 외에 영광 법성창(法聖倉, 조운선 39척)이 신설되어 있었다. 『동국여지승람』의 경우 덕성창이 이설된 용안 득성창(得成倉, 21읍 소속)과 기존의 법성창(16읍 소속)과 영산창(17읍 소속)이 있었다. 이러한 체제가 조선후기에 이르면 조운읍(漕運邑) 27읍, 육운읍(陸運邑) 1읍, 직납읍(直納邑) 25읍으로 재편되었다.[1]

---

1) 조선후기 전라도의 세곡운송 체제(『속대전』, 『대전통편』, 『탁지지』, 『만기요람』)

직납읍이란 해당 고을에서 자기 고을 세곡을 수집하여 포구에서 임대 선박을 통해 각자 올려 보내는 고을이라는 말이다. 직납읍은 『속대전』· 『대전통편』에 '諸邑不屬于漕倉者'로 표현되어 있고, 지토선(地土船)으로 경창에 직납하게 하고 지토선이 없는 읍은 경강선(京江船)으로 하게 하였다. 그런데 『만기요람』에는 직납읍을 '漕倉屬邑外'로 표현하였고, 주교사(舟橋司) 설치 후 1790년(정조 14)에 주교선(舟橋船)으로 실어 나르게 하였고, 세납수가 적은 곳은 지토선으로 임재(賃載)하도록 하였다.[2] 이에 따라 직납읍에서 세곡의 수집·발선을 위해 포구에 두었던 기관이 해창(海倉)이다. 이리하여 장흥 출신 실학자 위백규(魏伯珪, 1727~1798)가 말하였듯이, 조창이 있는 곳은 조창에서 세곡을 출발시키지만 조창이 없는 곳은 각기 해창에서 출발시켰다.[3]

조운제에 대한 연구는 굳이 소개할 필요가 없을 정도로 그 동안 많이 행해져 왔다. 하지만 해창에 대한 연구성과는 1편에 불과하고 그 마저도 사례연구여서 전반적인 상황을 이해하는 데에는 한계가 있을 수밖에 없

조운읍	함열 성당창 (11 → 14 → 12척)	8읍-고산, 금산, 남원, 용담, 운봉, 익산, 진산, 함열
	옥구 군산창 (17 → 23 → 19척)	7읍-금구, 옥구, 임실, 장수, 전주, 진안, 태인
	영광 법성창 (28 → 29 → 25척)	12읍-고창, 곡성, 광주, 담양, 동복, 순창, 영광, 옥과, 장성, 정읍, 창평, 화순
육운읍		1읍-무주
직납읍	해창	25읍-강진, 고부, 광양, 구례, 김제, 나주, 낙안, 남평, 능주, 만경, 무안, 무장, 보성, 부안, 순천, 여산, 영암, 용안, 임피, 장흥, 진도, 함평, 해남, 홍덕, 홍양

2) 주교사란 경강선을 동원하여 한강 도강을 위한 주교(배다리)를 가설하고 철거하는 일을 맡는 관청이고, 주교에 동원된 경강선에 대한 반대급부로 양호 세곡 운송권을 제공하였던 것이다(최완기, 『조선후기 선운업사연구』, 일조각, 1989).

3) 魏伯珪, 『存齋集』19, 雜著, 「政絃新譜」, 漕運.
有漕倉處 自倉裝發 無漕倉處 各於其海倉裝載.

다.[4] 더군다나 조운읍과 직납읍을 조운제라는 틀 속에서 구분없이 하나로 묶어서 다룬 연구성과가 많아 해창의 존재감이 조창에 가려져 있는 것도 사실이다. 바로 이러한 상황에서 본고를 작성하였으나, 조운읍 가운데 일부를 직납읍으로 전환시켜 해창을 등장하게 한 배경, 해창이 설치된 포구와 그 배후기지 그리고 해창의 풍경이나 운영실태 등을 하나씩 알아보도록 하겠다.

해창에 대한 연구는 중앙 정치권력의 이권쟁탈 양상이나 지역단위의 문화와 경제에 대한 이해의 폭을 넓히는 데에 기여할 것이다. 하지만 자료가 폭넓게 남아 있지 않아 깊이 있는 천착에는 한계가 있을 수밖에 없다.

1. 세곡 직납제의 실시와 반향

1) 실시

세곡의 군현 직납제(直納制)는 언제 발생하게 되었을까? 그 배경은 16세기 전반에 있었던 군적수포제와 같은 무상 입역제의 붕괴와 급가고립제의 등장에서 찾아질 수 있다. 그러한 속에서 일시적 또는 임시적으로 조창을 거치지 않고 세곡을 직납한 군현이 있었다.

그러다가 임진왜란을 치르는 과정에서 직납제가 공식적으로 거론되게 된다. 그것은 전투로 사망한 수군(水軍)을 조군(漕軍)으로 보충하는 방안의 일환으로 제기되었다. 이와 관련하여 1595년(선조 28)에 좌의정 김응남(金應南)이

---

4) 김덕진, 「全羅道 順天 海倉의 설치와 풍경」, 『全南史學』 22, 全南史學會, 2004: 본서 5장

신이 명을 받들어 전에 경상도 지방에 가서 성지(城池)와 기계를 두루 살펴보았더니, 엉성함이 더할 수 없이 심했습니다. 수로(水路)를 막는 것은 수군만한 것이 없는데, 한산도의 수군은 사망하여 거의 다 없어졌습니다. 만일 조군을 수군으로 옮겨 정하고 전세를 경창(京倉)에 바로 납입하면 이익이 될 것 같습니다.[5]

고 하였다. '閑山島水軍'이라고 한 것으로 보아, '移定水軍'의 대상이 되는 조군은 전라도 조창 소속임에 분명하다. 그러면 '田稅直納于京倉'의 대상은 자연스럽게 전라도 연해읍으로 추정된다. 국왕과 대신들의 별다른 반응이 없었던 것으로 보아, 곧 바로 시행되지는 않았던 것 같다.

그러나 임진왜란이 끝난 직후에 직납제가 정식으로 실시되게 된다. 이 점과 관련하여 약간의 온도차가 나는 세 사람이 남긴 기록을 검토해보자.

먼저, 김홍욱(金弘郁, 1602~1654)이 충청도를 사례로 하여 조운제의 모순을 지적하고 그 대책을 논하였다. 요지는 국초 이래의 조운제 하에서는 조창과 군현의 거리가 2·3일정 또는 4·5일정이어서 농우로 실어가다가 도중에 소가 폐사하거나 창소(倉所)에 도착하여 소를 헐값에 방매하는 등 중간에 유실되는 경비가 심대하였다. 임진왜란 이후 한 수령이 이를 걱정하여 '直上納之規'를 개창하였는데, 이는 본읍에서 직접 진성(陳省)을 작성하여 임대 선박으로 올려 보내는 것이었다. 그 결과 민간에서 추가 부담하는 것이 없어져서 모두 기뻐하였다. 이를 안 연해일대에서 모두 직납하여 조창의 해운판관에 예속되지 않았다.[6] 그러면 이 수령이 누구일까? 허균(許筠)이 1601년(선조 34)에 전

---

5)『선조실록』70, 선조 28년 12월 28일(丙寅).

6) 金弘郁,『鶴洲全集』10, 論田制 六條, 漕運.

운판관(轉運判官)에 제수되어 삼창(三倉)에 가서 조운을 감독하게 되었다. 그 일정 속에서 온양(溫陽)에 가서 충청감사 이용순(李用淳, 1601년 5월에 임명)을 만나 조졸(漕卒)을 수군으로 배치할 수 있는지에 대해 의논하였다. 그때 이용순은 해변 16군(郡)의 세미(稅米)를 경창(京倉)에 직납하면 일이 매우 편하다고 하였다. 허균은 그의 말에 따라 곧바로 직납하게 하였다.[7]

이어, 유형원(柳馨遠, 1622~1673) 역시 조운제의 폐단과 그 대책을 논하였다. 조선은 옛 제도를 복구하여 각 도의 세곡을 조선(漕船)으로 서울에 이르게 하는데, 경기 및 근경읍은 경창에 직납하고, 나머지 도는 형태를 헤아려 조창을 두고 각 읍은 세곡을 부근의 소속된 조창에 납부하면 조선과 조졸로 하여금 서울에 이르게 하였다. 그런데 근세 이래 연해읍은 조창에 납부하지 않고 사선을 임대하여 서울에 직접 운반하는데, 일이 매우 온당치 않으니 마땅히 옛 제도를 복구해야 한다고 하였다. 온당치 않은 사유에 대해 '賃載私船 沙格不齊', '官令勒定 民間多害', '各自發船 護送難及', '易致偸敗 再徵於民' 등이 열거되었다. 그러면서 유형원은 연해읍의 직상납은 모두 정유재란 이후 나온 것이라고 하였다.[8]

마지막으로, 남원 출신의 조경남(趙慶男, 1570~1641)이 쓴 『난중잡

---

7) 許筠, 『惺所覆瓿稿』18, 紀行 上, 漕官紀行.

8) 柳馨遠, 『磻溪隨錄』3, 田制後錄 上, 漕運.
   漕運復舊制 諸道漕稅皆收納各倉 運以漕船至京 舊制畿內及凡近京邑 直納京倉 諸道則量其形便置漕倉 諸邑稅各以附近納於所屬之倉 以漕船漕卒運至京矣 近世以來 沿海邑不納於漕倉 而賃私船直運於京 事多未妥 當復舊制 沿海邑直上納 蓋出於丁酉亂後 其弊也賃載私船 沙格不齊 官令勒定 民間多害 各自發船 護送難及 易致偸敗 再徵於民 如此之事 固非一端 其苟且不成國家事體甚矣 然今欲復舊則民亦不願者 以諸倉相距太曠 駄輸之費 倍於船價故也 宜復舊制而見在倉外 量宜增置漕倉 以便民輸可也.

록』을 보면, 전란이 발생한 이후 군향(軍餉)을 간혹 본창(本倉)에 납부한 적은 있었다. 하지만 1600년(선조 33) 9월에 '始納田稅于海倉'이라 하여 전세를 해창에 납부하기 시작하였다.[9] 직납제가 실시되었다는 말이다. 동일한 말이 『탁지지』에도 실려 있다. 선조 33년에 전라도 전세를 해창에 납부하도록 명하였는데, 전란으로 세곡을 주창(州倉)에 회록(會錄)하도록 하였다가 이때에 해창에 납부하도록 하였다는 것이다.[10]

이처럼, 김홍욱은 임진왜란 이후에, 허균은 1601년에, 유형원은 정유재란 이후에, 조경남은 1600년에 세곡 직납제가 시행되었다고 하였다. 그 이유는 무엇일까? 전란으로 와해된 조창을 복구하는 데에 소요되는 재정을 절감하는 차원에서 직납제가 실시되었다. 뒤에 나온 말이지만, "해운판관(海運判官)이 양호(兩湖)의 전세를 운송할 때 삼창(三倉)에서 선적하는 배는 규정된 수가 있는데, 각 고을에서 자원하여 직접 상납하기 때문에 여분의 배가 많이 있게 됩니다. 그 배에는 한 척당 소속된 조군(漕軍)이 많게는 16·7명에 이르며 군사 한 명에게서 받는 쌀이 3석에 이릅니다. 이를 배 10척으로 통계하면 5백여 석의 쌀을 얻을 수 있으니 20척의 배일 경우 그 수가 1천 석을 넘습니다."[11]하였다. 충청·전라도에서 '各官自願直上納'한 결과 세 조창에 조운선의 여분이 있게 되었고, 그것이 20척일 경우 조군에게 지급할 쌀 1천석이 절감될 수 있다는 말이다.

9) 趙慶男, 『亂中雜錄』, 庚子 九月.
10) 『탁지지』 6, 판적사, 조세, 차원지공미정례, 사실(서울대학교 고전간행회, 1967, 158쪽).
11) 『광해군일기』 51, 광해군 11년 10월 24일(癸酉).

2) 반대론

전에는 원칙적으로 모든 고을에서 세곡을 조창에 납부하였지만, 직납제의 실시로 인해 직납읍에서는 조창을 거치지 않고 지토선이나 경강선을 임대하여 직접 경창에 세곡을 납부하였다. 『순천부읍지』 조세조를 보면, 그런 상황이 "在前輸納于法聖倉 而近年直納于京倉"으로 적혀 있다. 민폐를 덜기 위해 직납제를 실시하였지만, 그렇다고 하여 조운제 때의 폐해가 사라진 것은 아니었다. 여전히 폐단은 남아 있었고, 예전에 없던 새로운 문제마저 발생하기도 하였다.

폐단의 원인과 실상을 알아보자, 김홍욱의 말에 따르면, 처음에는 좋아서 시작했는데 점차 폐해가 발생하였다. 해창에 세곡을 납부할 때 부담하는 인정작지(人情作紙), 창주인역가(倉主人役價), 선마가미(船馬價米) 등이 점점 무거워졌다. 그리고 지토선이 있어도 임대 선적을 허락받지 못하고, 대부분 한강의 간활인(奸猾人)이나 해변의 무근착선인(無根着 船人) 및 수령의 사적인 지인들이 연줄을 이용하여 편지로 청탁하여 궁방이나 세력가의 선박을 임대하여 운납하였다. 또한 경창에 납부할 때 '和水用奸之弊'도 날마다 심해졌고 고의로 해난사고를 낸 후 침몰한 것을 빼먹고 해당 고을에서 다시 징수하였다. 한마디로 임대선에게 주는 선가(船價)와 세정업무를 보는 중간층에게 주는 잡비(雜費)가 증가하여 대민 부담을 가중시켰기 때문이다. 비슷한 말을 1768년(영조 44) 전라감사 홍낙인(洪樂仁, 1729~1777)도 하였다.[12]

---

12) 洪樂仁,『安窩遺稿』4, 疏箚,「請罷湖南隊船」.
　　當初變通 非不審矣 而行之一二年 其害反有甚者 田稅浮費條 除其小小名色 元定船價及雜費 一斗四升外加定一斗 所謂小小名色 初不滿六七升 則今者 一斗之加定 名雖減之 實則增之 前道臣在營時 以加定一斗者 七升屬之浮費 三升屬之斛上 使各邑上送則戶曹稱以斛上條 在於一斗之外 加徵於各該監色 互相爭持 尙未歸一 事體苟簡 莫此爲甚.

그래서 선가와 잡비를 정액화하는 작업이 단행되었다. 선가는 수로의 원근에 따라 책정하였고, 잡비는 명색을 한정하고 명색당 금액을 책정하였다.[13]

재현된 폐단 때문에 직납제를 폐지하고 새로운 제도를 실시하자는 주장이 제기되었다. 그와 관련하여 김홍욱은 판관(해운판관, 전운판관)을 폐지하고 독운어사(督運御史)를 파견하자고 하였다. 명관을 극택(極擇)하여 독운어사라 칭하고 각 도에 내려 보내어 대읍의 경우 예전 소봉처에서, 소읍의 경우 양읍 사이에서 어사와 수령이 함께 수봉하여 조운선에 적재하여 발송하면 좋겠다고 하였다. 대체로 대안을 제시하기 보다는, 직납제를 폐지하고 조운제로 돌아가자는 것이 중론이었다. 논의는 두 가지로 진행되었다.

하나는 직납읍을 조운읍으로 환속시키자는 것이었다. 1749년(영조 25)에 호조판서 박문수(朴文秀)는 곡성·동복·옥과·순창은 법성창과의 거리가 혹 200여리 혹 160~170리이고, 능주·남평은 법성창과의 거리가 불과 1백 수십리에 불과함에도 불구하고, 거리가 먼 곡성 등은 법성창 소속 조운읍이고, 보다 가까운 능주 등은 조운읍이 아니라고 하였다. 그러면서 능주·남평 양읍은 감영에 함부로 도모하여 '漕納'을 면하였고 감영은 또한 함부로 시행하여 '漕法'을 깨뜨렸기 때문에, '조법'을 바로 세우기 위해서는 양읍을 조창에 환속시켜야 한다고 하였

이 기사는 『승정원일기』 1277, 영조 44년 2월 4일(壬戌)에도 수록되어 있다.
13) 선가와 잡비의 규정(『全羅可考』)

선가	10석당 2석 5두	순천, 장흥, 강진, 해남, 보성, 흥양, 광양, 낙안, 진도
	10석당 2석	나주, 영광, 영암, 함평, 무장, 무안
	10석당 1석 10두	김제, 고부, 부안, 옥구, 흥덕, 고창, 만경, 장성, 정읍
	10석당 1석 8두	임피, 여산, 익산, 함열, 용안
잡비	가승3승, 창역가6승, 이가7합, 원인정2승, 부정명색1두	

다.[14] 이러한 주장은 이듬해에도 이어져 금년 안에 법성창에 양읍 창고를 지은 후 내년부터는 조운을 하자고 하였다.[15] 윤허까지 떨어졌지만, 유통경제의 발달이라는 추세 속에서 결국은 시행되지 않았다.

또 하나는 직납읍을 몇 개 묶어서 조창을 신설하자는 것이었다. 영조 때 전라감사 윤동승은 직납읍의 전세·대동을 경강선으로 실어 나르는데 근래 내려오는 경강선이 반감하여 '濫載晚發'하니, 전라좌도의 조창을 순천에 설치하여 구례·낙안·광양·순천·보성·흥양·강진·장흥 등 8읍의 전세·대동을 상납하게 하자고 하였다.[16] 조운읍으로 환속하자는 말은 좌도에만 그치지 않고 우도에도 적용하자는 말이 나왔다. 정조 때 전라감사 윤시동은 영남 3조창의 사례를 들어, 나주 제민창(濟民倉)이 있는 포구는 해구(海口)와 가까우니, 제민창을 조창으로 삼으면 창사를 신건할 필요도 없고 나주·남평·능주 3읍의 세대동 2만 석 내외를 무난하게 운송할 것이라는 말을 하였다.[17] 이와 똑 같은 말은 1백 여년 지난 고종 때에도 나왔다. 전라도 암행어사 박영교(朴泳敎)는 별단에서

---

14) 『승정원일기』 1051, 영조 25년 12월 21일(乙未).

15) 『승정원일기』 1053, 영조 26년 2월 15일(戊子).
南泰耆以戶曹言達曰 全羅道綾州·南平兩邑 爲法聖漕倉所屬 載在法典 而中間兩邑 次第曲圖罷漕 而直上納者 大違法意 故頃於大朝筵中 以綾·南兩邑 還屬法聖 堅守漕法事 仰稟行移矣 卽接兩邑守令所報 則以爲關文未到之前 業已依前捧稅於浦邊 今若移輸於法聖 非但民弊不貲 倉舍未建 入積無處 今年則依前直納 而待倉舍造成後 移納法聖 事甚便好云 稅穀旣已出浦 倉舍未及建置 則目下事勢 亦有不可强令移納者 今年姑依所報 直自出浦處上納 而若以私舡 如前載納 則殊非朝家申禁之意 必以法聖倉餘舡 移送於兩邑 裝載稅穀 竝與元漕舡 作綜上納 而兩邑漕倉 必於今年內營建 自明年一依當初定奪施行之意 分付該道 何如 令曰 依.

16) 『승정원일기』 1319, 영조 47년 7월 25일(癸亥).

17) 『승정원일기』 1706, 정조 16년 6월 30일(丁酉).

나주의 조세와 대동미 운반선은 16척입니다. 매년 봄에 비록 경강선(京江船)과 집주선(執籌船)을 가지고 운반하지만, 초운(初運)과 재운(再運)이 구별이 있는 것입니다. 재운선(再運船)은 한꺼번에 오지 못하고 가을이나 겨울까지 끌게 되므로 곡물은 자연히 부패하게 되어 번번이 갈등의 소지가 됩니다. 만일 단지 인부를 고용하여 싣는 것만 독촉하고 변통을 생각하지 않는다면 막중한 상납은 갈수록 지체될 것입니다. 그리고 본 읍의 제민창은 바로 큰 항구에 자리 잡고 있습니다. 능주와 남평 두 읍의 조세 곡식을 받고 실어주는 것을 모두 다 이 포구에서 하고 있으니 마땅히 여기에 조창(漕倉)을 설치해야 합니다. 어떤 모양으로든 재물을 마련하여 새로 조창을 설치하고 사공을 가려 차출하며, 조선(漕船) 20척을 특별히 조성하도록 하며, 법성과 군산의 규례대로 별도로 차원(差員)을 두어 나주, 능주, 남평 세 고을의 세곡을 전적으로 관리하여 받아들여, 3월에 싣고 4월에 상납한다면 아전들의 농간과 고을의 폐단은 절로 막을 수 있습니다.[18]

고 하여, 나주 제민창을 조창으로 삼아 나주·능주·남평 3읍의 세곡을 경창으로 운송하게 하자고 하였다. 북도에도 조창을 신설하자는 말도 나왔다. 1873년에 전라감사 이호준(李鎬俊)은 장계(狀啓)로

도내의 전세·대동을 직접 상납하는 각 읍들이 근래 경강선이 부족하여 대부분 운반이 늦어져 변질되는 폐단이 있게 되었습니다. 만일 부안(扶安) 격포진(格浦鎮)에 조창을 설치하여 부근의 직접 상납하는 고을들인 부안·고부·김제·만경·정읍·흥덕·무장 일곱 고을의 세·대동을 조운하도록 한다면 조선(漕船)은 24척을 쓰게 하고, 경강선에 배삯으로 주는 쌀을 그 창고에 이속시켜 새로 배를 만드는 데 마련하도록 묘당(廟堂)에서 품처하도록 하소서.

---

18) 『고종실록』 20, 고종 20년 9월 23일(壬子).

라고 하여, 격포에 조창을 설치하여 부근 7읍의 전세와 대동을 조운선으로 운송하게 하자고 하였다. 이에 대해 의정부에서는 그렇게 하면 호조와 선혜청에 지장 될 것이 없으니, 장계에서 요청한 대로 시행하게 하자고 거들어주었다.[19] 그럼에도 불구하고 그대로 시행되지는 않았다.

이처럼, 조운제로의 회귀나 조창의 신설 등의 논의는 정조에 의해 사실상 종식되었다. 조운론자들은

> 호남의 열읍에서 개인의 선박을 임대하여 싣기 때문에, 선박 도구가 완전치 못하고 사공과 그 곁꾼들도 고르지 못하여 발운이 때가 없고 호송하는 것도 원만하기가 어렵다. 지체되고 파선되는 폐단이 이로 인하여 일어나는 것이니, 만약 조운선과 조운군을 설치하여 기강을 만들어 운송하면 이러한 폐단을 구할 수 있다.

고 하였다. 이런 이유에 대해 정조는 전혀 그렇지 않다고 단호하게 선을 그었다. 국가에서 이미 영남에 이 법을 설치하여 다섯 강의 백성들이 운송으로 생업을 삼는다면서, 이들이 이미 손해를 보고 있는데 만일에 호남의 이익마저 빼앗는다면 설령 해운에 있어서는 약간의 이익이 있다 하더라도 강가 백성들은 어떻게 할 것이냐고 반문하였다.[20] 임운업으로 생계를 유지하고 있는 한강변 서울 사람들을 위해 직납읍을 유지한다는 것이 정조의 입장이었다.

---

19) 『고종실록』 10, 고종 10년 9월 13일(戊午).

20) 正祖, 『弘齋全書』 49, 策問二, 「漕運 到記儒生春試」.

3) 확산론

『속대전』을 기준으로 전라도 지역의 경우 25읍이 직납읍이었다. 그런데 조창 복구론과는 반대로 조운읍 가운데 일부를 직납읍으로 돌리자는 의견이 개진되었다. 가장 먼저 거론되어 유일하게 성사된 곳이 정읍(井邑)이다. 대동법 운영 자료인『호남청사례』에 따르면, 장성·정읍·전주는 산군으로서 본래 작목읍(作木邑)이었는데, 민원에 따라 전주·정읍은 1667년(현종 8)에, 장성은 1669(현종 10)에 각각 작미읍(作米邑)으로 변경되었다. 그에 따라 정읍은 대동미를 소속 조창인 법성창에 납부하고 있었다. 그러던 1703년(숙종 29)에 전라도사 권이진(權以鎭, 1668~1734)은 정읍과 태인은 지근거리에 포구가 있음에도 관내에 해포(海浦)가 없다는 이유로 조운읍으로 편성되어서 먼 조창(태인은 군산창)까지 2~3일이나 걸려 수송하느라 백성들이 지탱할 수 없으니, 해읍의 예대로 사선을 임대하여 대동을 상납하게 하자고 건의하였다. 그러면 농민과 조군 양쪽 모두가 편해질 것이라고 하였다.[21] 대동을 직납하게 하자는 건의는 언제인가는 모르겠지만 시행되었다. 1787년(정조 11) 헌납(獻納) 유광천(柳匡天)은 상소에서 "湖南之井邑·興德·長城·高敞四邑大同米 出浦於沙津浦者 已成流來舊規"라고 하였다. 조운읍인 정읍·장성·고창이 자신의 대동미를 직납읍인 흥덕과 함께 사진포로 내고 있었다. 그런데 지난 신묘년에 4읍 대동미를 법성포로 이속하였고, 그에 반발하여 정읍·흥덕은 즉각 영문에 정소하여 전대로 사진포에 납부하고 있으나, 장성·고창은 마침 공관이어서 퇴짜

---

21) 權以鎭,『有懷堂集』6, 議,「漕轉變通事宜 全羅都事時」.
　　當初諸邑之入於漕轉者 山郡之外 其地雖近海 境內無海浦 則皆入漕轉 故井邑·泰仁等諸邑 舍其至近之浦口 而遠輸於二三日程嶺浦之險 民不能支 今宜依海邑例 賃私船 與其大同一體上納 則紓農民之弊 除漕卒之困 可謂兩便矣.

를 맞았으니 종전대로 사진포에 납부하도록 해주라고 요청하였다.[22] 결국 정읍 한 곳만 다시 사진포에 납부하고, 나머지 장성·고창을 법성포 조창에 납부하게 되었다. 사진포(沙津浦)는 흥덕에 있는 포구로, 그곳에는 흥덕 해창이 있다. 그런데 바로 이어서 정읍 전세도 사진포에서 직납할 수 있도록 조치를 취해주라는 요청이 들어왔다.[23] 쉽게 수용되지 않자, 전라우도 암행사 권돈인은 정읍현의 '分裝之弊'를 거론하며 해결해야 할 과제로 보고하였다.[24] 이에 따라 이듬해 1823년(순조 23)에 비변사는 전세와 대동 모두를 사진포에 장재(裝載)하도록 하였고, 전라감사 홍석주는 내년부터 주교선으로 하도록 하였다.[25]

앞에서 말한 바 있는 법성포 조창 소속의 장성과 고창을 사진포로 옮기자는 의견은 끊임없이 제기되었다. 예를 들면, 1851년(철종 2)에 전라우도 암행어사 조운경은 장성의 양세가 법성창으로 이납되어 폐단을 다 말할 수 없으니, 정읍 예대로 흥덕 사진포에 다시 납부할 수

22) 『승정원일기』 1621, 정조 11년 3월 12일(庚辰).
23) 『승정원일기』 1738, 정조 18년 11월 24일(戊申).
    井邑縣大同 則輪納於興德縣沙浦四十里之地 而田稅則遠輸於法聖鎭
    一百二十里地 沙浦則優於一日往返 法聖則動費數日 不但百里外擔負遠輸之
    難 一包納之諸般浮費 殆至五六斗 其爲民邑痼弊 莫過於此 且以水路言之 法
    浦漕船 路由沙浦 浦口每經七山險洋 故種種致敗 亦由於此 自沙浦直爲裝發
    旣避險洋 又便行船 而長城·高敞兩邑稅大同 曾爲出浦於法聖矣 以遠輸之難
    年前移捧於興德沙浦 蓋兩邑距法聖 近爲半日程 遠不過七十里 而得以變通
    民蒙其惠 獨本邑以百里外遠地 見漏於變通者 實爲向隅之歎云 當初稅大同
    移納兩處 分以二之者 雖未知設施之本意 而長城·高敞兩邑 以稍遠之邑 尙
    在變通 則井邑民向隅之歎 固無怪矣事係變通 以一時民訴 不可遽施 分付該
    道道臣營邑爛商後 果然有爲弊之端 則依長城·高敞例 田稅亦爲移捧於沙浦
    俾除民弊之地 何如 上曰 其便否 令道臣狀聞後決處 可也.
24) 『승정원일기』 2160, 순조 22년 11월 1일(辛未).
25) 『승정원일기』 2162, 순조 23년 1월 11일(辛巳).

있도록 건의하였다.[26] 같은 법성창 소속의 곡성을 낙안 해창으로 옮기자는 말도 나왔다. 그리고 군산창 소속인 전주는 '遠地轉輸'로 피해가 크다면서 본부의 동쪽 포구에서 '捧稅裝載'하도록 요청하였다.[27] 같은 군산창 소속의 금구와 태인을 김제 해창과 부안 줄포창으로 각각 옮기자는 말도 나왔다. 이 외에 성당창 소속의 고산을 여산 나암창으로, 운봉을 연곡에 있는 구례 해창으로 옮기자는 말도 나왔다. 이런 유형의 요청은 여러 곳에서 제기되었지만, 성사되지 않고 결국 유일하게 정읍만 성사되었다.

그리하여 25읍에서 정읍 한 곳이 추가되어 26읍이 직납읍이었다. 그 가운데 대부분은 전세·대동을 선운으로 직납하지만, 일부는 전세만 선운직납하고 대동은 작목하여 육로상납하였다. 그것을 『전라가고(全羅可攷)』를 토대로 정리하면 다음과 같다.

〈표 1〉 전라도 직납읍 상납 실태

전세·대동 직상납	강진, 고부, 광양, 구례, 김제, 나주, 낙안, 만경, 무안, 무장, 보성, 부안, 순천, 여산, 영암, 용안, 임피, 장흥, 정읍, 진도, 함평, 해남, 흥덕, 흥양
전세·대동작목 직상납	구례, 남평, 능주
初運	3월 13일 내 裝發, 4월 10일 내 上納
再運	4월 25일 내 裝發, 6월 10일 내 上納

---

26) 『승정원일기』 2517, 철종 2년 5월 7일(癸巳).
27) 『승정원일기』 2560, 철종 5년 10월 11일(丙午).

2. 해창의 설치와 풍경

1) 설치

세곡 직납제가 시행됨에 따라, 해당 고을에서는 포구에 해창을 설치하였다. 그래서 관내 손불면 포구에 설치된 함평 해창을 "田稅大同米太捧上之所"라고 하였다(『함평현읍지』). 이리하여 해창은 군현의 통치기구가 되었다. 그러면 26읍의 해창이 어디에 설치되어 있었는가를 『여지도서』, 『대동지지』, 『여도비지』, 그리고 각 읍지를 토대로 정리하면 다음과 같다.

강진, 해창
고부, 해창, 서북 20리, 부안현 줄포
광양, 해창, 남 10리
구례, 해창, 동 30리, 토지면 漢水川 浦口
김제, 해창, 서 20리, 식포
나주, 강창, 남 15리, 제민창
낙안, 해창, 남 20리, 長佐浦
남평, 강창, 나주 제민창
능주, 강창, 나주 제민창
만경, 해창, 북 8리, 화포
무안, 해창, 동 15리(20리), 沙湖津
무장, 전세창, 북 30리
대동창, 서 15리
보성, 해창, 동남 30리, 安波浦
부안, 해창, 서 30리,
순천, 해창, 동 20리, 용두포

여산, 羅巖倉, 북 35리

영암, 해창, 북 5리(서 10리, 서 15리)

용안, 稅倉庫, 서 5리, 蘭浦(蘭浦)

임피, 해창, 서 10리, 西施浦(고려 진성창)

장흥, 해창, 동남 20리, 船所

진도, 해창, 서 10리

함평, 해창, 서 20리, 손불면

해남, 해창, 남 20리, 화산면(선소)

흥덕, 해창, 서 6리, 沙津浦(商船湊集)

흥양, 해양, 동 15리, 松串

　첫째, 해창은 기본적으로 포구에 들어섰다. 그 가운데 포구 이름이 명명되어 있는 곳도 있다. 하지만 쉽게 찾아지지 않은 곳도 적지 않았다. 그런 곳은 정조 때 편찬된 『호구총수』에 그 흔적이 남아 있는데, 장흥·순천·무안에 해창리로 기록되어 있다.

　둘째, 해창이 들어선 포구 가운데 과거 조창이거나 읍치였던 곳이 있다. 임피 서시포는 고려 때 진성창이 있었던 곳이고, 보성 안파포에 대해 신경준(申景濬: 1712~1781)은 이전에 조양포로 불리었는데, 조양폐현이 있었던 곳이라고 말하였다.[28]

　셋째, 해창이 들어선 포구 가운데 선박 왕래가 잦은 곳이 여러 곳이었다. 부안 줄포는 고소설에 등장할 정도로 큰 포구였는데, 『흥보가』와 『변강쇠가』에 돈 벌로 포구로 가자면서 "일 원산, 이 강경, 삼 포주, 사 법성리·낙안 부원다리·부안 줄내가 좋다네."란 대목이 나온다. 함경도 덕원의 원산포, 충청도 은진의 강경포, 그리고 전라도 영광의 법

---

28) 申景濬, 『旅庵全書』 권8, 四沿考

성포, 낙안의 벌교포, 부안의 줄포가 큰 포구로 돈이 많다는 말이다.[29] 구례 한수천은 경상도 하동 두치강으로 흐르는데, 한수천 포구에는 균역청 안부선 7척이 있어 어염을 유통시켜 '嶺湖要路'로 일컫는 곳이다 (『구례현읍지』). 흥덕 사진포는 상선이 운집하는 곳으로, 『택지리』에도 거론되어 있다. 나주 제민창이 들어서 있는 제창포(濟倉浦, 주 남쪽 10리의 신촌면)는 8도 상선이 모여들어 정박하는 곳이었다(『금성읍지』). 제창포는 영산포 지근거리에 있어 두 포구는 한 상권이었다.

넷째, 해창은 본읍의 포구에 개설되는 것이 대부분이지만, 타읍에 들어선 경우도 있었다. 조선초 군현제 개편 때 혁파되지 못한 월경지가 일부 남아 있는데,[30] 조운 관련된 곳으로는 충청도는 내포 지역에 복잡하게 설정되어 있는데 전라도는 보이지 않는다. 일부 고을의 해창이 타읍의 포구나 해창에 병설되어 있는 경우는 여러 곳에서 발견된다. 고부는 읍치에서 서북 20리 거리인 부안현 줄포[31]에 해창을 두었다. 그런가 하면 능주와 남평은 해창을 별도로 설치하지 않고 나주 제민창을 이용하였다. 그래서 『여지도서』에 능주·남평 전세는 나주 영강포(榮江浦)·영산강(榮山江)에서 발선하여 목포진 앞 바다를 거쳐 경강 광흥창에 이른다고 기록되어 있다. 제창포에서 발선하는 세 고을의 세곡량이 마치 한 조창과 맞먹을 정도로 많았다.[32] 이런 점 때문에 제민창을 조창으로 활용하자는 말이 나왔던 것이다.

---

29) 김덕진, 『전라도의 탄생』, 선인, 2020, 340쪽.

30) 李樹健, 『朝鮮時代 地方行政史』, 民音社, 1989, 158쪽.

31) 부안 해창은 읍치 서 30리에 있고, 고지도를 보아도 서해 바다를 보고 있다. 반면에 줄포(茁浦, 고소설에 '줄내'로, 읍지에 '茁萊浦'로도 나온다)는 남 40리에 각각 있으니, 부안 해창은 줄포에 있지는 않았다. 따라서 고부는 부안 줄포를 임대 사용한 것이었다.

32) 『고종실록』 20, 고종 20년 9월 23일(壬子).
本邑濟民倉 卽一大浦港也 綾州南平兩邑稅穀之其捧其裝 皆在此浦 合實漕倉.

다섯째, 해창을 옮긴 곳도 더러 있었다. 순천의 해창이 사비포에서 용두포로 이전되었다. 영암 해창은 북 5리 또는 서 10리나 15리로 기록되어 있고, 무안 해창은 동 15리나 20리로 기록되어 있는데, 이는 오기일 수도 있지만 여건 변화에 따라 이설하였다고 추정된다. 1923년에 나온 『무안군지』를 보면, 해창은 석진면(石津面)에 있는 '貢稅漕倉'으로 영조 때 이설되었다고 한다. 이런 곳은 포구의 운송조건이 변하여 옮겼을 것 같다. 반면에 서쪽 20리 식포에 해창이 있는 김제의 경우 그곳으로부터 50~60리 떨어진 동쪽 면민들은 '稅民往來 經宿浮費'가 적지 않기 때문에 예전에 한 번 했던 것처럼 읍창(邑倉)에 내면 읍창에서 해창으로 이송해주기를 요청한 바 있다.[33] 이러저러한 이유로 해창을 옮겨달라는 요청은 여러 지역에서 일어났을 것이다.

여섯째, 해창은 읍내와 가까운 곳에 있었다. 그리고 순천과 보성에 해창장이 각각 있듯이, 장시를 배후로 하고 있는 해창이 있었다. 또한 나주 제민창이나 여산 나암창처럼 창촌을 끼고 있었다. 보성 해창에는 대원군 때 실시된 사창이 있었다. 이러한 점 때문에 해창에는 전국에서 '貿米'차 들어오는 사람들이 많았다.

일곱째, 해창에는 업무를 보는 건물과 세곡을 보관할 창고가 있었다. 구례 해창의 경우 좌기청(坐起廳) 2간, 문서방 3간, 창고 3간, 감관 1인, 색리 1인, 고자 1명으로 구성되었다. 1820년 정월에 함평 해창을 개축하면서 이를 토지신(土地神)에 고하는 글도 남아 있다.[34] 창고를 완비할 수 없어 노적할 수밖에 없었고, 그럴 경우 많은 비개(飛盖, 이엉)가 필요하였다. 그래서 충청도 성남포에서는 해창 비개를 포구를 드나드는 염분선과 상선에게서 일종의 포구 사용료 명목으로 거

---

33) 『승정원일기』 1795, 정조 22년 8월 1일(壬辰).
34) 尹命圭, 『鹿谿自集』 2, 「海倉廊舍改建時祭土地文」.

두었다. 해창의 건물과 선박 및 선창 모습은 고지도에 그려져 있다.

이상에서 살핀 해창도 갑오개혁 때 전면 금납이 단행되면서 혁파되고 말았다. 혁파 후 읍내와 가까운 지리적 이점 때문에 간척지 공사로 매립되어 대부분 사라지고 말았다. 이리하여 오늘날 해창 포구는 대부분 사라지고 그 이름만 그 흔적을 간접적으로 말하고 있다.

〈1872년 고지도 속의 해창 모습〉

만경 해창. 곡물 창고와 관리감독 사무실이 그려져 있다. 해창이 들어선 포구 이름이 화포였음을 알 수 있다.

함평 해창. 전세 창고와 대동미 창고 및 관리감독 사무실. 그리고 정박중인 선박이 그려져 있다.

2) 풍경

해창은 기본적으로 국가재원이 되는 세곡을 실어 나르기 위해 설치된 곳이다. 그렇다고 다른 용도로 운영되지 않았던 것은 아니다. 먼저, 시급을 다투는 진휼곡을 해창을 통해 수집하여 각처로 운송하였다. 그리고 궁방이나 아문·군문에서 보유하고 있는 둔전에서의 소출 또는 훈련도감·통영이나 강화도·남한산성 등의 군사기관에서 받아야할 재원·환곡·군량도 해창을 통해 운송되었다. 이때 이러한 재물을 별도의 선박을 이용하기도 하지만, 세곡선에 함께 실기도 하였다.[35]

---

35) 김덕진, 「전라도 순천 해창의 설치와 풍경」, 234쪽.

하지만 해창의 가장 중요한 역할은 전세와 대동세로 거두어들인 곡물을 수합하여 서울로 운송하는 것이다. 기본적인 시스템은 『여지도서』강진현의 전세조 사례를 보면 쉽게 파악할 수 있다. 전세를 2월 수봉(收捧)하여 3월 장재(裝載)하여 본현 해창에서 발선하여 영암 고달도, 갈두, 진도 벽파정, 시아, 임치, 칠산, 법성, 늑도, 고군산, 군산, 안흥, 사근, 채도, 구산도를 거쳐 황산으로 들어가서 경강에 이르는데 20일정이다. 이와 대동미도 동일하다. 규정상 초운은 3월 13일 내 장발(裝發), 4월 10일 내 상납(上納)하고, 재운은 4월 25일 내 장발, 6월 10일 내 상납하도록 하였기 때문에, 이 원칙을 강진에서도 기본적으로 준수하였을 것이다.

여기에서 가장 중요한 사안이 어떤 선박을 임대하느냐 이다. 처음에는 지토선을 운송선으로 임대하도록 하였다. 지토선에는 당연히 그곳 사람들이 승선하였다. 영암 사례를 통해 확인 가능하다. 그곳 세곡을 실은 지토선 1척이 영암 해창에서 출발하였다가, 우도진(牛島津) 앞바다에서 바람을 만나 침몰하였고 그 사고로 승선했던 본군의 북일면 조감리(早甘里)[36]에 사는 기노(旗奴) 양천권(梁千權), 군기보(軍器保) 이화영(李化英), 수군(水軍) 손안손(孫安孫), 양인(良人) 해인오(海仁五)·김윤종(金允淙)·박무근(朴武根) 등 6명이 모두 죽고 말았다(『전라감사계록』).

지토선이 없으면, 경강선을 임대하도록 하면서 선주와 사공의 신분이 분명한 자로 한정하였다. 어느 선박을 임대하건 수로의 원근에 따라 정해진 선가(船價)를 주도록 하였다.[37] 그리고 각종 잡비도 용도와

---

36) 조감리는 현재 도포면 수산리 조감마을로 영암천 지류에 위치하고 있기 때문에, 그곳 사람들의 선업(船業) 활동은 충분히 가능한 일이다.
37) 『전라가고』.
　　直納各邑 稅大同出浦於各其邑海倉 開春卽時捧上裝載於地土船及京江私船

액수를 규정화하였다. 이를 악이용하여 권력층과 연결되어 있는 경강선 사람들의 임운 로비가 치열하였다. 그 결과 세곡 임운업에서 경강선 비중이 나날이 높아졌고, 그에 따라 폐해도 속출하였다. 그 이유와 폐해에 대해

> 호남의 세미(稅米)를 조운하는 배를 바꾸어 지토선을 써야 하는 까닭은 이렇습니다. 경강선은 모두 여러 궁가(宮家)에서 관장하는 것이거나 호세가(豪勢家)에서 부리는 것이므로 공세(公稅)를 빙자하여 관장(官長)을 위협하여 정량 이외에 함부로 더 받아서 그 폐단이 매우 심하고, 고가(雇價)를 탐내어 지나치게 수천 석을 싣습니다. 배를 뛰우는 처음부터 범하여 유용한 것이 이미 많아서 마침내 미봉할 수 없게 되면 꼭 죽을 처지에서 살 길을 찾아서 그 배를 부수고 맙니다. 파선(破船)은 거의 다 짐짓 부순 것인데 짐짓 부수는 것은 경강의 배에서 말미암습니다. 이것이 실로 지토선을 써야 할 명확한 증거입니다.[38]

고 하였다. 경강선인들이 권력층의 힘을 이용하여 수령을 윽박질러 운송권을 따냈고, 운송과정에서 이윤 극대화를 위해 과다 선적하여 해난사고를 유발시키거나 선가를 과다하게 거두어 대민 부담을 가중시키기도 하였다. 이러한 지적이 한 두 번이 아니었음에도 불구하고 경강선의 임운은 줄어들 기미가 보이지 않았다.

정조 때 주교사 설치 이후에는 충청·전라도 세곡을 주교선(舟橋船)을 임대하여 운송하도록 하였다.[39] 정부도 조선(漕船), 집주선(執籌

而隨其水路遠近 計給船價上納.
38) 『정조실록』 24, 정조 11년 12월 20일(癸丑).
39) 『만기요람』 財用編 2, 漕轉, 漕倉屬邑外載運.
凡漕倉屬邑外 以舟橋舡載運稅納 數少者以地土舡賃載 並直納京倉 在前則

船), 임선(賃船)을 막론하고 기일 안에 납부하도록 독려하였다. 그런데 주교사 집주선은 100여 척 내외이고 곡량도 풍흉에 따라 다르지만, 주교선이 70여척 정도밖에 안되어 3운에 이르러야 겨우 완납된 적도 있었다. 이 틈을 타고 훈국선(訓局船) 또는 대변선(待變船)이라는 훈련도감 소속 선박도 임운에 새로이 뛰어 들며 타 선박과 경쟁하였다. 여기에 기로소와 공조도 가세하였다.

영암에서 전세, 대동, 군보미 등을 '分船裝載'하는 일은 도서원(都書員)이 주관 거행한다고 하였으니(『영암읍사례』), 어느 고을이나 존재하는 관속인 도서원이 해창 일을 실무적으로 총괄하였을 것 같다. 해창에는 수봉한 세곡을 선적 때까지 보관할 창고와 야적장이 조성되었다. 감관과 색리가 와서 좌기청이나 정자에 앉아서 수봉 일을 수행하였고, 그들은 승선을 하여 선운을 감독하였다. 그래서 그들을 영기감관(領騎監官), 영기색리(領騎色吏)라고 하였고, 그들에 대한 책무가 입법화되어 『속대전』 조전(漕轉) 조항에 수록되었다. 치안을 단속하기 위해 읍교들이 번갈아 들어와 근무하였다. 최종적으로 수령이 감독차 방문하고 그때 관노들도 수행원으로 동행하였다. 해창 포구는 어장을 끼고 있고 장시를 배후로 하고 있기 때문에, 어업이나 선업 및 상업을 생업으로 삼고 있는 현지인의 거주지였다. 순천 해창의 경우 "屋比魚鱗地縮裁"라고 할 정도로 번화한 곳이었다.

개창을 하여 세곡을 수봉하기 시작하면, 관내 각처에서 온 '牛車擔負'가 줄을 이었다. 선박으로 운송한 곳도 있었을 것이다. 납세 단위는 기본적으로 '作夫'였을 것인데, 영암에서는 각면 서원이 작부를 하고, 도서원이 작부를 호명하면 그 순서대로 납부하였다. 또한 '添載'나 '雇

無地土舡邑 以京江舡許載矣 正宗庚戌 設舟橋司句管京江大舡 兩湖直納邑
稅穀 特令載運 而先運遠邑 次運近邑 若有餘舡則京畿 海西穀亦許載運 到
泊後抽籤之式 與漕舡同 而但不點檢.

載'가 묵인되어 조운로 상에 보낼 화물을 맡기러 온 사람도 몰려들었다.[40] 장사를 위해 쌀을 사러 온 사람들도 많았는데, 제원찰방 윤취리(尹就履)가 공금을 가지고 함열 해창까지 와서 쌀 22석을 구매한 후 금산 전세를 방납하였다가 들통 난 적이 있었다.[41] 결론적으로 충청도 은진에 들어서 있는 연산 해창의 사례이지만, "倉底居生游冾子 爐頭盡日醉紅裙"하여 해창 마을에는 세곡 운송 때가 되면 각계각층의 사람들이 많았다.[42] 세곡선이 출항하기 직전에는 해신제가 열렸고, 관중들이 성을 이루었다.

3. 해창의 운영 사례

1) 보성 해창

조선후기 지리지에 보성 지역의 포구로 다음이 기록되어 있다.

조양포(兆陽浦), 군의 동쪽 28리
용두포(龍頭浦), 군의 동쪽 28리
왜진포(倭津浦), 군의 동쪽 30리
안파포(安波浦), 군의 동남쪽 30리, 해창(海倉)
선소포(船所浦), 군의 남쪽 35리, 선소(船所)

---

40) 洪樂仁, 『安窩遺稿』 4, 疏箚, 請罷湖南隊船.
　　蓋本道沿海三十三邑 捧稅大同於各其邑海倉 勿論地土京江之船 隨其水路之遠近 計給船價雜費 使之裝載運去 而宮房軍門之所納 亦爲添載以送 此是流來舊例 近歲以來 羣議多端 或謂之各邑雇載 縻費甚煩 或謂之船人偸竊 故敗難禁 於是乎作隊之法出焉.
41) 『승정원일기』 404, 숙종 28년 6월 19일(己巳).
42) 金鑢, 『藫庭遺藁』 2, 艮城春嚀集, 「黃城俚曲」.

안파포는 전기에는 보이지 않다가 후기에 새로이 등장하였고, 동쪽에 위치한 조양포, 용두포, 왜진포와는 달리 동남쪽 30리에 있었다. 그런데 안파포의 이름과 위치에 대해 상이한 기록이 보인다. 신경준(申景濬: 1712~1781)은 안파포는 이전에 조양포로 불리었는데, 조양 폐현이 있었던 곳이라고 말하였다.[43] 그리고 992년(성종 11)에 조운제도를 개혁하면서 세곡을 운송하는 포구의 이름을 개정하였는데, 조양현에 있는 동조포(冬鳥浦)를 안파포로 이름을 바꾸었다.[44] 이를 종합하면 안파포는 조양현의 관문인 조양포, 또는 조양현의 세곡을 운송하는 동조포라고도 불리었다는 말인데, 그렇다면 안파포는 동남 30리가 아니라 동 28리에 있어야 한다. 그렇지만 조선후기 읍지는 물론이고, 고지도에도 안파포는 동남쪽에 별도로 표기되어 있으니, 당시 조양포와 안파포는 엄연히 별개의 포구이다.

안파포는 선박이 출입하는 항구이다. 여기에 머물지 않고 안파포에는 세곡을 모아서 세곡선에 실어 출발시키는 해창이 있었다. 그리고 해창장이라고 불리는 5일장이 개설되어 있었다. 19세기 고지도에 해창은 읍으로부터 30리에 있고, 해창시는 읍으로부터 27리에 있다고 기록되어 있다. 읍내에서 보면 해창장은 해창 바로 앞에 있었음을 알 수 있다. 또한 이곳에는 사창(社倉)이 있었다. 읍지에 사창은 군 동 30리 조양폐현에 있다고 기록되어 있으니, 사창은 해창 부근에 있었음에 분명하다. 사창은 이 주변 사람들을 대상으로 환곡을 이식하고 보관하는 곳이다. 그리고 또한 해창포 부근에는 다른 포구도 있었다. 기록상 조양포, 용두포, 왜진포가 보이는데, 지형이 변하면서 포구의 설폐가 잦았던 것 같다. 이들 포구는 해창포와 지근거리에 있으면서 상호 협력

---

43) 신경준, 『여암전서』 권8, 四沿考.
44) 『고려사』 79, 지 33, 식화 2, 조운.

관계를 유지하였을 것 같다. 이렇게 보면 해창포 부근은 항구, 해창, 시장, 사창, 포구를 연결하는 하나의 큰 경제권을 형성하고 있었음을 알 수 있다.

그런데 여기서 눈여겨지는 것은 장시 이름을 안파장이라고 칭하지 않고 해창장이라고 하였다는 점이다. 이는 안파포의 지역경제에 해창이 차지하는 비중이 매우 높았음을 의미할 것이다. 그래서 그런지 안파포의 이름을 전에는 조양포라고 하였지만, 조선후기에는 해창포(海倉浦)라고도 칭하였는데, 1925년에 발간된 『보성군지』에 그렇게 기록되어 있다. 따라서 우리도 해창포의 포구경제를 해창을 중심으로 살펴볼 수밖에 없다.

해창을 보성은 처음에는 왜진포에 두었던 것 같다. 왜진포에 해창과 선소가 있다는 읍지 기사가 그것을 말해준다. 그런데 왜진포는 보성 읍내에서 거리가 가장 먼 포구이다. 당연히 여러 가지 문제가 발생할 수밖에 없었다. 여러 곳을 물색하다 득량천이 흐르는 현재의 득량면 해평 마을에 포구를 개설하고서 해창을 이설하였음에 분명하다. 전부터 있어오던 포구가 아니라 새로 개척한 포구를 해창으로 이용하였던 셈이다. 그리고서 그 포구 이름을 옛날에 세곡을 운송하였던 포구 이름을 따서 안파포라고 명명했을 것 같다(남의 이름이나 옛 이름을 따서 지명을 붙이는 경우는 당시 흔한 일이었다). 그렇기 때문에 후대 사람들은 안파포를 안파포라고 하지 않고 해창포라고 불렀던 것이다. 이리하여 안파포는 조선이 운명을 다 할 때까지 세곡을 운송하는 곳이었다. 해창이 사라진 이후에도 해창포는 항구 역할을 하고 있었는데, 득량면 호곡[박실]에 사는 이 일대 대지주 제주 양씨가에서는 목포 개항 이후 잉여 미곡을 해창포를 통해서 목포로 출하하였다.[45]

---

45) 洪性讚, 「韓末 日帝下의 地主制 硏究: 寶城 梁氏家의 地主經營과 그 變動」,

포구에 설치되어 있기에, 해창은 해상을 왕래하는 발선과 도선의 장소로 활용되었다. 남원 출신의 양경우(梁慶遇, 1568~1629)가 장성현감으로 재임하던 1618년(광해군 10)에 조위한(趙緯韓), 조찬한(趙纘韓) 형제와 함께 전라도 연안의 군현을 거쳐서 두류산(頭流山)을 여행하였다. 5월 3일 보성군에 와서 잠을 자고, 4일 이른 아침에 길을 나섰다. 보성군수 정홍량(鄭弘亮)이 양경우 일행을 전송하기 위해 해창(海倉)까지 와서 말하기를, "여기서 흥양(興陽)까지는 육로로 거의 70여 리가 되는데, 만약 배를 타고 바다를 건너면 수로로는 겨우 40리입니다. 돌아가는 길과 지름길이 매우 차이가 나는데 다만 배를 타는 것은 위험하고 육로로 나아가는 것이 안전하니 공께서 선택하십시오."하였다. 양경우는 "바닷길의 장엄한 여행길은 내가 원하는 것이다."고 말을 하고서 세 척의 배에 돛대를 갖추니, 두 척의 배에는 말과 괴나리봇짐 등을 싣고 한 척의 배에는 나와 종자(從者) 5, 6명과 뱃사공 한 사람이 함께 타고 흥양현에 도착하였다.[46]

보성 세곡의 수량과 수납과정에 대해 『여지도서』에는 다음과 같이 기록되어 있다. 상납해야 할 세곡은 전세와 대동미를 합쳐 5,400여석에 이른다. 이를 2월에 수봉하여 3월에 장발하는데, 해창에서 감곶(甘串) 앞바다로 들어가 득량도, 완도, 칠산해, 원산, 안흥, 강화 등지를 거쳐 한강 광흥창에 이르는데 17일 걸린다. 이 정도 수량의 세곡이면 보통 5척의 배가 있어야 하였다. 보통 척당 1천석 정도를 적재하였기 때문이다. 보성 해창에서는 처음에는 지토선(地土船)이라고 불리는 현지 선박을 임대하여 세곡을 운반하였던 것 같다. 어업과 해운이 발달한 연해 지역이기 때문에 충분히 그럴 수 있었을 것이다. 그러다가 병

『동방학지』114, 연세대 국학연구원, 2001, 49쪽.

46) 梁慶遇, 『霽湖集』11, 紀行錄,「歷盡沿海郡縣仍入頭流賞雙溪神興紀行錄」.

술년(1706, 숙종 32)부터 영남의 진주 등 9읍, 호남의 낙안 등 8읍의 세곡을 훈국선(訓局船)이라고 하여 훈련도감 선박을 임대하여 운송하도록 하였다.[47] 세곡 운송권을 차지하기 위해 권세력을 앞세운 수도권 선운업자들의 로비가 치열하였지만, 이런 체제는 거의 조선말기까지 유지되었다.

어떤 선박이건 간에, 보통 해창을 오가는 세곡선들은 빈 배로 오가는 것이 아니라 상품을 반출입하는 것이 예사였다. 그리고 5척의 선박에는 1백여명 이상에 이르는 선원이 승선하였는데, 이들은 선적 기간 동안 해창에 머물고 있었다. 또한 보성 곳곳에서 세곡을 이고지고 온 납세자들도 검사를 받기까지 해창에서 체류하였다. 2월에 세곡을 거두어 3월에 선적·출항한다고 하였으니, 승선원과 납세자들이 이 기간 동안 체류하며 소비하는 재화도 적지 않았다. 그리고 또한 출항하는 날이면 무사항해를 비는 해신제(海神祭)가 열리었으니,[48] 그 날은 무당과 예인이 동원되는 하나의 축제였다. 이처럼 매년 봄이면 해창포에는 납세자들이 운집하고 세곡선이 왕래하며 소비를 진작하고 상품을 반출입하였다. 자연히 숙식업이나 유흥업 및 공연예술 등 서비스업에 종사하는 사람들이 모여들 수밖에 없었다. 장날과 겹치면 시너지 효과를 내기에 충분하였다.

2) 해남 해창

해남 해창은 포구 이름은 보이지 않지만, 바다에서 해남 읍내로 들어가는 물줄기 중간쯤에 있다. 그런 해창이 중국 요동에서 조선으로

---

47) 『승정원일기』 613, 영조 2년 3월 16일(戊申).

48) 해평 마을에는 지금도 옛 풍습을 이어 당산제를 지내고 있다(보성군, 『내 고장 전통 가꾸기』, 1981, 185쪽).

이주해온 사람들의 집단 거주지로 이용되었다. 요동에 살던 명나라의 한족 사람들 20~30만 명이 여진족이 세운 후금(청)의 지배를 피해 한반도로 대거 들어왔다. 그들 가운데 일부는 청의 요청에 의해 송환되었지만, 일부는 조선 땅에 그대로 남았다. 그 잔류 요동인을 조선 정부는 전국 도처에 10명이나 6·7명 단위로 분산 배치하고 주택이나 토지를 지급하고서 정착을 유도하였다. 그 가운데 상당수는 전라도 바닷가 지역에서 가정을 이루고 자녀를 두며 정착 생활을 영위했다.

1639년(인조 17)에 작성된 해남의 호적대장이 10장 남아 있다. 등재자 가운데 남자 21명과 여자 19명 등 모두 40명이 귀화 야인(野人, 여진인)의 향화인으로 기록되어 있다. 그 가운데 거주지가 해창리(海倉里)로 본관이 흑룡강(黑龍江)[49]으로 기재되어 있는 호주 최한(崔汗)의 경우, 본인·부·조·증조와 외조 및 처·처부·처조 모두가 향화로 기재되어 있다.[50] 이 정도만 놓고 보아도 해창리 부근에 상당히 많은 요동 향화인이 있었고 그들끼리 혼인이 이루어지고 있었음을 알 수 있다.

이건(李健, 1614~1662)이 1628년(인조 6)에 부친 인성군(仁城君) 이공(李珙)이 자결한 뒤 형제들과 함께 제주에 유배가게 되었다. 그때 그는 해남 해창에서 배를 타고 제주 별도포에 도착하였다. 1636년 해배될 때에는 추자도를 출발하여 어란진으로 향하였으나 썰물이어서 포구에 들어오지 못하고 배 안에서 밤을 지낸 후 다음 날 해남 해창에 배를 정박하여 내려서 육로로 해남·석제원 등지를 지나 올라왔다.[51]

---

49) 북방에서 귀화한 사람들은 자신들끼리 혼인하며 본관을 '대원(大元)' 또는 '흑룡강(黑龍江)'으로 삼았다. 그러다가 점차 조선 사람과 혼인도 하고 조선에 있는 기존의 본관을 사용하기 시작하였다.

50) 임학성, 「17세기 전반 戸籍자료를 통해 본 귀하 野人의 조선에서의 생활 양상－蔚山戸籍(1609)과 海南戸籍(1639)의 사례 분석」, 『古文書硏究』 33, 韓國古文書學會, 2008.

51) 李健, 『葵窓遺稿』 11, 記, 「流竄記」.

제주 유배가면서 해남 해창을 이용한 사람은 이 외에 신명규(申命圭, 1618~1688), 김춘택(金春澤, 1670~1717) 등이 있다. 이들이 향화인을 보았을 것이지만, 언급은 보이지 않는다.

　일제 강점기 때만해도 해남 해창은 번성한 포구였다. 일제 초기 일본에서 제작한 지도를 보면, 마을의 규모가 다른 마을보다 훨씬 크게 그려져 있다. 일본인이 들어와서 일본식 집을 짓고 살면서 주변에서 생산되는 벼를 수집하여 창고에 보관하고 정미소를 운영하여 쌀로 도정하여 목포로 반출하였다. 양조장도 있었다. 해창~목포 정기 여객선도 있었다고 한다. 그런데 황산면 한자리와 화산면 율동리를 잇는 고천암 방조제 공사가 1985년 착공되어 1988년 완공됨으로서, 해창은 포구 기능을 상실하고 육지가 되고 말았다. 물길 양쪽은 농토로 개간되고 한 가운데에 삼산천이 흐르고 있다. 그리고 포구는 사라졌지만, 해창 마을 이름은 아직도 남아 있다. 그리고 버스 정류장 뒤에 해창 포구 시절 때 '鎭此海濱'(이곳 바닷가 해창 마을을 지켜주었다)해주었다고 마을 사람들이 세운 이용우(李容愚) 군수 선정비가 그 옛날을 말해주고 있다.

〈해남 해창〉

'해창'이란 마을 이름의 버스 정류장. 뒤에 이용우 군수 선정비가 서 있다.

삼산천을 사이에 두고 반대쪽에서 해창 마을을 바라본 모습이다.

맺음말

   조운제가 16세기에 조운읍과 직납읍으로 분리되기 시작하였다. 임진왜란이 끝난 1600년에 예산 절감 차원에서 직납읍이 공식 등장하였고, 직납읍의 세곡 수봉·장발처로 포구에 해창이 설치되었다. 전남지역의 직납읍은 본래 25읍이었지만 중간에 정읍 1읍이 추가됨으로써 모두 26읍이었다. 이 가운데 대부분은 읍내에서 가까운 포구에 해창을 설치하였지만, 월경지처럼 타읍 포구에 두거나 타읍 해창을 사용하기도 하였다. 그곳에서 처음에는 지역 선박인 지토선을 임대하여 세곡을 상납하였지만, 점차 외부의 경강선의 비중이 높아갔고 훈련도감이나 공조의 선박도 세곡 임운업에 뛰어들었다. 해창 포구는 어업과 상업이 발달하고 세곡 운송 때 사람마저 붐비는 '도회지'같은 곳이었다. 그러한 해창 포구도 갑오개혁 이후 금납화가 단행됨에 따라 퇴락하기 시작하더니, 일제~해방 이후 간척지 공사로 매립되어 육지가 되어 지명으로만 오늘날 우리에게 남아 있다.

머리말

조선후기에 많은 연해읍에서는 포구에 해창(海倉)을 설치하고 사선(私船)을 임대하여 세곡(稅穀)을 서울에 납부하였다.[1] 이러한 해창은 조선초기에는 보이지 않는 것으로, 조운제(漕運制)의 변화와 연관되어 등장하였다. 그런데 해창에는 창고가 설치되고 세선(稅船)이 출항할 뿐만 아니라, 어염선(魚鹽船)이나 상선(商船)이 인근 포구와 도서로 출입하고, 그 배후지에 장시(場市)도 개설되어 있었다. 그리하여 해창은 상품유통이 활발하고 외부인의 출입이 빈번한 도회지로 성장하였고, 그곳의 생업이나 분위기는 여느 곳과 다를 수밖에 없었다. 따라서 해창에 대한 검토는 세곡 운송체계의 변화는 물론이고, 그곳에서 벌어지는 사회풍속을 이해하는 데에도 유익한 것이 될 것이다.

---

1) 이 글은 「앵무모 이야기를 통해서 본 순천 해창의 풍경」(『國史敎育』 5, 전남대 역사교육과, 2003)이라는 소고(小考)를 수정·보완한 것이다. 해창은 일반적으로 바닷가에 있는 창고라는 의미로 사용되는 경우도 있지만, 본고에서 다루는 해창은 그러한 일반적 의미의 것이 아니라, 세곡 운송체제가 16세기에 조운제에서 임운제로 바뀌면서 연해읍에서 세곡임운을 위해 설치한 기관인 것이다.

해창이 언제, 왜 등장하여, 어떻게 운영되었고, 그곳의 풍경은 어떠하였는가에 대해서는 지금까지 언급된 적이 없다. 바로 이점 때문에 본고를 작성하였는데, 일반론이 지니는 한계를 극복하기 위해 해창의 풍경을 생생하게 전해주는 자료가 존재하는 전라도(全羅道) 순천(順天) 사례를 중심으로 살펴보고자 한다.

이 글에서는 먼저 순천 해창이 언제, 어떠한 배경에서 등장하였는가를 살펴보겠다. 무상입역(無償立役)을 토대로 하는 관선조운제(官船漕運制)가 붕괴되면서 16세기에 급가고립(給價雇立)을 토대로 하는 임선직납제(賃船直納制)가 등장하였으니,[2] 해창 또한 조운제의 변화와 함께 등장하였음에 분명하다. 이어 세곡임운을 위해 어떠한 선박이 동원되었고, 이익이 되는 임권권(賃運權)을 차지하기 위해 선운업자(船運業者)간에 펼치는 쟁탈전도 알아보겠다. 그리고 해창의 공간구성과 생업을 세곡운송은 물론이고 교통로·포구상업·장시 등과 관련하여 살펴본 후, 그곳이 인구가 밀집하고 유흥업이 흥성한 도회지였음을 지적해 보겠다. 마지막으로 일찍이 남편을 여의고 수절을 하면서 재혼을 강요당하고 온갖 유혹을 받으며 살고 있는 앵무모(鸚鵡母)[3]를 통해서 해창의 풍경을 그려보려 한다.

---

2) 崔完基, 『朝鮮後期船運業史研究』, 一潮閣, 1988.

3) 순천 출신의 조현범(趙顯範, 1716~1790년)이 1784년(정조 8)에 고려시대부터 조선후기까지 순천지방의 대표적인 역사사실과 충효의열(忠孝義烈)을 행한 인물의 행적을 시와 함께 정리한 『강남악부(江南樂府)』란 서적이 있다. 여기에는 역사, 교육, 풍속, 설화, 전기, 지리 등에 걸쳐 153편의 글이 실려 있어 이수광(李睟光)이 1618년에 지은 『승평지(昇平誌)』와 함께 순천 지방사를 연구하는데 매우 중요한 자료가 된다. 153편의 글 가운데 「앵무모(鸚鵡母)」는 해창촌(海倉村)에 거주하는 광대 출신의 과부 앵무 어머니의 수절과 그를 둘러싼 갈등에 관한 짤막한 이야기이고, 이 이야기는 경강선인(京江船人)이 언급된 것으로 보아 18세기 중반에 발생되었을 것으로 추정된다. 『강남악부』의 해제에 대해서는 다음의 글이 참고된다.
趙湲來, 「江南樂府 解題」, 『南道文化研究』1, 順天大, 1985.
趙湲來, 「강남악부」, 『順天市史』(순천시사편찬위원회), 1997.

자료가 풍부하지 못하여 본래 의도한 바를 얼마만큼 잘 조명할 수 있을지가 염려스럽지만, 지금까지 제대로 언급된 적이 없는 해창의 등장과 그곳에서 벌어지는 풍경을 다룬다는 점에 의의를 두고자 한다. 해창과 앵무모라는 조그마한 사례를 통하여 조선후기 경제사와 사회사의 한 단면을 드러내는데 다소간의 도움이 되기를 기대한다.

---

1. 해창의 설치와 세곡의 임운

1) 조운제의 변화와 해창의 설치

조선초기에 세곡은 부역제를 토대로 하는 관선조운제로 납부되었다. 농민들이 관할 조창(漕倉)에 세곡을 납부하면, 조창에서는 조운선(漕運船)을 이용하여 서울로 운반하는 것이었다. 세종대에 전라도에는 나주의 영산창(榮山倉)과 함열의 덕성창(德成倉) 등 2개의 조창이 있었다. 이 가운데 순천, 나주, 장흥, 담양, 낙안, 보성, 해진, 영암, 영광, 무진, 강진, 고흥, 광양, 능성, 남평, 화순, 동복, 곡성, 옥과, 창평, 진원, 장성, 고창, 흥덕, 무장, 함평, 무안 등 27읍은 나주에 있는 영산창에 세곡을 수납(輸納)하였다. 함열에 있는 덕성창의 관할 고을은 함열, 전주, 남원, 익산, 고부, 김제, 금산, 진산, 순창, 임피, 옥구, 만경, 부안, 정읍, 금구, 태인, 임실, 구례, 운봉, 장수, 진안, 용담, 무주, 고산, 여산, 용안 등 26읍이었다.[4]

그런데 곧이어 영광에 법성창(法聖倉)이 건립되면서 영광, 흥덕, 옥과, 부안, 함평, 진원, 담양, 무장, 장성, 정읍, 곡성, 창평, 고부, 순

---

4) 『世宗實錄地理志』, 全羅道, 漕倉.

창, 고창 등 15읍은 법성창으로 옮겨졌다. 그리고 나주 영산창에서는 순천, 나주, 강진, 광산, 진도, 낙안, 광양, 화순, 남평, 동복, 흥양, 무안, 능성, 영암, 보성, 장흥, 해남 등 17읍의 세곡만을 관장하였다. 또한 용안, 전주, 임실, 남원, 임피, 김제, 장수, 금구, 운봉, 익산, 만경, 여산, 금산, 진산, 태인, 용담, 옥구, 진안, 고산, 무주, 함열 등 21읍은 용안 득성창(得成倉, 함열 덕성창을 성종 13년에 옮김) 소속이었다.[5] 이렇게 볼 때에 전라도 53읍(제주도 3읍 제외) 전부가 세종대에는 영산창과 덕석창 2조창에 분속되었다가, 그 이후에는 법성창과 영산창 및 득성창 3조창으로 변경되었는데, 순천은 시종 나주 영산창에 소속되어 있었다.

그런데 나주 영산창은 영광 칠산(七山) 앞바다에서 자주 발생하는 해난 사고 때문에 1511년(중종 6)에 폐창되고 영광의 법성창으로 이관되었다. 그러면서 법성창에는 12읍(영광, 광주, 담양, 순창, 옥과, 고창, 화순, 곡성, 동복, 정읍, 창평, 장성)만 소속되었고, 함열 덕성창을 복설·개명한 성당창(聖堂倉)에는 8읍(고산, 진산, 운봉, 용담, 익산, 금산, 남원, 함열)이, 용안 득성창을 이설한 옥구 군산창(羣山倉)에는 7읍(전주, 진안, 장수, 태인, 금구, 임실, 옥구)이 소속되었다.[6] 이렇게 볼 때 16세기에는 이전과는 달리 전라도 전체 53읍 가운데 27읍만이 조운되고 나머지 26읍은 직납(直納)되었음을 알 수 있다. 그에 따라 26개 직납읍(강진, 고부, 광양, 김제, 나주, 낙안, 남평, 능성, 만경, 무안, 무장, 무주, 보성, 부안, 순천, 여산, 영암, 용안, 임피, 장흥, 진도, 진원, 함평, 해남, 흥덕, 흥양)은 세곡을 육운(陸運)이나 해

---

5) 『經國大典』, 戶典, 漕轉.
　　『新增東國輿地勝覽』, 全羅道, 羅州·靈光·龍安.
6) 『度支志』 7, 版籍司, 漕轉, 漕倉.
　　『萬機要覽』 財用篇 2, 漕轉, 漕倉.

운(海運)으로 납부하였다. 이 가운데 남평·능성(능주)은 나주 영산포에서 발선하고, 무주·여산은 육운하고, 진원은 임진왜란 이후 쇄잔하여 폐읍되었고, 나머지 22개 연해읍은 자체에서 임운직납(賃運直納)하도록 하였다. 여기에 법성창 소속이던 정읍이 1823년 권돈인(權敦仁) 암행어사의 별단으로 직납읍으로 재편되어 흥덕(興德) 사진포(沙津浦)의 주교선(舟橋船)으로 임운하게 하였다.[7] 따라서 23개 임운직납읍의 경우 '諸邑不屬漕倉者' 또는 '漕轉邑外' 등으로 표현되어 그 책임은 전적으로 수령에게 있어 운반지체나 패선(敗船) 사고가 발행하면 수령(守令)이 문책을 받아야 했다. 실제 운반지체나 패선사고가 발생하여 그때마다 곤혹을 치른 수령이 적지 않았다. 감관(監官)과 색리(色吏)도 세선에 동승하게 하여 역시 연대 책임을 묻게 하였다.

이와 같이 16세기 이후에 무상입역을 토대로 하는 조운제가 붕괴되면서 급가고립을 토대로 하는 임운제가 등장하게 된다. 그에 따라 조창에 소속되지 않은 고을이 적지 않게 발생하게 되었다. 그러한 고을은 세곡을 산군읍(山郡邑)의 경우 작목육운(作木陸運)하고 연해읍(沿海邑)의 경우 임선해운(賃船海運)하도록 법제화되었다.[8] 이러한 세곡운송법의 변화에 따라 연해읍에서는 임운상납할 수 있는 시스템을 갖

---

7) 『湖南廳事例』(奎15232), 收租·漕船.
정읍은 산읍(山邑)이기 때문에 부득이 해읍(海邑)인 인근 흥덕에 해창을 설치하였던 것 같고, 좌수(座首)와 별감(別監)이 각각 해창전세(海倉田稅)와 해창봉세(海倉捧稅)를 관장했다 한다(『湖南邑誌』, 「井邑邑誌」).

8) 『大典通編』, 戶典, 漕轉
諸道漕站運外 山郡作木 沿邑賃船.
경상도는 이와는 반대로 18세기에 3조창제로 운영되었다(卞光錫, 「18·19세기 경상도 남부지역의 상품유통구조」, 『지역과 역사』 5, 부산경남역사연구소, 1999). 한편, 수참(水站)에서 제외된 연강읍(沿江邑)도 등장하게 되는데, 그러한 고을에서는 강창(江倉)을 설치하고 강선(江船)을 임대하여 세곡을 직접 상납하였다.

취야 했는데, 그것이 바로 해창인 것이다.

해창은 간혹 포창(浦倉)이라고도 불리었는데, 본읍의 전세와 삼수미(三手米, 선조대 창설) 및 대동미(大同米, 호남은 효종대 실시) 또는 결작(結作, 영조대 창설) 등의 세곡을 수합한 후 임대선박에 적재하여 출항시키는 곳이다. 그래서 해창의 기능을 충청도에서는 '貢稅捧上所'(林川), '田稅大同捧上處'(庇仁), '田三稅三局保米所捧'(結城), '田大同兩局作米 捧上裝運所'(新昌), '稅大同 裝發所'(禮山) 등으로 기록하였다.[9] 전라도 함평에서는 해창을 양세창(兩稅倉, 전세와 대동미)이라 하기도 하였다. 그런가 하면 무장에서는 전세창(田稅倉, 북 30리)과 대동창(大同倉, 서 15리)을 별설하여 전세와 대동미를 각각 발송하기도 하였으나,[10] 대부분 고을에서는 양세(전세, 대동미) 또는 전3세(전세, 삼수미, 대동미)를 해창 한 곳에서 발송하였다.

이러한 해창을 연해읍은 대부분 관내 포구에 두고 있었다. 그러나 포구시설이 양호하지 못한 고을에서는 월경지 형태로 인근 고을 포구에 자읍 해창을 개설하기까지 하였는데, 충청도의 경우 니성(尼城)·홍산(鴻山)의 해창이 석성(石城)·부여(夫餘) 경내에, 대흥(大興)·청양(靑陽)의 해창이 예산(禮山)에 각각 있었다(『충청도읍지』와 『대동지지』). 전라도에서도 고부(古阜)의 해창이 부안(扶安)의 줄포(茁浦)에(『대동지지』), 정읍(井邑)의 해창이 흥덕(興德)의 사진포(沙津浦)에 각각 있었다(『호남청사례』).

순천은 조선전기에 관선조운제에 의해 세곡을 나주의 영산창에 수납하고 있었다. 그런데 조운제의 변화에 따라 영산창이 폐창되면서 순천의 세곡운송 방법도 바뀌게 되어 결국 임선직납읍이 되었다. 따라서

---

9) 『忠淸道邑誌』.

10) 『大東地志』, 全羅道, 咸平·茂長.

순천에서는 임운을 수행할 수 있는 해창을 바다 포구에 설치하지 않으면 안되었다.

순천부사였던 이수광(李睟光)이 1618년(광해군 10)에 편찬한 『승평지(昇平志)』, 창고조(倉庫條)에 따르면 읍치(邑治) 남쪽 15리 지점에 해창이란 창고가 있었다. 이곳에는 고려시대 12조창 가운데 하나인 해룡창(海龍倉)이 있었던 것으로 추측된다. 해룡창은 고려초기에 해룡산(海龍山, 읍 남 10리) 앞의 사비포(沙飛浦, 潮陽浦로 개칭)에 개설되어 인근읍의 세곡을 운납하였는데, 고려말에 왜구의 침입과 토사의 축적으로 폐허가 되었다 한다.[11] 물론 조선 건국과 함께 조운제가 정비되면서 나주 영산창, 영광 법성창, 함열 덕성창 등지에 조창이 개설되어 해룡창의 필요성이 사라졌기 때문에 폐창(廢倉)되었을 것이다. 순천에서는 바로 이곳 사비포를 복구하여 해창으로 활용하였을 것이고, 그 시기는 영산창이 폐창되었던 16세기 중반으로 여겨진다.

그런데 『승평지』 이후의 자료에는 모두 해창이 이전과는 달리 읍내 동쪽 20리에 있다고 기록되어 있다.[12] 그리고 역시 동쪽 20리에 용두포(龍頭浦)가 있었고,[13] 해창촌이 용두면(龍頭面) 소속으로 존재하였다.[14] 따라서 후기에는 해창이 동쪽 20리 용두면 해창촌 용두포(해창이 있는 포구라 하여 海倉浦라고도 함), 즉 지금의 해룡면(海龍面) 해창리(海倉里)에 있었음이 분명하다. 그렇다면 처음에 읍치 남쪽 15리 사비포에 설치되었던 해창이 그 후에 동쪽 20리 용두포로 옮겨졌음을

---

11) 邊東明, 「順天의 海龍山城」, 『韓國中世의 地域社會硏究』, 學硏文化社, 2002.

12) 『輿地圖書』(영조대 편찬), 倉庫.
   『順天府邑誌』(정조대 편찬), 倉庫.

13) 『新增東國輿地勝覽』, 全羅道, 順天都護府, 山川.

14) 『戶口總數』, 順天.

알 수 있다. 왜 옮겨지게 되었을까?

대동법 실시 이후 대동미가 결당 12두씩 징수됨으로써 전세 4두와 삼수미 2두 2승(인조대 이후 1두 2승으로 경감)에 불과하던 이전에 비하여 세곡량이 크게 증가하게 된다. 순천의 경우 18세기 중반 세곡 7,224석 가운데 대동미가 전체의 58%(4,180석)를 차지하였고, 전세 미태와 삼수미는 42%(3,044석)에 머물렀다(『여지도서』). 따라서 폐창을 복구하여 전세·삼수미 3천석 정도만을 운반하던 사비포 해창은 협소하여 대동법 이후 7천~1만 1천석에 이르는 방대한 세곡을 수합·야적·선적하기가 쉽지 않았을 것 같다. 바로 그러한 이유 때문에 광활한 용두포로 해창을 옮겼을 것으로 보인다. 충청도 결성(結城)의 해창은 옛날에 동쪽 포구에 있었는데 선로(船路)가 막히어 갑술년(?)에 남쪽 포구로 옮기었다 하니,[15] 해로의 변경 때문에 옮긴 경우도 있었지만 순천의 경우는 대동법 실시 이후 세곡량의 증대 때문에 부득이 하게 보다 넓은 곳으로 이동하였던 것 같다.

조운제에서 임운제로의 변화에 따라 순천에서는 세곡을 저장·발선할 수 있는 해창을 처음에 관아 남쪽 15리 옛 해룡창 자리에 설치하였다가, 효종대(17세기 중반) 호남대동(湖南大同) 시행 이후에 동쪽 20리 용두면 용두포로 옮기었다. 이제 지게로 등에 지거나 수레·우마에 싣고 산을 넘고 골짜기를 건너 수백리 떨어져 있는 나주 조창까지 세곡을 운반하여 심한 괴로움을 겪던 이전과는 달리 농민들이 가까운 관내 해창에 세곡을 납부하면 관아에서는 그곳에서 임대선박을 이용하여 서울로 올려 보내게 되었다. 조세를 전에는 법성창에 수납하였는데 근년에는 경창에 직납한다 하고, 해창은 읍치 남쪽 15리 해안에 있는데 전세(田稅)와 공물작미(貢物作米) 및 주사격량(舟師格粮)을 거두어 이

---

15) 『忠淸道邑誌』, 「結城縣邑誌」, 倉庫.

곳에서 선편으로 운납한다는 『승평지』의 기록 그대로였던 것이다.[16] 이렇게 함으로써 조창의 사나운 창노(倉奴)와 간활한 아전(衙前)들이 뱃사공과 짜고 양이 넘치도록 받고, 성에 차지 않으면 채찍을 가하고 볼기를 때리는 폐단에서 순천농민들은 다소나마 벗어날 수 있었을 것이다. 물론 국가에서 조운료를 지원하던 때와는 달리 임운료를 스스로 내야 하는 부담을 주민들은 감수하지 않으면 아니 되었다. 곡성(谷城) 세곡을 낙안(樂安) 해창으로 옮기는 문제와 관련하여 조창에 1부(夫)가 납부하는 것은 4석 1두이지만 해창에 납부하는 것은 4석 12두라고 하면서, 해창은 거리가 가까운 이익이 있지만 반대로 잡비가 추가되는 폐단이 있다고 하였다.[17]

순천에서도 장재발선(裝載發送)이 지연되거나 패선사고(敗船事故)가 발생하여 수령이 문책을 받은 적이 있었다. 1664년(현종 5) 8월에 순천현감[18] 변황(卞榥)은 구례현감 유중관(柳重觀)과 함께 전삼세(田三稅)의 3월내 상납 규정을 어기고 5월에야 발송하고 그마저 취재(臭載)한 죄로 '決杖一百 盡奪告身'이라는 벌을 받았다.[19] 1688년(숙종 14)에 전순천부사 이봉징(李鳳徵)도 전세·대동의 '過限發船之罪'로 도배형(徒配刑)을 받을 위기에 처하기도 하였다.[20] 세선에 동승하는 감관과 색리도 패선에 대하여 책임을 졌는데, 1745년(영조 21)에 "순천의 전세와 대동미를 실은 배가 남양(南陽)에 이르러 파선하여 감색(監

---

16) 『昇平志』, 租稅·倉庫.

17) 『備邊司謄錄』189, 정조 23년 8월 10일.

18) 전전년 12월에 순천에서 춘대(春代)라는 여인이 내연의 남자와 모의하여 남편을 살해한 사건이 발행하자 읍격(邑格)을 부(府)에서 현(縣)으로 강등하였다(『현종개수실록』8, 현종 4년 1월 5일甲戌).

19) 『承政院日記』184, 현종 5년 8월 5일(甲子).

20) 『承政院日記』330, 숙종 14년 7월 8일(戊寅).

色)과 사격(沙格) 등 13명이 8개월 동안 엄히 갇혀 있는데 옥바라지를 할 사람이 없습니다. 비록 연한이 차지 않았으나 별도로 심리사(審理使)를 보낸 것이 이미 흠휼(欽恤)하는 뜻에서 나왔으니, 마땅히 원적지인 교하(交河)로 돌려보내야 합니다."[21]고 하여, 감색이 패선사고로 투옥된 적이 있었다. 이러한 문책 때문에 감관들이 세선에 동승하는 것을 기피하였던 것 같고, 그러한 사정에서 구례(求禮)의 경우 예산을 부당하게 사용한 보민청(補民廳) 감관을 향회(鄕會)에서 세선에 동승하게 하는 처벌을 내렸을 것이다.[22]

2) 세곡의 임운과 임운권의 변화

순천의 세곡 임운 상황을 보여주는 자료가 18세기 중반에 편찬된 『여지도서(輿地圖書)』 전세조(田稅條)이다. 그에 따르면 전세미 1,620석, 태 822석, 삼수미 602석, 대동상납미 4,180석을 정월에 수봉하고 3월에 선적하여 해창포에서 출발하는데, 흥양 여도-함평 임치-만경 군산-홍주 원산-태안 안흥, 그리고 황산 초두강과 강화 조강을 거쳐 서울 서강에 도착한 후 전세는 광흥창에, 대동미는 선혜청에 납부하는데 24일정이라고 하였다. 기록에 누락되어 있지만 삼수미는 호조(戶曹)의 속사(屬司)로 용산(龍山)에 설치되어 도감병(都監兵, 三手兵)의 급료를 담당하는 별영(別營)에 납부하였다. 이를 통해 순천에서는 여느 고을처럼 전세와 삼수미 및 대동미를 함께 수합하여 발송하였음을 알 수 있다.

그렇다고 해창에서 세곡만 발송하였던 것은 아니다. 세곡을 보낼 때

---

21) 『英祖實錄』 61, 영조 21년 4월 5일(丁未).

22) 金德珍, 「民庫의 設立과 運營」, 『朝鮮後期 地方財政과 雜役稅』, 國學資料院, 1999, 200쪽.

에 중앙에 상납할 기타의 재물도 함께 보내기도 하였는데, 인근 광양 (光陽) 해창의 경우 훈련도감 둔전 소출이나 장악원에 내는 악공보의 보미(保米)를, 그리고 군기시에 보내는 대나무를 그렇게 한 적이 있었 다.[23] 군량곡이나 진휼곡도 해창을 통해서 운송되었다. 호남에서 쌀 몇 만석을 사서 강화도에 주기로 하여 관찰사로 하여금 진작 수송하도 록 하였는데, 감사 민응수(閔應洙)가 즉시 거행치 않다가 1730년(영조 6) 10월에 이르러서야 비로소 실어 보내겠다고 계문(啓聞)하니, 비변 사에서 겨울철에 멀리 수송함은 좋은 계책이 아니니 아직 실어 보내지 않은 것은 해창에 쌓아 두었다가 봄철을 기다려 운반할 것을 청하여 임금의 허락을 받은 적이 있다.[24] 강화도에 보낼 미곡을 호남지역 해 창에 보관해두었다가 다음 해 봄에 올려보내도록 하였으니, 이제 해창 은 국곡(國穀) 운송의 중심지가 되었고, 여기에 순천의 해창 또한 그 러하였을 것이다.

순천에서는 어떤 선박을 임대하여 세곡을 납입하였을까? 1694년 (숙종 20)에 반포된 「조전사목(漕轉事目)」과 1698년에 간행된 『수교집 록(受敎輯錄)』에 따르면 전세는 경강선(京江船)이 아닌 본읍이나 이웃 군현의 지토선(地土船)을 이용하여 운송하도록 규정되어 있다. 전세의 경강선 임운금지규정은 경강선인들의 잦은 농간 때문에 작성되었다. 지토선이란 민간인들이 생업을 꾸리기 위해 보유하고 있는 선박을 말 한다. 순천은 『증보문헌비고(增補文獻備考)』 여지고(輿地考) 해방조 (海防條)에 20여개의 포구가 있는 전라도 남해안 해상교통의 중심지 였으므로[25] 상당히 많은 지토선이 활발하게 활동하였을 것이다. 순천

23) 『光陽縣各所事例冊』, 都書員.
24) 『英祖實錄』 28, 영조 6년 10월 9일(甲辰).
25) 高東煥, 『朝鮮後期 서울商業發達史硏究』, 지식산업사, 1997, 164쪽.

에서도 그러한 지토선을 임대하여 세곡을 납입하였을 것으로 추측된다.

　그런데 서울의 훈련도감과 기로소 및 공조에서 재정 충당을 위해 각자의 선박을 임대하도록 순천에 압력을 넣는 사태가 발생하였다. 중앙기관들이 세곡운송에 눈을 돌리기 시작한 계기는 전세(결당 4~6두)보다 2·3배나 많은 대동미(결당 12두)가 징수되어 세곡량이 전보다 크게 늘어나 상당한 이윤 추구가 가능하게 되었던 데서 찾을 수 있을 것 같다.

　훈련도감에서는 광해군대에 급변하는 대중·대일정세에 대처하기 위해 대변선(待變船)이라는 선박을 설치하기 시작하였다.[26] 그런데 많은 사공(沙工)의 양료(糧料)가 달리 나올 곳이 없고 군병(軍兵)의 시상비(施賞費)와 군기(軍器)의 수리비(修理費) 또한 부족하자, 대변선 5·6척을 가을과 겨울에는 강화에 대기시켜 놓고 봄과 여름에는 삼남으로 내려 보내어 삼수미를 실어 옮긴 뒤 그 뱃삯을 받아 각종 용도에 사용하였고, 별대(別隊) 창설(현종 10년, 1669년) 후 3척을 추가하여 보미(保米)마저 임운하게 하였다.[27] 이 당시 순천은 구례와 함께, 1682년(숙종 8) 5월 11일 겸병조판서 김석주(金錫冑)의 보고에 의하면, '嚴禁私船' 방침에도 불구하고 시종 사선재운(私船載運)을 고집하여 멀리까지 내려온 도감선원(都監船員)들을 허탕치게 하였다. 그렇지만 계속되는 훈련도감의 압력에 순천 또한 굴복하지 않을 수 없었다. 이는 도감선(都監船) 9척 가운데 1척이 삼수미를 실어 운반하기 위해 순천으로 내려갔다는 1705년(숙종 31) 훈련도감 낭청(郎廳)의 언급을 통하여 알 수 있다.[28] 18세기초에 이르러 훈련도감은 본격적으로 세곡

---

26) 崔完基, 앞의 책, 234쪽.

27) 『承政院日記』 283, 숙종 7년 6월 13일(甲午).
　『承政院日記』 290, 숙종 8년 5월 11일(戊午).

28) 『承政院日記』 427, 숙종 31년 12월 17일(丁未).

운송업에 뛰어들어 전세와 대동미까지 임운하게 된다. 이러한 가운데 1706년(숙종 32) 7월부터 순천은 말할 것 없고, 광양·낙안·보성·흥양·진도·강진·장흥·진주 등 9읍의 각종 곡물을 다른 배에는 허용치 않고 오직 도감선에만 실어 올려 보내도록 하여 1726년(영조 2)까지 이르고 있다고 훈련도감은 보고하였다.[29] 순천 세곡의 도감선 임운은 경강선으로 교체되는 영조대 중반(18세기 중반)까지 계속되었다.

훈련도감에서 순천의 세곡을 임운하고 있을 때에 기로소(耆老所)도 그것에 뛰어 들었다. 1726년에 기로소에서는 '本所案付船'으로 호남 연해읍의 전세·대동미를 운반하여 운송가를 취하면 '藥餌之資'에 보탬이 될 것이라고 하면서, 명년부터 전라도의 무안·장흥·남평·나주·영암·진도·해남·강진·보성·영광·무장·순천·흥양 등 13읍의 것을 임운할 수 있도록 요청하여 국왕의 허락을 받기까지 하였다.[30] 열악한 재정을 타개하기 위한 이러한 기로소의 노력은 공조(工曹)의 개입으로 혼조를 거듭하다. 전라도의 해남·고창·장성·남평·고부·김제·옥구·익산과 충청도의 공주·임천·홍산·한산·서천 등 13읍의 전세와 대동미만을 기로소에서 보낸 선박으로 재운상납(載運上納)하도록 하여 순천은 제외되었다.[31]

이 때에, 훈련도감의 보고에 의하면, 공조에서도 세선규례(稅船規例)를 창출하여 도감선으로 임운하고 있는 순천·흥양·광양·진도·장흥 등 5읍의 세곡을 공조선(工曹船)으로 임운하도록 하는 조치를 강구하고 있었다. 이에 훈련도감에서는 만약 이 5읍을 잃는다면 앞으로 사공과 격군 등의 요미(料米)를 잇대어 줄 길이 없어 진실로 매우 걱정된

---

29) 『備邊司謄錄』80, 영조 2년 12월 27일.

30) 『承政院日記』628, 영조 2년 12월 13일(丁卯).

31) 『備邊司謄錄』80, 영조 2년 12월 27일.

다고 하면서, 순천 등 8읍의 곡물을 전과 같이 도감선에 실어보낼 것을 비변사(備邊司)로 하여금 공조 및 본도에 분부하도록 요청하였다. 따라서 공조의 세선 확보 노력은 훈련도감의 반대에 부딪혀 난관에 봉착한 것 같다. 그래서 1727년에 공조에서는 다시 비변사에 다음과 같이 건의하게 된다.

본조(本曹) 소관 4진(鎭)의 진선(津船)은 사실 변란에 대비하기 위해서 있는 것이기 때문에 도승(渡丞)을 없애고 별장(別將)을 새로 두었으며, 한정(閑丁)을 모집해서 대오(隊伍)를 편성하여 진(鎭)에 주둔시키겠다는 뜻으로 이미 입계(入啓)하여 결재를 받았으니 한갓 사람만을 건네주기 위함이 아닙니다. 그러나 근래에는 본조 물력이 고갈되어 배를 만드는 여러 도구를 갖추어주지 못하였고, 각 아문(衙門)의 부조목(扶助木)도 이미 없어져버려서 매년 신조(新造)와 개삭(改槊) 등의 공사를 한 가지 일이라도 변통해 나갈 형편이 없습니다. 작년(영조 2년)에 3당상이 연명으로 진소하여 양남의 대동과 전세의 미태(米太)를 본조의 강원선(江原船)을 보내서 실어오고 그 선임(船賃)을 받아서 조선비(造船費)로 쓰게 하여줄 것을 청하였는바, 비변사에서 이미 복계(覆啓)하여 호남 10읍을 지정하여 시행하기로 결정을 보았습니다. 영남은 으레 선혜청(宣惠廳)의 장부에 올라 있기 때문에 제외한 것입니다. 호남 10읍은 나주·순천·장흥·영광·영암·무안·흥양·진도·곡성·광양 등인데 얼마 전에 훈련도감에서 강화도의 대변선이 전부터 실어 날랐다는 이유로 순천·장흥·진도·광양·흥양 등의 5읍은 도감에서 보낸 배에 싣게 해주기를 청하였습니다. 무릇 훈련도감에 안부(案付)된 강도선(江都船)은 겨우 9척에 불과하고, 싣도록 된 고을도 전부터 영남의 대읍인 만큼 본조에서 실어 나르기로 결정된 고을을 훈련도감에 돌려줄 필요가 없다는 것은 매우 명백한 이치입니다. 더구나 본조는 이 다섯 고을의 선가를 잃는다면 허다한 조선 비용을 판출해낼 길이 없어 낭패가 극심합니다. 이 일은 비록 미세한 일인 것 같지만 관계된 바는 매우 큽니다. 또 배를 나누어 보낼 때가 되었는데 이토록 겨루고만 있는 것은 지극히 온당치 못한 일입니다. 그러므로 호남 10읍은 한결같이 묘당(廟堂)에서 결정한대로 본조에서 보낸 선척(船隻) 이외의 다른 아문의 선척에는 실어 나르지 말라는 뜻으로 승전(承傳)을 받아 시행하는 것이 어떻겠습니까?[32]

근래에 본조의 재력이 고갈되어 4진(鎭) 진선(津船)을 만드는 경비를 갖추지 못하고, 거기다가 각 아문의 보조 무명도 이미 없어져버려 신조와 개삭을 해결하지 못하고 있기 때문에, 공조에서는 1726년(영조 2) 나주·순천·장흥·영광·영암·무안·흥양·진도·곡성·광양 등 호남 10읍의 전세·대동미를 공조선(工曹船)으로 임운하여 선가를 받아 경비로 충당하는 방안을 요청하여 비변사의 허락을 받았다. 이에 훈련도감에서는 10읍 가운데 순천·장흥·진도·광양·흥양 등 5읍의 임운권을 넘겨주는 것에 즉각 반발하여 비변사의 취소처분을 요구하였다. 공조는 그러한 훈련도감의 반대를 뿌리치기 위해 1727년 1월 10일에 재차 어려운 재정사정을 비변사에 하소연하였던 것이다. 사흘 후 훈련도감은 5읍(순천·장흥·진도·광양·흥양) 가운데 장흥·진도·흥양 등 3읍만 공조에 이급하고(그러면 공조 소관읍은 나주·영광·영암·흥양·진도·장흥·무안·강진 등 8읍), 본감(本監)에서는 순천·낙안·보성·광양·구례·곡성 등 6읍만 차지하겠다는 타협책을 제시하여 국왕의 윤허를 받았다.[33] 결국 순천의 세곡 임운권을 차지하려던 공조의 요구는 받아들여지지 않아, 순천은 계속 도감선을 임대하여 세곡을 운납하였던 것이다.

그러나 도감선의 임운도 오래 지속되지는 못한 것 같다. 1698년(숙

32) 『備邊司謄錄』 81, 영조 3년 1월 10일.
33) 『承政院日記』 630, 영조 3년 1월 13일(庚子).

종 24) 이후의 수교를 모은 『신보수교집록(新補受敎輯錄)』(영조 19년, 1743년 간행)에서는 "각읍의 전세는 반드시 지토선으로 실어 보낸다. 만약 지토선이 없으면 경강선을 막론하고 선주와 사격의 신분이 분명한 자에게 맡겨 임운토록 한다"고 하여, 18세기 전반에 경강선의 경우 선주와 사격의 신분이 분명하면 전세곡을 임운할 수 있도록 하였다.[34] 경강선이란 한강을 무대로 하여 전국적인 활동을 펼쳤던 선박을 말하는데, 경강선인(京江船人)들은 뛰어난 항해술과 막대한 자금력 그리고 막강한 권력지원을 바탕으로 조선후기 세곡운송업을 주도하고 있었다.

정부의 정책 변화와 경강선인들의 활약에 힘입어 이후 경강선을 임대하는 곳이 늘어날 수밖에 없었고, 그것은 순천에도 영향을 미치어 경강선이 도감선을 제치고 세곡을 임운하게 되었다. 그 시기는 영조대 중반, 즉 18세기 중반 무렵으로 추정된다. "호남의 여러 읍 가운데에서 나주·순천·강진 같은 포구에 각각 조창을 설치하고 조운선을 만들어 두고서 경강선을 삯내어 싣는 것을 폐지하면 짐짓 파선의 걱정을 없앨 수 있을 것입니다."[35]고 한 바와 같이, 정조대 당시 전라도의 세곡은 순천을 포함하여 대부분 경강선이 임운하였다고 볼 수 있다. 이렇게 볼 때에 『여지도서』에 전세, 삼수미, 대동미로 미와 태를 7,224석이나 운송한 선박은 다름 아닌 경강선이었음에 분명하다.

1790년(정조 14)에 주교사(舟橋司)를 설치하면서 세곡 운송법은 또한 차례 변화를 맞게 된다. 주교사는 정조가 한강을 건널 때 부교를 만드는 선박을 관리하게 하기 위해 설치한 기관이다. 여기에 소속된 선박들은 주교의 임무에 동원되고 대신 세곡을 임운하는 혜택을 누렸는데, 도감선이나 경강선이 주교선(舟橋船)으로 동원되었지만 경강선이

---

34) 高東煥, 『朝鮮後期 서울商業發達史研究』, 330쪽.
35) 『正祖實錄』24, 정조 11년 12월 20일(癸丑).

주류를 이루고 있었다. 그리하여 경강선이 양호 직납읍의 세곡을 실어 나르게 되었고, 점차 경기와 해서지역으로 확산되었다. 그 결과 19세기에는 조창에 소속된 읍 이외에는 주교선으로 세곡을 실어 운반하고, 수량이 적은 경우에는 지토선을 빌려서 나르도록 하였다.[36] 이 당시 순천도 그러하였을 것인데, 19세기 순조대에 작성된 것으로 추정되는 『호남청사례(湖南廳事例)』에 나오는 순천 등 23 직납읍은 주교선으로 실어 납부한다는 기사를 통하여 확인할 수 있다. 이처럼 순천에서는 세곡을 처음에는 지토선으로 임운하다가, 도감선을 거쳐 경강선을 임대하여 운납한 것으로 정리할 수 있겠다.

2. 장시의 개설과 해창의 풍경

1) 장시의 개설과 해창의 번성

조선시대에 순천 지역의 토지 결수를 보면 초기에는 7천여결, 후기에는 1만 2천여결을 보유하고 있었다. 15세기 『세종실록지리지』에 따르면 순천은 7,315결로 나주의 1만 5,339결, 광주의 1만 880결, 영광의 9,604결 다음으로 많았다. 19세기 『대동지지』를 살펴보면 순천은 1만 2,123결로 나주의 2만 5,639결과 영광의 1만 2,828결 다음으로 많은 결수를 지닌 군현이었다. 여기에서 거두어지는 세곡 또한 많을 수밖에 없었다. 전세미태, 삼수미, 대동미로 18세기의 경우 1만 157석(『신증승평지』), 7,224석(『여지도서』), 9,699석(『부역실총』), 1만 1,045석(『순천부읍지』)이나 되었다.[37]

---

36) 『萬機要覽』 財用編 2, 漕轉, 漕倉屬邑外載運.

37) 金德珍, 「순천의 재정실태」, 『順天市史』(정치·사회편), 순천시사편찬위원

적게는 7천석 많게는 1만 1천석을 선적하려면 몇 척의 선박이 필요하였을까? 경강선의 경우 1척당 적게는 200~300석, 많게는 1,000석 이상을 선적하였다. 영조대에 순천부사 구채오(具采五)가 봄에 세곡을 실을 적에 1천 5백석을 한 배에 넘치게 실어서 바로 경내에서 파선되어 문책을 받은 적이 있었다.[38] 19세기에 순천의 전세나 대동세를 운반한 경강선의 운항사례 6건을 종합해 보면, 1척당 평균 880석을 적재한 것으로 계산된다.[39] 이렇게 보면 매년 10척 가량이 세곡을 운송하러 순천 해창에 입항한 꼴이 된다. 승선 인원의 경우 조운선이 사공 1인에 격군이 15명이었다 하니, 경강선도 최소한 척당 10명 내외가 승선했을 것이다. 조운선 한 척에 타는 사람이 많으면 40~50명이고 적어도 20명 이하로는 내려가지 않는다는 지적도 있다.[40] 그렇다면 매년 100명 정도의 선원들이 세곡 운송차 순천 해창에 입항하게 된다. 이들은 1월부터 세곡을 수합하여 선적한 후 3월에 출항하지만, 일기가 여의치 않으면 더 머물기도 하였다.

세곡을 임운하러 온 경강선인들은 사상도고(私商都賈)로서 막대한 자금을 가지고 전국적인 시장망을 지닌 대상(大商)이나 부상(富商)이었다.[41] 그들은 삼남지역 임운을 장악한 후 선가로 경상도는 세곡의 30%를, 전라도는 20%를, 충청도는 10%를 받았다.[42] 임운에 따른 이익율이 매우 높았을 뿐만 아니라, 관곡이나 사물을 추가 적재하여 자

회, 1997, 369~373쪽.

38) 『英祖實錄』 121, 영조 49년 10월 1일(丙戌).

39) 吉田光男, 「朝鮮後期 稅穀輸送船의 運航樣相에 관한 定量分析 試圖」, 『碧史李佑成敎授定年退職紀念論叢』 上, 1990, 920~931쪽의 별표(1).

40) 鄭尙驥, 『農圃問答』, 鑿漕渠.

41) 姜萬吉, 『朝鮮後期 商業資本의 發達』, 高麗大出版部, 1972.

42) 崔完基, 앞의책, 225쪽.

본축적을 도모하기도 하였다. 따라서 세곡 7천석 이상을 야적하고, 대형 선박 10척이 정박하고, 100명의 선원이 체류할 수 있는 순천 해창은 지역이 넓고 인구가 조밀한 공간적 특성을 지니었을 뿐만 아니라, 돈 많은 서울 출신 임운업자들이 다수의 선원을 이끌고 장기간 체류하는 곳이었다.

순천 해창은 세곡을 야적한 후 싣고 떠나는 창촌(倉村)이었을 뿐만 아니라, 용두포에는 어전(漁箭)이 설치되어 있고,[43] 그 앞 바다에는 크고 작은 섬들이 적지 않게 분포되어 있어 해산물이 집하되고 유통되는 포구이기도 하였다. 용두포(해창포)는 관내 포구 가운데 소라포(召羅浦)와 함께 중심포구였다. 포구에 배가 닿는 곳에는 어디나 호민(豪民)이 점포를 차려놓고 무릇 상고선(商賈船)이 도착하여 정박하게 되면 그 화물을 주관하면서 감히 이동을 못하게 하고 스스로 거간꾼이 되어 임의로 조종해서 그 값을 올렸다 내렸다 하기도 하였으니,[44] 순천 해창 포구에도 객주나 여각으로 불리는 주인층(主人層)이 자리 잡고 포구세를 징수하며 상품교환 활동을 활발히 전개하고 있었을 것이다.

또 순천 해창은 18세기 지도를 보면 전라좌수영으로 내려가는 육로 길목에 있었다.[45] 좌수영은 관내 5관(官) 5포(浦)의 수군을 관장하는 좌수사가 복무하는 대도회로 이곳에는 장시가 개설되어 있었고, 어상선이 출입하였다. 이러한 좌수영과 통하는 길목에 있었다는 것은 순천 해창이 육상교통의 요지이기도 하다는 것을 반증한다.

---

43) 『新增東國輿地勝覽』, 順天都護府, 山川.
　　『昇平志』, 山川.
44) 『牧民心書』, 戶典, 平賦.
45) 『輿地圖書』, 順天府.
　　『海東地圖』, 順天府.

또한 순천 해창에는 5일마다 장시가 열리고 있었는데, 전라도의 경우 용안 해창(난포)에 난포장이, 부안 해창(해창포)에 해창장이, 장흥 해창(수문포)에 수문포장이 들어서기도 하였다. 조선후기 순천지방의 장시 현황을 정리하면 다음과 같다.

〈표 1〉 조선후기 순천지방의 장시 현황

자료	갯수	장시명
『승평지』 (1618년)	3개	부내, 광천, 석보
『신증승평지』 (1729년)	9개	부내, 석보, 해창, 성생원, 부유, 쌍암, 괴목정, 동점, 대곡
『동국문헌비고』 (1770년)	13개	읍내, 수영, 석보, 착마정, 성생원, 방축두, 해창, 구만, 백아, 선원, 부유, 본곡, 도고개
『민고절목』 (1790년)	12개	읍내, 황전, 송광, 석보, 주암, 별양, 착마, 성생원, 사보, 석창, 쌍암, 해창
『순천부읍지』 (1792년)	10개	읍내, 석보, 해창, 성생원, 부유, 쌍암, 대곡, 황전, 별량, 내례포
『임원경제지』 (19세기)	8개	부내, 석보, 해창, 부창, 성산, 괴목, 대곡, 송천
『여도비지』 (19세기)	8개	읍내, 부유, 해창, 황전, 쌍암, 별량, 대곡, 석보

1618년에 보이진 않던 해창장(海倉場)이 언제 등장하였을까? 읍치 남쪽에 있던 해창이 17세기 중반 호남대동 시행으로 세곡량이 크게 증가하면서 이곳 용두포로 옮기었는데, 그 때에 해창장이 개설되었던 것 같다. 따라서 해창장은 17세기 중반에 등장하여 19세기 말까지 중단없이 개시되었고, 개시일은 처음에 3일과 8일이었으나 19세기에 4일과 9일로 변경되었다. 개시일의 변경은 장시 수가 축소되면서 상권 조정 차원에서 비롯되었을 것이다. 그런데 해창장은 관내에서 가장 많은 장

세(場稅)를 거두고 있었다. 1790년(정조 14)에 작성된 『순천부보민고 신변절목(順天府補民庫新變節目)』[46]에는 12개 장시의 장세전(場稅錢) 징수내역이 기록되었다. 그 가운데 읍내장과 황전장은 작청(作廳)에, 송광·석보·주암·별량장은 '관청(官廳)'(수령의 일용잡비를 관장하는 기관)에 소속되었다. 그리고 나머지 장시에서는 장세를 민고(民庫)에 납부하였는데, 매달 착마장은 7전 8푼, 성생원장은 6전, 사보장은 1냥 2전, 석창장은 1냥 5전, 쌍암장은 2냥 1전 6푼, 해창장은 3냥 6전을 내었으니 해창장의 장세액이 압도적으로 많았음을 알 수 있다. 이는 19세기 말까지 지속되어 당시 민고에서는 해창장에서 가장 많은 장세를 거두어 사용하였다.[47] 장세가 많았다는 것은 그만큼 상품매매가 활발했다는 것을 의미할 것이다. 따라서 해창장은 관내에서 매우 번화한 장시로 상품유통이 활발하였음을 알 수 있다.

이상에서 살펴보았듯이, 육상과 해상 교통이 편리한 곳에 위치한 순천 용두포(해창포)에는 어염선과 상선이 왕래하며 주변 포구와 도서를 연결하였을 뿐만 아니라, 일찍부터 장시가 들어서 관내에서 가장 활발한 상업활동을 하였기 때문에 선상인(船商人)이나 육상인(陸商人)들의 왕래가 빈번하였을 것이다. 또 이곳에는 무려 7천석 이상의 세곡을 수합한 후 출항시키는 해창이 들어서 있어 서울 한강을 무대로 전국적인 활약을 하는 대상인 출신의 경강상인이 임운업자 100여명과 선박 10여척을 이끌고 내려와 한 달 이상 머물기도 하였는데, 그 때에 곡물을 선적하는 잡부(인근 면리 출신)가 적지 않게 동원되었고 세곡의 수합과 선적 및 출항을 감독하는 수령이나 감관 및 향리나 관노들도 왕래하였

---

46) 『順天府補民庫新變節目』(순천향교 소장, 1790년).
47) 『順天郡各掌重記』(奎 12517, 1898년), 民庫.
　　순천 민고에 대해서는 金德珍, 「朝鮮後期 全羅道 順天府의 雜役稅 運用과 調達」, 『朝鮮後期 經濟史研究』, 선인, 2002.

다. 따라서 해창은 경강선인, 주인층, 선상, 육상, 수령, 감관, 관속, 잡부 등 외부인의 출입이 빈번하고 경제력이 풍성한 매우 번화한 도회였음에 틀림없다.

해창은 경제력이 풍부하고 지역적 공간이 넓을 뿐만 아니라, 인구 밀집도가 높고 외부인의 출입이 빈번하기 때문에 이곳에는 자연히 외부인을 상대로 하는 유흥업이 발달하지 않을 수 없었다. 이와 관련하여 다산(茶山)은 "장차 조창을 열려 할 때에는 창촌에 방을 붙여 잡류(雜流)를 엄금할 것이다."고 하면서, 금해야 할 것으로 우파(優婆, 舍堂), 창기(娼妓, 늙은 退妓), 주파(酒婆, 술을 파는 자), 화랑(花郞, 광대), 악공(樂工, 거문고 타고 피리 불고 노래하는 사람), 뢰자(櫑子, 초라니), 마조(馬弔, 투전), 도사(屠肆, 소나 돼지 잡는 일) 등 8가지를 거론하였다. 이들은 노래와 여색과 술과 고기로 온갖 유혹을 하여 창리(倉吏)와 뱃사람을 빠지게 한다 하였다. 그러면서 공진창, 가흥창, 성당창 등의 조창은 말할 것 없고 바닷가의 포구에서도 역시 엄금해야 한다고 덧붙였다.[48] 따라서 세곡량이 매우 많은 순천 해창에도 이러한 잡류가 활동했을 가능성은 매우 높다고 볼 수 있다.

또 역참(驛站)이나 원(院)이 있는 마을에서도 간혹 부유한 자가 돼지 잡고 술을 빚어 음란하고 방탕한 짓을 자행하는데, 마조강패(馬弔江牌, 도박)를 벌이고 우파(優婆)·굴뢰(窟櫑)를 불러들여 노래하고 소리질러 습속이 완악해지니, 수령은 마땅히 이를 알아서 엄중히 금단하고 범하는 자는 용서하지 말아야 할 것이라고 다산은 지적하였다.[49] 장시에도 술을 판매할 뿐만 아니라 우파들이 민인들을 유혹하는데 특

---

48) 『牧民心書』, 戶典, 稅法.
49) 『牧民心書』, 工典, 道路.

히 삼남지방이 심했다 한다.[50] 여기에 순천 해창장도 그 위상이나 활약상에 비추어 보아 결코 예외일리가 없다. 그렇다면 생산력이 뛰어나고 부유층들이 빈번하게 출입하는 순천 해창에도 광대들이 있어 공연을 하였고, 그들에 의한 술 판매나 음란 행위가 비일비재하였다고 볼 수 있다.

2) 앵무모 이야기와 해창의 풍경

「앵무모」는 순천 출신의 조현범(趙顯範)이 지은 『강남악부(江南樂府)』에 실린 짤막한 이야기로, 일찍이 남편을 여의고 해창이라는 마을에 거주하고 있는 광대 출신의 과부 앵무모의 수절과 그를 둘러싼 유혹과 갈등을 다루고 있다.[51] 그녀가 거주하고 있는 마을은 어선이나 상선이 들락거리는 포구(용두포=해창포)이고 시장이 열리는 장시(해창장)일 뿐만 아니라, 순천의 세곡을 수합하여 임대 선박에 실은 후 출항시키는 창촌(해창촌)으로서 돈 많은 매매업자나 임운업자들이 도처에서 몰려와 숙식을 하며 북적대던 곳이다. 이러한 해창의 화려한 (?) 공간적 특성 때문에 재혼의 강요와 유혹을 받고 갈등을 일으켜 앵무모가 수절을 지키는데 많은 어려움을 겪었던 것 같다. 이상의 앵무모 이야기를 통해서 해창의 풍경을 그려보려 한다.

앵무모는 재인(才人, 광대) 집안 출신으로 역시 광대 집안에 출가하여 문학걸(文學傑)의 아내가 되었다. 그녀는 해창촌에서 살았는데, 그녀의 집은 바다 어귀와 가까웠다 한다. 앵무모가 거주한 용두포 해창 마을은 육해상 교통이 편리하고 외부인의 출입이 빈번하고 물산의 유

---

50) 金大吉, 『朝鮮後期 場市硏究』, 國學資料院, 1997, 255쪽.
51) 『강남악부』를 분석한 논문으로는 다음이 참고 된다. 申章燮, 「江南樂府」에 나타난 社會·風俗 考察」, 『淵民學志』 3, 淵民學會, 1995.

통이 활발하여 상당히 번화한 마을이었을 것이다. 그렇기 때문에 앵무모 가족은 이곳 해창 마을에서 광대라는 직업으로 생업을 영위할 수 있었을 것이다. 사실 장날에 장터 모퉁이 빈터에 남사당패나 오광대패로 불리는 연예집단이 판을 치고 장꾼을 불러모아 그들의 전문 기예를 보여주고 얼마간의 댓가를 받는 것은 흔히 있었던 일이었으니, 앵무모 가족들도 해창을 주요 무대로 활동하던 광대 집단의 일원이었을 것으로 추측된다.

앵무모는 열다섯에 광대 문학걸에게 시집가서 딸 앵무를 낳았다. 그런데 당시 읍지나 지도를 보면 해창이 들어선 곳과 동일한 읍내 동쪽 20리에 앵무산이 있었다. 지금도 그 산을 앵무산이라고 부르고 있다. 바로 이 산 이름과 딸의 이름이 동일한 것으로 보아, 앵무란 딸 이름은 이 앵무산에서 따온 듯하다.

딸을 낳고 곧 남편이 죽고 말았다. 그때 나이가 열여섯이었는데, 혼자 지내며 수절하였다. 남편을 사별한 후 그녀의 친정 부모와 시부모가 개가할 것을 권하며, "네가 광대의 집에서 나서 어찌 괴롭게 꼭 수절하려 하느냐? 네가 다시 시집갈 뜻만 있다면, 마땅히 적당한 자리를 구해 시집보내 주겠다."고 말했으나 그녀는 끝내 듣지 않았다. 비록 16세에 과부가 된 젊은 딸[며느리]이 불쌍하기 짝이 없어서 그러하였는지는 몰라도 친정이나 시가에서 본인의 반대에도 불구하고 재가(再嫁)를 제법 독려하였음을 알 수 있다. 조선사회는 부녀자 재혼에 대한 금지 내지는 규제를 법제화하였고,[52] 일반적으로 본인이 재가하려고 하면 부모들이 집안 망신시킨다고 발벗고 나서서 극구 반대하였던 것을 상기한다면 이 경우는 어떤 사연을 담고 있음에 분명해 보인다. 그 사연이라면 광대와 시장과 돈으로 연결된 그 어떤 것이 아닐까 한다.

---

52) 최재석, 「가족제도」, 『한국사』 25, 국사편찬위원회, 1994.

하루는 시부모께서 또 은근히 달래며 "네가 어찌 이처럼 고집을 부리느냐. 가문이 비천하지 않은 사람도 다른 곳에 시집가는 것이 세상에 많이 있더라. 너는 들어보지도 못했느냐? 지금 마땅한 자리가 있으니 너는 전처럼 하지 말아라."고 권유하니, 앵무모는 시부모의 성화에 못 이겨 거짓으로 승낙한 채 하였다. 시부모는 매우 기뻐하며 그 사람과 혼인 약속을 하고, 날을 잡아 장차 보내려고 하였다. 그런데 앵무모가 오래도록 집에서 나오지 않자, 시부모는 앵무모가 자결할 변고가 있을까 의심하여 곧 가보았다. 의심은 현실이 되어 앵무모는 목을 매고 말았다. 다행히 죽지는 않아, 급히 구하여 회생되었다 한다.

양가 부모들이 앵무모에게 재가를 종용하고, 그것에 못이겨 앵무모가 자살을 시도한 시기는 그녀의 젊은 시절(10·20대)이었던 같다. 어떻든 그녀의 자살 시도 사건 이후 시부모는 그녀에게 시집가라는 말을 다시 하지 않았다 한다. 완강히 버티는 앵무모의 고집을 꺾을 수 없어서 집안에서도 손을 들고 말았던 것 같다. 그리고 다른 광대들 역시 감히 건드려 볼 마음도 먹지 않았다 한다. 이렇게 볼 때에 지금까지 앵무모와 혼인하려고 접근했고 시부모들이 연결해주려고 했던 남자들은 광대 동료였음을 짐작할 수 있다. 앵무모는 남편 사별 이후에도 계속 광대 직업에 종사하고 있었고, 그러한 앵무모와 동료 광대의 재혼은 '광대 세계'의 확대 재생산에 일익을 담당할 것으로 여겨졌기 때문에, 끊임없이 동료 광대들은 청혼을 시도했고 그녀의 양가 부모들은 그것을 권장했던 것 같다.

주변으로부터 재혼하라는 성화가 잠잠해지자 앵무모는 시부모를 잘 섬기어, 70세가 넘어 죽을 때까지 변하지 않고 절개를 지키었다 한다. 바로 이 수절(守節) 때문에 조현범은 앵무모 이야기를 수범사례로 여기어 『강남악부』 속에 수록한 후 널리 알리려 하였을 것이다. 그런데 한 가지 궁금한 것은 조현범이 수절에 귀천이 없다고 거론할 만큼 열녀의 수범사례가 되는 앵무모 이야기가 읍지에는 전혀 언급되어 있지 않다는 것이다. 이 궁금증에 대한 단서는 읍지 수록 열녀의 출신을 분석해보면 조금이나마 풀리지 않을까 한다. 『강남악부』와 거의 동시대에 작성된 읍지에는 11명의 열녀가 수록되어 있다.[53] 이들의 출신 성분을 분석해본 결과, 절대 다수인 7명이 양반 출신으로 사인(士人)이나 선무랑(宣務郎)의 처이거나 씨(氏)를 호칭하였고, 3명이 정병(正兵)의 직역을 가진 평민의 처이거나 소사(召史)를 호칭하는 평민 출신에 불과하였고, 고작 1명만이 시비(寺婢)로서 사노(私奴)의 처였다. 경상도 선산(善山)의 사례를 분석한 예를 보아도 열녀 29명 가운데 17명이 양반 출신이었고, 평민과 천민은 각각 4명과 2명에 그쳤고, 나머지 6명은 기타나 미상으로 순천의 경우와 거의 비슷하다.[54]

따라서 천민 출신이 읍지 열녀전에 수록되기란 간단치 않았을 것이고, 그런 이유 때문에 앵무모는 기록에서 누락되었을 것으로 짐작할 수 있다. 이러한 사례는 실록에서도 확인할 수 있다. 『정조실록』에 "순천부의 무부(巫夫) 추절창(秋節昌)이란 자가 병이 위급해졌는데, 그의 아내 무녀(巫女)인 안녀(安女)가 스스로 식도를 가지고 몰래 외양간으로 들어가 치마 끈으로 왼쪽 허벅지 아래위를 묶고는 허벅지 살을 베어내어 그 어머니로 하여금 삶아서 그 물을 추절창의 입에 부어 넣게 하고 이어서 또 목욕하고 하늘에 빌자, 추절창이 그대로 다시 살아났습니다. 미천한 사람으로 이런 뛰어난 행실이 있는 것에 대해서는 족히 가상하게 여길 만하니 급복(給復)하여 숭장(崇奬)하는 것이 실로 여론에 합당합니다."[55]고 하여, 무녀 출신이 병든 남편을 위한 선행을

53) 『順天府邑誌』, 烈女.

54) 朴珠, 「조선중기 경상도 善山지역의 효자·열녀 ―『一善志』를 중심으로」, 『朝鮮時代史學報』 8, 조선시대사학회, 1999.

55) 『正祖實錄』 23, 정조 11년 4월 2일(己亥).

하여 복호(復戶)를 받았음에도 불구하고, 이 여자는 읍지 어디에도 행적이 수록되어 있지 않다. 이에 반해 "순천에 사는 허녀(許女)의 마을에 정표(旌表)하였다. 허녀의 남편 이양택(李陽宅)은 남에게 살해당하였는데 정범(正犯)이 살아 있었으므로, 허녀가 원수를 갚지 못한 것을 한스럽게 여겨 스스로 목숨을 끊었다. 그 집안에서 이런 내용으로 상언(上言)하여 호소하니, 여문(閭門)에 정표하라고 특명을 내렸다."[56]고 하여, 살해당한 남편의 원수를 갚지 못한 죄 때문에 자결하여 정표를 받은 허씨는 읍지에 수록되어 있다.[57] 따라서 천민 출신의 행적은 실록에 오를 만큼 널리 알려졌음에도 불구하고 읍지에 누락되고, 양반 출신의 행적은 반대로 수록되는 행운을 얻었던 것이다.

젊은 과부 시절에 큰 '홍역'을 치르고 결코 재혼하지 않으리라고 다짐하고 또 다짐하였지만, 그 약속을 지키기란 유혹과 갈등의 연장 속에서 무척 힘들었을 것이다. 목석이 아니고 살아 숨쉬는 젊은 여자로서 특히 30대에 접어들었을 때에 수절을 지키기가 가장 어려웠던 것으로 보인다. 인간의 정리(情理)가 다 그런 것이라고 할 수 있지만, 왔다 가면 기약이 없는 돈 많은 서울 출신 남자들이 하룻밤을 탐닉하기 위해 북적대는 해창촌이라는 공간이 상황을 더욱 복잡하게 만들었던 갔다. 그러한 갈등은 50세가 넘어 여성으로서의 기능이 다할 때까지 계속되었다. 이러한 사정은 앵무모가 남긴 다음의 말을 통하여 엿볼 수 있다.

내 나이가 이미 칠십을 넘었으니, 이제는 큰 소리로 말할 만하다. 서른 살이 못되어 과부로 지낼 때에, 나도 목석이 아닌데 어찌 정(情)이 없었겠

---

56) 『正祖實錄』13, 정조 6년 4월 10일(丙子).
57) 『昇平志』上, 烈女(순천대학교 남도문화연구소, 1988, 23쪽).
　　許氏 金海人陽城李陽宅之妻也 旌閭在雙巖面 事實昭載於記文中.

는가? 이 몸이 본래 광대 집안 여자로서 광대에게 시집을 왔다. 남편이 잔약하고 못나 비록 우러러 받드는 마음을 가질 수는 없었지만, 머리를 올리고 짝이 되어, 인연이 서로 깊어 딸을 낳았다. 그런데 남편이 죽어 세상을 버려, 나를 이렇게 외로운 모습으로 세상에 남겨 놓았다. 그 한(恨)이 어찌 끝이 있었겠는가. 친정 부모와 시부모께서는 모두 다시 시집가라고 권하셨다. 집이 바다 어귀와 가까워, 경강(京江) 뱃사람들이 봄이면 바닷가에 배를 대었다. 세금을 싣고 갈 때가 되면, 다투어 밤의 즐거움을 탐하여 강신(降神)을 경축하였다. 이것은 예삿일이었다. 이 박명(薄命)한 것을 생각해 보면 가고 싶은 뜻이 없었으니, 이 또한 내 팔자이다. 친정 부모와 시부모께서는 함께 가자고 권하였다. 뱃머리에 이르러 보면 서울 장사치들 중에 풍채가 남보다 뛰어난 이들이 있었다. 혹 내가 세상을 사는 것을 생각해 보면 풀잎 끝에 매달린 이슬 같아서, 혼자 외로운 등불을 지키고 있는 것이 아무 이득이 없는 듯하였다. 당장 그만두고 뜻 맞는 사람에게 가고 싶었지만, 이런 생각은 오래지 않아 스스로 없어졌다. '앵무 아비의 백골이 비록 다 썩어졌다 해도 앵무모의 마음은 변할 수 없다'고 스스로 위로했다. 집 뒤에 배나무 하나가 있는데 깊은 밤 사람이 없는 때에 혼자 나무를 끌어안고, 수 차례 돌면서 마음에 맹세하고 정(情)을 의탁한 지 어언 20년이다. 가슴이 다 떨어진 옷이 장롱으로 하나 가득 찼다. 쉰살 이후에는 비록 배가 오고 밤놀이가 있어도, 이 마음이 흔들리는 것이 없었다.

앵무모 본인이 실토하였듯이 30세 가까운 나이에 목석(木石)이 아닌 이상 인간적 본능 때문에 날이면 날마다, 밤이면 밤마다 끝없는 갈등을 겪었던 것 같다. 그녀는 솟구치는 밤의 욕망을 잠재우기 위해 집 뒤에 있는 배나무를 깊은 밤에 남몰래 혼자 끌어안고 수 차례 돌면서 앵무 아비를 위한 마음을 바꿀 수 없다고 스스로 다짐하였고, 기나긴 밤잠을 못 이루는 고통을 달래기 위해 가슴을 쥐어뜯으니 앞자락이 헤어진 옷이 장롱에 가득 찰 정도였다 한다. 실로 길고도 참기 힘든 극기의 연속이요, 수절과 재가 가운데 어느 쪽을 선택할 것인가의 갈등의 연속이었던 것이다.

　이러한 그녀의 갈등을 더욱 부채질 한 것은 바로 해창으로 세곡을 운송하러 온 경강선인들이었다. 앵무모는 광대 남편과 사별한 이후에도 생계 유지를 위해 과거 동료들과 어울려 광대 직업을 계속 유지하고 있었던 것으로 보인다. 그 때에 돈 많은 경강선인들이 해창에 체류하는 동안 순항을 비는 강신제(降神祭)[58]를 핑계로 삼아 앞을 다투어 돈을 풀고 광대들과 여흥을 즐기거나 밤의 쾌락을 추구하였던 것 같다. 따라서 앵무모도 광대의 일원으로 경강선인들을 위한 '밤의 축제'에 직간접으로 동원되었을 것으로 여겨지고, 그것이 그녀의 마음을 지치게 하고 갈등을 유발시켰을 것이다. 그러나 그녀의 갈등과 고통을 더더욱 가슴 아프게 한 것은 함께 서울로 가서 살자고 하는 경강선인의 유혹이었고, 그것을 양가 부모들이 권장할 정도였다. 박명한 운명으로 여기고 따라가고 싶은 뜻은 없었으나, 돈 많고 풍채가 좋은 남자가 유혹할 때에는 그녀도 어쩔 수 없어 당장 그만두고 함께 떠나고 싶은 충동에 뱃머리까지 간 적이 있었던 것 같다. 매년 반복되는 유혹을

---

58) 충청도 결성에서는 진산(鎭山) 위에 공조참판 김덕함과 정부인 조씨의 신위를 모시는 읍신당(邑神堂, 성황당)을 두고 판세선(版稅船, 稅船)이 장발(裝發)할 때에 선인(船人)들이 기도영신(祈禱迎神)한다 하였다(『忠淸道邑誌』,「結城邑誌」, 祠廟). 전라도 무장 해창이 있었던 현재의 동호리에서도 옛부터 제당(祭堂)을 두고 정월에 풍어와 안녕을 비는 당제(堂祭)를 지금까지 거행해오고 있다 하니(현지 주민 전언), 이 또한 세선출항과도 어느 정도 연관되어 있을 것이다. 이로 보아 순천 해창에서도 제당을 두고 세선출항 전에 무사순항을 비는 제의(祭儀)를 거행하였을 것이고, 그 때 경강선인들이 뒤풀이로 현지 광대들과 신명나는 여흥을 즐겼을 것으로 추측된다. 필자가 현지를 2000년 답사한 결과, 실제 이곳에도 수년전까지 음력 정월에 당제를 지냈다 한다.

뿌리치기가 무척 어려웠을 것이란 짐작하고도 남는다.

그런 부유한 상인들의 손에 이끌려 아무도 모르는 서울로 가서 풀잎 끝에 매달린 이슬 같은 신세를 청산할 뿐만 아니라, 혼자 외로운 등불을 지키고 있는 처량한 처지를 해결하고자 하는 마음이 일기도 하였다. 그러나 '앵무 아비의 백골이 비록 다 썩어졌다 해도 앵무모의 마음은 변할 수 없다'고 스스로 위로하면서 본심으로 돌아와 수절을 지키었다. 그러한 갈등과 고통도 쉰 살이 넘으면서 눈 녹듯이 사라지고 비록 배가 오고 밤놀이가 있어도, 결코 마음이 흔들리지 않았다 한다. 이제 노장 광대로서 찾는 이가 거의 없었을 뿐만 아니라, 혹 누가 찾는다 해도 마음을 정리한 이상 그토록 유혹되지는 않았을 것으로 생각된다.

맺음말

조선초기에 세곡은 부역제를 토대로 하는 관선조운제에 의해 지방에서 서울로 납부되었다. 그런데 조운제가 붕괴되면서 16세기에는 조창 인근 고을만 조운하도록 하고, 나머지 연해읍은 선박을 임대하여 직접 서울에 납부하도록 하였다. 임선직납제가 등장함에 따라 순천에서도 여타 고을과 함께 그것을 수행하기 위해 처음에는 읍치 남쪽 15리에 해창을 설치했다가, 대동법 이후 세곡량이 증가하면서 보다 넓은 동쪽 20리 용두포(龍頭浦, 海倉浦)로 옮기었다. 해창은 세곡 뿐만 아니라 기타 상납물 및 진휼곡이나 군자곡도 보관하거나 운송하여 국곡 수송의 중심지가 되었다.

순천 해창에서는 처음에 지도선(地土船)을 임대하여 전세·삼수미·대동미를 1월에 수합하여 선적한 후 3월에 출항하였지만, 기로소·공조의 개입을 뿌리친 훈련도감의 줄기찬 노력에 의해 도감선(都監船, 待變船)을 통하여 임운하게 되었다. 그러나 얼마 지나지 않아 순천의 세곡은 자금력이 풍부하고 항해술이 뛰어난 경강선(京江船)의 손으로 넘어가고 말았다. 경강선인들은 7천석 이상이나 되는 세곡을 싣기 위해 대략 10여척에 100여명을 승선시켜 내려온 후 한 달 이상을 체류하였다.

그런데 좌수영으로 내려가는 길목에 들어서 있는 해창은 관내에서 가장 번성한 장시가 열릴 뿐만 아니라, 인근 포구와 도서를 연결하는 어염·상선이 들락거리는 포구로서 많은 육상(陸商)이나 선상(船商)들이 왕래하는 곳이었다. 또 순천의 세곡을 매년 수합하여 임대 선박에 실은 후 출항시키는 창촌으로서 그 때가 되면 돈 많은 임운업자들이 서울에서 내려와 숙식을 하며 북적대던 곳이기도 하다. 그리고 세곡을 운반하는 잡부나 임운을 감독·진행하는 수령이나 향임 및 관속들도 왕래하였다. 이렇게 경제력이 풍부하고 외부인이 빈번하게 출입한 결과 해창에는 우파(優婆, 舍堂)나 광대(廣大, 才人)들이 기예를 선보이며 수입을 올리고, 심지어 유흥업에 종사하여 생계를 올리기도 하였다.

광대에게 출가하여 16세에 과부가 된 광대 출신의 앵무모(鸚鵡母)는 양가 부모의 권유와 동료 광대 및 경강상인의 유혹 속에서 수절을 할 것인가, 재가를 할 것인가를 놓고 심각한 갈등을 겪었다. 그런데 그 때에 앵무모는 생계 유지를 위해 광대 직업을 계속 유지하고 있었고, 돈 많은 경강선인들은 해창에 체류하는 동안 앞을 다투어 돈을 풀고 광대들과 여흥을 즐기고 있었다. 따라서 넘치는 돈에 의해 '밤 놀이'가 줄을 잇는 해창이라는 공간이 아니었다면 그녀의 갈등은 그렇게 심각하지 않았을 것이다. 그러한 갈등도 나이 50이 넘으면서 사라져 수절을 지키니, 열녀의 수범사례가 되어 『강남악부』에 수록되었던 것이다.

| 머리말

조선왕조는 중앙집권적 통치체제를 유지하는 데에 막대한 재원을 소비하였고, 그러한 재원을 인민의 노동력을 징발하거나 토지·민호에서 현물을 징수하여 충당하였다. 현물 재원 가운데 대표적인 것은 토지에서 전세와 대동이라는 세목으로 거두는 곡물이었다. 세곡(稅穀)은 조운제도에 의해 각 지방에서 수도 서울로 운송되었는데, 조운제도란 납세자들이 가까운 조창(漕倉)이나 수참(水站, 站倉)에 세곡을 납부하면 그곳에서 조선(漕船)이나 참선(站船)을 이용하여 경창(京倉)으로 운반하는 것을 말한다.

한편, 조선의 최대 곡창지대 삼남(三南)의 세곡을 실은 조운선은, 강화도(江華島)와 통진(通津) 사이의 강화해협을 통해 올라오다 강화 갑곶(甲串, 뒤에 月串)에 들어서 있는 연미정(燕尾亭)에 빠짐없이 정박하였다. 연미정에 정박한 조운선은 유일하게 호조(戶曹)에서 파견된 관리로부터 수일동안 점검을 받은 후, 한강을 거쳐 경창으로 들어갔다. 따라서 연미정은 조운제도의 운영에서 중요한 곳이었다. 그러므로 파견된 호조 관리, 호조 관리를 접대하고 조운선의 안전운항을 유도해야 하는 강화부(江華府) 관리, 조운선을 운전하는 선원, 세곡을 이용하여 치부를 노리려는 모리배 사이에 자못 흥미로운 풍경이 연미정에서 벌어지지 않을 수 없었다. 그런데 이러한 풍경도 세곡 운송체계와 국방시설의 증강으로 변하게 되었다.

이러한 점에 주목하여 본 연구에서는 강화해협을 통과하며 연미정에 정박한 조운선은 어느 지역 출신이고 그 규모는 어느 정도였으며, 그것의 시대적 추이는 어떠하였는지를 살펴보고자 한다. 그리고 연미정의 유래와 그 변천을 국방체계의 변화와 관련하여 알아볼 것이다. 마지막으로 조운선을 놓고 연미정에서 어떤 사람들에 의해 무슨 일이 벌어졌는가도 검토하겠다. 이러한 연구가 강화 지역사는 물론이고, 조운제도의 이해에 작은 보탬이 되었으면 한다.

1. 삼남 세곡의 운송

1) 충청도

조선시대에 충청도, 전라도, 경상도 3도 세곡을 실은 선박은 강화해협 연미정을 통과하여 서울로 들어갔다. 이 점은 전기의 『신증동국여지승람』에 연미정은 하도(下道)의 공선(貢船)이 지나가다 정박하는 곳이라거나,[1] 후기의 『대동지지』에 삼남(三南)의 주선(舟船)이 지나가다 정박하는 곳이 연미정이라는 기록을 통하여 확인할 수 있다.[2] 그러나 그 실상은 시대에 따라 조금씩 달랐다. 연미정의 풍경을 드러내기 위해서는 이 문제가 먼저 밝혀져야 할 것 같아 번잡을 무릅쓰고 검토하

---

1) 『新增東國輿地勝覽』 12, 京畿, 江華都護府, 樓亭, 燕尾亭.
2) 『大東地志』 2, 京畿道, 江華府, 樓亭, 燕尾亭.

려 한다.

조선전기 충청도의 조운과 관련하여 1454년(단종 2)에 완성된 『세종실록지리지』에 따르면,[3] 직산 경양포(慶陽浦)에 운수되는 직산·평택의 조세(租稅), 그리고 아산 공세곶(貢稅串)에 운수되는 공주·목천·문의·신창·아산·연기·연산·온수·은진·이산·전의·정산·진잠·천안·청주·회덕·회인의 조세, 그리고 면천 범근천(犯斤川)에 운수되는 결성·남포·당진·대흥·덕산·면천·보령·부여·비인·서산·서천·석성·예산·임천·청양·태안·한산·해미·홍산·홍주의 조세는 서해(西海) 해로를 통해서 서강(西江)으로 들어왔다. 그리고 나머지 17읍(괴산, 단양, 보은, 연풍, 영동, 영춘, 옥천, 음성, 음죽, 제천, 죽산, 진천, 청산, 청안, 청풍, 충주, 횡간)은 조세를 5개의 강창(江倉)에 수납한 후 한강(漢江) 수운을 통해 서울에 납부하였다. 따라서 단종 대 당시 충청도는 모두 조운 지역이었지만, 39개(70%) 고을은 해운(海運), 나머지 17개(30%) 고을은 수운(水運) 지역이었다.

이러한 양상은 이후에도 계속되었다. 1485년(성종 16)에 반포된 『경국대전』에 따르면,[4] 소속 고을은 기재되어 있지 않지만, 아산 공세곶창(貢稅串倉)은 충청도 전세를, 충주 가흥창(可興倉)은 충청도와 경상도 전세를 수납한다고 하였다. 이전의 8개 창고 가운데 조창 3개는 공세곶창으로, 수참 5개는 가흥창으로 통합된 것 같다. 1530년(중종 25)에 편찬된 『신증동국여지승람』에 따르면, 아산 공세곶창에 세곡을 수납하는 곳은 40개 고을이고, 충주 가흥창에는 14개 고을이 전세(田稅)를 수납하였다.[5]

---

3) 『世宗實錄地理志』, 忠淸道.

4) 『經國大典』戶典, 漕轉.

5) 『新增東國輿地勝覽』14.20, 忠淸道, 忠州牧.牙山郡, 倉庫.

후기에도 충청도에는 조창 1곳과 수참 1곳이 개설되어 있었다. 1788년(정조 12)의 『탁지지』와 1808년(순조 2)의 『만기요람』에 의하면, 조창 1곳은 1522년(중종 17)에 아산에 설치된 공진창(貢津倉)으로 7읍의 전세를 부근 변장(邊將)으로 하여금 영납하게 하였다. 영납자(領納者)로 충청·전라도에 해운판관(海運判官)이 있었는데, 1697년(숙종 23)에 혁파하여 양도의 도사(都事)를 겸임시켰다가, 1762년(영조 38)에 아산현감(牙山縣監)에게 대신하도록 하였고, 다시 변장으로 하여금 맡게 하였다.[6]

그러면 해운읍 39읍 가운데 조운읍 7읍을 제외한 나머지 32읍은 어떻게 되었을까? 1746년(영조 22)에 반포된 『속대전』에 수록된 전세 수납 현황을 보면, 태안 1읍은 강화도에 납부하여 군향에 회록하게 하며, 공진창 소속 7읍은 조운선으로 상납하고, 가흥창 소속의 6읍은 수참선으로 운송하며, 산군 9읍은 면포로 바꾸어 납부하며, 공주 등 31읍은 임선으로 상납하도록 하였다.[7] 따라서 조선후기에 충청도는 전체 54읍 가운데 태안 1읍과 공진창 소속 7읍 및 직납읍 31읍을 포함한 39읍이 해운읍이었다.

〈표 1〉 충청도의 세곡운송

자료	운송	창고	소재지	지역
세종실록지리지	수운 (17읍)	연천	충주	괴산, 단양, 연풍, 영춘, 음성, 제천, 청풍, 충주
		앙암	충주	괴산, 단양, 연풍, 영춘, 제천, 청풍, 충주
		우음안포	여흥 (경기)	보은, 옥천, 영동, 청산, 청안, 횡간

---

6) 『度支志』 7, 版籍司, 漕轉, 漕倉.
　『萬機要覽』財用編 2, 漕轉.

7) 『續大典』, 戶典, 漕轉.

자료	운송	창고	소재지	지역
세종실록지리지	수운 (17읍)	추호포	여흥 (경기)	음죽, 청안
		이포	천녕 (경기)	죽산, 진천
	해운 (39읍)	경양포	직산	직산, 평택
		공세곶	아산	공주, 목천, 문의, 신창, 아산, 연기, 연산, 온수, 은진, 이산, 전의, 정산, 진잠, 천안, 청주, 회덕, 회인
		범근천	면천	결성, 남포, 당진, 대흥, 덕산, 면천, 보령, 부여, 비인, 서산, 서천, 석성, 예산, 임천, 청양, 태안, 한산, 해미, 홍산, 홍주
경국대전	수운	가흥창	충주	
	해운	공세곶창	아산	
신증동국여지승람	수운 (14읍)	가흥창	충주	괴산, 단양, 보은, 연풍, 영동, 영춘, 음성, 제천, 진천, 청산, 청안, 청풍, 충주, 횡간
	해운 (40읍)	공세곶창	아산	결성, 공주, 남포, 당진, 대흥, 덕산, 면천, 목천, 문의, 보령, 부여, 비인, 서산, 서천, 석성, 신창, 아산, 연기, 연산, 예산, 옥천, 온양, 은진, 이산, 임천, 전의, 정산, 직산, 진잠, 천안, 청양, 청주, 태안, 평택, 한산, 해미, 홍산, 홍주, 회덕, 회인
속대전	육운 (9읍)			단양, 보은, 영동, 영춘, 옥천, 제천, 청산, 청풍, 횡간
	수운 (6읍)	가흥창	충주	괴산, 연풍, 음성, 진천, 청안, 충주
	해운 (39읍)	공진창	아산	목천, 아산, 연기, 온양, 전의, 천안, 청주(7읍)
		해창	각읍	결성, 공주, 남포, 당진, 대흥, 덕산, 면천, 문의, 보령, 부여, 비인, 서산, 서천, 석성, 신창, 연산, 예산, 옥천, 은진, 이산, 임천, 정산, 직산, 진잠, 청양, 태안, 평택, 한산, 해미, 홍산, 홍주, 회덕, 회인(32읍)

2) 전라도

『세종실록지리지』에 의하면, 전라도에는 함열의 덕성창(德成倉)과 나주의 영산창(榮山倉) 등 2개의 조창이 있었다. 이 가운데 덕성창의 관할 고을은 고부, 고산, 구례, 금구, 금산, 김제, 남원, 만경, 무주, 부안, 순창, 여산, 옥구, 용담, 용안, 운봉, 익산, 임실, 임피, 장수, 전주, 정읍, 진산, 진안, 태인, 함열을 포함한 26읍이었다. 그리고 강진, 고창, 고흥, 곡성, 광양, 나주, 낙안, 남평, 능성, 담양, 동복, 무안, 무장, 무진, 보성, 순천, 영광, 영암, 옥과, 장성, 장흥, 진원, 창평, 함평, 해진, 화순, 흥덕을 포함한 27읍은 영산창에 조세를 수납하였다.[8] 전라도 전체 53읍(본읍에 잉류하는 제주도 3읍 제외)이 조운지역으로 영산창과 덕성창 2조창에 분속되어 있었다.

이후에도 전라도 관내 54개(해진이 해남과 진도로 분리) 전 고을은 소속 조창이 조정된 채 조운지역이었다. 『경국대전』 조전조에 따르면, 함열 덕성창(德成倉), 영광 법성포창(法聖浦倉), 나주 영산창(榮山倉) 등 3조창이 개설되었다. 그 후 물길이 막힌 덕성창을 이설하여 신설한 용안 득성창(得成倉, 21읍), 영광 법성창(16읍), 나주 영산창(17읍) 등 3조창에서 54읍의 전세(田稅)를 조운하였다.[9] 그런데 나주 영산창의 수로가 험난하여 1511년(중종 6)에 영산창을 폐지하고 그 소속 고을을 법성창으로 옮기고, 용안 득성창을 신설 군산창으로 옮기었다. 따라서 전라도는 조선전기에 전 고을이 조운지역이었지만, 수로와 포구 상태 때문에 덕성창·영산창 2조창 체제에서 덕성창·법성창·영산창 3조창

---

8) 『世宗實錄地理志』, 全羅道, 漕倉.

9) 『新增東國輿地勝覽』, 全羅道, 羅州·靈光·沃溝·龍安. 용담과 구례가 누락된 채 모두 52읍이 3조창에 분속되어 있다. 용담의 사연은 알 수 없지만, 구례는 연산군 때 역모로 폐현되었다가 중종 2년에 복현되었기 때문에 누락되었을 것 같다. 따라서 용담은 득성창, 구례는 법성창 소속으로 추정된다.

체제로, 다시 득성창·법성창·영산창 3조창 체제로, 또 다시 군산창·법성창 2조창 체제로 조정되었다.

후기에 오면 전라도의 조운체계는 또 다시 조정을 맞게 된다.『속대전』조전(漕轉) 조항에 따르면, 함열 덕성창을 개명한 성당창, 옥구의 군산창, 영광의 법성창 3곳에 조창이 개설되어 있었다.『탁지지』와『만기요람』의 조전조에서 3조창에 소속된 고을을 살펴보면, 전체 53읍 (진원은 임진왜란 이후 폐읍) 가운데 성당창에 8읍, 군산창에 7읍, 법성창에 12읍 등 모두 27읍뿐이었다. 나머지 26읍은 면포로 납부하는 육운읍 1읍, 임선(賃船)으로 직접 상납하는 직납 해운읍 25읍이었다.[10] 관선(조운선)이든 사선(임선)이든 간에 전라도는 후기에도 전기와 거의 동일하게 전체 53읍 가운데 52읍이 해운읍이었다.

〈표 2〉 전라도의 세곡운송

자료	운송	창고	소재지	지역
세종실록지리지	해운 (53읍)	영산창	나주	강진, 고창, 고흥, 곡성, 광양, 나주, 낙안, 남평, 능성, 담양, 동복, 무안, 무장, 무진, 보성, 순천, 영광, 영암, 옥과, 장성, 장흥, 진원, 창평, 함평, 해진, 화순, 흥덕(27읍)
		덕성창	함열	고부, 고산, 구례, 금구, 금산, 김제, 남원, 만경, 무주, 부안, 순창, 여산, 옥구, 용담, 용안, 운봉, 익산, 임실, 임피, 장수, 전주, 정읍, 진산, 진안, 태인, 함열(26읍)
경국대전	해운 (54읍)	덕성창	함열	
		법성포창	영광	
		영산창	나주	

---

10)『大典通編』, 戶典, 漕轉.

자료	운송	창고	소재지	지역
동국여지승람 (54읍)	해운 (54읍)	득성창	용안	고산, 금구, 금산, 김제, 남원, 만경, 무주, 여산, 옥구, 용담, 용안, 운봉, 익산, 임실, 임피, 장수, 전주, 진산, 진안, 태인, 함열(21읍)
		법성창	영광	고부, 고창, 곡성, 구례, 담양, 무장, 부안, 순창, 영광, 옥과, 장성, 정읍, 진원, 창평, 함평, 흥덕(16읍)
		영산창	나주	강진, 광산, 광양, 나주, 낙안, 남평, 능성, 동복, 무안, 보성, 순천, 영암, 장흥, 진도, 해남, 화순, 흥양(17읍)
속대전	육운 (1읍)			(1읍)
	해운 (52읍)	성당창	함열	고산, 금산, 남원, 용담, 운봉, 익산, 진안, 함열(8읍)
		군산창	옥구	금구, 옥구, 임실, 장수, 전주, 진안, 태인(7읍)
		법성창	영광	고창, 곡성, 광주, 담양, 동복, 순창, 영광, 옥과, 장성, 정읍, 창평, 화순(12읍)
		해창	각읍	(25읍)

3) 경상도

　1425년(세종 7)에 편찬된 『경상도지리지』 총론에 도내 조세의 봉상재선처(捧上載船處), 조운수로(漕運水路), 육전정도(陸轉程途)가 소개되어 있다. 그에 따르면 도내에 불암창(佛巖倉, 김해), 마산창(馬山倉, 창원), 통양창(通洋倉, 사천) 3조창이 있고, 각창에서는 부근의 조세를 조운선에 싣고 전라·충청도 연해를 경유하여 경창(京倉)에 납부하였다. 이로 볼 때 3조창 부근의 연해고을은 조세를 해로로 상납하고, 나머지 내륙 고을은 육로로 상납하였을 것 같다. 해운읍과 육운읍의 병립 현상은 태조 대 공부(貢賦) 상정시 상도읍(上道邑)은 포화(布貨)로 정하여 육로로 상납하게 하고, 연변읍(沿邊邑)은 미곡(米穀)으로 정하여 해로로 조운하게 하였다는 1432년(세종 14) 경상감사의 민간 폐막을 통하여 확인할 수 있다.[11] 해운읍의 숫자를 알 수 없지만, 1402년(태종 2)에 조운선 251척을 건조하여 경상도에 111척, 전라도에 80척, 충청도에 60척을 배정하였던 것으로 보아,[12] 3조창의 관할 구역은 상당히 넓었을 것으로 추정된다.

육운과 해운이 상존하던 경상도의 세곡 운송 시스템은 1403년에 일어난 대형 해난사고로 변화를 맞게 된다. 그해 5월에 경상도 조운선 34척이 일기 악화로 해중에서 침몰하여 미 1만석과 선원 1천명을 잃은 대형사고가 발생했다. 이에 대한 대책을 논의하는 자리에서 국왕은 일부 대신들의 반대에도 불구하고 육운을 강력 추천하였다.[13] 드디어 1404년에 해운읍은 사라지게 되는데, 이 점에 대하여 『경상도지리지』는 다음과 같이 계속 서술하고 있다. 즉, 해로가 위험하여 조운제도를 폐지하고 육운제도를 실시한 후 충청도 충주 경원창(慶源倉)에 조세를 납부하도록 했다. 그에 따라 경원창까지 육운하는 64읍의 일정, 그리고 가까운 창고에서 강선에 싣고 낙동강 수로로 상주 낙동진까지 올라간 후 다시 육로로 문경 조령을 넘어 경원창까지 가는 연강 9읍의 일정이 제시되어 있다. 이러한 육운을 통한 경상도의 조세운송 체제는 뒤이어 편찬된 『세종실록지리지』에 동일하게 수록되어 있고, 『경국대전』이 반포된 뒤에도 변함없었다.[14]

---

11) 『世宗實錄』 56, 세종 14년 4월 17일(乙巳).

12) 『太宗實錄』 3, 태종 2년 5월 4일(丙戌).

13) 『太宗實錄』 5, 태종 3년 5월 5일(辛巳).

14) 고려시대에 전국 13개의 조창 가운데 경상도에는 석두창(石頭倉)과 통양창(通陽倉) 2개의 조창이 있었다. 여기에 불암창(佛巖倉) 1개가 국초에 증설되었음을 알 수 있는데, 이 불암창은 고려 말기에 왜구의 약탈을 막기 위해 성벽을 둘러친 김해 동쪽 조전성(漕轉城)이라고 한다(六反田豊, 「李朝初期の田稅輸送體制」, 『朝鮮學報』 123, 朝鮮學會, 1987, 47쪽).

그런데 16세기에 접어들면서 경상도의 세곡운송 체제는 또 다시 변화를 맞게 된다. 이와 관련하여 『증보문헌비고』 찬자는 『경국대전』이나 『대전속록』 소재 조창 외에 여산 나암창(羅巖倉), 사천 장암창(場巖倉), 양산 감동창(甘同倉), 해주 결성창(結城倉) 등이 1512년(중종 7) 이후 조창이었다고 하면서, 그것들의 설립과 폐지 사실을 상세히 얻을 수 없다고 서술하였다.[15] 당시 장암창과 감동창에서 경상도의 일부 고을 세곡을 이전과는 달리 선박으로 상납했음을 알 수 있다.

이러한 사례는 17세기에 들어오면 여러 곳에서 확인된다. 호조에서 가흥창, 장암창, 감동창에 좌랑(佐郎) 이둔(李遯)을 보내어 모은 쌀과 콩 2만 6천 9백석을, 1620년(광해군 12)에 비변사에서는 이둔을 독운어사(督運御史)로 삼아 조운하게 해야 한다고 하였다.[16] 비변사의 이 제안은 국왕의 윤허를 받아 실행에 옮겨졌던 것 같은데, 국법에도 없는 경상도의 '外洋船運'이 광해군 대의 궁궐 역사 때문에 시작되었다는 1628년(인조 6) 경상감사의 보고를 통해 확인할 수 있다.[17] 장암·감동창에서는 하도(下道)의 세미(稅米)를 운납하였는데, 15세기 조운지역이 하도였다.[18]

그렇다면 장암창과 감동창에서는 몇 개 고을의 세곡을 운송하였을까?

먼저 장암창을 살펴보자. 반계 유형원(柳馨遠, 1622~1673)이 찬술한 『동국여지지(東國輿地志)』에서는 사천 장암창에서 사천·진주·하동·남해·곤양·고성·거제·창원 등 8읍의 전세를 수봉한다고 하였으

---

15) 『增補文獻備考』157, 財用考 4, 漕運.
16) 『光海君日記』152, 광해군 12년 5월 25일(壬寅).
17) 『仁祖實錄』19, 인조 6년 9월 19일(丙子).
18) 『備邊司謄錄』20, 현종 원년 4월 6일.

니,[19] 당시 장암창 소속은 8읍이었던 것으로 추정된다.

이어 감동창을 살펴보자. 1637년(인조 15) 특진관 임광(任絖)은 경상도 전세를 통영(統營) 우후(虞候)를 차사원(差使員)으로 정하여 감동창에서 올려 보내고 있는데, 그 때문에 우후가 영저선(營底船) 3·40척에 격군(格軍) 3·400백명을 거느리고 3·4월 풍화대변(風和待變) 시기에 진을 떠나니 우려된다고 걱정하였다. 그러면서 그는 차사원으로 우후를 차임하지 말고 좌우도(左右道) 각읍 수령을 윤회정송(輪回定送)하자는 제안을 내어, 국왕으로부터 검토하라는 말까지 들었다.[20] 임광의 제안은 실현되지 않고 이후에도 통영 우후에 의한 선운은 계속되었다. 1654년(효종 5)에 우의정 심지원(沈之源)은 통영 우후를 차사원으로 정하여 감동창에서 전세를 선적한 후 전선(戰船) 능노군(能櫓軍)을 격군으로 정하여 보내고 있다며, 이는 방비를 소홀히 한 한심한 일이라고 보고하였다. 이에 국왕은 우후를 차사원으로 정하는 것을 금하게 하며, 전란 이전처럼 각읍에서 각자 임선재송(賃船載送)하라고 명하였다.[21] 이에 대해 호조에서는 경상도 영저(嶺底) 11읍이라면 가흥창에 육운한 후 참선에 싣고 경강으로 운납하고, 감동창 소속 7읍이라면 감동창에 운납한 후 그곳에서 선적하여 상납하게 하자고 제의하였다.[22] 이렇게 볼 때 당시 감동창 소속은 7읍이었음을 알 수 있다.

이처럼 사천 장암창과 양산 감동창에서는 16세기 이후 이전과는 달리, 15읍의 전세를 선박을 이용하여 납부하였다. 그런데 1677년(숙종 3)에 경상도 대동법(大同法)이 시행되면서, 경상도의 세곡 운송체제는 급변하게 된다. 대동미 결당 12두를 산군 45읍은 작목·작전·작포하

19) 『東國輿地志』, 慶尙道, 泗川縣, 倉庫.
20) 『承政院日記』61, 인조 15년 10월 5일(己亥).
21) 『承政院日記』132, 효종 5년 9월 18일(甲辰).
22) 『承政院日記』143, 효종 7년 11월 11일(乙卯).

여 육운하도록 하였고, 연해 22읍은 해운하도록 하였기 때문이다.[23] 이로 인해 작미읍에서는 대동미를 전세와 함께 선박으로 운납할 수밖에 없었다. 실제 1687년(숙종 13)에 함안(咸安) 대동미(大同米)를 실은 선박이 영광(靈光) 땅에서 침몰된 적이 있었다.[24]

드디어 18세기에 경상도에도 조창이 개설되는데, 『탁지지』와 『만기요람』에 다음과 같이 기록되어 있다. 경상감사 조엄(趙曮)의 장계에 의하여, 1760년(영조 36)에 창원 마산창(馬山倉)에 좌조창(左漕倉)을 신설한 후 조운선 20척을 두어 8읍(창원, 함안, 칠원, 진해, 거제, 웅천, 의령 동북면, 고성 동남면)의 전세·대동미를 운납하도록 하였다. 그리고 진주 가산창(駕山倉)에 우조창(右漕倉)을 신설한 후 조운선 20척을 두어 8읍(진주, 곤양, 하동, 단성, 남해, 사천, 고성 서북면, 의령 서북면)의 전세·대동미를 운납하도록 하였다. 또한 5년 후 1765년(영조 41)에 우참찬 이익보(李益輔)의 건의에 의해 밀양 삼랑창(三浪倉)에 후조창(後漕倉)을 신설한 후 조운선 15척을 두어 6읍(밀양, 현풍, 창녕, 영산, 김해, 양산)의 전세·대동미를 운납하도록 하였다. 전에 지토선을 경강선인에게 출급하여 운납하게 하였는데, 지체(遲滯)와 취재(臭載)가 연달자 조운제를 실시하였던 것이다.

이리하여 경상도는 18세기 중반에 세곡의 원활한 운반을 위해 이른바 3조창 체계를 새로이 성립하였다.[25] 전체 71개 읍 가운데 28%에 해당하는 20개 읍(거제, 고성, 곤양, 김해, 남해, 단성, 밀양, 사천, 양산, 영산, 웅천, 의령, 진주, 진해, 창녕, 창원, 칠원, 하동, 함안, 현풍)을 3조창에 분속시켜 전세와 대동미를 상납하도록 하였던 것이다.

---

23) 『增補文獻備考』153, 田賦考 13, 大同 2.

24) 『承政院日記』323, 숙종 13년 6월 23일(己巳).

25) 卞光錫, 「18·19세기 경상도 남부지역의 상품유통구조」, 『지역과 역사』 5, 부산경남역사연구소, 1999, 181쪽.

4) 세곡 운송체계의 변화

건국 초기에 강화 해협을 통과하며 연미정에 들른 세곡선은 삼남 3도 소속의 조운선이었지만, 곧이어 경상도는 전체가 육운읍으로 바뀌어 제외되었다. 그 결과 1개(← 3개) 조창에서 실은 충청도의 37개 고을, 3개(← 2개) 조창에서 실은 전라도의 53개 고을을 포함한 90개 고을의 전세를 실은 조운선이 연미정에 정박하였다. 따라서 15세기에 연미정에 들른 세곡선은 지역으로는 양호(兩湖), 선박으로는 조운선(漕運船), 세목으로는 전세(田稅) 뿐이었다.

그런데 16세기에 접어들면서 사정은 급변하게 된다. 연미정을 경유한 세곡선의 출신지를 보면, 『세종실록지리지』 기준으로 전기에는 충청도 39읍과 전라도 53읍 등 모두 92읍이었다. 그런데 『속대전』과 『만기요람』을 기준으로 후기에는 충청도 39읍, 전라도 52읍, 경상도 20읍 등 모두 111읍이었다. 이렇게 볼 때 연미정을 지나간 세곡선 출신지가 2도에서 3도로, 92읍에서 111읍으로 증가하였다.

연미정에 들른 선박의 종류도 전과 달랐다. 그것은 16세기 이후에 무상입역을 토대로 하는 조운제가 붕괴되고 급가고립을 토대로 하는 임운제가 등장하면서, 조창에 소속되지 않고 직접 상납하는 고을이 발생한데서 기인하였다. 직납읍의 등장 시기에 대해 반계 유형원은 정유재란 이후에 나온 것이라고 지적하였다.[26] 아마 왜란으로 조창이 파괴되어 조운이 불가능하게 되자, 임운이 그 빈자리를 메웠던 것 같다. 따라서 조창에 속하지 않는 직납 해운읍은 사선을 임대하여 세곡을 운납하여야 하였다. 그러한 고을에서는 지역선박인 지토선을 임대하거나, 지토선이 없으면 경강상인들의 경강선을 이용하였고, 도감선이라

---

26) 『磻溪隨錄』 3, 田制後錄 上, 漕運. 자세한 내용은 본서 4장 참조.

는 훈련도감 선박도 동원하였다.[27] 이러한 세곡 운송법의 변화에 따라 각 연해읍에서는 임운상납할 수 있는 시스템을 갖춰야 했는데, 그것이 바로 해창이었다.[28] 그러므로 조선후기에 강화 연미정에 들른 세곡선은 관선 조운선 외에 사선 임선도 있었다.

연미정의 변화는 여기에 그치지 않았다. 선박에 적재된 세곡은 전세(田稅) 외에 삼수미(三手米), 별세(別稅), 대동미(大同米), 결작(結作) 등으로 거둔 것도 있었다. 임진왜란 이후 토지세로 삼수미, 대동미, 서량미(西糧米), 별수미(別收米), 결포(結布), 결작, 포량미(砲糧米) 등 등이 차례로 신설되었기 때문이다.[29] 삼수미는 1602년(선조 35)에 창시된 후 결당 1두 → 2두 2승 → 1두 2승씩 부과되어 용산 별영(別營)으로 운송되었다.[30] 1608년(광해군 즉위)에 경기도에 처음 실시되었다가 1백여년 만에 평안·함경도를 제외한 전국에 확대된 대동미는 공물 대신 결당 12두씩 부과되어 서울 선혜청으로 운송되었다. 서량미는 모량미(毛糧米)·당량미(唐糧米)라고도 하는데 광해군 말기나 인조 초기에 결당 1두 5승씩 부과되다 1646년(인조 24)에 폐지되었다. 별수미는 서량미를 폐지할 때 양서지방을 제외하여 결당 5두씩 부과한 것이다. 결포는 광해군·인조 대에 재정충당을 위해 전결에 포나 미를 임시로 부과한 것이다.[31] 결작은 균역법 실시 때에 감필로 인한 재정결손을 충당하기 위해 결당 2두씩 신설된 것으로 나중에 결전(結錢)이라

27) 崔完基, 『朝鮮後期船運業史研究』, 一潮閣, 1989.
   高東煥, 『朝鮮後期 서울商業發達史研究』, 지식산업사, 1998, 355쪽.
28) 김덕진, 「全羅道 順天 海倉의 설치와 풍경」, 『全南史學』 22, 전남사학회, 2004: 본서 5장.
29) 金玉根, 『朝鮮王朝財政史研究』 I, 一潮閣, 1984.
30) 金德珍, 「宣祖代 戶曹의 三手米 징수와 別營 설치」, 『國史館論叢』 105, 국사편찬위원회, 2004.
31) 尹用出, 「17세기 초의 結布制」, 『釜大史學』 19, 부산대학교 사학회, 1995.

하여 모두 전납되었다. 포량미는 고종 대에 양요에 대비하기 위해 신설된 것이다. 이들 토지세[田政, 結稅]는 17~19세기에 '田三稅及宣惠廳收米', '田三稅及大同米', '田三稅及大同收米', '田三稅及大同'이라 하여 전삼세와 대동미 등 4개 세목이 주축을 이루었다. 바로 이 4개의 토지세가 조창에 수납되어 조운선에 의해 서울로 운송되었는데, 경상좌조창 소속 창원 등 9읍의 전삼세와 대동미로 거둔 미태(米太) 2만 1천 9백 8십석을 실은 22척의 조운선이 1척은 인천에서 침몰하고 나머지가 서울에 도착했고, 후조창 조운선도 이어 오고 있다는 1773년(영조 49) 호조의 보고 그대로다.[32] 이러한 사정은 직납의 경우도 마찬가지였는데, 직납읍의 해창을 『충청도읍지』에 의하면, '貢稅捧上所'(林川), '田稅大同捧上處'(庇仁), '田三稅三局保米所捧'(結城), '田大同兩局作米捧上裝運所'(新昌), '稅大同 裝發所'(禮山) 등이라 하여, 전삼세와 대동미를 수합하여 발송하는 곳으로 기록하였다.

이제 조선후기에 연미정에 정박한 세곡선은 전세를 실은 충청·전라도의 조운선이었던 이전과는 달리, 전삼세·대동미를 실은 충청·전라·경상도의 관선·사선이었다. 이러한 세곡운송 시스템의 변화에 따라 자연 연미정의 풍경도 달라질 수밖에 없었을 것이다.

2. 연미정의 유래

1) 교통의 요지 갑곶진

연미정의 소재지와 관련하여, 『세종실록지리지』 강화부(江華府) 조항에 "갑곶진(甲串津)은 부의 동쪽에 있다. 나룻배가 있고, 나루머리

---

32) 『承政院日記』 1338, 영조 49년 4월 18일(丙午).

(渡頭)에 연미정이 있다."고 하였다. 구체적인 위치에 대해서『신증동
국여지승람』강화부조에 "연미정은 갑곶진 위에 있다. 작은 산이 있
고, 그 아래에 바닷물이 흘러 제비 꼬리 같으므로 연미(燕尾)라 한다."
하였다. 갑곶진은 강화부의 동쪽 10리 갑곶에 개설된 나루로 통진(通
津)을 마주보고 있고, 연미정은 그 갑곶진 나루터 뒤쪽의 나즈막한 봉
우리 위에 건립된 정자이다. 그런데 갑곶 앞 바다에 있는 유도(留島)
에서 조강(祖江) 바닷물이 두 갈래로 갈라져 마치 제비 꼬리 모양처럼
흐르고, 작은 봉우리 위에 있는 정자는 그 물줄기를 내려 본다고 하여
이름을 연미(제비 꼬리)라고 하였다.

　오대산에서 발원한 한강은 서쪽으로 흐르다 교하에 이르러 임진강
과 합류하여 통진 북쪽에서 조강을 이룬다. 조강은 통진 유도를 만나
두 줄기로 갈라져 바다로 들어가는데, 그것의 흐름과 관련하여『세종
실록지리지』경기도조에 다음과 같이 기록되어 있다. 한 줄기는 서쪽
으로 흘러 강화부 북쪽 하원도(河源渡)를 거쳐 교동현(喬桐縣) 북쪽 인
석진(寅石津)에 이르러 바다로 들어가고, 황해도 조운이 여기를 경유
하여 서울로 들어온다. 또 한줄기는 남쪽으로 흘러 강화부 동쪽 갑곶
진에 이르러 바다로 들어가고, 전라도와 충청도 조운이 여기를 경유
하여 서울로 들어온다는 것이다. 서울 용산강(龍山江)에서 서쪽으로
100리 내려가면 통진 유도에 이르는데, 유도에서 남쪽으로 내려가면
갑곶을 거쳐 서남해에 이르고, 서쪽으로 가면 교동을 거쳐 서북해에
이르는 것이 조선시대 전국의 주요 해로였다.[33]

　강화의 북쪽과 동쪽 해안은 서울을 왕래하는 양서(兩西)와 삼남(三
南)의 선박이 경유하는 중요한 바닷길이었다. 삼남 조운선은 어김없이
강화 동쪽 끝 갑곶을 거쳐 서울로 들어갔다. 손돌목의 험로를 피하기

---

33)『增補文獻備考』35, 興地考 23, 關防 11, 海路 1.

위해 덕적도 앞바다에서 교동을 거쳐 강화도 서쪽 해로를 돌아 한강으로 들어가는 삼남 조운선도 있었다.[34] 하지만 이러한 경우는 그리 많지 않았을 뿐더러, 조운선의 항로 선택권 또한 지휘감독 문제 때문에 자유롭게 용납되지 않았다. 정부에서 정한 삼남 조운로(漕運路)는 강화 동쪽 해로였고, 뱃사람들은 정해진 코스로 운항해야 하였다.

연미정은 해상교통의 요지로서 1779년(정조 3) 지중추부사 구선복(具善復)이 지적한 것처럼, 삼남의 뱃길이 모두 강도의 연미정 앞바다에 이르러 경강(京江)으로 들어갈 뿐만 아니라 양서의 왕래하는 선박들 모두 이 길을 따라 교동을 지나 연미정에 이르러 경강으로 들어갔다.[35] 연미정은 '三水交衝之地'로서, 삼남·양서·서울행 선박이 모두 거치는 해상교통의 요지였다. 이러한 점 때문에 연미정은 충청도, 전라도, 경상도의 세곡을 실은 선박이 서울로 올라가다 쉬어가던 곳이었다.

또한 연미정은 육상교통을 연결하는 요지이기도 하였다. 이와 관련하여 1618년(광해군 10)에 검찰사 심돈(沈惇)은 "강도(江都)로 가는 육행은 양천(陽川)에서 출발하여 통진을 거쳐 갑곶에 이르며, 배를 타면 한강을 따라 김포·양천·통진을 지나서 연미정에 이릅니다. 강도에서 호서로 향하는 육행은 진위·수원·평택·덕산을 경유하여 수영에 이르며, 뱃길로는 안흥량(安興梁)을 지나서 면천에 이릅니다."[36]고 하였다. 서울에서 양천을 거쳐 통진에 이른 후 손돌목을 건너 강화로 들어가는 나루터가 연미정이 있는 갑곶이었다.

고려 고종이 몽고의 침입을 피하고자 이곳을 거쳐 강화도에 들어온

---

34) 『正祖實錄』 27, 정조 13년 5월 26일(壬午).

35) 『正祖實錄』 7, 정조 3년 3월 8일(壬辰).

36) 『光海君日記』 130, 광해군 10년 7월 2일(戊子).

바람에 元의 군사들에 의해 갑곶이라는 지명이 불려지게 되었다.[37] 원나라 군사들이 강화로 천도하는 고종을 쫓아와 말하기를, 우리 갑옷만 쌓아 놓아도 건널 수 있다 하여 갑곶이라 하였다 한다. 정묘호란 때에 인조가 강화도로 피신하여 연미정에 올라 군사를 지휘하였고,[38] 후금(後金)과 강화를 추진할 때에 후금 장수 유해(劉海)가 서약을 한 곳으로도 연미정은 유명하다.[39] 병자호란 때에는 청(淸)의 군대가 연미정이 있는 갑곶을 통하여 강화에 들어가 세자를 납치하였다.[40] 육지와 강화도를 연결하는 교통요지인 연미정은 외세가 침략해 들어올 때에 진입로 역할을 하면서 국가와 함께 운명을 같이 한 적이 한 두 번이 아니었다.

이처럼 연미정은 해상과 육상교통의 요지인 갑곶에 건립되어 삼남에서 서울로 들어가는 조운선이나 통진과 강화를 왕래하는 행인들이 거치는 곳이었다.

2) 조운선의 정박

세곡운송과 강화도의 관계에 대해, 이중환(李重煥, 1690~1752)은 『택지리(擇里志)』에서 "조선시대에 들어와서는 삼남의 조세를 실은 배가 모두 손돌목[孫石項]을 지나서 서울에 올라오는 까닭에 바닷길의 요충이라 하여 (강화에) 유수관(留守官)을 두어 지키게 하였다."고 하였다. 조선의 곡창지대 삼남에서 상납하는 세곡을 실은 선박은 모두 강화 해협을 통과하여 서울로 들어갔다. 사실 삼남 세곡은 국가수입의

---

37) 『新增東國輿地勝覽』 12, 江華都護府, 樓亭, 利涉亭.
38) 『仁祖實錄』 15, 인조 5년 2월 8일(乙巳).
39) 『仁祖實錄』 15, 인조 5년 2월 15일(壬子).
40) 『仁祖實錄』 34, 인조 15년 1월 22일(壬戌).

대부분을 차지하는 중요한 재원이었다.

그런데 강화해협 손돌목은 황해도의 장산곶, 충청도의 안흥량과 함께 전국적인 조난지였다. 손돌목에 대해 이중환은 다음과 같이 서술하였다. "한강은 통진의 서남쪽에서 굽어져 갑곶나루가 되고, 또 남쪽으로 마니산 뒤로 움푹 꺼진 곳으로 흐른다. 돌맥이 물속에 가로 뻗쳐서 문턱 같고, 복판이 조금 오목하게 되었는데 여기가 손돌목이고 그 남쪽은 서해 큰 바다이다. 삼남지방에서 거둔 조세를 실은 배가 손돌목 밖에 와서는 만조되기를 기다려서 목을 지나는데, 조금이라도 미처 주선하지 못하면 문득 돌맥에 걸려서 파선하게 된다."[41]고 하였다. 따라서 강화 해협은 대표적인 험로였기 때문에 강화 수령을 부사(府使)에서 유수(留守)로 승격시켜 바닷길 관리에 만전을 기하도록 했다는 것이 이중환의 설명이다.

그러면 고려시대에 조운선은 강화해협을 통과하지 않았는지 궁금하지 않을 수 없다. 이 점에 대한 실마리는 연미정(燕尾亭)이 언제, 어떤 이유로 처음 건립되었는지를 살피는 과정에서 자연스럽게 드러날 것이다.

연미정의 건립 시기에 대해서는 자료가 남아 있지 않아 상세히 알 수 없지만, 다음이 참고된다. 몽고 침입으로 고려 정부가 강화도로 천도해 있을 때인 1244년(고종 31)에, 시랑(侍郎) 이종주(李宗冑)가 9재 생도를 이곳에 모아놓고 여름 공부를 시켜 55명을 뽑았다고 한다. 『신증동국여지승람』에 소개된 이 기사를 통해 당시에 연미정이 존재해 있었는지, 그렇지 않았는지 확언할 수 없지만, 존재 가능성을 시사한 것만은 사실이다.

고려시대에 조운제가 실시되었던 사실을 상기한다면, 연미정이 당

---

41) 『擇里志』, 八道總論, 京畿.

시 존재했을 가능성은 높아 보인다. 고려전기에 13조창제가 실시되면서 호서·호남·영남 해안지역에 10개의 조창이 설치되어 있었다. 이들 10조창 조운선은 강화해협을 통해 수도 개경으로 올라갔던 것 같다.[42] 이 점은 중국 송(宋)의 사신 서긍(徐兢)의 경우를 통해 확인할 수 있다. 『고려도경(高麗圖經)』에 의하면, 서긍이 고려에 올 때에 흑산도(黑山島)로부터 북쪽으로 자연도(紫燕島, 17세기에 永宗島로 개칭)에 도착한 다음에 급수문(急水門)에 이르고 또 이틀 만에 벽란도에 당도하였다. 이에 대해 다산(茶山) 정약용(丁若鏞, 1762~1836)은 서긍의 행로는 반드시 강화부의 동남에서 손돌항을 넘어 북쪽으로 향하여 예성강에 들어가는 것이라고 하면서, 서긍이 말한 급수문은 손돌항을 가리킨다고 하였다.[43]

그런데 고려시대 당시 조운선이나 상선의 경유지 여러 곳에 정자가 건립되어 있었다. 중국~개경 해상항로의 중간 기항지였던 인천 자연도에 "예전에 객관(客館)이 있었는데 경원정(慶源亭)이라 한다."[44]고 하여, 경원정이라는 정자가 있어 손님을 맞는 객관 역할을 하였다. 조운선이 모두 모여 순풍을 기다리는 만경의 군산도(群山島)에도 군산정(群山亭)이라는 객관이 있었다.[45] 1133년(인종 11) 당시 홍주(洪州) 안흥량에 조운과 관련하여 안흥정(安興亭)이라는 정자가 있었다는 기록도 조운과 정자의 관련성을 높게 해준다.[46] 따라서 당시 남쪽에서 올

---

42) 고려 조운선은 개경 가까이의 동강(東江)과 서강(西江)에 도달한 후, 그곳에 있는 좌창(左倉)과 우창(右倉)에 세곡을 입고시켰다(崔完基, 「高麗朝의 稅穀 運送」, 『韓國史硏究』34, 한국사연구회, 1981, 47쪽).

43) 『大東水經』4, 潻水.

44) 『新增東國輿地勝覽』9, 京畿, 仁川都護府, 山川, 紫燕島.

45) 『新增東國輿地勝覽』34, 全羅道, 萬頃縣, 山川, 群山島.

46) 『增補文獻備考』157, 財用考 4, 漕運.

라오는 조운선은 개경으로 들어가는 길목에 위치한 갑곶(甲串)을 통과
하였고, 갑곶에는 그러한 조운선을 통제하거나 휴식공간을 제공하는
정자가 존재하였고, 그 정자는 지형 이름을 따서 연미정이라고 명명하
였을 것으로 추정된다.

이렇게 볼 때 강화해협은 고려~조선시대에 개경행이나 한양행 조
운선이 지나는 뱃길이었고, 그곳에 연미정이 고려시대 때부터 있어 조
운선을 감독하고 조류를 기다리는 장소로 이용되었다고 여겨진다.

3) 월곶진의 설치

18세기 이후 자료에 의하면 연미정은 이전과는 달리 갑곶에 있지 않
았다. 18세기에 편찬된 『여지도서(輿地圖書)』에 연미정은 월곶진(月串
鎭) 뒤쪽 봉우리 위에 있고, 월곶진은 관아의 동북쪽 10리 연미정 아
래에 있었다.[47] 19세기 고종 대에 김정호(金正浩)가 편찬한 『대동지지
(大東地志)』에도 연미정은 월곶진에 있으며 삼남의 선박이 지나가며
들리는 곳이었다. 19세기에 간행된 여러 읍지에도 연미정은 한결같이
월곶(月串)에 있었다.

그렇다면 연미정이 갑곶에서 월곶으로 이전한 것인가? 아니면 연미
정은 그대로 있는데 그 지명이 갑곶에서 월곶으로 개명된 것인가? 왜
란과 호란을 겪으면서 수도방위를 강화하기 위한 대책의 일환으로 이
른바 '江都保障論'이 줄기차게 제기되었다. 17세기 해방론(海防論)의
대두는 강화도의 중요성을 다시 한 번 인식하게 하였다. 그 결과 1627년
(인조 5)에 강화부는 도호부(都護府)에서 유수부(留守府)로 승격되고
1678년(숙종 4)에 진무영(鎭撫營)이 강화부에 개설되었고, 그와 함께

---

47) 『輿地圖書』, 江華, 樓亭. 鎭堡, 燕尾亭. 月串鎭.

대규모 비축곡이 강화부에 조성되었다.[48] 갑곶의 운명은 이러한 방위
체제의 변화와 직결되어 있다.

〈월곶진과 연미정(1872년 고지도)〉

국초 이래 조선의 수군은 육군과 같이 주진(主鎭)−거진(巨鎭)−제진
(諸鎭) 체제로 편제되었다. 경기도 수군은 주진[水使鎭]이 남양 화량
만(花梁灣)에 1곳, 거진[僉使鎭]은 교동 월곶에 1곳, 제진[萬戶鎭]은
남양 영종포(永宗浦), 안산 초지량(草芝梁), 인천 제물량(濟物梁), 강
화 정포(井浦), 교동 교동량(喬桐梁)에 5곳 설치되어 있었다.[49] 이 가
운데 월곶진은 교동현 남쪽 16리에 있던 경기도 유일의 첨절제사(僉節
制使) 수군진(水軍鎭)이었다.[50] 그런데 남양 화량만에 있던 경기 수영
(京畿 水營)을 1629년(인조 7)에 교동 월곶으로 옮기면서 그곳에 있던

───────────────
48) 趙樂玲,「17세기 江華島 備蓄穀의 마련과 운영」,『韓國史論』51, 서울대 인
   문대 국사학과, 2005.
49)『經國大典』, 兵典, 外官職.
50)『新增東國輿地勝覽』13, 京畿, 喬桐縣, 關防, 月串鎭.

월곶진을 없애고 화량진을 두었고, 교동현을 도호부로 승격시켜 부사가 수사를 겸하도록 하였다.[51] 그리고 1656년(효종 7)에 월곶진을 강화 갑곶으로 옮겨 종전 명칭대로 월곶진이라고 하였다. 갑곶으로 옮긴 월곶진은 이진 당시 수군 첨사진이었지만, 1665년(현종 6)에 육군 첨사진으로 개편되었다. 이때 남양에 있는 영종진이 인천 자연도로 이진하면서 자연도를 영종도로 개명하며 전처럼 영종진이라고 하였고, 안산에 있는 초지진과 인천에 있는 제물진을 강화로 옮기며 역시 그 명칭을 그대로 사용하였다. 강화도 해안가에 진보(鎭堡)를 신설하는 작업은 숙종 대까지 꾸준히 지속되었다.[52] 그 결과 18세기 중엽 『여지도서』에 따르면, 강화 관내에 월곶진, 제물진, 용진진, 광성보, 덕진진, 초지진, 선두보, 장곶보, 정포보, 인화보, 철곶보, 승천보, 문수진 등 13개의 진보가 들어서게 되었다.

진보의 배치만으로 해안수비에 만전을 기하기가 어려웠다. 진보 사이의 거리가 멀어 방어가 취약했기 때문이다. 그리하여 해안가에 외성(外城)이나 석성(石城)을 쌓는 방안이 제기되었지만 갯벌에 성을 쌓는 기술이 어렵다고 여기어 차선책으로 해안가 요충지에 돈대(墩臺)를 축조하는 방안이 채택되었다. 돈대란 강화도 해안으로 접근하는 적선을 경계하고 적병의 상륙을 차단하기 위하여 고안된 것이다. 마침내 1678년(숙종 4)에 병조판서 김석주가 강화도에 들어가 49곳의 축돈처를 물색하여 보고하였고, 그에 따라 공사를 착공하여 이듬해에 48개

---

51) 『仁祖實錄』 20, 인조 7년 2월 24일(庚戌).
   『輿地圖書』, 江都府, 喬桐, 建置沿革.

52) 朴廣成, 「丙子亂後의 江華島防備構築」, 『畿甸文化硏究』 3, 인천교대 기전문화연구소, 1973(『韓國 中世社會와 文化』, 민족문화사, 1991, 426~429쪽).
   李敏雄, 「18세기 江華島 守備體制의 强化」, 『韓國史論』 34, 서울大 인문대 국사학과, 1995, 8~9쪽.

의 돈대를 완공하였다. 이후 돈대는 지속적으로 확충되어 18세기 영조 초기에 53개에 이르렀다.[53] 이 가운데 월곶에도 1679년(숙종 5)에 월곶돈대(月串墩臺)가 들어서게 되었다.

이처럼 본래 나루터[津渡]였던 갑곶에 강화 수비를 강화하기 위해 17세기에 월곶진, 월곶돈대 등의 군사시설이 들어섰다. 갑곶에 군사진을 설치하는 문제는 일찍이 광해군 때에 후금 방어와 관련하여 제기된 적이 있었다.[54] 1631년(인조 9) 이서의 지적처럼, 갑곶은 승천포(昇天浦)와 함께 조수가 빠지면 배를 대기가 매우 어려운 천연의 요새였다.[55] 이러한 점 때문에 갑곶에 중진(重鎭)을 설치하고,[56] 보루(堡壘)를 쌓아야 한다는 의견이 끊임없이 제기되었다.[57] 이 문제는 드디어 효종·숙종 대에 실현되어, 갑곶에 월곶진과 월곶돈대가 각각 신설되었던 것이다.

이렇게 강화의 갑곶진(甲串津)에 교동의 월곶진(月串鎭)이 옮겨오면서, 갑곶은 월곶으로 이름이 바뀌게 되었다. 그리하여 갑곶진처럼 월곶진은 읍성 동문 10리 밖에 있었고, 연미정을 두고 있었고, 삼남 조운선을 맞이하였다. 그렇다고 갑곶이란 지명이 완전히 사라진 것은 아니다. 1725년(영조 1)에 강화유수 박사익(朴師益)이 월곶과 갑곶 사이에 옥포(玉浦)·망해(望海) 두 돈대가 있다고 한 것으로 보아,[58] 갑곶

53) 송양섭, 「17세기 江華島 방어체제의 확립과 鎭撫營의 창설」, 『韓國史學報』 13, 고려사학회, 2002, 236쪽.
    배성수, 「肅宗初 江華島 墩臺의 축조와 그 의의」, 『朝鮮時代史學報』 27, 조선시대사학회, 2003, 156쪽.
54) 『光海君日記』 80, 광해군 6년 7월 11일(辛酉).
55) 『仁祖實錄』 25, 인조 9년 8월 23일(甲子).
56) 『仁祖實錄』 50, 인조 27년 4월 23일(辛亥).
57) 『仁祖實錄』 25, 인조 9년 8월 3일(甲辰).
58) 『英祖實錄』 6, 영조 1년 6월 16일(壬午).

이 사라지지 않은 것은 분명해 보인다. 18세기 『해동지도(海東地圖)』
와 19세기의 『대동여지도(大東輿地圖)』를 보면, 갑곶은 본래 자리 아
래에 있는 제물진으로 내려와 나루터로 존재하고 있다.

4) 연미정과 이섭정

갑곶에는 연미정 외에 이섭정(利涉亭)이라는 정자도 함께 있었다.
17세기 전반기에 제작된 것으로 추정되는 『지나조선고지도』「강화지
도」의 갑곶진 동서 양쪽에 각각 연미정과 이섭정이 기재되어 있다.[59]
『신증동국여지승람』에 따르면, 나루터 위 언덕위에 있는 연미정과는
달리 이섭정은 나루터 연안에 있다. 후대의 『강화부지(江華府志)』에도
연미정은 '在月串鎭上'하나, 이섭정은 '在甲串津邊'이라고 기록되어 있
다.[60] 연미정과 이섭정의 위치가 달랐고, 그것은 기능의 차이를 반영
한 것이다.

이섭정의 기능과 관련하여 이첨(李詹)이 지은 기문을 보도록 하자.
"갑곶은 건널목이 좁아서 건너기 쉽기 때문에, 부사·감사가 순찰할 때
나 조정의 명령을 전달하는 신하도 모두 이 길을 거쳐 (강화)부로 들어
가고, 기타 나그네들의 왕래도 이 길에 늘어섰으므로 여기에 정자를
지어, 보내고 맞는 장소로 만드는 것은 당연한 일이다."고 하였다.[61]
이섭정은 갑곶나루의 객관 역할을 한 정자로 강화를 방문하는 관리를
맞이하고 보내는 장소였다. 당시 경상도 곤양에서 남해로 들어가는 길
목인 노량진(露梁津)에도 이섭정(利涉亭)이라는 동일 명칭의 정자가

59) 강화군, 『강화 옛지도』 6, 2003, 12쪽.
60) 『江華府志』, 亭臺(『邑誌』 11, 亞細亞文化社, 450쪽).
61) 『新增東國輿地勝覽』 12, 江華都護府, 樓亭, 利涉亭.

있었는데,[62] 마찬가지 기능을 띠고 있었다.

이섭정이 사객영송의 객관 역할을 한 것은 다음의 사실에서도 확인된다. 교동을 왕래하는 강화 인화석진(寅火石津)에 정자가 있었는데, 남익문(南益文)이 지은 시에 의하면 경치가 아름다웠다.[63] 해남을 왕래하는 진도 벽파진(碧波津) 나루터 어귀에 벽파정(碧波亭)이 고려 때부터 있어 사신을 영송하고 위로하는 장소로 사용되었다.[64] 고려 때에 송도(松都)의 관문인 벽란도(碧瀾渡)에 바다를 오가는 사람들을 위해 관원을 배치하고 초루(草樓, 息波亭으로 개건)가 있었다.[65] 역, 원, 진, 도 등의 교통요지에 고려시대 때부터 정자가 있어 관리 영송처와 행인 휴식처로 이용되었던 것이다.

갑곶에는 강화부 관내 3대 진·원이 개설되어 있었다.『신증동국여지승람』에 수록된 경기도 통진으로 통하는 갑곶진원(甲串津院), 교동으로 통하는 인석진원(寅石津院), 황해도 풍덕·개성으로 통하는 승천부진원(昇天府津院)이 그것이다.『선조 강화선생일기(先祖 江華先生日記)』에 보이는 갑진(甲津)과 갑원(甲院)이란 바로 갑곶진과 갑곶원을 각각 줄인 것임에 분명하다. 역·진·원·도 모두 주요한 국가통치시설이었기 때문에, 그것을 유지하기 위해 토지를 지급하거나 선박을 제공하고 인원을 배치하였을 뿐더러, 정자를 짓기도 하였다. 따라서 당시 이섭정은 갑곶진의 진아(津衙), 갑곶원의 원아(院衙) 역할을 수행하는 건물이었다. 실제 강화부사 전술필(全舜弼, 1514~1581)이 1574년(선조 7)에 강화로 순력 나온 경기감사를 갑곶까지 따라와 떠나보냈고(5월 12일), 작황을 조사하러 온 경차관을 맞이하기 위해 갑곶에 이른 적도

---

62)『新增東國輿地勝覽』31, 慶尙道, 昆陽郡, 樓亭, 利涉亭.
63)『新增東國輿地勝覽』12, 江華都護府, 山川, 寅火石津.
64)『新增東國輿地勝覽』37, 全羅道, 珍島郡, 樓亭, 碧波亭.
65)『陽村集』14, 記, 息波亭.

있었다(8월 30일). 또 1576년(선조 9)에 경차관을 맞이하기 위해 갑곶에 왔을 뿐만 아니라(9월 1일), 순력나온 감사를 갑곶진 변에서 배례하여 환송하고 돌아오기도 하였다(10월 24일).[66] 이렇게 볼 때 이섭정은 조세 감독소 역할을 한 연미정과는 달리 진이나 원의 부속건물로 존재하였다.

그런데 이섭정도 『여지도서』에 의하면, 중간에 사라지고 만다. 아마 진과 돈대 등의 군사시설이 들어서면서, 그곳이 더 이상 나루터 역할을 할 수 없어 그러했을 것이다. 이섭정이 사라진 대신 그 자리에 월곶진의 성루(城樓)인 조해루(朝海樓)가 들어섰다. 1849년(헌종 14)에 강화유수는 관내 성루와 수문의 보수를 건의하면서, 본부 외성의 동문으로 월곶진 연미돈 아래에 있는 조해루는 삼남 조운선이 정박하는 도회소이자 양경(兩京) 해로의 요충지로서 매우 중요한 곳이라고 평하였다.[67] 이섭정은 사라지고 그 자리에 조해루가 들어서 월곶돈대의 성루 역할을 하였다.

3. 연미정의 풍경

1) 아름다운 경치

연미정은 강화 관내에서 으뜸이라고 할 만큼 경치가 아름답다. 연미정의 풍치를 묘사한 『여지도서(輿地圖書)』에 의하면, 정자에 오르면 앞

---

66) 『先祖 江華先生日記』, 인천광역시, 2006. 이 자료는 全舜弼(1514~1581)이 강화부사를 역임하면서 기록한 일기이다(이성임, 「해제」).

67) 『江華府留營狀啓謄錄』, 道光 29년 2월 29일(『各司謄錄』 4, 국사편찬위원회, 1982, 151~152쪽).

이 훤하게 트여 있어 5월에도 덥지 않을 정도로 시원한 바람이 불어왔다. 정박한 배 돛대의 위아래로 물고기와 갈매기가 노닐고, 눈이 휘둥그래질 만큼 강산이 아름다워 사람들이 간혹 중국의 명승지 악양(岳陽)으로 착각하기도 하였다. 굳이 흠을 꼽으라고 하면 모래와 물빛이 그리 맑지 않다는 점이 지적되었다.

연미정의 아름다움은 문사들의 시에도 적지 않게 남아 있다. 일찍이 허백당 성현(成俔, 1439~1504)은 노창(老蒼)한 천그루 송수(松樹)가 공활(空闊)에 임한 백척 석대(石臺)를 둘러싸고 있어 불어오는 바람을 더욱 시원하게 한다고 읊었으며,[68] 이단상(李端相, 1628~1669)은 누대(樓臺)의 월색(月色)이 창망(滄茫)하고 만리의 강이 제비 꼬리처럼 나뉘어 길게 흐르니 이백(李白)이 노닌 채석강(采石江) 같다고 하였다.[69] 이 외에도 많은 문사들이 연미정의 아름다움을 노래하였다.

경치가 아름다워 문사들의 입에 오르내리면, 자연히 그곳에 문사들의 별서(別墅)가 들어서게 된다. 고려말 조선초에 성리학으로 무장한 양반들은 경치가 아름다운 곳을 선택하여 농지와 자택이 인접한 곳에 별서를 건립하여 사회적 활동을 폈다. 일반적으로 별서는 누정이라는 이름으로 불린다. 따라서 성종~중종 대에 왜구와 여진 토벌의 명장이었던 장무공(莊武公) 황형(黃衡, 1459~1520)이 연미정을 자신의 별서로 삼았던 이유는 바로 아름다운 경치를 즐기며 노년을 보내기 위해서였을 것이다.

고려 때부터 조운과 관련되어 설립되어 있던 연미정을 황형이 소유하게 된 경위에 대해, 왜적을 무찌르고 반란을 진압한 공로로 국왕 중종이 연미정을 하사하였다고 한다. 강화군 홈페이지에 수록된 이러한

---

68) 成俔(1439~1504), 『虛白堂詩集』 5, 詩, 「與點馬差使兩員遊燕尾亭」.

69) 李端相(1628~1669), 『靜觀齋集』 1, 詩, 「歸時又自燕尾亭。乘潮沂流。夜泊鳳湖閔將軍江閣下。對月望鼈頭。率爾口占。錄奉江都李留候時楳 案下」.

지적은 현재 확인할 길이 없다. 『강화사(江華史)』에는 황형이 연미정을 세웠다고 추측한 바 있으나,[70] 이는 앞서 살핀 것처럼 사실과 거리가 먼 내용이다. 본래 강화 출신인 황씨가에서 전부터 연미정 일대를 소유하고 있었기 때문에, 고위직을 역임하고 군공을 세운 황형이 연미정을 자신의 별서로 삼았다고 보아야 할 것 같다. 사실 16세기에 접어들어 과전법 체제가 무너질 때에 공유지를 사유지로 점유하는 현상은 도처에서 발생하고 있었다. 비록 황형이 연미정을 자신의 별서로 삼았다고 하더라도 1년에 수차례 오는 조운선을 막지는 않았을 것 같다. 조운선이 오면 도움이 되었으면 되었지, 손해볼 일은 없었을 것이기 때문이다.

사연이야 어떠하였든 간에 연미정에는 황형의 전사(田舍)가 있었고, 그는 거기에 소나무 수천그루를 심어 임진왜란 때에 긴요하게 사용하도록 하였다.[71] 황형 사후 그의 후손들은 연미정을 떠나지 않고 그곳에서 세거하였다. 그의 아들 황기(黃琦)와 증손자 황치경(黃致敬, 1554~1627), 황치경의 손자 황호(黃扈, 604~1656)와 외손자 정유성(鄭維城, 1596~1664)이 모두 연미정에서 살았던 것으로 『여지도서』 인물조를 통해 확인할 수 있다. 정묘호란 때에 여진 장수 일행이 연미정 근처 황치경 집에서 머물렀던 사실도 있다.[72] 연미정은 황씨가의 세거지였다. 황씨가 가운데 황형의 증손자 추포(秋浦) 황신(黃愼, 1562~1617)과 5대손 황호는 일본에 통신사로 다녀온 인물이다.

그런데 17세기 강화지역에 국방시설이 증설될 때에 연미정은 그 일원으로 편입되면서 운명을 달리하기 시작하였다. 교동에 있던 월곶진

---

70) 江華文化院, 『江華史』, 1976, 419쪽.

71) 『국역 성소부부고』(민족문화추진회) 23, 설부, 149쪽.

72) 『承政院日記』 17, 인조 5년 2월 21일(戊午).

이 갑곶으로 옮겨오자, 그곳에 있던 황씨가 소유의 전토(田土) 4·5일 경(日耕)이 신설 월곶진의 건물지와 관용지로 편입되고 말았다. 그런데 이진(移鎭)을 논의하던 1655년(효종 6)에 연미정 근처에 사부가(士夫家)의 전토가 있어 그것을 매입하거나 공전(公田, 官屯田)으로 서로 바꾼 후에야 설진이 가능하다는 의견이 개진되었고, 그 자리에서 정유성은 그 전토는 자신 외가의 '世傳之物'이라고 밝혔다.[73] 그럼에도 불구하고 설진(設鎭) 당시 보상이 이루어지지 않아 본주인은 공연히 전답만 잃은 꼴이 되어 반환 요청이 일게 되었다. 그 해결책과 관련하여 1661년(현종 2)에 영의정 정태화(鄭太和)는 "이른바 월곶진(月串鎭)의 관사(官舍)와 전답(田畓)은 고감사(故監司) 황치경(黃致敬)의 농장(農庄)이었습니다. 그 지세가 방어의 요충이 될 만한 곳이었기에 월곶진을 이곳에 옮겨 설치하고, 그의 가사(家舍)를 이미 본진의 공해(公廨)로 만들었습니다. 그러나 전답이 별로 진의 공용에 보탬이 되지 않는다면 도로 내주게 하고, 가대(家垈)도 해조로 하여금 혹 참작해서 값을 쳐주든지 혹은 다른 곳의 공사(公舍)와 바꿔주든지 하게 함이 어떻겠습니까?"고 건의하였다. 이에 대해 국왕은 그렇게 하라는 명령을 내렸다.[74]

이러한 건의와 명령에도 불구하고 보상은 여전히 완료되지 않았다. 조정에서는 보상 노력을 하였으나, 당시 황호가 적극 사양하여 중단되었다. 그 후 황호의 아들 황익(黃益)은 아버지와는 달리 가난하고 피폐한 나머지 보상을 희망하여 불씨가 꺼진 것은 아니었다. 숙종 대에 접어들어 강화지역 일원에 돈대를 축조하면서 연미정에도 돈대가 들어섰는데, 바로 그 때에 과거 진지(鎭址)로 편입되었던 황씨가 토지에

---

73) 『承政院日記』 136, 효종 6년 8월 8일(己未).
74) 『備邊司謄錄』 21, 현종 2년 6월 3일.
　　『顯宗改修實錄』 5, 현종 2년 6월 3일(庚辰).

대한 보상 문제가 다시 불거지게 되었다. 새로이 돈소(墩所)로 정한 2~3곳에 다른 인가와 민전이 있는데, 그 사람들의 불만이 상당하여 그들의 마음을 위무하지 않을 수 없는 형편이었다. 이에 1678년(숙종 4)에 병조판서 김석주(金錫胄)와 부사직 이원정(李元禎)이 강화도를 순찰하고 돌아와서 축돈처(築墩處) 49곳을 작성한 서계를 봉진하면서, 경작하지 않는 언전(堰田)을 헤아려 진지로 편입된 황형의 유기(遺基)로 보상해준다면 거저 빼앗았다는 기롱은 없을 것이고, 돈소로 빼앗기게 될 백성들의 마음도 위무할 것이라고 건의하였다.[75] 황씨가와 주변 민인들의 편입 토지를 언전으로 함께 보상하는 방안이 제기되었다. 이러한 시도는 당시 강화도에 언전 개발 붐이 일고 있었기 때문에 어려운 일은 아니었다.[76]

연미정 자리에 월곶진과 월곶돈대가 들어서면서 황형의 후손들은 하나 둘씩 연미정을 떠났던 것으로 보인다. 그러면서 연미정도 함께 퇴락하고 사라지게 되었다. 이와 관련하여 『여지도서』 연미정 조항에는 "유수부(留守府)에서 돈대를 설치한 후 건물은 없고 이름만 남아있는 정자를 갑자년(1744년, 영조 20년)에 유수 김시혁(金始爀)이 다시 세웠다."고 기록되어 있다. 1679년 월곶돈대 설치 후 사라진 연미정을 1744년에 강화유수 김시혁이 중건했다는 것이다. 김시혁은 흙으로 쌓은 강화 외성(外城)을 헐어버리고 구은 별돌로 고쳐 쌓는 일도 펼쳤다. 김시혁이 중건한 이후 1783(정조 7)에 강화유수 김노진(金魯鎭)이 기문을 지었고, 1891년(고종 28)에 연미정은 또 다시 중수되었다.

---

75) 『肅宗實錄』 7, 숙종 4년 10월 23일(庚寅).

76) 朴姬玉, 「朝鮮 肅宗朝 江華島의 農地開拓과 그 經營問題」, 『歷史教育』 88, 역사교육연구회, 2003.

2) 봄날의 연미정

서울 용산강에서 통진 유도까지 1백리이고, 유도에서 남쪽으로 내려가는 해로와 북쪽으로 올라가는 해로 두개로 나누어진다. 남쪽 해로는 유도에서 갑곶-손돌항-영종도를 거쳐 경기남부와 충청도 및 전라도로 내려가는데,[77] 이 해로를 통하여 삼남 세곡선이 올라온다.

삼남 조운선은 연미정에 언제 쯤 도착할까? 고려시대의 조운 규정을 『고려사(高麗史)』 식화지 기록을 토대로 살펴보면, 주군(州郡)의 조세를 2월까지 가까운 조창에 운수(運輸)하고, 근지(近地)는 4월까지 원지(遠地)는 5월까지 경창(京倉)에 수납(輸納)하는 것을 마치도록 하였다. 그러므로 당시 4~5월이면 개경 지근거리의 연미정에 조운선이 도착하였을 것으로 보인다.

한편, 1414년(태종 14)에 전라도 조운선 66척이 큰 바람에 패몰한 사건을 처리하는 과정에서 '七月行船 古人所忌' 혹은 '七月行船 曾有敎禁'이라 하여 7월 발선은 금지되었다.[78] 『경국대전(經國大典)』 조전(漕轉) 조항에 따르면, 11월 1일에 조창을 열어서 익년 1월까지 수세를 마치고, 6월까지 상납을 마치도록 하였다. 16세기 중반 법령을 모은 『각사수교(各司受敎)』에서는 법성·군산·아산창 등의 전세를 3월 안에 발선하도록 하였다.[79] 연미정 도착일이 6월을 넘겨서는 아니 되었다.

발선·상납일은 이후 개정되어 『속대전(續大典)』 조전 조항에 자세히 수록되어 있다. 즉, "충청도·황해도는 2월 20일 이전에 발선하여 3월

77) 강석화, 「조선후기의 경기남부 해로와 大皁·靈興島」, 『畿甸文化研究』28, 인천교육대학교 기전문화연구소, 2000.
이철성, 「조선후기 『輿地圖書』에 나타난 인천 지역의 田結稅와 漕運路 연구」, 『인천학연구』6, 인천대 인천학연구원, 2007.
78) 『太宗實錄』28, 태종 14년 8월 4일(甲辰).
79) 『各司受敎』, 戶曹受敎.

10일 내에 상납해야 하며, 전라도는 3월 15일 이전에 발선하여 4월 10일 내에 상납하여야 한다. 경상도는 3월 25일 이전에 발선하여 5월 15일 내로 상납해야 한다."고 하였다. 이러한 지역별 발선·상납일은 1698년 (숙종 24)에 완성된 『수교집록(受敎輯錄)』에도 거의 유사하게 수록되어 있다.[80] 발선·상납일을 준수하도록 하기 위해, 기한이 지나도록 발선하지 못한 경우 당해 수령은 사령을 박탈하고 차사원·해운판관은 파직 처분한다고 하였고, 기한 전에 발선했어도 상납기한을 넘겨 상납한 경우에는 감관·색리·사공·격군은 장 100형에 처한 후 정배한다고 하였다.

이상의 내용을 통하여, 충청도, 전라도, 경상도 3도 조운선은 법적으로 3~5월 봄날에 연미정에 당도해야 법으로 정한 기일 안에 서울에 도착할 수 있었다. 재운(再運)을 하더라도 충청도는 4월 30일 이전에 발선하여 5월 20일 안에 상납하고, 전라도는 5월 10일 이전에 발선하여 6월 5일 안에 상납하도록 하였다.[81] 바로 이때가 바람이 순조로운 시기로 파도가 치거나 바닷길이 어두워질 우려없이 안전운항을 할 수 있었기 때문에 발송기일을 제정하였던 것이다.

그러면 실제는 어떠하였을까? 이를 알아보기 강화부사 전순필이 작성한 일기를 보면, 1574년 4월 23일에 60척이, 1576년 4월 22일에 18척이, 그리고 1577년에는 4월 10일 무렵에 선척을 알 수 없는 조운선이 당도했다. 또 다른 사례로 서강(西江)에 도착한 조운선을 보면, 1721년(경종 1) 4월 21일에 충청도 아산창 소속 11척이, 5월 14일에 전라도 성당창·법성창·군산창 소속 31척이, 5월 19일에 전라도 법성창 소속 25척이, 1772년(영조 49) 4월 5일에 전라도 군산창·성당창,

---

80) 『受敎輯錄』, 戶典, 漕轉.
81) 『六典條例』, 戶典, 戶曹, 漕轉.

경상도 우조창 소속 59척이 서강에 도착한 적이 있다.[82] 또 1875년(고종 12) 3월 15일에 함열 성당창에서 8읍의 전세·대동·기타 1만 6천석을 실은 12척의 조운선이 출발하여 4월 7일 연미정에 도착한 적도 있다.[83] 비록 많은 사례는 아니지만, 이상을 종합해 볼 때에 조운선은 대체로 법에서 정한 일정을 지켜 5월 안에 연미정에 도착했던 것으로 보인다.

그렇다고 발선 기일이 국초부터 100% 준수되었던 것은 아니다. 1414년(태종 14) 한 해에 전라도 조운선이 척당 4번이나 조운한 적이 있었다.[84] 호남 10만석과 호서 6만석 등 16만석(전세와 대동)을 척당 1천석씩 적재한다면 1백 60척이 필요할 텐데, 경강선과 훈국선을 통틀어 120척을 넘지 못하여 재운이 불가피한 상황도 1784년(정조 8)에 발생하였다.[85] 1년 2운이나 4운을 하면 자연 발선·상납일은 지켜질 수 없다. 충청도의 경우 선척이 부족하여 3운까지 하지 않으면 아니 되어 9·10월까지 운송한 적도 있었다.[86] 실제 강화해협에서 1751년(영조 27)에 전라도 순천 전세선, 경상도 창원 상납선, 전라도 법성창 조운선 등이 치패(致敗)되었는데, 모두 6~7월에 발생했다. 18세기에 작대제(作隊制) 실시와 주교사(舟橋司) 설치로 임운제가 정착되면서 발선·상납일을 지키지 못하는 사례가 부쩍 늘어나고 있었다.

그런데 19세기에 접어들면서 발선·상납일을 넘기는 사례가 전보다 더 늘고 있었다. 이는 임운제도의 문제뿐만 아니라 선원들의 고패(故

---

82) 『版籍司謄錄』(『各司謄錄』81).

83) 吉田光男, 「李朝末期の漕倉構造と漕運作業の一例-『漕行日錄』にみる一八七五年の聖堂倉」, 『朝鮮學報』113, 조선학회, 1984.

84) 『太宗實錄』26, 태종 14년 6월 2일(癸卯).

85) 『備邊司謄錄』167, 정조 8년 8월 20일.

86) 『備邊司謄錄』178, 정조 15년 1월 21일.

敗)·건기(愆期)·영박(永泊) 때문에 기인하였다.[87] 19세기 말기 충청도 해안지역에서 발생한 임운선 105건, 조운선 85건 등 모두 190건의 해난사고를 분석한 연구에서 그 사례를 확인할 수 있다. 그에 의하면 사고 발생건이 7월을 최고로 7~11월에 99건으로 집중되었고, 3~5월은 고작 22건에 불과했다.[88] 조운선의 출발 지연이나 침몰은 제 때에 세곡 납입을 지체시켜 결과적으로 국가의 재정운영을 어렵게 하는 요인이었다. 1817년(순조 17)에 취재(臭載)나 영박(永泊) 등의 이유로 기한을 지나도록 선혜청에 미납된 양호 대동미 수량이 수만석이 되었으니.[89] 이러한 상태에서 원만한 재정운영을 기대한다는 것은 어려운 일일 수밖에 없었다.

그러면 연미정에는 매년 몇척의 세곡선이 거쳐 갔을까? 조선전기에 연미정에 정박한 선박 소속은 충청도와 전라도였다. 『경국대전』에 의하면, 전라도 조운선은 영산창 53척, 법성포창 39척, 덕성창 63척 등 155척이었고, 배속된 조군(漕軍)은 5,960명이었다. 여기에 충청도의 공세곶창 60척까지 합친다면,[90] 2도의 200척 이상의 조운선이 매년 연미정을 들렀을 것이다.

조선후기에는 조운선과 임운선이 연미정에 정박했다. 조운선의 경우 영조 대에 아산 공진창 15척(조군 720명), 함열 성당창 11척(조군 528명), 영광 법성창 28척(조군 1,344명), 옥구 군산창 17척(조군 816명), 창원 마산창 20척, 진주 가산창 20척, 밀양 삼랑창 15척 등 모두 126척

---

87) 『備邊司謄錄』 205, 순조 16년 11월 20일.

88) 吉田光男, 「一九世紀忠清道の海難−漕運船の遭難一九0事例を通して」, 『朝鮮學報』 121, 조선학회, 1986, 64~65쪽.

89) 『備邊司謄錄』 206, 순조 17년 10월 5일.

90) 崔完基, 「朝鮮時代 牙山 貢津倉의 설치와 운영」, 『典農史論』 7, 서울시립대학교 국사학과, 2001, 336쪽.

이었다. 여기에 충청도(32읍)와 전라도(25읍)의 57직납읍 임운선까지 합치면 200척을 크게 상회하는 세곡선이 연미정에 매년 정박하였을 것이다.

조운선은 국초부터 30척으로 1대를 편성하여 운항하도록 하였다.[91] 도착·정박 및 출항은 선대(船隊)가 같아야 하며, 선대에 소속된 선박은 먼저 떠나거나 늦게 도착하여서는 아니 되었다. 만일 이를 어기는 경우에는 사공은 그 죄를 추심한 후 태거하며 압령관(押領官)은 '不應爲律'로 논죄하였다. 임운선도 4·5고을마다 부근 수령으로 차사원을 삼으라고 하여, 대규모이지는 않지만 조운선처럼 선단을 이루어 항해하였다. 따라서 연미정에 한 번 입항하는 선박은 최대 30척에 육박하는 대규모였다. 실제 60척이 한꺼번에 정박한 적도 있었다.

3) 바빠지는 강화부사(유수)

연미정의 3~5월은 분주한 나날의 연속이었다. 200척 가까운 삼남 조운선과 임운선이 선단을 이뤄 연달아 올라와 정박하기 때문이다. 세곡선이 정박하면 그것을 지휘 감독하려는 사람들이 속속 도착하고, 승선한 다수의 선원들에 의해 선착장은 붐비기 시작하였다. 수일간 머무를 경우 거대한 장관을 이루며 더없이 분주할 수밖에 없었다.

『대전속록』과 『속대전』에 의하면, 조운선이 통과할 때 각읍 수령은 경내 서초(嶼草, 암초)의 위아래와 안팎에 '모읍 모서초'라고 크게 쓴 장대목 표식을 세워 만조시에도 뱃사람들이 멀리서 보고 치패당하지 않도록 하고, 물길을 잘 아는 자를 선박마다 2·3인씩 승선시켜 수로를 지시하게 하였다. 그리고 이상의 일을 태만히 한 수령(守令)·첨사(僉使) 및 만호(萬戶)는 파면한다고 하였다. 관내 해역에 들어온 선박

---

91) 『大典續錄』, 戶典, 漕轉.

의 안전운항을 유도해야 할 책무는 경유지 수령(守令)과 진장(鎭將)에게 있었다.

또한 조운선이 관내 해역에서 불순한 일기나 암초 충돌로 패몰하게 되면, 수령은 지체 없이 나가 조사하고 수침미(水浸米)를 구출해야 하였다. 조운선이 파선에 이른 후 2일내로 지방관이 직접 나가지 않고 향청의 향임을 대신 파송하거나 그 개색(改色)을 꺼려하여 수침미를 모두 구출하지 않고 포구주민들로 하여금 투식(偸食)하게 하는 경우에는 모두 구속 처벌하도록 하였다. 파선한 곳의 지방관이 파선장소로부터 멀리 떨어져 있을 때는 수로 인도선이 먼저 쫓아가 근방 변장(邊將)에게 이를 보고해야 하며, 변장은 곧 일일이 수침미를 구출해야 하며 만일 수침미 구출을 즉시로 하지 않을 때에는 당해 변장을 구속 처형하도록 하였다. 파선한 장소가 본관에서 1일의 도정에 떨어져 있으면 수침미 및 건열미는 본관이 독단으로 개색하고, 2일 이상의 도정이면 수침미는 지방관이 개색하고 건열미는 본관이 비납하도록 하였다. 해난사고가 발생하면 그에 대한 처리도 관내 수령과 진장의 책무였다.

그리고 이유없이 정박지에 오래 머물며 몰래 사적 물건을 싣는 행위, 세곡을 매매하는 행위, 몰래 파선시키는 행위, 화수(和水)라 하여 세곡에 물을 붓는 행위 등 부정행위 또한 정박지 수령이나 진장이 감독해야 할 사안이었다. 정박지에서 세곡을 빼돌리는 갖가지 부정행위가 발생하고 있었기에, 수령과 진장으로 하여금 단속하도록 하였던 것이다.

따라서 세곡선이 연미정에 접근한다는 소식이 전해지면, 누구보다 가장 먼저 바쁘게 움직일 사람은 강화부사(江華府使)였다. 폭이 좁은 데다 암초가 많은 강화해협을 세곡선이 무사히 통과하기가 쉬운 일이 아니었고, 그런 점 때문에 치패사고가 빈번하게 발생하였을 뿐만 아니라, 한강으로 들어가기 전 수일을 머무는 마지막 점검지였기 때문이다. 1749년(영조 25)부터 1751년까지 강화유수(江華留守)를 역임한 김광세(金光世)가 상부에 올린 계문(啓文)을 모은 『강도계록(江都啓錄)』을 분석한 연구에 따르면,[92] 동 기간 동안 3건의 세곡선 침몰사건이 연미정 앞에서 일어났다. 그 때 김광세는 침몰선에서 물 묻은 곡물을 건져내고 이를 말리거나 또는 다른 곡물로 바꾸는 활동을 펼쳤다. 그리고 치패 원인을 조사하여 선인(船人)이나 제3자가 고의로 배에 위해를 가한 것인지 여부를 가리고, 고패(故敗)의 의심이 있을 때 선인과 치패 과정을 지켜본 증인 및 치패선을 발견하였다는 보고를 받고 현장에 나간 별장이나 만호 등에 대한 심문이 이어졌고, 선인에게 고신(拷訊)을 가하는 경우도 있었다.

또 강화부사는 조운선을 점검하기 위해 서울에서 연미정에 내려온 호조(戶曹) 관리를 접대해야 했다. 삼남 조운선이 연미정에 정박하고 호조의 점검을 받아야 한다는 법적 규정은 보이지 않는다. 그럼에도 불구하고 조선초기부터 호조 관리가 연미정에 나와 조운선을 점검한 후 한강으로 들여보냈다. 이와 관련하여 1474년(성종 5) 2월에 호조에서, "강화의 연미정 등지에는 따로 조관(朝官)을 보내어 조선이 도착하는 것을 기다려 경강까지 거느려 운반하여서, 거느리는 배들이 오래 머물러 손상되지 않도록 하소서."[93]라고 하였다. 이어 9월에 영사(領事) 조석문(曹錫文)은 조운선의 패몰이 잦은 것에 대한 대책을 논하는 자리에서 호조판서를 역임했던 자신의 경험을 살려, 삼도(三道) 경차관(敬差官)을 혁파하고 특별히 호조낭청(戶曹郎廳)을 보내어 배를 몰고 오게 하면 거의 실패할 걱정이 없을 것이라고 제안하였다.[94]

---

92) 廉定燮, 「18세기 중반 江華府 留守의 牧民에 관한 연구」, 『인천학연구』 2-1, 인천대 인천학연구원, 2003, 101~102쪽.

93) 『成宗實錄』 39, 성종 5년 2월 22일(丁丑).

94) 『成宗實錄』 47, 성종 5년 9월 11일(癸亥).

이러한 건의는 정책으로 실행되어 연미정에 호조낭관(戶曹郎官)이 파견되었다. 정5품의 정랑(正郎)이나 정6품의 좌랑(佐郎)을 낭관이라 한다. 낭관은 6조의 실무책임을 맡는 직임으로 그 사무가 매우 중요하다. 호조의 경우 낭관은 모두 6원으로 전곡출납을 나누어 관장하고 있었다.[95] 호조낭관이 세곡 감독차 강화에 오면, 강화부사는 그를 접대해야 했다. 강화부사 전순필이 남긴 일기(日記)에 의하면, 호조정랑 이응(李凝)과 부장(部將) 임기문(林起文)이 조운선을 척간하는 일로 1574년 4월 12일 강화 관아에 들어와 머물고 있어 전순필이 접견하였다. 23일 조운선 3척이 올라왔다고 하니, 정랑과 부장이 연미정으로 떠났다가 26일에 관아로 돌아오니 다례를 베풀었다. 27일 정랑과 부장이 조운선을 척간하기 위해 다시 연미정으로 향하였고, 60여척에 이른 조운선을 척간한 후 서울로 향했다. 이 때 정랑은 16일간, 60척의 조운선은 5일간 연미정에 머물렀다. 1576년에는 4월 5일 관내 정포만호(井浦萬戶)가 조운선을 호송하는 일로 서울로 가다가 들렀기에 전순필이 다례와 점심을 함께 했다. 4월 19일 조운선을 척간할 호조정랑 이승양(李承楊)과 부장 민곤서(閔鯤瑞)가 객사에 도착하자 함께 다례를 하고 식사를 하였다. 22일에 조운선 18척이 경내에 도착하자 23일 이승양은 연미정을 다녀온 후, 계속 강화 읍내에 머물며 부사의 접대를 받다, 27일에 연미정으로 간 후 서울로 갔다. 이 때 정랑은 9일, 18척의 조운선은 6일이나 연미정에 머물렀다. 1577년에는 4월 1일 조운선을 척간할 일로 정랑 박응립(朴應立)과 부장 이한충(李漢衝)이 강화에 들어왔다. 박응립은 전순필의 접대를 받은 후, 8일에 장인 일로 떠났

---

95) 『承政院日記』182, 현종 5년 1월 11일(甲戌).
   戶曹啓曰 本曹郎官 專掌出納錢穀.
   『承政院日記』254, 숙종 2년 6월 25일(丙子).
   戶曹啓曰 本曹郎廳六員 各有分掌.

고, 부장은 11일에야 떠났으니, 10일 가량 머문 것이다.

그런데 후기에는 조운선 감독 시스템이 변하여 호조정랑이 연미정에 나오지 않았다. 대신 충청도 원산과 안흥에서 중간점검을 받도록 하였다. 원산에서 조운선을 점검하기 시작한 시기는, 원산도(元山島) 목장의 말을 대산곶(大山串)에 옮기고 충청 수군 우후를 원산에 진주하게 하여 해안을 경비하게 한 1669년(현종 10)부터 비롯된 것 같다.[96] 『속대전』에 따르면, 조운선이 원산과 안흥에 이르면 원산차사원(元山差使員, 忠淸水使나 虞候로 차정)과 안흥진첨사(安興鎭僉使)가 검사하고, 만일 양처의 점검 증명서가 없으면 감관·색리·사공·격군 등은 모두 장 1백형에 처한 후 원지에 정배하고 차사원은 구속 처형하며 당해 지방의 수령은 논죄한다고 하였다.

이렇게 볼 때에 강화해협에 접근하는 세곡선에 대한 감독 책임은 전적으로 강화부사에게 있었고, 그 임무는 안전운항을 유도하고, 치패선을 조사하고, 부정행위를 단속하고, 호조정랑을 접대하는 일이었다. 그런데 이러한 일들을 혼자 집행하는 것은 아니었다.

강화부가 유수부로 승격된 후, 행정실무는 종4품 경력(經歷)이 관장하였는데, 치패선에 대한 조사와 보고에 대한 실무 또한 경력에게 있었다. 가령, 1860년(철종 11)에 강화 경계를 무사히 출발한 경상 좌창 소속 조운선 15척이 통진 경계에 이른 후, 한 척이 높은 파도로 표류하여 월곶진 연미돈대 앞 암초에 좌초하고 적재곡물이 모두 물에 잠긴 사고가 발생하였다. 이 사건에 대하여 강화유수는 본부 경력이 휴가를 얻어 상경하였으니, 치패원인과 곡물수효를 경력이 돌아오는 대로 상세히 보고하겠노라고 하였다.[97] 1863년(철종 14)에 강화부 전경력 신

---

96) 『顯宗實錄』16, 현종 10년 2월 3일(丙寅).

97) 「江華府留營狀啓謄錄」, 咸豊 10년 6월 30일(『各司謄錄』4, 208쪽).

명익(申命翼)에 대한 추고 사건이 있었는데, 그는 구증관(鉤拯官)으로서 치패선격(致敗船格)을 형신(刑訊)하지 않고 증출곡(拯出穀)을 혼동개량(混同改量)하여 동가발매(同價發賣)한 혐의를 받은 후 『대전통편』추단(推斷)조에 따라 장 80에 처해진 적이 있었다.[98] 이로 보아 치패선의 처리는 경력 몫이었음에 분명해 보인다.

또한 조운선의 유도·점검 책임은 관내 진장에게 위임되었다. 앞서 언급한 것처럼, 선조대에 강화 남쪽에 있는 정포만호가 올라오는 조운선을 호송하여 연미정에 무사히 정박시켰다. 17세기에 월곶진이 연미정에 개설되면서, 월곶첨사가 그 일을 맡게 되었다. 이와 관련하여 『속대전』에서는 강화의 연미정에서는 강화유수가 따로 근처의 변장을 차사원으로 정하여 조운선 호송을 주관시키며 그 차사원의 성명은 미리 본조에 보고하도록 하였고, 조운선이 도착하면 차사원은 즉시 검사한 후 출항시켜야 하며 만일 지체하는 폐가 있을 때는 엄중히 논죄한다고 하였다.

강화유수는 월곶첨사를 조운선 감독 차사원으로 선정하였다. 이에 대해서는 다음의 사례가 참고된다. 1797년에 정조가 화성에서 돌아오다가 주교(舟橋, 배다리)에 이르러 감관(監官) 김진욱(金鎭郁)으로 월곶첨사를 삼았다. 이때 강화유수 김이익(金履翼)이 월곶첨사는 조세선을 호송하는 도차원(都差員)이니 섬의 표식을 잘 관리하고 물길을 잘 아는 현임첨사 박종수(朴宗秀)를 그대로 두자고 하였다.[99] 정조는 철회하고 김진욱을 독성첨사(禿城僉使)로 임명하였다. 이제 월곶첨사는 강화해협에 접근하는 조운선의 안전운항에 만전을 기하였고, 정박한 조운선의 승선원과 적재곡을 점검하여 '點船件記'라는 문서에 작성하

---

98) 「江華府留營狀啓謄錄」, 同治 2년 7월 18일(『各司謄錄』 4, 229쪽).
99) 『正祖實錄』 46, 정조 21년 2월 22일(癸巳).

여 호조에 보고하였다. 이러한 일은 경력 이하의 장교와 진보 별장에 대한 포폄 권한이 있는 강화유수에 의해 인사고과의 대상이 되었다. 가령, 경력 이하 제 장교, 각 진보 변장 및 각 영장에 대한 1830년(순조 30) 추동포폄(秋冬褒貶)에서 월곶첨사 장운조(張雲祚)가 '勤著護漕 職盡調律'로 상등(上等)을 받은 적이 있다.[100] 강화해협은 험로이고, 마지막 점검지이기 때문에, 월곶첨사의 조운선 감독임무는 매우 중요하였다.

4) 북적대는 사람들

연미정은 세곡선을 점검하러 나온 관리들뿐만 아니라, 승선원들에 의해서도 붐비는 곳이었다. 적지 않은 사람들이 조운선에 승선하여 연미정에 정박한 후 심지어 수일간 머물렀기 때문이다. 그러면 어떤 사람들이 얼마나 승선하였는지를 알아보자.

세곡의 수합과 선적 및 발선에 대한 제1차적인 책임은 관내 수령(守令)에 있었다. 그리고 조창 현지에서 조선과 조졸 및 선적을 점검하는 등 조운업무를 총괄하는 사람은 종5품의 해운판관(海運判官)이었다.[101] 충청도와 전라도에만 파견된 해운판관은 1697년(숙종 23)에 혁파되어 양도의 도사(都事)로 하여금 각각 겸하게 하다가, 곧이어 그마저 폐지되기에 이른다. 또한 때에 따라 조전경차관(漕轉敬差官)이나 조운체찰사(漕運體察使) 등도 파견되었다. 그러나 이들 모두는 현지에서 감독업무를 행사할 뿐 직접 승선하여 운송업무를 수행한 것은 아니었다.

---

100)「江華府留營狀啓謄錄」, 道光 10년 12월 초10일(『各司謄錄』 4, 122쪽).

101) 六反田豊,「海運判官小考」,『年報朝鮮學』 1, 구주대학 조선학연구회, 1990, 63쪽.

조운선의 경우 조창별로 선단을 이뤄 항해하는데, 거기에 승선하여 운항을 총 지휘하는 호송관을 차사원(差使員)이라고 한다. 차사원은 세곡을 조창으로 수합하는 일, 수합한 세곡을 조운선에 적재하는 일, 선단을 이뤄 운항하는 일, 그리고 세곡을 경창에 납부하는 일 등을 수행하였다.[102] 그래서 차사원은 보통 압령관(押領官), 영송관(領送官), 영납관(領納官), 영운관(領運官) 등으로도 불리었지만, 전임관이 아니고 임시 차출관이다. 전기에는 수군만호를 차출하였는데, 선박을 파손하지 않고 조운 업무를 무사히 마친 만호는 포상한다고 하였다. 후기에는 차사원을 구체적으로 명시하였다. 충청도의 공진창(貢津倉) 차사원은 변장 중 근면하고 능력이 있는 자를 차출하도록 하다가, 1762년(영조 38)에 아산현감(牙山縣監)이 겸하도록 하였다. 그리고 전라도의 성당창(聖堂倉) 차사원은 군산첨사(群山僉使)로 하여금 겸하게 하다가 1791년(정조 15)에 함열현감(咸悅縣監)이 맡도록 하였고, 군산창(群山倉)과 법성창(法聖倉) 차사원은 군산·법성첨사로 하여금 겸하게 하였다. 또한 경상도의 마산창(馬山倉, 좌조창)은 도차사원(都差使員)이라 하여 창원부사(昌原府使)가 세곡을 거두고 영운차사원(領運差使員)이라 하여 구산첨사(龜山僉使)가 운송하도록 하고, 가산창(駕山倉, 우조창)은 진주목사(晋州牧使)와 적량첨사(赤梁僉使)를, 삼랑창(三浪倉, 후조창)은 밀양부사(密陽府使)와 제포만호(薺浦萬戶)를 각각 도차사원과 영운차사원으로 삼았다.

조운선에는 감색(監色)과 사격(沙格)도 승선해 있었다. 감색이란 각읍의 감관(監官)과 색리(色吏)를 말하는데, 고을별 세곡 수납을 책임지우기 위해 이들을 승선하게 하였다. 조운선에 승선하는 감관을 영선감관(領船監官)이나 기선감관(騎船監官)이라고 한다. 이들 가운데 이

---

102) 六反田豊, 「李朝初期の漕運運營機構」, 『朝鮮學報』 151, 조선학회, 1994, 34쪽.

름만 걸어놓고 실제 승선하지 않는 자들이 많았던 것 같다. 이러한 점 때문에 영선감관은 반드시 봉상감관(捧上監官) 중에서 파송하며, 만일 다른 사람을 대신 파송하는 일이 있을 경우 휴결(虧缺)의 유무를 막론 하고 수령은 파면하며 좌수(座首)는 장 1백형에 처한 후 정배한다고 하였다. 1개월 가량 왕래하는 조운선에 승선하는 것 자체가 고역이어 서 가능하면 피하려고 하였을 것이고, 이를 막기 위해 전라도 구례(求 禮)에서는 막대한 재원을 관리하는 민고감관(民庫監官)이 부정을 저지 를 경우 강등시켜 세곡선에 승선하도록 하는 벌칙을 제정하였다.[103] 그리고 조운선을 직접 운항하는 사공(沙工, 船長)과 격군(格軍, 船卒) 의 승선 인원은 법전 규정상 척당 사공 1인과 격군 15인이었다.

이상에서 살핀 바와 같이, 조운선 선단에는 차사원, 각읍 감관과 색 리, 사공과 격군이 승선하였다. 따라서 조운선 한 척에는 20여명이, 30척 기준의 한 선단에는 6백여명이 승선하였을 것이다. 현재 확인된 바, 16세기 선조 대에 최대 60척 최소 18척이, 그리고 19세기 고종 대 에 12척이 한꺼번에 선단을 이뤄 연미정에 정박한 적이 있다. 산술적 으로 계산하여 60척인 경우 1천명 이상이, 12척인 경우 200명 이상이 승선하게 된다.

실제 상황을 알아보기 위해, 1875년에 8읍의 세곡을 싣고 함열 성 당창을 출발하여 연미정을 거쳐 서울로 들어간 12척의 조운선단을 검 토해 보자. 함열현감 조희백(趙熙百)을 제외하고 조속(漕屬)으로 색리 (色吏) 3명과 급창(及唱) 2명과 사령(使令) 5명과 통인(通引) 2명과 방 자(房子) 1명과 도자(刀子) 1명, 선원으로 사공 12명과 격군 180명(척 당 15명), 그리고 잡색군정영교(雜色軍丁領校) 1명, 8읍의 이향(吏鄕)

---

103) 金德珍, 「民庫의 設立과 運營」, 『朝鮮後期 地方財政과 雜役稅』, 국학자료 원, 1999, 200쪽.

24명(3명 불참), 인주교리(引晝校吏) 12명 등 240명이 3월 23일 웅포에서 출발하였다. 이 가운데 인주교리 12명은 26일 금강하구 장암진에서 용당제(龍堂祭)를 올린 후 돌아가고, 나머지 228명이 끝까지 항해하였다.[104] 따라서 이 경우 228명이 연미정에 정박하여 하룻밤을 새고 갔던 것이다.

이렇게 수백명이 승선한 조운선이 연미정에 도착하면, 연미정의 풍경은 급변할 수밖에 없다. 대체로 조운선은 특별한 사유가 아니면 정박지에 상륙하지 않고 선내에서 숙식한 후 곧 바로 출발하였다. 그런데 연미정에 도착하면 상륙한 후 하룻밤을 묵거나 수일간을 체류하였다. 가령, 1574년 4월에 60척의 조운선이 5일간, 1576년에 4월에 18척이 6일간 연미정에 머문 적이 있다. 서울에서 나온 호조정랑의 점검 때문에 오래 머물렀다. 조관(朝官) 파견제가 폐지된 뒤에도 조운선은 승선원을 모두 상륙시킨 채 꼬박 꼬박 연미정에서 묵고 갔다. 1875년 4월 성당창 조운선 12척의 경우, 배가 정박하자 부평(富平)의 호교(護校)와 월곶진(月串鎭)의 이방(吏房)이 와서 차사원 함열현감 조희백을 뵈었고, 조희백은 말로만 듣던 명승지 연미정을 이제야 볼 기회가 왔다고 하면서 작은 배를 타고 포구로 나온 후 가마를 타고 긴 제방을 따라 월곶진으로 들어가 조해루를 거쳐 곧바로 연미정에 올라 거침없이 시 한 수를 읊었다.

한번에 수백명이 정박하여 수일간 머물 경우 실로 장관이 연미정에서 연출될 것 같다. 그들이 묵을 숙소와 먹는 음식은 기본적으로 선박에 갖춰져 있지만, 긴 여정의 노고를 풀어준다고 연회를 베풀 경우 술과 여자와 잡기로 뒤엉켜 그 풍경은 자못 번화하였을 것이다. 다산 정약용의 지적처럼, 공진창, 가흥창, 성당창, 법성창, 군산창, 영산창,

---

104) 『乙亥漕行錄』(국한 51-나-217)

마산창, 가산창, 삼랑창 등 조창이 있는 도회지에 우파, 창기, 주파, 화랑, 악공, 뇌자, 마조, 도사 등 8가지 잡류가 성행하여 노래와 여색과 술과 고기로써 창리(倉吏)와 선인(船人)들을 유혹하였다. 이러한 일은 조창뿐만 아니라 조운선이 바람을 기다리거나 닻줄을 고치기 위해 머무는 보통 포구에서도 행해졌다. 이로 인해 소비가 지나쳐 축난 것을 채우기 위해 세곡을 빼내는 행위의 요인이라고 다산은 진단하였다.[105] 따라서 이러한 '연회'가 연미정이라고 예외일 수 없었다. 조운미에 물을 타는 폐단은 미곡이 축나는 데에서 나오고, 미곡이 축나는 폐단은 대부분 배에 탄 창녀(娼女)에서 연유하는데, 강화부 이상의 지방관으로 하여금 배에 탄 창녀와 창녀를 데리고 있는 사람을 모두 쫓아내어 뱃사람들과 접촉하지 못하게 해야 한다는 영조 대 『신보수교집록(新補受敎輯錄)』 기록을 통해서 엿볼 수 있다.

연미정에서 세곡을 빼내는 부정행위는 자못 심해했던 것으로 보인다. 각 고을의 세선이 강화도의 연미정과 통진의 봉성에 도착·정박하면, 여러 날 올라오지 않고 머물면서 쌀을 훔치고 비용을 낭비하는 행위를 다른 곳보다 배나 심하게 한다는 『신보수교집록』의 지적을 통하여 짐작할 수 있다. 이를 막기 위해 연미정의 경우 강화유수가 근처의 변장 중에서 일에 능숙한 자를 차사원으로 정해서 단속하게 해야 한다고 하였다. 이 내용은 『승정원일기』 숙종 25년 윤7월 5일조에도 수록되어 있는데, 특별히 연미정을 세곡포탈이 심한 장소로 지목하였던 점은 가벼이 넘길 수 없는 대목임에 분명하다.

---

105) 『牧民心書』, 戶典, 稅法.

맺음말

　강화도 갑곶(甲串)은 서울을 오가는 삼남과 양서 선박이 지나고, 강화를 왕래하는 사람들이 거치는 교통 요지다. 바로 여기에 고려 때부터 연미정과 이섭정이라는 정자가 있어, 각각 조운선이 정박하고 나루터 행인들이 쉬어가는 역할을 하였다. 특히 연미정은 경치가 아름다워 찾는 이의 발길을 사로잡기에 충분하였다. 그런데 17세기에 갑곶에 월곶진과 월곶돈대가 들어서면서, 갑곶은 월곶(月串)으로 개명되고, 연미정은 신설 월곶진의 부지로 편입된 후 사라졌다가 겨우 재건되었지만, 이섭정은 끝내 사라지고 말았다.

　강화해협은 고려~조선시대에 삼남에서 출발한 개경행이나 한양행 조운선이 지나는 뱃길이면서 전국적인 조난지였다. 삼남지방은 한반도 최대 곡창지대로, 그곳에서 올라오는 세곡은 국가재정에서 중대한 것이었다. 그래서 그곳 갑곶에 연미정(燕尾亭)을 건립하여 조운선을 감독하고 조류를 기다리는 장소로 이용하였다. 그런데 연미정은 주변의 많은 경화거족들에 의해 세곡 포탈과 사곡 하역이 격심한 곳으로 유명하여, 중앙에서 파견된 관료로부터 유일하게 점검을 받는 곳이었다. 따라서 연미정은 조운제도 운영에서 중요한 곳이었다.

　삼남에서 출발한 세곡 운송선이 법으로 정한 일정 안에 서울에 도착하기 위해 연미정에 도착한 시기는 4~5월 봄날이었다. 이 기간 동안 연간 200척 이상의 조운선이 연달아 도착하여 짧게는 하루, 길게는 엿새를 머물렀다. 이때가 되면 연미정은 붐비는 나날을 보낼 수밖에 없었다. 서울에서 조운선 감독차 내려온 호조 낭관 일행을 접대해야 하였지만, 이 일은 17세기 이후 중단되었다. 또 강화부사(유수)는 관내 수군 진장(정포만호 → 월곶첨사)을 임명하여 조운선의 안전운항을 책임지도록 하였고, 자신이 하던 치패선·수침미 조사 업무를 유수부 승격 이후 경력(經歷)으로 하여금 행하도록 하였다. 그렇지만 무엇보다 한 번에 적게는 12척 많게는 60척에 승선한 200~1,000명의 승선원(차사원·감색·선원)이 상륙하여 연회를 열 경우, 그날의 연미정은 세곡과 주색이 교환되는 풍경으로 급변하지 않을 수 없었다.

2부
포구와 해상 교역

| 머리말

영암(靈巖)에는 독특한 전통문화를 지니고 훌륭한 인물을 배출한 명
촌이 많이 있다. 그 가운데 월출산(月出山) 자락으로 한정하면 구림(鳩
林)이 대표적인 명촌이라고 할 수 있다. 유래가 오래된 데다가 경치가
아름답고 물산이 풍부하고 교통이 편리한 마을이어서 그러하였을 것이
다. 그래서 여기에서는 구림에 대해서만 알아보도록 하겠다. 그렇다면
관내 다른 명촌은 본고에서 제외될 수밖에 없는데, 이 점에 대해서는 월
출산 자락으로 한정하여서 그런 결정을 내린 것이기 때문에 별다른 오
해가 없길 바란다. 나중에 기회가 있으면 다른 마을에 대해서도 고찰할
것이다.

구림이라는 마을은 '구림리(鳩林里)' 또는 '구림촌(鳩林村)'이라는 이
름으로 불리어졌다. '구림'은 구림이라는 한 자연마을을 뜻하기도 하지
만, 여러 자연마을을 아우르는 지역마을을 뜻하기도 하는데 '열 두 동
네[1]'가 거론되고 있으니 구림은 거촌(巨村)이었음에 분명하다. 본고에서

---

1) 관내의 영보리와 인근의 나주 금안동도 12 동네로 구성되어 있다고 하니,
'12'라는 숫자에 어떤 정치적 함의가 담겨 있는 것 같다.

말하는 구림도 이 두 가지 개념을 다 아우른다. 구림의 기원은 아주 멀 것이다. 문헌상 기록은 8세기 것이 확인되고 있다. 786년(신라 원성왕 2)에 구림에 세워진 "정원2년명저평영암구림리비(貞元二年銘猪坪靈巖 鳩林里碑)"라는 비석을 보면, 그곳 저평(猪坪)이란 마을에서 신라 정부 에 두건(頭巾)이란 공물을 납부하는 내용이 새겨져 있다.[2] 이 말은 구림 지역이 아주 일찍부터 독립적으로 존재하였고 중앙 정부에 독자적으로 공물을 납부할 정도로 생산력이 풍부하고 유통 시스템이 갖추어져 있었 던 것이다. 이런 점 때문에 구림은 중국·일본과 교류의 거점이었고, 왕 인·도선의 출생지로 알려졌다.

그러면 '구림'이라는 명칭은 언제 등장하였을까? 일찍부터 기록에 등 장하기 시작하였을 것 같지만, 쉽게 확인되지는 않는다. 『세종실록 지리 지』나 『신증동국여지승람』에는 도선의 탄생과 관련하여 '구림'이란 지역 명이 등장하지만 그것이 마을명인지에 대해서는 확언하기가 쉽지 않다. 도선(道詵)의 종풍과 그 계승이 고려 무신 집권기에 진작되었다는 불교 사 연구를 감안하면,[3] 구림이라는 마을명이 그때에 본격적으로 사용되 기 시작하지 않았을까 하는 추측을 해볼 수 있다. 이것도 어디까지나 추 측에 불과하다.

여기에서는 먼저 구림이라는 마을의 유래를 알아보겠다. 그 동안 구 림의 역사적 유래에 대해서는 고대 해양관계나 조선 사족질서와 관련하 여 주로 논의되었다. 그러한 나머지 마을 자체의 유래에 대해서는 소홀 한 감이 없지 않다. 그리고 이어 구림 사람들이 만들었던 대동계에 대해 서도 알아보겠다. 그 동안 구림 대동계에 대해서는 많은 관심을 받아왔 지만, 계 자체에 대한 논의는 부족했던 것 같다. 구림의 마을과 대동계

---

2) 김창호, 「貞元二年銘猪坪靈巖鳩林里碑의 검토」, 『梨花史學研究』 30, 梨花史 學研究會, 2003.

3) 황인규, 「先覺國師 道詵의 宗風 계승 및 전개」, 『한국선학』 20, 한국선학회, 2008.

이 두 가지 점에 대해서는 앞에서 말한 것처럼 기존에 적지 않게 다루어져 왔기 때문에, 다시 정리해보면서 새로운 사실과 의미를 찾아서 보강하는 선에서 위안을 삼고자 한다. 그렇지만 여전히 미흡함을 자인하지 않을 수 없고, 그 점에 대해서는 후일에 보강하고자 한다.

1. 거촌, 구림

1) 명산 월출산

전라도 지역에는 명산이 많기로 유명하다. 250여년 전 선비 성해응(成海應, 1760~1839)은 전라도 지방의 진도 금골산, 무주 덕유산, 광주 무등산, 영암 월출산, 장흥 천관산, 해남 두륜산, 제주 한라산 등을 명산으로 들었다.[4] 이런 유형의 기록은 어감의 차이나 선택의 다과는 있을지언정 손으로 셀 수 없을 만큼 많다. 이 가운데 빼놓을 수 없는 산이 영암의 월출산(月出山)이다. 이관명(李觀命, 1661~1733)은 「구림에 터를 잡고 살며 마을의 여러 벗들에게 지어 주다」라는 시에서

「구림에 터를 잡고 살며 마을의 여러 벗들에게 지어 주다」 / 卜居鳩林贈
村中諸士友

월출산의 형세가 서울을 닮았으니 / 月岳山形似洛中
주인의 호기 문득 부풍이어라. / 主人豪氣更扶風

---

4) 成海應, 『研經齋全集』51, 山水記 下, 記湖南山水.
　湖南之名山。金骨·德裕·瑞石·月巖·天冠·達摩·漢挐。皆奇偉可觀。顧余未
　嘗及。湖南地無以遊賞。然每尋繹山經。馳神運思。殆孫興公所謂晝詠宵興。俛
　仰之間。若已升者也。

은근한 마음으로 양수의 서쪽에 집을 구했으니 / 慇懃僶得瀁西宅
이제부터 뱁새도 나무 한 가지를 보존하려나 / 從此鷦鷯保一叢.[5]

라고 하여 월출산을 마치 서울의 산(북한산이나 인왕산을 말할 것 같다)과 같다고 하였다. 명산 아래에는 명촌(名村)이 있는 법이서, 월출산 아래에도 저명한 마을이 많았다. 우선 어떤 마을이 있었는지를 알아보자.

전라도 지역에는 사람이 살만한 곳이 많기로도 유명하다. 성해응은 호남의 유명 마을과 그 이유에 대해서도 나열해 놓았다. 전주의 율담, 여산의 황산촌, 부안의 변산, 영암의 월남촌과 구림촌, 구례의 구만, 용담의 주줄천, 금산의 제원천, 장수의 장계, 무주의 주계 등이 그것이다. 서유구(徐有榘, 1764~1845)가 지은 백과전서『임원경제지(林園經濟志)』를 보자. 전주의 봉상촌·율담, 여산 황산촌, 임피 서지포, 광주 경양호, 구례 구만촌, 순창 복흥촌, 남원 성원, 용담 주천, 금산 제원천, 장수 장계, 무주 주계, 금구, 만경, 변산, 흥덕 장지, 영광 법성포, 나주 금산강, 강진 월남촌, 영암 구림촌, 해남 송정 등을 사람 살기에 적합한 곳으로 거론했다.[6] 토지가 기름진데다 관개가 편리하여 오곡이 풍성하고, 어염이 넉넉하고 물길도 좋은데다, 풍수지리도 좋아 훌륭한 터전이 될 곳이라고 하였다.

이 가운데 영암의 월남촌(月南村)과 구림촌(鳩林村)에 대해 성해응은 다음과 같이 진술하였다.

영암의 월출산 남쪽은 월남촌이고 서쪽은 구림촌인데, 모두 신라 때의

---

5) 李觀命, 『屏山集』 1, 詩, 「卜居鳩林贈村中諸士友」.
6) 徐有榘, 『林園經濟志』 108, 상택지 2, 팔역명기.

명촌이다. 월출산은 매우 깨끗하고 빼어나 속칭 우리나라의 외화개산(外華盖山)이라고 하고, 또 소금강산(小金剛山)이나 조계산(曺溪山)이라고도 일컫는다. 위치가 서남해 교차지여서 신라가 당나라에 조공을 할 때에 이곳에서 배를 띄었다.[7]

성해응의 「명오지」와 거의 동일한 기사는 이 전후에 여러 곳에서 보인다. 가령, 성해응보다 70년 선배인 이중환(李重煥, 1690~1756)이 지은 인문지리서 『택리지(擇里志)』를 보면, 월출산 남쪽은 월남촌이고 서쪽은 구림촌인데 둘 다 신라 때부터 이름난 마을이라고 하였다. 신라말기에 중국과의 교류에 대해서는 상당히 자세히 서술해 놓았다.[8] 이와 비슷한 기사는 조선 팔도를 대상으로 19세기 중반 무렵에 전라도 지역에서 창작된 장편 기행가사인 『팔역가(八域歌)』에도 나와 있다. 즉, "월남촌을 지나서, 구림촌 찾아 들어, 도선의 생장터 구경하니, 두 마을 모두 명촌이라. 신라시 당나라에 조공할 때, 이곳에서 배를 타고"[9]라고 묘사되어 있다.

두 마을 가운데 먼저 월남촌에 대해 알아보자. 『세종실록 지리지』에 기록된 영암군 월경지(越境地) 기사를 보면 다음과 같다.

　　월경지(越境地): 강진(康津)의 무위동(無爲洞)·월남동(月南洞)·구은촌(仇隱村)·좌곡리(佐谷里)·상곡리(上谷里)의 땅이 군의 남쪽에 들어왔고, 해진(海珍)의 비곡(比谷)·별진(別珍)·북구말(北仇末)·묵산(墨山)·구산(狗

---

7) 成海應, 『研經齋全集』外集 64, 雜記類, 名塢志.
　　靈巖之月出山南爲月南村。山西爲鳩林村。並新羅時名村也。月出山極淸秀。俗稱本國外華盖山。又云小金剛山。又名曺溪山。地在西南海之交。新羅朝唐。發船於此.
8) 이중환, 『택리지』, 팔도총론, 전라도, 을유문화사, 1993, 76쪽.
9) 盧圭皡, 『論註 八域歌』, 민속원, 1996, 218쪽.

山)·안복(安福)·가차량(加次良)·물야지(勿也只)의 땅이 군의 남쪽에 들어
왔고, 나주(羅州)의 가좌촌(加佐村)과 해진(海珍)의 명산촌(命山村)의 땅이
군의 북쪽에 들어왔다.[10]

　위 기사는 월남동(月南洞)은 무위동(無爲洞)과 함께 본래 영암의 남
쪽 땅이었다는 것이다. 그렇다면 역사적 유래가 깊은 무위사(無爲寺)
와 월남사(月南寺)도 영암 땅에 있었던 사찰인 것이니, 조심스럽게 새
로이 접근할 필요가 있다. 월경지란 이쪽의 땅이 경계를 넘어 저쪽에
있는 것을 말하는데, 조선초기의 군현제 개편 때에 대대적으로 정비되
었으니, 그때 월남촌도 강진 땅으로 넘어 간 것이다. 그러다가 16세기
전반에 원주 이씨 이남(李楠, 1505~1555)이 강진 토성인 도강 조씨
(道康 趙氏)와의 혼인을 계기로 해남에서 강진 금여리(金興里)로 이거
하여 정착하였고,[11] 그의 고손자 이담로(李聃老, 1627~1701)가 월출
산 아래 백운동에 별서를 짓고 여생을 보냈는데 청련 이후백(靑蓮 李
後白, 1520~1578)에게 임금이 하사한 사패지를 이담로가 구입하여
별서를 조성한 것이라고 한다.[12] 이 이후부터 월남리는 원주 이씨들의
세거지가 되었다. 따라서 월남촌은 오늘날 강진 땅이기 때문에 여기에
서는 제외하고 구림촌에 대해서만 알아보겠다.

----

10) 『世宗實錄 地理志』, 전라도, 나주목, 영암군.
　　越境: 康津無爲洞·月南洞·仇隱村·佐谷里·上谷里之地 合于郡南, 海珍比
　　谷·別珍·北仇末·墨山·狗山·安福·加次良·勿也只之地 入于郡南, 羅州加
　　佐村·海珍命山村之地 入于郡北.
11) 이은정, 「조선후기 해남 산막리 원주이씨 문중연구」, 『지방사와 지방문화』
　　14, 역사문화학회, 2011.
12) 이담로, 『백운세수첩』「白雲洞名說」.
　　정민, 『강진 백운동 별서 정원』, 글항아리, 2015.

2) 구림의 경관

이제 구림의 역사적 변천에 대해서 개괄해보자. 일단 구림은 풍치가 아름다워 사람 살기에 적합하다. 구림에서 유배 생활을 하였던 김수항(金壽恒, 1629~1689)은 "마을이 월출산 아래에 자리를 잡았으니, 호수와 바다 그리고 숲과 동산의 아름다움은 남쪽 지방의 으뜸으로"[13]라고 말한 바 있다.

또한 구림은 배가 드나드는 포구를 끼고 있었다. 그래서 백제 시대에 접어들어서 왕인(王仁)이 출항하였던 곳[상대포(上台浦)]이어서 이미 그때 국제 무역항으로서 번성을 누렸을 것 같다.[14] 그리고 통일신라 말기 도당 유학생·유학승의 왕래 때에는 해상교통의 요지여서 선진문물의 도입으로 더 번성했을 것이다. 구림 포구는 조선시대에도 사람과 상선으로 성황을 이루었다. 구림 사람 최진하(崔鎭河, 1600~1673)의 문집을 보자. 최진하가 부모님 뵈러 제주도로 가는 사마(司馬) 이지도(李知道)에게 준 시에 "근친하려는 깊은 정성을 하늘이 감동하여, 자연히 배들이 바닷가에 이르렀네"라는 구절이 있다. 그가 구림에 오자 마침 제주가는 배가 와서 앞 바다에 정박해 있기에 이렇게 읊은 것이다. 제주 기생 홍진(洪眞)에게 준 시에 "선랑이 바다 건너 서호(西湖)에 머무니, 열흘 동안 거문고 소리와 노래로 흥이 외롭지 않았네 / 돌아가 제주의 달 밝은 밤이면, 영암 골 늙은이 없는 걸 생각하리"라고 하였다. 「상선(商船)」이라는 시에는 "해 저문데 서호의 정자 아래 포구엔, 흰 갈매기 날아 흩어지고 돛대 거는 소리나네 / 해

---

13) 金壽恒, 『文谷集』 26, 記, 「安用堂記」.
14) 문안식, 「왕인의 渡倭와 상대포의 해양교류사적 위상」, 『韓國古代史研究』 31, 韓國古代史學會, 2003.
    강봉룡, 「신라 말~고려시대 서남해지역의 한·중 해상교통로와 거점포구」, 『韓國史學報』 23, 高麗史學會, 2006.

마다 장사 손이 왔다 돌아가는데, 마을 사람 술을 사서 몇 번이나 전송했나"라고 하여 구림 포구의 정취가 잘 묘사되어 있다.[15] 하지만 이런 포구도 20세기 들어와서 행해진 대규모 간척지 공사로 기능을 다하고 말았다.

앞에서 말한 것처럼, 구림이라는 말은 도선의 탄생과 관련되어 있다고 한다. 신라 사람 최씨의 딸이 몰래 외를 따 먹고 나서 아들을 낳자, 부모가 그 애를 대숲에다 버렸는데 비둘기와 수리가 와서 날개로 덮고 있어 데려다 키우니 도선(道詵)이 되었다고 하여 그 곳을 비둘기 '구(鳩)'자를 넣어 구림(鳩林)이라고 하였다는 것이다.[16] 마을 이름이 도선 탄생과 관련되어 있기 때문에, 마을의 역사도 도선의 탄생 시기와 조우될 수밖에 없다. 그래서 그런지 『구림동중수계서』에 "구림의 마을이 있었음은 옛날부터이다. 신라말엽부터 구림이란 마을 이름이 시작되어 지금에 이르기까지 7, 8백년의 세월이 지났다."[17]라고 적혀 있다. 구림은 도선이 창건하였다고 하는 도갑사(道岬寺)의 등장, 그와 함께 중국에 유학 갔던 선승들의 귀국, 더 나아가 고려 중기 도선의 추숭으로 거촌이 되었을 것이다. 하지만 고려말~조선초 왜구의 침입으로 구림은 큰 피해를 입었을 것 같다.

기록상 확인된 바로는, 구림은 조선초기 15세기말~16세기초에 이르러서 '화려하게' 재기하게 된다. 과거에 급제하고 관직을 역임한 새로운 인물이 이거해 와서 정착하기 시작하였다. 우선 함양 박씨 박성

---

15) 묵암·신재유고합고간행위원회, 『黙菴·愼齋遺稿合稿』, 영광사, 2007, 192쪽.
16) 『세종실록 지리지』, 전라도, 나주목, 영암군, 靈異.
   『新增東國輿地勝覽』35, 靈嚴郡, 古蹟.
   이 도선 설화는 명나라 진요문(陳耀文)이 천중산 근처에 살면서 찬한 『천중기(天中記)』에도 들어 있다고 한다.
17) 영암군 鳩林大洞契舍復元推進委員會, 『鳩林大洞契誌』, 2004, 26쪽.

건(朴成乾, 1418~1487)이 나주에서 구림으로 이거해 왔다. 박성건이 구림으로 이주해 온 데에는 먼저 들어와 정착한 난포(반남) 박씨와의 혼인이 계기가 되었다. 난포 박씨는 박성건의 처 조부인 박빈(朴彬) 때 구림에 들어왔던 것으로 보인다.[18] 그리고 임구령(林九齡, 1501~1562. 본관 선산)은 남원부사 직을 사임한 후, 1545년 무렵에 음성 박씨 처향인 구림에 정착하여 지남제(指南堤)라는 제언을 쌓아 1천여 두락지의 농토를 확보하면서 경제적 기반을 마련하였던 것으로 밝혀졌다. 명망가들이 이주해 옴으로써 구림은 인재의 부고(府庫)가 되었다. 김수항의 아들인 김창흡(金昌翕, 1653~1722)은 "호남의 낭주(朗州)는 그 산 월출에서 기인하고, 산 아래 '구림거촌(鳩林巨村)'은 실로 인사(人士)의 연수(淵藪)이다"[19]고 말하였다. 김창흡의 형 김창협(金昌協, 1651~1708)은 구림의 풍치와 인사에 대해 다음과 같이 말하였다.

호남에 와서 비로소 그 산천의 뛰어난 형세를 마음껏 구경하고 그 풍속의 아름다움을 좋아하게 되었는데, 낭주(朗州)에 오래 살다 보니 그 토속이 익숙해져 더욱 좋아하게 되었다. 낭주의 서남쪽 10여 리 되는 곳에 구림(鳩林)이라는 큰 마을이 있는데, 마을에 어질고 호걸스러운 장로들이 많이 살고 있었다. 나는 그 때문에 더욱 즐겁게 그들과 종유하였으며, 그 자제들과도 두루 교제하게 되었다. 그들 중에는 가끔 풍모가 준수하고 법도가 있는 데다 예의와 겸양을 익혀 교양인다운 기풍을 지닌 자도 있었다. 그러나 그들이 거주하는 지역은 풍요롭고 안락한 곳으로, 호수와 산이 좌우에 있고 대숲으로 둘러싸인 곳에 수백여 가구가 있는데, 사람들이 모두 쌀밥에 고깃국을 먹으며 의식(衣食) 걱정이 없었던 까닭에, 명절 때

---

18) 정근식 외, 『구림연구』, 경인문화사, 2003, 138쪽.
19) 金昌翕, 『三淵集』 25, 題跋, 「題朴彝仲遺稿後」.
   湖南之朗州。其山曰月出。山下有鳩林巨村。實人士之淵藪.

가 되면 술과 음식으로 잔치를 벌여 서로 부르며 왕래하고 자제들은 아침
저녁으로 서로 모여 놀고 즐기는 일이 점차 풍속이 되어 버렸다. 그 때문
에 학문에 대해 어려서는 힘을 쓰지 않고 자라서는 그마저 잊어버리며,
간혹 부끄러운 줄을 알고 스스로 분발하여 학문에 힘쓰려는 사람이 있어
도 모범으로 삼아 본받을 사람이 없었다. 이제 그 장로들이 이러한 풍속
을 매우 근심하여 서당을 세우고 스승을 초빙하여 가르치고는 있지만 갑
자기 변화시키지는 못하고 있다. 나는 이러한 사정을 보고 호남에 인재가
나지 않는 것은 그 까닭이 대체로 이와 같음을 알 수 있었다.[20]

　구림은 '幾數百餘家'가 사는 대촌(大村)이었다. 당시 면(面)의 평균
가호 수가 300~400호였으니, 구림 자체가 한 면 버금가는 규모였다.
그리고 물산이 풍부하여 쌀밥에 고깃국을 먹으며 의식 걱정이 없는 곳
이었다. 그래서 명절 때가 되면 술과 음식으로 잔치를 벌여 서로 부르
며 왕래하고 아침저녁으로 서로 모여 놀고 즐겼다. 신익황(申益愰,
1672~1722)이 '是處更繁華'라고 말한 것처럼, 구림은 인구가 많고 사

〈영암 구림〉

김정호가 19세기 중반에 제작한 대동여지도.
구림촌이라고 표기되어 있다.

고종 때의 고지도. 서종면 구림이 표기되어
있다.

20) 金昌協, 『農巖集』 21, 序, 「贈李生弘命序」.

람과 물자의 이동이 잦은 번화한 곳이었다.[21]

2. 구림 대동계

1) 새로운 사람들

구림에는 어떤 사람들이 살았을까? 신라 말이나 고려 초에는 도선을 낳았다는 최씨가 살았을 것 같다. 그리고 『세종실록 지리지』에 "(영암의) 토성(土姓)이 6이니, 최(崔)·박(朴)·주(周)·백(白)·혜(嵇)·육(陸)이다"[22]고 하였으니, 이 여섯 개 성씨 가운데 일부가 구림에서 살았을 것이다.

그런데 고려말~조선초 때의 왜구(倭寇) 침략으로 구림 지역사회에 많은 변화가 뒤따를 수밖에 없었다. 왜구의 잦은 침략은 고려사회를 송두리째 뒤흔들었기 때문이다. 예를 들면 "옛날에는 남리역(南里驛)이 있었는데, 왜구로 인하여 없어졌다"(『세종실록 지리지』)고 하였다. 고려 때의 일이었을 것 같은데, 영암 땅에 있던 남리역이 왜구 침입으로 사라졌다는 말이다. 이런 피화는 구림 지역에까지 미쳤는데, "기타 구림(鳩林)과 서호(西湖) 석포(石浦)에는 모두 입석이 있는데, 모년 모월에 매향(埋香)했다고 새겨져 있다"[23]고 하였으니, 구림 사람들도 왜

---

21) 申益愰, 『克齋集』 1, 詩, 「鳩林」.
    朗州佳麗地。是處更繁華。海近魚蝦富。林明橘柚多。怒潮奔白馬。遙峀點靑螺。最是前湖夜。漁燈亂暎波.

22) 『세종실록 지리지』, 전라도, 나주목, 영암군

23) 성해응, 『연경재전집』 51, 산수기 하, 기호남산수, 「월출산」.
    月出山在靈巖山。山有道岬。新羅僧道詵所居。有佛珠·袈裟·蒲團·鐵鶴之屬。又有龍巖寺。寺有九層浮屠。九井峯其頂也。四隅皆峻崖。獨西崖下小穴徑僅

구 침입을 격퇴하고자 매향을 하였음을 알 수 있다. 매향이란 구원을 받기 위해 향을 묻는 민중의 불교 신앙 의례인데, 매향을 하고 나서 그 것을 기억하기 위해 사람들은 매향비를 세웠다.[24] 그런 매향비가 여말 선초에 왜구 격퇴를 기원하기 위해 서남해 지역 여러 곳에 세워졌고, 구림에도 세워졌는데 그 비석 글씨가 세월에 닳아져서 읽기 어렵다는 말이다. 윤순지(尹順之, 1591~1666)가 구림 사람 처사 임련(林堜)에 게 준 시에 의하면, 매향비가 포구 바닷가에 희미하게 보인다고 하였 다.[25] 왜구의 영암 침략은 조선왕조에 들어와서도 이어졌다. 특히 1555년(명종 10)에 발발했던 을묘왜변 때에는 달량진과 이진포 통해 상륙한 왜구들이 영암성을 포위하였으나 이윤경·준경 형제가 이끄는 관군에게 패퇴당하였다. 영암성 전투는 치열하였다. 진도에서 유배 생 활하고 있던 노수신이 피화를 위해 출륙한 후 함평에서 들은 바를 읊

尺許。入其中匍匐蛇行而出。又絶崖其徑僅容一足。過此始通豁。俯臨大海。有 九龍井。過雲霧峯。有巨石如鍾。一人搖之則有情。十人搖之亦不過。邑名靈巖 者以此。山石如此者三。一在道岬下。一在龍巖下。少年臺上雲霧之後。觀天星 峯尤神秀。下有九折瀑布。水積爲潭者七。上有七池精舍。九井南有雙石峯。其 高者曰靑靑臺。其南佛頂峯。其下白雲社。九井之陰元曉臺。有甘泉。龍巖下有 三石車。曰雲車在少年臺東。曰馬車在雲車北。曰鹿車在最下。皆異蹟也。其東 北別峯曰孤山。下有孤山寺。南對九井峯。月巖之陰。蓀草盛茂芬馥。氷雪上皆 靑。海上諸山多有之。或云蘭也。道岬下立石刻國長生。其下皇山。又立石刻皇 長生。山人傳云道銑爲之。<u>其他鳩林西湖石浦。皆立石刻某年某月埋香。其年 月字漫滅不可見.</u>
위의 밑줄친 기사는 허목(許穆, 1595~1682)의『記言』28,「月嶽記」에도 "鳩林又有立石。西湖石浦。又有立石。刻日某年某月埋香。其年月字。漫滅不 可見"이라고 하여 동일하게 기록되어 있다.

24) 李海濬,「埋香信仰과 그 主導集團의 性格; 14, 5세기 埋香事例의 分析」, 『金哲埈博士 華甲紀念 史學論叢』, 1983.

25) 尹順之,『涬溟齋詩集』2, 詩,「題鳩林林處士堜亭子」. 月出群峯翠屛屛。埋香浦外海冥冥。西湖處士去何處。南極老人空有星。地近 炎洲蜒雨濕。天連積水瘴煙靑。秋來門巷多相似。橘柚林邊竹作亭.

은 시를 보면, 왜구의 목을 밴 것이 백여 급이고 성을 세 겹으로 포위하였다고 한다.[26] 비록 읍성을 수호하기는 하였지만, 치열한 공방전 과정에서 영암 사람들이 겪은 피해는 막심하였을 것이다.

이런 속에서 구림에 살던 사람들도 유망하고서 교체되지 않을 수 없었다. 그리하여 15~16세기에 이르면 기존 사람들(낭주 최씨)에 새로운 사람들이 추가되어 구림의 구성원이 새롭게 형성되었고, 거기에 추가 사람들이 들쑥날쑥을 반복하며 오늘에 이를 것이다. 바로 이 15~16세기부터의 구림 사람들의 구성과 역할을 알 수 있는 자료가 동계이어서 이 점에 대해서 알아보고자 한다. 촌락 공동체의 장치로 주목되는 것이 동약·동계이다. 동약은 동의 규약이라는 말이고 동계는 동의 계칙이라는 말이지만, 어느 것이나 하나로써 규약과 계칙을 겸하였기 때문에 사실상 동약과 동계는 같은 말이나 다름없다. 동약은 16세기에 접어들면 본격적으로 등장하기 시작하였다. 특히 영암 지역에서 집중적으로 등장하였다. 그것은 임구령, 박규정(1493~1580), 신희남(1517~1591), 이후백(1520~1578), 백광훈(1537~1582) 등의 발의로 1574년(선조 7)에 마련되었던 소위 '영암 8향안'으로 불리어지는 영암 최초의 향안이 창립되었던 데에 영향이 컸다. 이 점에 대해 『영암읍지』 향약조에 다음과 같이 기록되어 있다.

숭정 갑술에 목사 임구령, 생원 박규정, 감사 신의남, 청련 이후백, 옥봉 백광훈 등이 여씨향약을 본받아 영암팔향안(靈巖八鄕案, 修名帖)을 만들어 경내의 규약을 세웠고, 나이 많고 덕망 있는 사람으로 삼로(三老), 오장(五長), 팔유사(八有司)를 두어 교화와 기강의 수립을 이루었다. 이들 향약은 그후 폐치되어 행해지지 못했지만 영보와 구림지역에서만은 각기

---

26) 박병익, 「소재 노수신의 「피구록」 연구」, 『한국시가문학연구』 29, 한국고시 가문학회, 2012, 155쪽.

동약을 만들어 전일의 규모를 이어받아 경향간에서 칭송을 받고 있다.[27]

위 인물들이 만든 향안·향약의 영향으로 구림 동약과 영보 동약이 만들어졌다는 말이다. 자세하게 알아보면, 1565년(명종 20)에 구림리 대동계,[28] 1589년(선조 22)에 영보정 동약,[29] 1643년(인조 21)에 망호정 동약,[30] 1650년(효종 1)에 학산 은곡대동계, 1655년(효종 6)에 화

27) 이해준, 『조선시기 촌락사회사』, 민족문화사, 1996, 239쪽에서 재인용.
28) 최재율, 「한국농촌의 향약계연구-구림대동계의 사례를 중심으로」, 『전남대논문집』 19, 1973. 이종화, 「朝鮮朝에 실시된 鳩林大同계의 性格 硏究」, 圓光大學校 大學院, 1984. 이해준, 「조선후기 영암지방 동계의 성립배경과 성격」, 『전남사학』 2, 전남사학회, 1988(『조선시기 촌락사회사』, 민족문화사, 1996). 박순, 「17~18세기 전라남도 동계 연구-광주·나주·영암·해남 지방을 중심으로」, 중앙대 박사 논문, 1992. 김성아, 「변화하는 농촌사회의 전통적인 사회조직-전남 영암군 구림대동계의 연구」, 한양대 석사학위논문, 1992. 김정호 외, 『왕인과 도선의 마을 구림』, 향토문화진흥원, 1992. 영암군 鳩林大洞契舍復元推進委員會, 『鳩林大洞契誌』, 2004.
29) 영보동계는 기본 조목으로 부상, 입약, 곡물취리, 정풍속 등의 4가지를 두고 있었다. 부상에서는 상례 부조가 주목적이었고, 곡물취리는 동계 운영에 따른 재원을 마련하기 위한 것이었고, 입약과 정풍속은 낭주최씨·거창신씨의 족적 기반을 다지는 조약이었다. 계원의 가입 절차가 까다로웠고, 계회의 횟수가 4회(2·3·9·10월)로 일반적인 춘추 2회보다 2배나 되었다(김경옥, 「朝鮮後期 靈岩士族과 書院」, 『호남문화연구』 20, 전남대 호남문화연구소, 1991. 김경옥, 「조선후기 동성마을의 형성배경과 사족들의 향촌활동: 영암 영보리 사례」, 『지방사와 지방문화』 6-2, 역사문화학회, 2003. 김창민, 「영보의 친족조직과 친족집단간 관계」, 『지방사와 지방문화』 6-2, 역사문화학회, 2003. 전주 최씨 영암문중, 『연촌과 영보』, 신광, 2007. 김필순, 「18세기 영암 영보촌의 동계운영과 변화양상」, 중앙대 석사학위논문, 2007).
30) 망호정동계는 경주이씨 동족을 중심으로 창립되었기 때문에, 마치 족계와 같은 성격을 띠고 있었다.

수정 동약, 1667년(현종 8)에 장암정 동약[31] 등이 차례로 창립되었다. 영암 지역에서 구림 동계가 선구적인 역할을 하였음을 알 수 있다.

2) 동계 창설

구림 대동계가 언제 창립되었는지에 대해서는 정확하게 알기 어렵다. 문서로 정식 창계되기 이전에 있었던 선행형태가 구전되어 오고 있는데, 나막신으로 수합한 벼를 이식하여 계를 운영하였다고 한다. 정식 창계 시기는 1565년(명종 20)이다. 이때라면 전국에서 향약이 막 설립되기 시작하는 시기이다. 예를 들면 이황의 예안향약보다는 9년 후, 이이의 파주향약보다는 5년 후이고, 반면에 이이의 주도로 조직된 청주향약보다는 6년 전, 해주향약보다는 12년 전이다.

창계의 중심 인물은 선산 임씨 임구령의 3남 가운데 장남인 임호(林浩, 1522~1592), 함양 박씨 구림 입향조 박성건의 손자 박규정(朴奎精, 1493~1580) 등이다. 임호가 쓴 「구림동중수계서(鳩林洞中修契序)」를 보면, "기쁨을 서로 축하하고 근심을 서로 위로함을 잊지 않도록 하기 위해서는 계가 아니고서는 불가능하다"고 하였으니, 상부상조와 화민성속이 주안점이었던 것 같다. 그리고 외선조 되시는 박빈(朴

---

31) 장암동계는 남평문씨라는 씨족을 기반으로 성립한 동계였으며, 이후 점차 향촌 통제적인 규약을 첨가하면서 촌락공동체로서의 면모를 보여 주고 있다. 특히 이 동계는 회계를 결과를 문서로 작성하여 남겼는데, 그 수준이 송상의 송도사개부기에 비결될 수 있다고 한다(金建泰, 「1743~1927년 全羅道 靈巖 南平文氏 門中의 農業經營」, 『大東文化研究』 35, 成均館大 大東文化研究院, 1999. 정구복, 「韓國 族契의 淵源과 性格」, 『古文書研究』 16·17, 韓國古文書學會, 2000. 한국정신문화연구원, 『고문서집성』 74: 영암 남평문씨편, 2004. 전성호, 『조선시대 호남의 회계문화』, 다할미디어, 2007. 김하임, 「조선후기 족계의 재정운영-남평문씨 『족계용하기』를 중심으로」, 『역사와 현실』 91, 한국역사연구회, 2014).

彬, 난포 박씨)께서 이곳에 처음 정착하시었고, 뒤이어 박성건(朴成乾, 함양 박씨) 등이 개토의 업을 이어 받았다고 하였으니, 난포와 함양 두 박씨가 조선초기에 구림에 터를 잡고서 대동계를 주도하였음을 알 수 있다.

구림 대동계는 임진왜란으로 동계 관련 기록이 소실되었다.[32] 그래서 전란 직후 1609~1613년 어간에 상하 합계 형태로 복구했는데, 1644년생인 박사량(朴思諒)이 1706년에 쓴 「서호동계전말서기」를 보면, "구림에는 상계·하계가 있는데 아주 오래 되었다"고 하였다. 이때 계칙은 향촌사회의 안정이나 향촌민 통제가 주된 내용을 이루었다. 좌목상 상계원이 21명, 하계원은 23명이었다. 상계조직은 함양 박씨 15명, 선산 임씨 1명, 성산 현씨 1명, 남평 문씨 1명, 장택 고씨 1명, 그밖에 3명 등으로 함양 박씨가 주도적인 입장에서 동계를 이끌어 나갔다.

그러다가 1646년(인조 24)에 재중수 작업이 단행되었다. 이때 큰 역할을 한 사람이 익산과 온양 군수를 역임하고 군기시첨정을 거친 태호 조행립(曺行立, 1580~1663), 함양인 박이충(朴而忠), 연주인 현건(玄健) 등이었다. 이 때 형성된 계칙과 주도층이 크게 변화하지 않고 조선말기까지 유지되었다. 이전과 비하여 이때의 특징이라면 교량이나 도로의 보수 및 산림 보호 등의 동리와 관련된 사업에 대한 조목이 추가되고 동리 일에 태만한 사람을 출계가 아닌 출동으로 벌하는 조항이 마련되었다는 점을 들 수 있다.[33] 특히 대동계는 산림보호를 위해 벌채를 금지시켰기 때문에, 평야의 농민마을 주민들은 아주 멀리 나가서 땔감을 구해야 하는 고충도 겪을 수밖에 없었다.

---

32) 영보 동약도 "不幸 丁酉之亂 座目與約條 逸而不傳"이라고 하여, 정유재란 때에 좌목과 약조를 잃고 말았다.

33) 이해준, 앞의 책, 255쪽.

대동계의 부속시설로 회사정(會社亭)이라는 정자를 들 수 있다. 임진왜란 때에 소실되었다고 하니, 회사정은 창계 직후 건립되었던 것 같다. 마을의 집들이 물을 중심으로 양쪽으로 나뉘어 즐비하게 늘어서 마주 보고 있었다. 회사정에 오른 이하곤은 "회사정 높이 포구가에 서 있네"라고 읊었으니(會社亭高遠浦臨), 회사정이 포구가에 있었음에 분명하다. 회사정은 마을회관 역할을 하면서 계회소 역할을 하였다. 계회소 역할을 한 정자로는 회사정이 전국에서 선구적인 것 같다. 삼연 김창흡이 구림에 들어와서 말에서 내린 후 가장 먼저 물었던 것이 회사정이었으니,[34] 그곳에 마을 유지들이 모여 있었을 것 같다. 충청도 진천 사람 이하곤이 1722년(경종 2)에 구림에 들어와서 회사정에 오르고서,

> 앞에 평평한 호수와 월출산의 여러 봉우리가 그 뒤로 펼쳐져 있어. 비취색이 주렴에 가득 스며든다. 노송 10여 그루가 사면에 늘어서 있는데. 줄기와 가지가 구불구불한 것이 규룡과 같아. 폭염의 여름엔 아름다울 것이라 생각된다. 벽에 백헌과 택당의 시판이 걸려 있는데. 나머지는 이루 다 기록할 수가 없다.[35]

고 감회를 읊었다. 회사정은 1919년 영암 3·1운동의 발원지 역할을 하기도 하였다. 하지만 회사정도 6·25의 참화를 비켜나지 못하고 불길에 휩싸이고 말았다. 계원은 정원을 한정하여 그 전통은 현재도 지

---

34) 金昌翕, 『三淵集』拾遺 4, 詩, 「鳩林」.
下馬入鳩林。先問會社亭。橫橋水逶迆。竹園風淸泠。里巷撫卽是。怊悵滿視聆。耆舊半白楊。遊子又浮萍。人生悲今昨。況我再飄零。流離復爲甚。遐路莫此停。夜宿白雨來。庭樹散琳玲。語故已如夢。卽事豈眞醒。湖亭起漁唱。歷歷舊烟汀。仍悲道詵巖。歲遠綠苔冥。去矣我入海。相送月山靑.
35) 이하곤(이상주 편역), 『18세기초 호남기행』, 이화문화출판사, 2003, 222쪽.

켜지고 있다. 대동계의 계원 자격은 가문이 좋고 품행이 단정하며 학식 있고 동헌의 약조를 지킬 수 있어야 하였다. 1646년 이후부터 현재까지의 대동계 성원의 성씨별 구성을 보면, 총 1,049명 가운데 4성씨(함양 박씨, 창녕 조씨, 낭주 최씨, 해주 최씨)의 비중은 778명으로 74.2%였다. 계의 운영은 쌀을 갹출하여 필요한 경비에 사용하다가, 남은 쌀로 전답을 매입한 후 병작시키고, 그 일은 전적으로 유사가 책임졌다.[36]

구림 대동계는 자신들의 상부상조 외에 계원들이 세운 서당(書堂)의 운영비를 지원하기도 하였다. 성기동에 문산재와 양사재를 건립하고 고명한 학자를 초빙하여 후진을 가르치게 하였으며, 생활비 일체를 지원하기도 하였다. 과거시험을 준비하도록 하기 위해 희망자를 양사재에 입주하게 하였고, 장학금을 지원하기도 하였다. 더욱 봄과 가을에 각지의 서원이나 서당의 학생을 모아 시험강과 백일장을 실시하여 우수한 사람에게 시상함으로써 학문을 숭상하도록 격려하였다. 1832년(순조 32)에 문산재와 양사재를 성기동에서 월대바위 밑의 문수암 터로 이전하였다. 일제하에 이어 6·25전쟁을 겪으면서 문산재와 양사재가 활용되지 않음으로써 타락하여 1966년 무렵 철거된 바 있다. 그 후 문산재와 양사재의 복원이 대동계원은 물론 구림리 주민의 간절한 소원이었으나 경제사정이 하락하지 않아 미루어 오다가 1986년 영암군의 지원으로 문산재와 양사재를 복원하였다.[37]

그리고 구림 대동계는 지역민이 다니는 근대학교 설립에도 지원하였다. 구림초등학교 연혁지에 의하면, 1910년 4월 1일 '사립 구림 보통학교' 인가·개교의 기록과 함께 비고란에 '구림 대동계에서 경영'이

---

36) 정근식 외, 『구림연구』, 경인문화사, 2003.
37) 영암군 鳩林大洞契舍復元推進委員會, 『鳩林大洞契誌』, 2004, 57쪽.

라고 적혀 있다. 이는 구림 대동계에서 계 재산을 투입하여 사립 학교를 설립하였음을 알게 해준다. 그리고 1917년 당시 사립 구림보통학교 교장이던 현기봉(玄基奉, 호남은행의 설립자 현준호 부친) 명의로 학교재산을 희사하여 '사립 구림보통학교'는 1917년 4월 20일에 '구림 공립보통학교'로 개편되었다. 이때 '사립 구림보통학교'는 '구림 공립보통학교' 설립을 위하여 기부한 재산은 부지 2,900평과 학교림 3,500평이었으며, 희사하고 남은 재산 중에서 답 600여두락과 임야 20정보 그리고 현금 18,000원을 영암군 학교비(學校費)로 기부하여 군내의 여러 보통학교의 재정을 지원하였다.[38] 대동계가 자발적으로 했다기 보다는 일제의 압박에 의해서였을 것이다.

〈구림대동계와 죽림정〉

구림 대동계를 설명하고 자료를 수록한 『구림대동계지』

구림의 연주 현씨 집안에서 세운 죽림정 현판

---

38) 박원표, 「구림대동계의 지방교육 지원활동에 관한 연구」, 전남대학교 석사 학위논문, 1988, 40쪽.
구림초등학교·구림초등학교동문회, 『구림초등백년사』, 2007, 84쪽.

맺음말

영암의 월출산은 전국의 명산이었다. 그래서 월출산 자락에는 일찍부터 명촌이 자리잡고 있었다. 그 가운데 구림은 거촌(居村)이자 명촌(名村)이었다. 우선, 구림은 유서가 깊었다. 기록상 통일신라 때부터 독자적으로 중앙에 세금을 내는 마을이 존재하였다. 통일신라 말기에는 중국으로 가는 유학생이나 유학승이 구림 포구에서 출항하였고, 그때 도선이 마을에서 태어났는데 그의 탄생과 관련하여 마을 이름이 비로소 구림으로 정해졌다. 이어, 구림은 물산이 풍부한 곳이다. 월출산에서 흘러 내려오는 물길을 막아 저수지를 만들고 그 물로 논농사를 지었다. 갯벌을 막아 논을 늘렸고, 바다에서는 갖가지 해산물이 수확되었다. 그리고, 구림은 교통이 편리한 곳이었다. 특히 해상교통이 편리하여 마을 바로 앞 포구에 갖가지 선박이 내왕하였는데, 조선시대의 경우 제주도 가는 배가 자주 드나들었다. 마지막으로, 구림은 앞의 월출산과 뒤의 서호가 어우러진 멋진 풍광으로 인해 많은 인물이 배출된 곳이었다.

이처럼 구림은 사람살기에 적합하여 일찍부터 많은 사람들이 거주하였다. 하지만 고려말~조선초 때의 왜구 침략으로 적지 않은 피해를 입었다. 하지만 15세기말 이후 사회가 안정되면서 난포 박씨, 함양 박씨, 선산 임씨, 창녕 조씨 등이 새로이 유입하기 시작하였다. 신 유입자들은 낭주 최씨 등 기존 거주자들과 함께 자신들의 결속을 다지고 상부상조를 위해 관내에서는 선구적으로 대동계를 조직하여 운영하였다. 구림 대동계는 자체 서당을 운영한 바 있고, 20세기 초두에는 근대학교를 설립하는 데에 자산을 기부하기도 하였다.

머리말

전라감사를 역임한 이서구(李書九, 1754~1825)가 「호남가(湖南歌)」란 노랫말을 지었다고 한다. 「호남가」란 호남의 고을 이름을 하나씩 들어가 며 그 지역의 특색과 풍경을 노래한 것이다. 그 가운데 '강진의 상고선 (商賈船)은 진도로 건너 갈 제'라는 대목이 들어 있다. 이를 통해 강진 땅은 상고선의 출입이 빈번한 곳이라는 점을 얼른 알 수 있다. 그러다 보니 많은 강진 사람들은 해난사고를 당해 표류했다. 이는 강진이 지리 적으로 해상교통의 요충지에 자리 잡고 있었기 때문이다. 그래서 강진 만(康津灣)은 한 때 국제적인 군사요지로 주목받았다. 일본의 대표적 지 질학자인 고토 분지로가 "강진은 계곡 끝에 있고, 남북 방향의 좁은 내 만 가장자리에 있다. 이 내만의 입구는 4개의 섬(완도, 고금도, 신지도, 조약도)이 가로막고 있는데, 내부 수역은 방어가 양호한 항구를 이루어 1894~1895년 청일전쟁 당시 일본 해군의 기지 역할을 했다."고 했다. 그가 지은 『조선기행록』에 들어 있는데, 청일전쟁 당시 일본이 강진만을 자국의 해군기지로 삼으려고 했다는 말이다. 물론 을묘왜변 때에도 왜 구들이 남당포에 정박하여 강진 읍내와 병영으로 들어가 양곡과 병기의 약탈 및 공해와 인가의 방화를 자행했다.[1] 임진왜란 때에도 왜군들이 강진만을 통해 침입해 들어왔다가, 남하하는 왜군과 합류하여 점령정책을 펴다 퇴각했다. 그들이 해남과 강진을 지배할 때에 작성했던 문서가 남아 있다.[2]

이렇게 보면, 강진은 해상교역이 발달한 곳임을 알 수 있다. 이 점에 대해 일찍이 고동환은 다음과 같이 말한 바 있다. "강진은 완도·제주도·추자도 등 섬지역에 곡물이나 도자기를 공급했고, 부근 섬에서 해물이나 땔감을 공급받았다. 또한 강진은 영암·칠산포 등지와도 연결되었는데"하고 하여, 강진은 전라도 지역 내부와 교역했음을 지적하였다. 이에 그치지 않고 "오히려 경상도와 교역하는 중개지 성격이 강하였다. 강진—통영—창원—기장—울산—장기—연일—평해까지 이어지는 교역로에서 강진은 전라도를 대표하는 지역이었다. 강진의 곡물이나 목화 등 농업 생산물 및 도자기와, 울산의 소금, 기장·영일·장기 등지의 청어 등 어물이 교환되었다. (중략) 강진은 서해안의 중심포구였던 은진 강경포와도 연결되었는데, 주로 강진의 곡물과 강경포의 수공업 제품 등의 상품이 교환되었다. 그리고 1806년에 강진의 선상(船商)인 김봉철(金奉喆)은 미역 67첩을 선박에 싣고 서울과 인천, 평양 등지에서도 판매하고 있었다."고 하여, 강진의 포구 유통권은 영남 남해안은 물론 동해안의 평해와 서해안의 강경과 평양까지 포괄하는 광범위한 것이었음을 지적했다.[3]

이러한 연구에 의해 강진의 해상상업에 대한 기본적인 사실은 드러난 셈이다. 하지만 그런 역할을 했던 포구의 모습, 제주도와 강진의 역할, 강진 사람들이 드나들었던 지역, 강진을 내왕했던 상인, 강진을 거쳐 갔

1) 吳斗寅(1624~1689), 『陽谷集』 14, 記, 「兵營重創記」.
2) 「全羅道海南定榜文之事」(『島津家文書』 2).
   「泰長院明琳全羅道康津縣十八社數等書出」(『佐賀縣史料集成』 古文書編 3).
3) 고동환, 『조선후기 서울상업발달사연구』, 지식산업사, 1998, 162~163쪽.

던 상품 등을 더 천착해야 함이 발견된다. 더군다나 서남해에 있는 강경포·법성포·영산포·마산포·칠성포 등에 대해서는 여기저기서 언급된 바 있지만, 제주 관문인 강진 남당포(南塘浦)에 대해서는 별다른 주목이 없어 역시 천착되어야 한다. 이런 생각에서 필자는 이 글을 작성하여 조선 상업사에서 강진이 차지하는 위상을 제시하고자 한다.

---

1. 강진의 포구

1) 강진의 포구 현황

호남 지역은 배가 자유롭게 드나들고 풍랑을 막아줄 수 있는 포구가 많았다. 『문헌비고』에서는 경상도(171곳), 전라도(148곳), 황해도(68곳), 충청도(56곳), 경기도(45곳), 평안도(25곳), 함경도(21곳), 강원도(20곳) 순으로 포구 현황을 기록하고 있다. 호남의 여러 포구에는 상선이나 어선 또는 세곡선이 드나들어 해상을 통한 상업이나 운송업이 그 어느 지역보다 발달했다. 특히 17~18세기 이후 유통경제가 발달하면서 호남의 포구상업은 더욱 활발해졌다. 그리하여 호남 상선은 본토를 떠나 동해와 서해까지 널리 진출했지만, 영남 상선은 도내 행상에 불과할 정도였다.[4] 그래서 제주 화물이 도착하는 해남·영암·강진 포구에는 송상(松商)이나 경상(京商)들이 왕래했고, 영광의 법성포와 나주의 영산포는 전국적인 포구시장으로 널리 알려진 바 있다.

호남 사람들은 활발한 해상활동을 했다. 그런 만큼 표류도 가장 많

---

4) 고동환, 「조선후기 상선의 항행조건」, 『한국사연구』 123, 한국사연구회, 2003, 317쪽.

이 경험했다. 일본 나고야 대학의 이케우치 사토시[池內敏] 교수는 자신의 저서『근세일본과 조선표류민』에서 일본 열도에 1599년부터 1888년까지 조선인이 표착했던 사례를 정리한 바 있다. 그에 의하면, 표류 건수는 1,112건, 표류민 숫자는 10,769명으로 산출되었다. 이를 다시 동북아역사재단의 이훈 연구원이『강진군지』(2012)에서 지역별로 분석해 보았다. 그랬더니 전라도 사람이 전국에서 가장 많이 표류했다. 일본과 가까운 경상도보다 더 많았는데, 그 이유는 해류 영향도 있었지만 전라도 사람들의 해양활동이 더 활발했다는 데에 있었다. 이 점에 대해 정성일도『전라도와 일본』에서 재차 확인한 바 있다.

　전라도 안에서 해상활동이 가장 발달한 곳은 두말할 것 없이 강진이었다. 강진이 지리적으로 한반도 해상교통의 요충지에 자리 잡고 있었고, 남해안의 여러 섬들을 포괄하는 해상운송의 중심지였기 때문이다. 장보고의 청해진 설치 등의 역사적 경험도 무시할 수 없다. 그러하다 보니 강진 사람들이 전라도에서 가장 많은 해난사고를 당해 표류했다. 그러면 이상의 지리적 또는 역사적 여건 외에 강진은 어떤 사연으로 해상 운송업이 발달하게 되었을까?

　첫째, 해상운송의 센터 역할을 하는 포구가 많았기 때문이다. 15세기의『동국여지승람』에 의하면, 구십포와 남원포 2곳이 보인다. 현의 남쪽 6리에 있는 구십포(九十浦)는 탐라의 사자가 신라에 조공을 바칠 때에 배를 여기에 정박했기 때문에 탐진(耽津)이라고 했고, 남원포(南垣浦)는 현의 남쪽 57리에 있다. 그런데 18세기 후반에 그려진 것으로 추정되는『영호남연해형편도』에 따르면, 강진현에 소속된 포구는 15곳이었다. 남당포(100척 정박), 동곶지포(東串之浦, 30척), 마도 선창(10척), 고금도 선창(10척), 조약도 포구(300척), 궁항도 포구(300척), 초안도 포구(100척), 잉도 포구(20척), 척찬도 포구(11척), 신지도 선창(9척), 여서도 포구(50척), 청산도 포구(50척), 완도 선창(10척), 대모도 포구(3척), 소모도 포구(1척) 등이 조사되었다. 이 15곳 포구 가운데 육지에 3곳 있지만 섬에 12곳 있는 것이 특징이다. 이 외에 군영포, 해창, 일점곳, 옹점포, 저두포 등 크고 작은 포구들이 강진만 좌우에 있었다.

〈표 1〉 〈강진의 포구 현황〉

15세기(『동국여지승람』)	구십포, 남원포−2곳
18세기(『영호남연해형편도』)	남당포, 동곳지포, 마도, 고금도, 조약도, 궁항도, 초안도, 잉도, 척찬도, 신지도, 여서도, 청산도, 완도, 대모도, 소모도−15곳

둘째, 관내에 많은 도서를 끼고 있었기 때문이다. 고려 때에 탐진현에는 부인도(富仁島), 은파도(恩波島), 벽랑도(碧浪島), 선산도(仙山島), 그리고 완도(莞島)가 있다고 『고려사』에 기록되어 있다. 조선초기에 가면 강진 관내에 더 많은 섬들이 있는 것으로 기록되어 있다. 완도, 고이도(古爾道), 조약도(助藥島), 신지도(新智島), 가배도(加背島), 소흘도(所訖道), 다야도(多也島), 동량도(銅梁島), 부인도, 은파도, 벽랑도, 죽도(竹島), 재마도(載馬島) 등 13개 섬이 읍내 남쪽 바다 가운데 있었다. 19세기 후기에 가면 여서도(余鼠島)라는 섬이 새로이 기록에 보이는데, 이 무렵부터 사람이 살았기 때문이다. 1935년에 발간된 『호남평론』이라는 잡지에 실린 기행문에 의하면, 여서도는 본래 무인도였으나 1백 년 전에 김씨 성을 가진 사람이 표착하여 초근목피로 연명하다 가정을 이뤄 후손을 번창시켰다. 그 가운데 아들 천복(千福)은 돈을 많이 벌어 전남의 갑부로 알려졌다고 한다. 이 가운데 완도, 고금도, 신지도, 청산도, 조약도 등 5개의 섬이 대표적인데, 19세기 말기에 신설 완도군으로 이속되고 말았다. 이들 섬사람들은 행정적 업

무나 경제적 수급을 위해서는 배를 타고 강진을 오갈 수밖에 없었다.

셋째, 선박의 수급 시스템이 발달했기 때문이다. 선박 건조에 필요한 송전(松田)이 강진 관내 천관산 자락이나 부속 도서에 울창하게 조성되어 있었고 일부는 봉산(封山)으로 지정되어 국가적 보호를 받았다. 그 결과 조선업이 발달하여 사선은 물론이고 관선(전선, 조운선) 건조가 활발했다. 관내 고금·조약·신지·청산 4도 주민들은 수영에서 명한 전선 건조 때문에 고통을 호소한 바도 있었다.[5] 그래서 강진 사람들 많은 수가 선박을 소유하고 있었는데, 그들은 "船主兼沙工"이라는 표현처럼 직접 배를 몰고 생업에 종사했다. 선박이 없는 사람은 선박을 매입하거나 임대하여 활동했다. 선박의 소유나 매매 및 임대 시스템의 발달은 자연스럽게 해상활동을 활발하게 했다. 임대 사례를 하나 살펴보자. 강진 현내면 남당리에 사는 사공(沙工) 양인(良人, 冶匠保) 김광철(金光鐵, 37세), 격군(格軍) 모군(募軍) 김창경(金昌京, 37세), 진상군(進上軍) 김채운(金彩雲, 36세), 진상군 김계춘(金季春, 33세), 진상군 장손방(張孫方, 29세), 진상군 고말손(高乭孫, 25세), 진상군 김성원(金聖元, 25세), 진상군 김완경(金完京, 15세) 등 8명은 본현 백도면 사오도(沙五島)에 사는 선주 김외손(金外孫)의 삼파삼선(三把杉船)을 세전(貰錢) 6냥을 주고 빌려 1796년(정조 20) 9월 22일에 어로 작업을 위해 각자 조자(釣子, 낚싯대) 3부(浮)를 가지고 출어했다. 흥양(興陽) 삼도(三島, 현재 거문도) 앞 바다에서 연일 고기를 잡고 있을 때에 갑자기 서북풍이 일어나 치목(鴟木)과 후범죽(後帆竹)이 부러져 표류하다 일본 규슈 고토[五島]에 도착했다.[6] 이처럼 임대료를 주고 배를 빌려 어로나 장사를 하는 경우는 이 외에도 많았다.

5) 김현구, 「조선후기 조선업과 조선술에 관한 연구」, 『국사관론총』 81, 국사편찬위원회, 1998.

6) 『典客司日記』 44, 正祖 21년 4월 13일.

넷째, 강진에는 베테랑급 사공이 많았다. 대사헌으로 있던 조관빈 (趙觀彬)이 1731년(영조 7)에 제주도 대정현으로 유배를 가게 되었다. 12월 들어서 강진에 와서 바람을 잡느라 반 달을 기다리다가 겨우 배를 타고 출발했다. 그때 계절이 겨울이라 바람이 높아 마땅하게 나선 이가 없었다. 마침 늙고 병들어 집에 머물고 있던 남당포 사람 김선련 (金善鍊)이 고공(篙工, 뱃사공)으로 동행하여 바람을 잘 타고 풍랑을 헤치어 무사히 제주에 도착했다.[7] 이를 고맙게 여겨 조관빈이 "好意 南塘白髮翁, 片言同我一船中"란 구절이 담긴 시를 지어 김선련에게 주었다. 또 한 사례를 보자면, 임징하(任徵夏)가 1727년(영조 3)에 평안도 순안에서 제주도 대정현으로 이배되었다. 강진 읍내에 도착해 있을 때에 제주에서 나온 이현장(李顯章)으로부터 '二宗'이라는 사공이 최고라는 평을 듣고 금부도사에게 말로 전하며 그를 그대로 두라고 했다.[8] 요구대로 실행되었는지에 대해서는 확인할 수 없지만, 강진 땅에 제주 항해 능력을 인정받은 베테랑급 사공이 많았음을 알 수 있다.

다섯째, 제주도를 들어가는 관리 외에 서남 연해와 도서 지역으로 보내지는 유배객이 대부분 강진을 통해서 출입했다. 강진 관내 섬에 수군진이 설치되자 많은 유배객이 섬 안에 배정되었는데, 섬이라는 폐쇄 공간에다 탈주와 난동의 우려가 있는 유배객을 감독할 수 있는 치안력까지 확보되어 있었기 때문이다. 1806년(순조 6)에 고금도에 정배된 영남 사람 이우(李墒)는 말을 세내어 가족과 함께 남원·광주·석제원을 거쳐 강진에 들어와 남당포를 경유하여 마도진(마량)으로 가서 배를 타고 들어갔다. 강진 이방 황귀담(黃貴聃)이 조보를 등사해서 가

---

7) 趙觀彬(1691~1757), 『悔軒集』 15, 記, 「遊南溟記」.
   이보다 9년 전 1722년(경종 2)에 이하곤(李夏坤)이 강진에 들러 남당촌(南塘村)의 김선련(金善連) 집에서 숙박을 한 바 있는데, 동일인이 아닌가 한다.
8) 任徵夏(1687~1730), 『西齋集』 6, 雜著, 「隨鴈錄」.

지고 들어왔는데, 학문 자세와 유가 필법을 지녔기에 물었더니 이광사의 신지도 유배 시 배웠다고 답했다. 그 사이에 아들은 노친의 의약을 구하러 강진읍내를 오가고 가노가 집안 편지를 가지고 들어왔다. 그때 마도진과 읍내는 신지도 유배객 우의정 김달순과 호송관 금부도사의 일행 때문에 대소란이었다. 해배되자 강진 마부를 고용하여 집까지 돌아왔다가 되돌려 보냈다.[9] 1745년(영조 21)에 광양에서 신지도로 유배지를 옮긴 김성탁은 마도진에서 호송관·친족과 함께 배를 타고 고금도를 거쳐 들어갔고, 그의 다른 5명의 친족·종은 남당포에서 배를 타고 곧 바로 들어갔다.[10] 그런데 이들이 서남해 섬으로 들어갈 때에 바람을 기다리느라 강진에 여러 날 머물렀다. 가령 우암 송시열이 기사환국으로 제주도로 유배갈 때에 남당포에서 출항하기 전에 바람을 기다리느라 백련사에서 수일 머물렀던 일은 널리 알려진 일화이다. 1680년(숙종 6)에 제주어사가 제주도에 들어갈 때에 강진에서 순풍을 무려 38일 동안이나 기다린 적도 있었다.[11] 한 사람이 유배오거나 출장오면 그에 딸린 많은 인원이 강진을 경유하며 여러 날 체류했음을 알 수 있다.

이처럼 강진은 전라도 섬 지역과 육지를 연결하는 상품유통의 중심지였고, 인근 연해읍에 상품을 공급하는 곳이었다. 그러나 무엇보다 두드러진 특징은 강진이 동남해와 서남해의 포구 및 상업도시 서울·개성을 연결하는 물류기지 성격이 강하였다는 것인데, 그 역할이 남당포에서 이루어졌다. 이어서 자세히 알아보겠다.

---

9) 李墰(1739~1810), 『俛庵集』別錄 下, 「丙寅日記」.
10) 金聖鐸(1684~1747), 『霽山集』11, 書, 「寄樂行次子霽行(乙丑 移配薪智島時)」.
11) 許穆(1595~1682), 『記言』別集 9, 記, 「書李員外耽羅日記」.

2) 남당포, 강진의 중심포구

강진의 여러 포구 가운데 가장 대표적인 곳은 구십포(九十浦)였다. 구십포는 탐진강 입구에 있어 내륙수운의 거점 포구 역할을 겸했다. 고려의 박충좌(朴忠佐)가 일찍이 순천에서 놀 때 벽옥(碧玉)이라는 기생과 정분이 있었다. 안렴사(按廉使)가 되었을 때에 벽옥이 이미 죽었다는 소식을 듣고, 이 구십포에 이르러 슬퍼하면서 시를 짓기를, "구십포에 밀물이 지려는데, 푸른 솔 붉은 나무는 지난해에 지나간 곳이로다. 지금 부질없이 깃발에 싸여 지나가는데, 누각 위에는 이 행차를 바라보는 사람 없도다." 하였다. 러브스토리가 생성된 제법 낭만이 있었던 곳이 구십포였다. 그래서 많은 문사들의 시에도 구십포로 묘사되어 있다. 구십포는 여러 이름으로 불리었다. ① 줄여서 구포(九浦)로 문사들의 시에 많이 등장한다. ② 구십포는 탐라 사람이 신라에 들어갈 때에 선박을 댄 곳이라고 하여 곧 탐진(耽津)이었다. ③ 이헌경(李獻慶, 1719~1791)이 강진에 들어와서 시은 지에 성자포(星子浦)는 곧 구십포인데, 탐라의 성자가 배를 정박했기 때문에 그렇게 불린 것이라고 하였다.[12] ④ 강진 태생으로 정약용의 외손자인 운정기(尹廷琦, 1814~1879)가 지은 『동환록(東寰錄)』에 따르면, 구십포를 구강포(九江浦)라고도 했다. ⑤ 불리는 이름은 여럿이었지만, 행정 명칭은 남당포(南塘浦)였다. ⑥ 그래서 줄여서 남포(南浦)라고도 하였다.

남당포는 강진읍 남 5리에 있었다. 강진 관문 역할을 했다. 또한 남당포는 여러 섬이 입구를 막고 있는 강진만 최북단에 위치한다. 가장 적게 풍랑을 받고 가장 안전하게 정박할 수 있는 곳인데다, 최단거리 육로로 전라감영이나 서울로 갈 수 있는 곳이다. 이러한 점 때문에 남당포는 당시 남해안의 대표적 포구였다. 그래서 남당포는 매우 번화한

---

12) 李獻慶(1719~1791), 『艮翁集』 9, 詩, 「悲淸海」.

곳이었다. 왜 그랬고 어떤 모습이었을까?

첫째, 남당포는 서남해 도서와 제주도를 오가는 사람들이 배를 타고 내리는 여객항(旅客港)이었다. 현지 공무자·일반주민뿐만 아니라, 수령·변장·사객·유배객과 그 가족은 물론이고, 도서 지역을 오가는 상인들도 대부분 남당포를 거쳐 갔다. 앞에서도 잠깐 나온 바 있지만, 다음 사례를 더 보자. 1679년(숙종 5)에 41명이 탑승한 제주 배 1척이 강진 남당포를 출발하여 제주로 가다가 도중에 표류했다. 제주 사람으로는 과거 보고 돌아가는 사람(落榜而歸者, 射藝登科者), 상경 군복무하고 부모 뵈러 가는 사람, 진상 전복을 영거하고 돌아가는 사람, 각사노비 공목을 압령상경하고 돌아가는 사람, 공물선·진상선 격군으로 나왔다가 돌아가는 사람, 회계문서 마감차 상경했다가 돌아가는 사람, 아산·통진·서울 거주 상전에게 납공하고 돌아가는 사람이 타고 있었다. 이 외에 외지 사람도 있었는데, 상주 사람이 제주 사는 반노 수공차, 서울 사람이 유배 생활하고 있는 상전을 만나기 위해, 안동 사람이 집안 편지를 가지고 정의현감으로 있는 상전을 만나기 위해 승선했다.[13] 서울, 경기, 충청, 전라, 경상 등지에 거주하는 관리, 양반, 상인, 역관, 향리, 추노배, 하솔, 노비, 걸인, 승려, 상인 등 경향각지의 각양각색 사람들이 남당포를 경유하여 제주로 들어갔던 것이다.

둘째, 남당포는 전국의 상선이 모여드는 상항(商港)이었다. 우선 강진읍의 관문으로서 읍내로 들어오는 화물은 대부분 이곳을 통과했다. 가령, 형구용 목재를 봄과 가을에 완도 가리포진에서 납부하는데, 가리포진에서 남당포까지의 해운은 각포 소재 선박이 담당했고 남당포에서 읍내까지의 육운은 두 제역촌 마을에서 담당했다. 그리고 전국의 대표적 항구였기에 도처의 상선이 각종 상품을 가지고 내왕했다. 그래

---

13) 『漂人領來謄錄』 숙종 6년 2월 9일.

서 "장사배에서 밤새도록 북치는 소리 들리고(商舶夜行聞伐鼓), 안개 속으로 돛단 배 자취도 없이 가버리네(烟中不見去帆痕)"라고 했다.[14] 상고선이 끊이지 않고 남당포를 들락거렸고, 출항 때에는 안전 항해를 비는 제의가 거행되었음을 알 수 있다.

셋째, 남당포는 남해안 해산물의 집산지이자 대표적인 어항(漁港)이었다. 그래서 남당포에 들러 숙박까지 한 이하곤(李夏坤, 1677~1724)은 「남당가(南塘歌)」 첫 구절에서 "남당호숫가의 마을 모두 어촌인데(南塘湖上盡漁村), 달뜨자 철석이는 파도소리 벌써 문전을 때리네(月出潮聲已打門)"라고 읊었다. 정약용 또한 "갯마을 한평생을 게구멍과 이웃이요(鹽戶生涯隣蟹穴), 어부의 풍속도는 고기잡이 그것이지(漁莊風俗近魚蠻)"[15]라고 말하며, 남당촌을 어촌이라고 했다. 어촌이었기에 남당포 여자 박조사(朴召史) 등 125명이 10리 앞 로등(鹵嶝, 갯뻘)에 가서 해(蟹)를 잡고 합(蛤)을 채취하다가 바닷물이 갑자기 차올라 그곳에서 엄닉(渰溺)한 적이 있었다.[16] 강진의 삭선 진상물 가운데 남당포에서 김과 말린 미역을 값을 받고 담당했다. 동지사 요청 전복도 남당포에서 납품했기 때문에 남당포 여자들은 물속을 잘 다니며 햇빛에 타져 얼굴이 검다고 했다. 남당포 인근에서 잡은 것뿐만 아니라, 인근 도서와 멀리 경상도 등지에서 가져온 것까지 모두 남당포를 경유하여 강진 읍내, 병영, 그리고 인근 고을과 전국 각지로 전송되었다.

넷째, 남당포에는 병영창(兵營倉)이 있었다. 『여지도서』를 보면, 현 남 5리 남당포에 있었다. 병영창이 병영 창설 당시부터 병영의 주요 군량미를 보관하는 곳으로 설치되었다가, 나중에는 병영의 주요 수입

---

14) 李夏坤, 『頭陀草』 권10, 詩, 「南塘歌」.

15) 『與猶堂全書』 5, 詩, 「過南塘浦」.

16) 『일성록』 정조 19년 7월 14일.

원인 환곡을 운영하는 창고로 활용되었다. 호남위유사 서영보가 별단을 올려 아뢰기를, "병영의 외창(外倉)이 강진의 남당포에 있는데 그 창고의 3천여 석이 넘는 각종 곡식을 현(縣) 안의 한 면(面)에다 환곡으로 나누어 주기 때문에 한 호(戶)당 받는 것이 거의 수십여 석이 넘습니다. 그 환곡을 받아들일 때가 되면 병영에서 감색(監色)을 정해 보내서 기한을 정해 놓고서 독촉하여 받아들이는 바람에 이웃을 침해하고 일가붙이에게 거두어들이고 있으니, 이것이 현 안에 사는 백성들에게 지탱하기 어려운 폐단이 되고 있습니다. 관찰사로 하여금 좋은 쪽으로 변통하게 하는 것을 그만둘 수 없을 듯합니다."[17]고 할 정도로, 남당포창에서 운영하는 병영 환곡이 많았다. 그래서 "康津南塘浦 有一兵營倉舍 穀多爲弊"라는 말이 나왔던 것이다.[18] 이를 관리하는 병영 관속들이 남당포를 출입했으니, 남당포 사람들이 가장 무서워 한 곳은 병영이었다. 병영 상인이 남당포를 경유하여 제주를 왕래한 것도 이와 무관하지 않을 것이다.

다섯째, 남당포에는 장시가 개설되어 있었다. 1770년(영조 46)에 발간된 『문헌비고』에는 강진에 8개 장시가 열렸다. 그 가운데 읍내장(2·5·9일, 월 9회 개시)이 남당포에 열렸다. 『임원경제지』에 따르면, 읍내장은 관문 밖에 5·10일 월 6회 개시하고 미곡, 면포, 면화, 명주, 마포, 별어, 소합, 건복, 해삼, 해채, 은구어, 석화, 구강태, 유자, 석류, 대추, 밤, 고구마, 인석, 토기 등을 거래했다. 1917년 조사에 의하면 주교장(舟橋場)으로 이름이 바뀌어 있었다(『조선지지자료』). 포구머리에 장이 읍내장(주교장)이라는 이름으로 섰음을 알 수 있다.

---

17) 『정조실록』 41, 정조 18년 12월 25일(戊寅).
18) 『승정원일기』 1764, 정조 20년 6월 11일(乙酉).

여섯째, 남당포는 관내에 배후 포구를 두고 있었다. 남당포는 강진 만 가장 깊숙한 곳에 위치한다. 그러기 때문에 강진만 입구와 양쪽에 는 많은 포구들이 있었다. 가령, 마도진 포구의 경우 인가가 즐비한데 5·600호 된다고 하였다. 세곡선이 떠나는 해창 포구도 있었다. 본읍 에 각종 세금을 내는 포구도 남당포의 배후 역할을 했다.

일곱째, 남당포는 상업이 발달한 곳이었기에 거주인구가 매우 많았 다. 『호구총수』를 보면, 현내면에 남당리(南塘里)라는 마을이 보인다. 이 남당리가 일제 강점기 때에 남포리(南浦里)로 개칭되었는데, 1976년 에 발간된 『마을유래지』(강진군)에는 지금으로부터 400여년전 김해 김씨가 터를 잡았다고 기록되어 있다. 실상은 더 오래 되었지만, 김씨 들이 많이 살았기 때문에 그렇게 채록되었을 것이다. 표류기록을 보아 도 김씨가 많이 보이고, 현재도 김해 김씨가 가장 많이 살고 있다. 『목 민심서』에 남당리 호수가 400여호 된다고 했다.[19] 『여지도서』 기준 면별 평균 호수가 349호였으니, 남당리 호수는 어지간한 면(面) 규모였다.

여덟째, 남당포의 분위기는 유흥이 넘치어 도회적이었다. 그 광경을 충청도 진천 출신 이하곤(李夏坤)이 강진 병영성에서 유배 생활하고 있는 그의 장인 송상기를 면회하고자 1722년(경종 2)에 내려와서 남 당포를 들러 목격하고서 여러 편의 글에 남겼다. 장사배에서 밤새도록 북치는 소리가 밤새 들린다고 했고, "마을에 북치는 소리 둥둥(村鼓鼕 鼕擊), 고기잡이 등불 번쩍번쩍(漁燈的的懸)"[20]이라면서 마을에서도 북치는 소리가 울린다고 했다. 이는 두 가지 상황을 의미할 것이다. 하나는 유흥업의 흥성을 의미할 것이다. 이는 이헌경이 "내리는 비는

---

19) 『목민심서』 진황6조 補力.
　　茶山筆談云 己巳甲戌之饑 蒙輯之人 喪其天良 簞豆之怨 抱薪走鄰 南塘四百 餘戶 日燒八九戶 未旬而墟 沿海諸村 此患尤甚 宜嚴法示榜 禁絕其習.
20) 李夏坤, 『頭陀草』 10, 詩, 「宿南塘村」

시를 재촉하고(白雨催詩到), 불 밝힌 주막은 기녀를 보내네(紅燈送妓來)"라고 읊은 대목에서 충분히 짐작 간다. 당시의 포구 유흥업에 대해서는 기왕의 연구가 있어 참고 된다.[21] 또 하나는 잦은 해신제(海神祭, 별신세)의 거행을 의미할 것이다. 이하곤의 시는 상선(商船)에서 거행하는 해신제를 말한 것이다. 해창 조운선에서도 해신제를 거행했는데, 정약용은 「탐진어가」에서 "종선이 떠나면서 북을 둥둥 울리고는(艐船初發鼓鼕鼕), 지국총 지국총 들리느니 뱃노래라네(歌曲唯聞指匊蔥), 수신사 아래 가서 모두가 엎드려서(齊到水神祠下伏), 칠산바다 순풍을 맘속으로 비노라(黙祈吹順七山風)"라고 했다. 해신제를 지내는 사당 수신사(水神祠)가 있었음을 알 수 있다. 기근 든 제주로 보내기 위해 영암과 나주에서 가지고 온 곡물을 도회관(都會官)인 강진에서 보낼 때에 남당포 바다 건너 봉우리에 단을 설치하고서 해신제를 올렸으니,[22] 수신사는 남당포 바다 건너 산봉우리에 있었는데, 그 봉우리는 금사봉으로 추정된다. 강진은 진산(鎭山)을 현 동 7리 보은산(寶恩山)으로, 안산(案山)을 현 남 10리 금사봉(金沙峯)으로 삼았다. 금사봉은 남당포 바다 건너 앞에 있다. 정약용의 「남포행(南浦行)」이란 시에 있는 "금사산 석름봉이 마주보고 열려 있고(金砂石廩相對開)"라는 구절로 보아, 봉우리 이름이 금사(金砂)로도 불리었음을 알 수 있다. 남당포 민가에는 별신제 축문도 전한다.[23]

이런 남당포가 19세기 끝자락부터 퇴락하기 시작했다. 1897년에 목포항이 개항되면서 그곳 상인들이 기선을 이용해서 제주의 망건·삿갓·얼레빗 등을 구입해오기 시작했다. 평양 담배, 동래 담뱃대, 거제

21) 김덕진, 「전라도 순천 해창의 설치와 풍경」, 『전남사학』 22, 전남사학회, 2004.
22) 『일성록』 정조 19년 12월 6일.
23) 『강진군마을사』(강진읍편), 2001, 304쪽.

대구어, 부산 청어 등도 가지고 와서 전라도 내지에 보급했다.[24] 이런 상황에서 남당포의 상권은 크게 위축되었을 것이지만, 여전히 제주도·추자도·여수·부산·통영 등지에서 고깃배들이 남당포에 들어왔고, 그 고기들은 순천·보성·광주 등지로 유통되었다. 포구엔 물상 객주들도 있었고, 그들 가운데는 강진 3·1운동을 주도하기도 했다.[25] 그런데 일제 강점기 때에 대대적으로 간척지가 조성되고 말았다. 포구는 온데 간데없고 새로 조성된 들녘 사이로 농촌이 된 남포 마을이 그 옛날을 아련히 전해주고 있다. 얕아진 수로에는 큰 배는 간 데 없고 작은 고깃배만이 오갈 뿐이다.[26]

2. 한반도와 도서의 연결

1) 제주도의 문호

『고려사』와 『세종실록지리지』에 추자도 왕래처 3곳이 나와 있다. 하나는 나주를 출발하고, 또 하나는 해진(해남)을 출발하면 삼촌포를 따라 항해하고, 나머지 하나는 강진을 출발하면 군영포(軍營浦)[27]를 따

---

24) 나애자, 『한국근대해운업사연구』, 국학자료원, 1998, 181쪽.

25) 김덕진, 『손에 잡히는 강진역사』, 남양 미디어, 2015.

26) 주희춘, 『제주 고대항로를 추적한다』, 주류성, 2008.

27) 『대동지지』 정리고를 보면, 軍營浦는 "自康津南塘浦發船 西南行五里 過扶蘇門倉一名軍營浦"라고 하여 남당포 서남 5리 지점에 있는데 일명 부소문(扶蘇門)이라고 했다. 앞에서 거론한 임징하(任徵夏)의 유배록을 보면, 남당포에서 출항하여 부소문(扶蘇門) 아래에서 급수(汲水)를 했는데 그 위가 만덕사라고 했다. 위치는 두 기록에 일치되게 나온다. 『여지도서』에도 강진 남창(南倉)은 현 남 10리 부소문에 있다고 기록되어 있다. 김춘택(金春澤)이 제주에 유배가 있던 1707년(숙종 33)에 자신을 나포하기 위해 갑자

라 항해하는 것이다. 모두 추자도를 거쳐 제주 애월포에 이른다고 했
다. 그런데 이후 자료를 보면, 한반도와 제주 왕래처로 강진·장흥·해
남·영암 등 4개 고을이 보인다.[28] 이 중에서 강진의 남당포(南塘浦),
해남의 관두포(館頭浦), 영암의 이진(梨津)·고달도(古達島)가 가장 중
요한 곳이었다.[29] 근래 '물길이 바뀌어' 어디를 더 이용하고 어디를 덜
이용한다는 말은 있었지만, 이곳의 역할은 기선 등장 때까지 불변했
다. 그래서 "영암·강진·해남 세 고을은 병영과 수영 사이에 끼여 있는
데다가 제주로 곧장 갈 수 있는 길목의 요충지여서 공부(貢賦)가 다른
고을보다 갑절이나 많습니다."[30]고 했듯이, 제주 왕래로 인한 주민들 부
담이 많았다. 다시 말하면 이들 군현은 제주 도회관으로써 사객·죄인의
왕래, 경각사·각영문 공문의 전송 등의 공무 발생 때마다 민간선박을
동원해야 했다. 그런 점 때문에 주민들이 큰 고통을 받고 있다며 대동
저치미 등 재정 지원을 증액해달라고 중앙에 요청한 적도 있었다.[31]

기 들어온 금부도사가 강진 부소문(扶蘇門)에서 발선했다는 말을 들었다
(『北軒居士集』 14, 囚海錄, 「後被逮錄」). 포구임이 분명한데, 1923년 『강진
군지』에 군령포(軍令浦)가 현 동쪽 5리에 있는데 8방 상선이 많이 정박한
다고 기록되어 있다. 이름은 비슷한데 위치·거리가 다르니, 면밀한 검토
가 필요하다.

28) 『비변사등록』 3, 인조 2년 1월 7일.
　　長興康津海南靈巖等四邑 因濟州傳送公文船之役 民不堪其苦.

29) 『비변사등록』 145, 영조 40년 3월 24일.
　　남당포처럼 이진(梨津) 또한 도회적 분위기였다. 1794년 6월, 심노숭이 제
　　주도로 부친을 뵈고 가던 중 이진에서 수십 일 동안 순풍을 기다렸다. 광
　　대놀음을 시골 이웃들과 모여 구경했다고 한다(심노숭[안대회 외 옮김],
　　『자서실기』, 휴머니스트, 2014, 97쪽).

30) 『선조실록』 5, 선조 4년 9월 12일(辛未).

31) 『비변사등록』 143, 영조 39년 2월 1일.
　　康津縣 以濟州都會之地 使客及罪人 京各司各營門公文往來船格軍糧費 以
　　大同儲置米會減事也 不但康津也 海南亦然.

위 3개 고을 가운데 가장 중심지는 단연 강진이었다. 강진은 1417년 (태종 17)에 북쪽 내륙에 있던 도강군과 남쪽 해안에 있던 탐진현을 합친 것이다. 탐진(耽津)은 제주와 관련된 이름이다. 탐진은 탐라(耽羅) 사람들이 신라에 조공할 때에 배를 댄 나루터라는 말이다. 그래서

康津乃是濟州入去之海邊.
康津爲濟州出入之門戶.
康津是濟州泊船之地.
康津爲濟州門戶.

라고 하여 강진은 제주의 문호였다. 강진 출신 이시헌(李時憲, 1803~1860)은 자신의 고향을 호남의 남쪽과 남해의 위에 있는 바다와 육지가 만나는 지점으로써 선박이 모여드는 곳이라고 평했다.[32] 그래서 병수사의 왕래, 사신의 영송, 제주 공헌(貢獻)의 수검·견우, 끊이지 않는 노전(路傳) 등의 부담이 있다고 지적했다.

『대동지지』를 보면, 남당포에서 제주에 갈 때 소안도를 중간 기항지로 하여 동서북풍이나 동풍이 불면 운항하고, 정남풍이나 정서풍이 불면 기다린다. 또 제주에서 남당포로 올 때는 서류를 이용하고 계절은 늦봄부터 늦가을까지가 좋고 바람은 남풍이나 동풍이 불면 운항하고, 정남풍이나 서풍이 불면 기다려야 한다고 했다. 순풍만 불면 강진과 제주 왕래는 어려운 일이 아니었던 것이다. 제주어사 심낙수(沈樂洙)가 "조천포(朝天浦)나 미북포(未北浦) 등에서부터 남당(南塘)이나 고달도(古達島) 등의 포구까지는 큰 바다로 나가는 뱃길이 일직선으로 마주 대하고 있으므로 사공이나 뱃사람들이 저쪽이나 이쪽이나를 막

---

32) 李時憲, 『自怡集』記, 「金陵客舍重修記」.
　　金陵在湖南之南南海之上 山川僻荒 雖壤地之偏小 水陸交會 實梯航之騈臻.

론하고 모두 물길에 익숙하여, 원근의 섬들과 아침저녁의 날씨에 대해서 손바닥을 들여다보듯이 환히 알고 있습니다."[33]고 했다. 이쪽저쪽 뱃사람들에게 강진과 제주 왕래는 손쉬운 일이었던 것이다.

그래서 강진 사람들에게 제주를 포함한 바다 관련 공무는 힘든 일로 비춰졌다. 이를 파악한 조한위(趙漢緯)는 강진현감을 마치고서 상소문에 다섯 가지 폐단을 열거했는데, 병영 군액이 많다는 것과 수령이 자주 교체된다는 두 가지 외에 제주 공마(貢馬)를 모는 것, 남당포를 지나는 선박을 붙잡는 것, 유배객이 너무 많아 섬사람들이 힘들다는 것 등 세 가지가 있다. 특히 서울에서 내려온 사신들이 1년 4·5차 남당포 배로 제주도에 들어가기 때문에, 과섭선(過涉船)을 대느라 포구의 수백호 진상포인(進上鮑人)들이 생업을 잃고 사방으로 흩어질 지경이라고 하면서 이를 막는 길은 "賃船之例"에 의해 정당한 값을 주고 가는 길밖에 없다고 했다.[34] 조운선 같은 관선을 두지 않고 사선을 그때그때마다 공무에 동원했는데, 너무 잦아 선인들이 죽을 지경이라는 말이다. 하지만 그들의 죽겠다는 말은 엄살에 불과했다. 실제는 강진 사람들에게 제주도는 생활 터전이나 다름없었기 때문이다.

2) 수륙 물산의 집산

그러면 강진 사람들은 제주도를 상대로 어떤 일을 했을까? 하나씩 검토해보도록 하겠다.

첫째, 강진 사람들은 제주도 공문을 전송하는 일을 맡았다. 앞에서 말한 것처럼 "京各司·各營門公文 往來船"이라고 하여, 경사·영문과 제주를 오가는 각종 공문서의 바닷길 전달을 강진에서 맡는 일이 매우

---

33) 『정조실록』 39, 정조 18년 3월 2일(己丑).
34) 『승정원일기』 722, 영조 7년 5월 7일(己巳).

잦았다. 그러한 나머지 그 일을 맡은 사람들 가운데 표류한 사람도 있었다. 강진 현내면 남당리에 사는 사공 김은광(金銀光)은 같은 동내에 사는 선주 임윤집(任允執)의 삼파삼선(三把杉船)을 타고 행상을 하고 있었다. 그런데 강진현에서 제주목에 보내는 관문(關文) 뭉치를 한차례 전달하라고 명했다. 그래서 선주는 승선하지 않고 김은광 등 사격(沙格) 6명은 관문을 가지고 1795년(정조 19) 9월 24일 강진을 출발하여 27일에 제주에 도착하고서 소지한 관문을 바쳤다. 보름 가까이 머문 후 10월 7일 강진으로 되돌아 올 때에 그냥 오지 않았다. 남당리에 사는 김만광(金萬光)과 병영에 사는 박상철(朴尙鐵)·박상준(朴尙俊)·주덕천(朱德千) 등이 물품(陽臺 100竹, 乾沙魚 10束, 木梳 9竹, 全鰒 5貼)을 가지고 뱃머리에 와서 정세가(定貰價) 4냥을 낼 것이니 같이 태워주라고 하여 동승시켰다. 이들 4인은 장사를 위해 돈 220냥(각자 55냥씩 냄)으로 백목(白木) 32필, 백미(白米) 15석, 국자(麴子) 30원(圓), 남포(南草) 100파(把)를 사서 세가(貰價) 10냥을 내고 제주 사람 문덕천(文德千)의 순귀선(順歸船)을 타고 남당포를 출발하여 제주에 들어와 양대 등을 매입했으니, 이들은 순전히 자기 배 없이 값만 내고 남의 배로 왕래한 것이다. 그때 제주 사람 14명 또한 뱃머리에 와서 무미자생(貿米資生)을 위해 잡물(陽臺 500竹, 甘藿 500束, 乾沙魚 100束, 魚油 20盆, 馬尾 30斤)을 가지고 육지로 나가고 싶다면서 정세가 15냥을 내겠다고 하여 동승시켰다. 마침내 도합 24명은 함께 타고 11월 10일 제주를 출발하여 강진으로 오다가 청산도 외양에서 불시에 크게 일어난 서북풍을 만나 치범(鴟帆)과 노목(櫓木)을 잃고 그만 표류하고 말았다. 일본 히젠[肥前] 주(州) 고토[五島]에 도착한 후 이듬해 2월에 돌아왔다[35] 이렇게 보면 김은광은 별다른 대가 없이 공문

---

35) 『전객사일기』 43, 정조 20년 3월 27일.

을 제주에 전달했지만, 오고 갈 때에 여객을 재량껏 탑승시켰음을 알 수 있다. 그로 인해 탑승객으로부터 19냥을 승선비로 받았음이 확인되는데, 그 돈은 사격 6명에게 분배되었을 것이다. 그 역시 행상을 했던 사람이라고 하니까 상품을 가지고 가서 다른 것으로 환매해 왔을 것이다.

둘째, 강진 사람들은 제주에 들어가 장사를 했다. 앞에서 말한 김만광 일행이 있었다. 또 다른 사례를 보자. 제주목 중면(中面) 별도리(別刀里)에 사는 사공 김영청(金永靑)과 격군 6명은 같은 동내 사람 신필창(愼必昌) 선박을 빌려 제주목의 기해년조 팔순진상(八巡進上) 감자(柑子) 81각(閣), 차지색리(次知色吏) 1인, 압령(押領) 2명, 영사(領使) 2명, 종인(從人) 3명을 싣고 1779년(정조 3) 11월 19일에 본토에서 발선하여 20일에 추자도(楸子島)에 도착하고, 26일에 영암 땅 갈도리(葛島里)에 도착·정박하여 실은 진상감자 및 차지색리·압령·영사·종인 등을 하륙시켰다. 그리고 김영청 자신은 그날 곧바로 갈도리를 떠나 29일에 강진 남당리에 도착했는데 풍세가 불리하자 해를 넘겨 1780년 1월 14일까지 머물렀다. 고향 제주로 돌아오려고 할 때에 마침 제주목의 경각사 진상색리 김려한(金麗漢), 종인 김수선(金守先), 유자 진상압령 강위성(姜渭成), 전문압령 한동명(韓東明), 8월령 물선진상 압령 고순재(高順才) 등이 해당 관사에 담당 물건을 납부하고 뱃머리에 왔다. 그리고 제주 상인 고익관·강재창·이광일·고계삼·김련대·이광수·고궁경·김필정, 상경했다가 돌아오는 제주 사람 한제진, 강진 상인 심득사·김치복·장북룡, 충청도 연기 상인 유언종, 공주 상인 신종복, 제주판관 아노 서울 사람 김복지 등이 와서 함께 제주로 들어가고 싶다고 했다. 그래서 김영청은 상인이 소지한 물건 백목 12동, 마포 1동, 남초 9동, 그리고 격군을 포함한 인원 27명을 싣고 돌아오다 소안도 지나서 갑자기 바람을 만나 표류했다.[36) 이 가운데 김연대(金連大)는 대정현 남면(南面) 사는 상인으로 명대(明臺) 50개(介)를 가지고 강진에 나와서 백목 20필로 바꾸었고, 이광수(李光秀)는 제주목 좌면(左面) 사는 상인으로 양대 80죽(竹)을 가지고 강진에 나와서 백목 1동으로 바꾸었고, 고궁경(高宮敬)은 제주목 좌면 사는 상인으로 웅방(雄方) 12필(匹)을 가지고 강진에 나와서 백목 1동 20필로 바꾸었고, 고계삼(高戒三)은 제주목 중면(中面) 사는 상인으로 양대 50죽과 웅마(雄馬) 2필을 가지고 강진에 나와서 백목 45필로 바꾸었고, 고익관(高益寬)·이광일(李光逸)·강재창(姜再昌)·김필정(金必正)은 제주목 중면 사는 상인으로 양대 400죽을 가지고 강진에 나와서 백목 2동과 남초 3동(同)으로 바꾸었다. 그리고 심득사(沈得辭)·김치복(金致福)은 강진 병영 사는 상인으로 백목 3동과 마포 1동과 남초 3동을 가지고, 장북룡(張北龍)은 강진 읍내 사는 상인으로 백목 1동 20필과 남초 1동을 가지고 들어가려고 했다. 이 외에 신종복(申宗復)은 홍충도 공산현 신상면 사람이고, 유언종(劉彦鍾)은 연기현 북면 사람으로 장사 차 백목 1동 45필과 남초 2동을 가지고 들어가려고 했다. 이처럼 공무로 나왔던 제주선도 들어갈 때에는 일반인을 탑승시켰다. 그때 강진 상인들이 제주에 들어가 장사를 하였고, 강진 상인들과 함께 충청도 연기와 공주 등지에서 온 상인들도 강진에서 제주로 들어갔다.

셋째, 강진 사람들은 제주에 들어가 어로 활동을 했다. 강진 대구면 신지도에 사는 사람 남녀 43명은 진상 전복을 채취하기 위해 돈 181냥과 선척장표(船隻掌標) 1장을 가지고 1778년(정조 2) 4월에 균역청(均役廳) 소속 선박을 타고 제주목 화복포(花福浦)에 도착했다. 물금첩문(勿禁帖文) 1장을 받고 감길포(甘吉浦)·대포(代浦)로 가서 130첩을 채

---

36) 『전객사일기』 28, 정조 4년 7월 8일.

복(採鰒)한 후 8월에 고향을 향해 출발했으나 중간에 서북풍이 갑자기 크게 일어나 표류하고 말았다.[37] 강진 사람들은 제주도와 가까운 추자도에 들어가서도 멸치 잡이 같은 어로 활동은 물론이고 교역도 했다.

넷째, 아예 제주로 이거한 강진 사람도 있었다. 1814년(순조 14) 11월 중순에 강진 사람 남녀 12명이 한 배를 타고 제주로 이거하기 위해 강진을 출발했다가 중간에 크게 일어난 서풍을 만나 표류하고 말았다.[38] 이런 경우 위장표류 가능성도 있지만, 한반도를 바라보고 있는 제주도 북쪽 포구에는 강진 사람들이 제법 거주하며 객주 일을 하면서 상업활동을 하고 있었을 것이다.

그러면 제주에서는 어떤 물품이 강진으로 나왔을까? 앞에서도 간헐적으로 나왔지만, 더 자세히 알아보겠다.

첫째, 제주 특산품이 나왔다. 1813년(순조 13)에 강진 사람 송영필(宋永弼)은 제주에서 말 43필, 양태 40척, 감곽 400속, 나무 빗 20통 등을 선박에 싣고 공주·제주 사람들과 함께 나오다 대풍을 만나 표류한 바 있다.[39] 송영필 같은 강진 상인 외에, 앞에서 말한 김연대 같은 제주 상인들에 의해서도 제주 특산품이 강진으로 나왔다. 제주읍성 안에 사는 사상(私商) 시노(寺奴) 현영발(玄永發)과 양인(良人) 이효손(李孝孫) 등이 장사를 위해 양대·전복·총모자 등을 가지고 영암 이진으로 나오다 표류했다는 기록으로 보아,[40] 사상으로 불리는 전문상인들이 대거 제주 물산을 가지고 나왔다. 만덕(萬德) 같은 여성도 이식과 매매를 하는 객주였으니, 제주의 상인층 폭은 꽤 넓었을 것 같다. 그리고 재원 충당을 위한 제주 향리들에 의해서도 그러했다. 제주에서

---

37) 『전객사일기』 27, 정조 3년 4월 17일.
38) 『同文彙考』四, 附編續, 漂風 3 我國人.
39) 『일성록』 순조 13년 11월 14일.
40) 『전객사일기』 18, 영조 46년 8월 16일.

공물선이나 상고선이 나올 때에 구황무역색리(救荒貿易色吏) 또는 공사무역색리(公私貿易色吏)가 동승할 때도 있었다. 그들은 관아재원이나 구휼곡을 마련하기 위해 양대, 모자, 감곽, 전복, 목소, 화함, 마안, 마 등을 가지고 강진이나 해남 등지에 나와서 곡물로 바꾸어 갔다. 이렇게 보면, 말, 양대, 모자, 목소(빗), 감곽, 사어, 전복, 어유, 마안, 마미, 광명대, 웅방, 화암, 귤 등이 나온 것으로 확인된다. 이런 것들은 모두 제주 특산품이다.[41] 이 가운데 전국적 점유율이 가장 높은 제주 최고 특산품은 갓을 만드는 데에 소요되는 양대였다. 김윤식이 제주도 유배생활 때에 남긴 시를 보면, "균립과 종건(筠笠與鬃巾), 모두 가난한 여자 손에서 나왔네(皆從寒女出), 나라 사람 절반쯤이(遂令半國人), 이에 힘입어 머리카락 갈무리하네(賴此藏頭髮)"[42]라고 하여, 나라 사람들이 쓰는 갓 절반이 제주도에서 나온 양대로 제작되었다. 바로 그 양대가 강진으로 나오는 배에 가득 실려 왔는데, 정약용이 강진에 유배와서 지은 「탐진어가(耽津漁歌)」에도 그 장면이 "추자도 장삿배가 고달도에 묵고 있는데(楸洲船到獺洲淹), 제주산 갓 차양을 한 배 가득 싣고 왔다네(滿載耽羅竹帽簷), 돈도 많고 장사도 잘한다고 하지마는(縱道錢多能善賈), 간곳마다 거센 파도 마음 놓을 때 없으리(鯨波無處得安恬)"라고 묘사되어 있다.[43] 나라 사람 가운데 안 쓴 사람이 없다고 할 정도로 갓의 수요가 많았기 때문에, 강진의 양대 시장은 전국적이었음을 쉽게 확인할 수 있다.

둘째, 제주도의 공물이 강진으로 나왔다. 우선, 제주 세공마(歲貢馬)를 실은 선박이 강진현에 도착하여 말을 내리면, 길을 나눠 서울로

41) 李衡祥(1653~1733), 『南宦博物』, 『耽羅職方說』.

42) 金允植(1835~1922), 『雲養集』 5, 詩, 瀛島稿, 「濟州雜詠」.

43) 『여유당전서』 4, 詩, 「耽津漁歌」.

올려 보내졌다. 그래서 강진에 있는 마도(馬島) 또는 재마도(載馬島)라는 섬 지명은 모두 제주 말과 관련된 것이다. 이 외에 각종 공물도 강진으로 나왔다. 1759년(영조 35) 10월 17일에 제주 읍내에 거주하는 사공 장원창(張遠昌)을 포함한 사격 14명, 선주 이부성(李富成, 제주목 使令), 제주목진상색리 김해백(金海白), 종인 김영만(金永萬), 대정현진상색리 원덕성(元德成) 등 18명은 제주목의 관공역인(官供役人)으로써 경각사 진상잡물과 각방 무역잡물을 가지고 화북진(禾北鎭, 동 10리) 전양에서 바람을 기다리고 있었다. 그때 서울 사는 출신(出身) 박정주(朴廷柱), 창성위궁배리(昌城尉宮陪吏) 이춘빈(李春彬), 양인(良人) 전세진(全世珍) 등 3인이 약간의 짐을 가지고 뱃머리에 와서 함께 가고 싶다고 하여 동승시켜 그날 출항하여 강진으로 직향하다 도중에 악풍을 만나 표류하여 일본에 도착한 바 있다.[44] 서울 사람 3인은 장사 차 제주에 들어와 잡물을 매입하여 동승했다. 표류 도중 진상물을 거의 잃고 표착했을 때에 남은 것은 제주목의 경우 표즙(藨茸) 3궤(櫃), 비자(榧子) 2석 3두, 비자판(榧子板) 6립(立), 우모(牛毛) 5봉(封), 정포(呈鮑) 1,500첩(貼), 나전(螺鈿) 1두 2승, 상곽(常藿) 170근 뿐이고, 대정현의 경우 표즙 1궤, 나전 2승, 비자궤(榧子櫃) 1좌(坐), 대모(玳瑁) 1장, 상곽 17근, 산유판(山柚板) 4립(立), 비자판 1립 뿐이었다. 위 배는 강진으로 나오는 중에 표류하고 말았지만, 무사히 강진에 도착한 배도 많았다. 이때 나전·대모·판자 같은 희소성 높은 물품을 납품할 정량만 가지고 나오지 않았을 것이다. 흔히 봉여(封餘)라고 하여 정량 이상을 거두었기에 공물 일부는 분명 강진 땅에 내려졌을 것이지만, 이는 좀체 기록될 수 없는 비밀 사안이어서 구체적 실상을 알 수 없을 따름이다. 그러면 그 배는 공물을 내려놓고 어떻게 되었을

---

44) 『전객사일기』 14, 영조 36년 6월 19일.

까? 앞에서 살핀 김영청 배는 여객·상인과 그들이 휴대한 상품을 가득 싣고 제주로 돌아갔다. 그런가 하면 인근으로 장사 떠난 배도 있었다. 1777년(정조 1) 6월에 제주목 좌면(左面) 어등포(魚等浦)에 사는 고만재(高萬才), 오필진(吳弼進), 이인보(李仁寶), 고안중(高安重), 김차룡(金次龍), 고일운(高日云), 이재영(李才永), 김차삼(金次三) 등 8인은 추인복(秋引鰒) 진상을 위해 배를 타고 바다로 나가 도회관 강진현에 도착했다. 해당 색리는 진상품을 납부하기 위해 하선하여 상경하고, 나머지 8인은 배를 몰고 충청도 은진을 향하다 전라 우수영에 들러 감곽(甘藿)을 팔고 백목(白木)을 사서 실고서 항해하다 대양에서 광풍을 만나 표류하여 중국에 이르고 말았다.[45] 만경이나 부안 등지에 가서 가지고 온 상품으로 곡물 등을 바꾼 후 되돌아 간 경우도 있었다. 이렇게 보면, 공물선의 경우 공물 외에 일반 상품도 가지고 나와 강진이나 그 인근 지역에서 필요한 것과 환매되었음을 알 수 있다.

이처럼 공문서를 전달하기 위해 강진의 상고선이 남당포에서 제주로 들어갔다. 그런데 갈 때에 어떠했는지에 대해서는 알 수 없지만, 나올 때에는 제주에 들어가 있던 강진 상인이나 육지로 나오려는 제주 상인이 동행했다. 사실 당시 많은 강진 상인들도 직접 배를 몰고 제주도에 건너가 상업을 하고 있었고, 제주 상인들 역시 강진으로 나와 상업을 하고 있었다. 선박을 소유하지 않은 사람도 돈만 있으면 남당포에서 배삯을 주고 제주에 건너가 장사를 할 수 있을 정도로 왕래가 빈번했다. 이 왕래 선박에 충청도 등지의 외지 상인들도 동승했다. 어찌되었든지 강진 상인으로는 읍내 남당포 상인과 병영 상인이 보인다. 남당포는 포구여서, 병영은 군사도시여서 상업이 발달했던 것이다. 이들은 제주에서의 산출이 어려운 백목, 마포, 백미, 남초, 누룩 등을 가

---

45) 『비변사등록』 159, 정조 2년 5월 23일.

지고 제주로 들어갔다. 이 외에 옹기를 가지고 들어간 사람도 있었다.[46] 이 가운데 백목은 강진의 특산품이었다. 19세기에 창작된 「한양가(漢陽歌)」라는 가사 가운데

> 白木廛 各色房에 무명이 쌓였어라
> 康津木, 海南木과 高陽낳이, 江낳이며
> 商賈木, 軍布木과 貢物木, 巫女布와
> 天銀이며, 丁銀이며, 西洋木과 西洋紬라.

라고 하여 강진목(康津木)이라는 강진산 면포는 시전의 명품이었다. 강진과 인근에서 재배된 목화로 강진에서 생산된 강진목이 서울은 물론이고 목화 재배가 어려운 제주도에 독점적으로 공급되었다. 해남목(海南木)도 비슷한 조건으로 명품 백목 대열에 들었을 것이다. 19세기 말기에 포목상을 하던 박승직(두산 창업자)이 강진에 내려와서 이 명품 백목을 구매해가서 큰 돈을 벌었다는 일화가 전한다. 또한 전국 산지로부터 매입된 담배가 강진을 통해 제주로 들어갔다. 채팽윤(蔡彭胤)이 1729년(영조 5)에 제주 대정현으로 귀양을 가면서 강진 남당포에서 출항했다. 그때 지은 「남당」이란 시에 "南塘渡口人如簇, 云泊湖南賈客船, 擔來駄去皆南草, 散入飛鴻白馬邊"[47]란 구절을 남겼다. 남당포구 입구에는 사람들이 운집해 있는데, 모두 정박해 있는 호남 상고선 사람들이고, 그들이 메고 오고 실고 가는 것은 모두 남초라고 했다. 당시 진안이 남초 주산지였다고 하니, 그 남초가 강진으로 집하되

---

46) 이욱, 「18~19세기 중반 제주지역 상품화폐경제 발전과 성격」, 『국학연구』 12, 한국학진흥원, 2008, 517쪽.
47) 蔡彭胤(1669~1731), 『希菴集』 12, 詩, 「南塘」.

어 제주로 나가고 있었던 것이다.[48] 제주에서는 각종 제주 특산물이 상품이나 공물 형태로 강진으로 나왔다. 그 가운데 양대는 강진 상인들에 의해 각지로 반출되었는데, 경상도로 간 사례가 발견되고 있다. 또한 진피(陳皮)의 경우 병영 박약국(朴藥局)에서 매입하여 약재로 사용되었다.[49] 그리고 귤(橘)은 강시(江市)에 넘쳐났다고 했으니,[50] 남당포 읍내장에서 팔려나갔음에 분명하다.

3. 동남해와 서남해의 연결

1) 경상·송상의 내왕

앞에서 살핀 것처럼, 제주 물산이 강진 상인이나 제주 상인들에 의해 강진으로 나왔다. 그러므로 전국의 상인들이 제주도로 직접 들어가기도 했지만, 제주 물산을 매입하기 위해 강진에 몰려들 수밖에 없었다. 어떤 상인들이 왔을까?

첫째, 경상(京商)이 왔다. 1773년(영조 49)에 대사헌 엄숙(嚴璹)이 다음과 같은 말을 했다. 자신이 제주를 다닌 11년간은 제주에 부자들이 많았는데 지금은 쇠잔해졌고, 인심도 전에는 미열(迷劣)했는데 지금은 크게 변질되었다고 하면서 그것은 경상들이 떼를 지어 체류한 결

---

48) 김덕진, 『전라도의 탄생』 2, 선인, 2020, 170쪽.

49) 김덕진, 「19세기말 전라도 강진 병영 박약국의 약재매입 실태」, 『역사와 경계』 103, 부산경남사학회, 2017.

50) 林悌(1549~1587), 『林白湖集』 1, 五言近體, 「送弟怛萬德寺」
地卽金陵舊 寺疑靈隱名 樓臺通蜃氣 鍾梵雜潮聲 丹橘饒江市 靑山隔海城 少年曾作客 持此羨君行.

과라고 했다.[51] 경상들이 대거 제주에 들어와 상품을 쓸어가니 토착 상인들이 몰락했다는 말인데, 그렇다면 그들 가운데 상당수는 강진을 경유할 수밖에 없었다. 실제 서울 미상이 강진에 온 사례는 확인되고 있다. 이거원(李巨源)이 강진현감으로 있을 때에 상인들에게 취해 쓴 쌀이 도합 천여 석이 넘었다. 상환이 지연되자 미상(米商) 무리들이 가는 곳마다 청탁하여 그 빚을 경청(京廳)으로부터 받아가려고 했다.[52] 짧은 기록이지만 이를 통해 서울 상인들이 미곡을 매입하기 위해 강진에 내려왔다가 현감에게 많은 돈을 빌려준 것으로 보인다. 이보다 바로 앞서 1732년(영조 8)에는 강진현감 이시희(李時熙)의 여러 비위 사실이 거론되었다. 그 가운데 제주도 말 3·40필을 사서 키워 비싸게 팔아 큰 이득을 챙겼다는 말이 있다. 그리고 "潛受四五百貫京商之錢 沒數私用 期以公償"이라는 대목이 있다. 경상(京商)으로부터 돈 4·500냥을 몰래 받아 전부 사적으로 사용하고서는 공금으로 갚으려 했다는 말이다.[53] 강진 땅에 경상이 와 있었고, 수령이 그로부터 어떤 명목으로 막대한 돈을 받았음을 알 수 있는데 그 명목이란 남도 특산품의 매점에 관한 것이 아닐까 한다. 사실 경강상인이 권력층과 결탁하여 세곡 운송업에 뛰어들었고, 도고상업을 하여 매점매석을 했기 때문에 그들이 강진에 내려왔을 것임은 명백해 보인다.

둘째, 강진 땅에 송상(松商)이 와 있었다. 앞에서 거론한 이거원(李巨源) 일과 관련된 것인데, 개성 사람들이 강진에 내려와서 쌀을 구입하여 선박으로 운송하려고 할 때에 현감이 빼앗고서 진자(賑資)로 사용하려 한다고 했다. 개성 사람들이 혹은 진휼청에 정소하고 혹은 어

---

51) 『승정원일기』 1334, 영조 49년 1월 16일(丙午).
52) 『비변사등록』 95, 영조 10년 1월 24일.
53) 『승정원일기』 747, 영조 8년 7월 12일(丙申).

가에 상언했다.[54] 그래서 강진 땅에 "北商爭米價 經歲未迴舟"[55]라는 말이 있었던 것이다. 북상들이 서로 쌀을 매입하기 위해 싸우고 있다는 말인데, 북상이란 경상이나 송상을 말할 것이다. 이들은 육로보다는 선박을 통한 해로로 연해읍을 출입했다.

송상들은 쌀 외에 각종 물품도 강진에 내려와 매입해 갔다. 시전의 양대전(涼臺廛) 상인들이 다음과 같이 말했다.

> 비변사에서 아뢰기를 (중략) '근래 송상(松商)의 세력이 더욱 커져 조종하여 이권을 독차지하고 있고 또 제주에서 나오는 길목인 강진과 해남 등지에서 도고(都賈)를 하여 도회(都會) 각처에 직접 나누어 보내기 때문에 경성(京城)에 들어오는 것이 전혀 없어 물종이 극히 귀하니 송상의 도고로 인한 폐단을 각별히 엄금하되 모자전(帽子廛) 사람들이 만부(灣府)로 내려가 가격을 정하여 송상에게 넘겨준 예에 따라 강진과 해남 등지에 사람을 보내 시가(時價)대로 정하여 송상과 각처에 넘겨주게 해 주소서.' 하였습니다. 송상이 이권을 독점하는 폐단이 본전(本廛)에 해를 끼치고 있음을 이미 들은 뒤에는 엄하게 금해야 할 것이니 해도와 해부에 관문을 보내 통렬히 금단하게 해야 하겠습니다.[56]

앞에서 말한 것처럼, 강진 상인이나 제주 상인들에 의해 제주산 양대가 강진으로 나왔다. 그것을 송상들이 직접 강진에 내려와 매점매석하니 시전 양대전이 피해를 입고 있다는 말이다. 그들은 직접 제주에 들어가기도 했다. 상민(商民) 또는 객상(客商)으로 표현된 개성 사람 김응택(金應澤)은 입양대(笠涼臺)를 사기 위해 남당포에서 쌀을 가지

---

54) 『승정원일기』 783, 영조 10년 7월 27일(庚子).

55) 李獻慶, 『艮翁集』 2, 詩, 「康津縣齋」

56) 『비변사등록』 200, 순조 10년 1월 10일.

고 제주에 들어갔다가 나오다 표류한 적 있다. 이들과 함께 나온 사람으로 서울 사람 3인과 강원도 원주 사람 1인이 더 있는데 이들 역시 양대를 사서 가지고 나오는 것이었다. 양대를 행상하는 제주 사람 8인도 동승했다.[57] 강진에서 값싸게 대량으로 매입할 수만 있다면 위험을 무릅쓰고 굳이 제주에 들어갈 필요는 없었다. 이 두 가지 조건 속에서 어떤 송상은 강진에서 매입하고, 어떤 송상은 직접 제주에 들어갔던 것이다.

송상의 내왕은 강진 상인과의 동업에 의해 이루어졌다. 다음 사례를 보자. 개성 예성강 사람 10명과 강진 사람 3명 등 모두 13명의 사격으로 구성된 선박 한 척이 장사를 위해 돈 2,200냥을 싣고 1756년(영조 32) 2월 13일 예성강을 출발했다. 2월에 은진 땅에 이르러 쌀 540석을 샀다. 그리고 5월 5일에 영일 포항에 도착하여 그 쌀을 팔고 명태 52태(駄)를 산 후 객주 집에 맡겨 두었다. 또 감곽(甘藿) 340동(同)을 사서 윤 9월 17일에 강원도 삼척 땅에 가서 남은 돈 1천여냥으로 소잡어(小雜魚)를 사서 10월 1일에 삼척을 출발하여 본토로 향했다. 그러다가 5일에 경상도 기장 앞바다에서 광풍을 만나 표류하고 말았다. 이 13명 가운데 개성 사람은 10명으로 사공 양인 김중재(金中才)와 격군 양인 양태중(梁太中)·박성태(朴成太)·이일만(李日萬)·한부리금(韓夫里金)·선필선(宣必先)·김정위(金正渭)·강정천(姜正千)·전북실(田北實)·고사봉(高士奉) 등이었다. 반면에 3명은 강진 사람으로 격군 양인 김승검(金勝儉)·백두정(白斗貞)·김태락(金太落) 등이었다. 이 강진 사람들은 "累年同務興販"이라고 하여 여러 해 동안 개성 사람들과 동업을 해온 상인이었다.[58] 문제는 이들이 탄 배와 가진 돈이 이들 것이 아

57) 『비변사등록』 135, 영조 34년 9월 21일.
　　『동문휘고』 67, 漂民 2 我國人.
58) 『전객사일기』 11, 영조 33년 6월 21일.

니라 개성 사람 물주 김진철(金振哲) 돈이고 개성 사람 선주 김칠봉(金七奉) 선박이었다. 그리고 강진 사람이 동참한 것도 주목되는데, 이들의 역할이 경험이 없는 개성 사람들에게 동남해 항해술을 제공한 것이 아닌가 한다.

이 외에 충청도 상인들이 강진에 들어왔다. 앞서 충청도 공주와 연기 상인이 강진에 와서 제주로 들어갔다. 강진 배가 은진에 간 적이 있기 때문에 그곳 상인들도 내왕했을 것이다. 이 외에 홍주 상인도 보인다. 1779년(정조 3)에 충청도 홍주목 어을방면 식송리에 거주하는 상인 이득우(李得雨)는 돈 80냥을 가지고 집을 떠나 강진에 이르러 무명 40필을 샀다. 마침 순부선(順付船)을 만나서 타고 제주로 들어가 양대와 잡물을 매입했다. 강진으로 나오는 제주 사람 신진창(愼進昌)의 선박을 탔다가 추자도 부근에서 풍랑을 만나 왜국으로 표류하고 말았다. 이때 함께 승선하여 표류한 사람으로 사격 10명, 제주판관 신영하인 18명, 그리고 순천부 상인 박필보(朴弼甫)도 있었다. 사격, 하인, 상인이 소지한 물건은 양대, 마미(馬尾), 전복, 목소(木梳), 탕건(湯巾), 총감토(驄甘土), 감곽, 백랍(白蠟), 유철(鍮鐵) 등이다. 이 가운데 홍주와 순천 상인은 백목을 가지고 가서 양태와 마미를 샀다. 반면에 제주 사격과 하인은 양대와 탕건 등을 가지고 나와서 팔려고 하거나 목면이나 잡물로 바꾸려고 했다.[59] 모두들 제주 특산품을 강진에 와서 사간 것이다.

이처럼 강진은 제주 특산품의 집산지였다. 그래서 강진 땅에는 전국 굴지의 사상도고들이 운집하여 그것들을 매점매석 했다. 특히 송상은 당시 수요가 높은 갓을 제작하는 데에 사용되는 양대가 육지로 운반되는 첫 길목인 강진에 들어와 매점했다.[60] 그리고 경강상인들도 내왕하

59) 『전객사일기』 28, 정조 4년 7월 6일.
60) 강만길, 『조선후기 상업자본의 발달』, 고려대 출판부, 1973, 112쪽.

였고 충청도 각지 상인들도 내왕했는데, 그들의 목적은 제주 특산품을 매입하는 데에 있었다. 강진에 온 외부 상인들 가운데는 제주에 직접 들어가기도 했는데, 그때 강진에서 백목을 매입하여 들어갔으니, 강진의 백목 시장은 흥성할 수밖에 없었다.

2) 동남해 포구와 교류

우리의 바다는 크게 동남해와 서남해로 나누어진다. 동남해는 한류 어종인 청어나 대구 등이 많이 잡히고, 서남해는 난류 어종인 조기나 숭어 등이 많이 잡힌다. 그리고 바람 또한 동남해와 서남해는 각기 다르다. 그래서 대부분 바다사람들은 자기 지역 안에서만 어로 작업을 하거나 항해 활동을 했다. 그런데 서남해에 위치한 강진 사람들은 이 두 바다를 모두 활동권으로 삼았다. 그래서 강진 사람 가운데 거문도 및 제주도나 추자도 등지는 말할 것 없고, 멀리 동남해 방면으로 진출한 사람들이 많았다. 지역 단위로 하나씩 살펴보겠다.

첫째, 강진 사람들은 울릉도(鬱陵島)를 내왕했다. 정약용의 「탐진어가」에 "홍합이 연밥같이 작은 게 싫어서(澹菜憎如蓮子小), 돛을 달고 동으로 울릉도를 간다네(治帆東向鬱陵行)"란 시구가 들어 있다. 강진 사람들이 동쪽 끝 울릉도까지 다녔다는 말이다.

둘째, 경상도 영일(迎日)을 간 사례를 보자. 강진 남당리 사는 해부(海夫) 22명(사공 해부 金善白, 격군 해부 宋九龍, 양인 秋順彦, 金致宇, 金寵金, 金惡金, 金善道, 朴命伊, 金次云, 보인 申仁先, 양인 朴檢先, 金山伊, 金禹再, 金萬丁, 金興貴, 金德鳳, 金水元, 사노 金祥吉, 양인 秋順鶴, 金龍伊, 朴有先, 丁信男)이 1716년(숙종 42) 12월 21일에 한 척의 배에 타고 본토를 출발하여 경상도 영일현을 향했다. 청어(靑魚)를 무득(貿得)하기 위해 본전으로 정조(正租) 150석, 본현 진흉소

무어전(貿魚錢) 15냥, 군목(軍木) 5필을 가지고 갔다. 가서 청어 70여 동을 무재(貿載)한 후 돌아오다 그만 표류하고 말았다.[61] 청어는 대표적 한류 어종이다. 서해 바다에서도 잡히지만, 동해 바다가 주 산지이다.[62] 그래서 강진 사람들이 멀리 동해까지 간 것이다.

셋째, 울산(蔚山)으로 많이 간 경우가 발견되고 있다. 우선 사례를 소개해보겠다.

① 1678년(숙종 4)에 강진 사람 박명백(朴明白) 등 18명이 어물 매입을 위해 배를 타고 울산으로 향하다 표류한 적이 있다.[63]

② 1771년(영조 47)에 강진 청산도에 사는 사공 양인 김선태(金善泰, 30세), 격군 양인 장련태(張連太, 38세), 진상군 차중구금(車重九金, 35세), 양인 차도안(車道安, 27세), 양인 지개구(池皆九, 30세), 진상군 차만년금(車萬年金, 32세), 양인 차백돌(車伯突, 24세), 양인 차도사리(車道沙里, 33세), 양인 김한중(金漢中, 34세), 양인 지육태(池六太, 23세), 양인 김암회(金岩回, 22세) 등 12명은 장사 차 같은 마을 사람 이담취(李淡吹)의 균역청 소속 선박을 타고 출항했다. 동내 사람 김일헌(金一獻)의 돈 500냥과 선척장표 1장을 가지고 있었다. 가덕진(加德鎭)에 이르러 공문반첩(公文反貼)하고 다대포(多大浦)에 도착하여 또 공문반첩한 후 항해를 계속하여 울산 땅 구미포(仇味浦)에 이르렀다. 여기서 390냥으로 검어(劍魚, 갈치)[64] 43동(同)을 매입하고 나머지 돈은

61) 『표인영래등록』 숙종 43년 8월 28일.

62) 김덕진, 「17세기 해수저온과 수산공물」, 『이화사학연구』 43, 이화사학연구소, 2011, 140쪽.

63) 『변례집요』 3, 표인순부.

64) 『五洲衍文長箋散稿』, 人事篇, 服食類, 諸膳, 「物之旨美辨證說」. 帶魚 卽劍魚 我東俗名葛治魚也.

가지고 오다 동래 땅 절영도 앞에서 크게 일어난 서북풍을 만나 표류하고 말았다.[65] 강진 사람들은 청어와 함께 갈치를 사와서 염장한 후 전라도 내지에 유통시켰을 것이다.

③ 장흥 삼천면 진해리 사람 박지백(朴之百) 등 7명이 1774년(영조 50)에 장사 차 돈 400냥을 빌려서 항해를 하여 경상도 장기현 군령포에 가서 마른 며치어(旀致魚, 멸치) 250석을 매입하여 선적을 하고 바람을 기다리고 있었다. 그때 뱃머리에 김석재(金石才)라는 사람이 와서 본래 강진 남당리 출신인데 지금에 여기서 산다고 하며 생활이 어려우니 도로 고향으로 돌아가고 싶다고 말하여 동승하게 되었다. 표류하여 귀국한 후 김석재는 본래 강진 남당리 거주자인데 지난 '경자(庚子)'년에 처가를 따라 장기 군령포로 이접(移接)하였다고 말했다.[66] 여기에는 군령포가 장기

---

65) 『전객사일기』 19, 영조 47년 12월 18일.
66) 『전객사일기』 23, 영조 51년 6월 23일.
멸치는 여러 이름으로 불리었다(박구병, 「어업」, 『한국사』 33, 국사편찬위원회, 1997, 217쪽). 동서남 전 해역에 서식하지만, 이규경이 "朝鮮東北海水族中 有小魚如鰍者 曰蔑魚 或稱旀魚"(『오주연문장전산고』, 萬物篇, 蟲魚類, 魚, 「鰮魚辨證說」)라고 한 것으로 보아 당시 동해가 주 산지였던 것 같다. 동해안 마른 멸치는 전라도에 반입되었다. 현재 확인된 바로는 강원도 평해 산 멸치가 반입되었다. 1738년(영조 14) 10월 11일에 평해 사람 9명이 흥리자생을 위해 멸치를 구매하여 배에 싣고 본토를 출발했다. 12월 4일에 전라도 낙안에 도착하여 멸치를 미 115석과 조 17석으로 바꿔 샀다. 동월 28일에 곡물을 싣고 낙안을 출발하여 본토로 돌아오다 이듬해 1월 16일에 기장 바다에서 서북풍을 만나 표류하고 말았다(『典客司別謄錄』 3, 영조 15년 6월 18일). 그리고 여기에 나온 것처럼 경상도 울산 산 멸치가 장흥 사람들에 의해 매입되었다. 멸치는 강진 사람들에게도 주요한 수입원이었다. 강진 백도면(白都面) 완도(莞島) 사람 18명이 배에 그물을 실고 추자도에서 가서 며치어(旀致魚)를 잡았다. 일부는 잡은 고기를 수직폭건(守直曝乾)하기 위해 하륙하고 일부는 또 출어 나갔다가 그만 서북풍에 표류하고 말았다(『전객사일기』 26, 정조 2년 6월 6일). 이러한 사례로 보아, 강진 사

땅으로 나와 있지만, 울산 땅 서생진(西生鎭)에 있는 포구로 곽전(藿田) 소유권을 차지 위해 중앙관부와 궁방 간에 공방전을 펼친 것으로 유명한 곳이다.

④ 1793년(정조 17) 12월 하순에 강진 사람 8명이 한 배를 타고 울산으로 가서 이듬해 윤11월 중순에 매입한 대두(大豆)·건어(乾魚) 등을 싣고 되돌아오다 표류했다.[67]

⑤ 1806년(순조 6) 11월 9일에 강진 현내면 남당리에 사는 선주 겸 사공 김성율(金成律, 45세), 격군 양인 양세광(梁世光, 64세), 진 상군 박내명(朴乃明, 56세), 양성남(梁成男, 33세), 정정숙(鄭正淑, 42세), 양손일(梁孫日, 38세), 강수복(姜守福, 30세), 강금손(姜今孫, 29세), 양인 박금용(朴今用, 19세), 양인 김상철(金尙鐵, 26세) 등 10명은 소금을 사고 장사를 위해 같은 동내에 사는 김쾌득(金快得)의 균역청 소속 십파삼선(十把杉船) 1척과 삼파급수소선(三把汲水小船) 1척 등 2척을 돈 350냥을 주고 구입하여 강진을 출발하여 울산 마단(麻端)에 도착했다. 무엇을 가지고 와서 팔았는가는 모르겠으나, 거기서 소금 230석과 콩 12석을 매입한 후 출발하여 고향으로 돌아오다 기장 앞바다에서 표류하고 말았다.[68] 마단은 지리지에는 보이지 않지만, 표류 기록에 마단리(麻端里) 또는 마단진(麻端津)으로 나오고 상고(商賈)나 염주(鹽主) 등이 거주하고 있고 강원도 삼척부·울진현 사람들이 멸치

람들도 동남해 포구에 가서 멸치를 매입해왔을 가능성도 점쳐진다. 이 외에 흥양 사람들이 명태 무득차 강원도 간성까지 간 사례가 있는 것으로 보아, 강진 사람들도 그러했을 것 같다. 실제 대선제분 창업주 병영 출신 박세정(1917~2001)은 일제 말기에 원산에서 명태를 사와 강진·장흥지역에 공급했다고 한다(강진일보 2015년 5월 6일자 보도).

67) 『동문휘고』 4, 附編續, 漂風 1 我國人.
68) 『전객사일기』 54, 순조 7년 3월 28일.

를 가지고 와서 팔았던 적으로 보아 상당히 큰 포구였음에 분명
하다. 울산은 소금 생산지로 유명한 곳이다. 그래서 강진 사람들
이 일부러 소금을 사러 울산까지 간 것이다.

ⓒ 1810년(순조 10) 10월 하순에 강진 사람 남녀 6명이 경상도 울산
으로 이거하기 위해 한 배를 타고 강진을 출발하여 항해하다 표
류한 바 있었다.[69]

넷째, 기장(機張)을 간 사례도 발견된다. 강진 사람들이 취리자생
(取利資生)을 위해 무득한 목화 3,600근으로 청어를 환무(換貿)하고
자 1677년(숙종 3) 12월 11일에 집을 떠나 기장 땅으로 향했다. 중간
에 두모포에서 실은 목화로 조를 바꾸고 항해하다가 이듬해 1월 6일에
울산 앞바다에서 바람을 만나 표류하고 말았다.[70]

다섯째, 강진 사람들은 웅천(熊川)에 와서도 교역을 했다. 1783년
(정조 7) 12월 3일에 웅천현 사람 정성구(鄭聖龜) 등 사격 9명, 웅천현
영거색리(領去色吏) 조창진(趙昌鎭)은 강진 청산도 사람 김운삼(金雲
三)의 선박에 원춘도(原春道)로 이전할 조 164석, 피모 40석을 싣고
본토를 출발했다가 표류한 적이 있다.[71] 전년에 강원도가 원춘도로 명
칭이 바뀌었다. 그 이듬해에 가을 농사가 대흉년이었다. 그래서 조정
은 민심 안정을 위해 환곡·군보·신공·해세·둔전세를 정퇴(停退)시키
는 조치를 취하였다.[72] 그리고 포항창 곡식 1만석과 칠원(漆原) 등지에
있는 보리를 원춘도로 운반하게 했다.[73] 독운어사가 파견되어 운송을
독려했는데, 바로 이 조치로 인해 웅천에서 상업활동을 하던 강진 선

69) 『동문휘고』 4, 附編續, 漂風 2 我國人.
70) 『표인영래등록』 숙종 4년 윤3월 28일.
71) 『전객사일기』 32, 정조 8년 4월 23일.
72) 『정조실록』 16, 정조 7년 10월 5일(癸亥).
73) 『정조실록』 16, 정조 7년 10월 23일(辛巳).

박이 동원되었던 것 같다.

여섯째, 창원(昌原)에도 강진 사람들이 살고 있었다.

① 1779년(정조 3)년 10월 5일에 선주 양인 김중옥(金重玉), 사공 양인 박순삼(朴順三), 격군 양인 소한창(蘇漢昌) 등 8명은 장사를 위해 이일용(李日用)으로부터 돈 150냥을 빌려서 김중옥의 배를 타고 창원을 떠났다. 가덕진과 다대포를 거쳐 강원도 평해(平海) 땅에 도착하여 멸치 70석을 사서 선적했다. 그리고 본토로 돌아오기 위해 그곳을 떠나 군령포를 지나 경주 이견대 앞 바다에서 그만 표류하고 말았다. 이 가운데 김중옥·박순삼·이일용 등은 경상도 창원부 서면(西面) 성산리(城山里)에 사는 사람이다. 반면에 소한창은 본래 전라도 강진 사람인데, 3년 전에 창원 성산리에 사는 김막남(金莫男)의 딸을 아내로 맞이하고서 함께 한 마을에서 살고 있다가 이번에 격군이 되었다.[74] 흥리(興利)를 위해 격군으로 승선했다는 말로 보아, 인건비를 받기 위함이 아니라 상인 일원으로 동참했음을 알 수 있다.

② 1807년(순조 7)에 충청도 평택현 남면 산포(山浦)에 사는 선주 겸 사공 문성대(文成大) 등 5명은 이파반삼선(二杷半杉船)을 타고 본전 270냥을 가지고 세하(細蝦)를 구입하기 위해 본토를 출발하여 영광군 곽길포(藿吉浦)에 도착했다. 돈 209냥으로 세하해(細蝦醢) 19옹(瓮)을 사서 싣고 출발하여 경상도 창원현 마산포(馬山浦)에 도착하여 새우젓을 파니 돈이 130냥이 되었다. 다시 청어(靑魚)를 구입하기 위해 동래로 향하려고 할 때에 강진의 병영(兵營) 사람 김정화(金正華)와 정산리 사람 박가(朴哥) 등 2명이 와서 양대(陽臺)를 판 돈 310냥이 있으니 그것으로 청어를 사

---

74) 『전객사일기』 28, 정조 4년 5월 24일.

서 이익을 보도록 함께 타고 가자고 말했다. 그에 따라 모두 7명은 돈 440냥을 싣고 출발하여 동래부 부산포에 도착하여 청어 25동(同)을 사서 싣고 본토를 향해 출발했으나 그만 몰운대 외양(外洋)에서 표류하고 말았다. 이때 강진 병영 사람 김정화는 장사를 위해 양대 40죽(竹)을 가지고 고향에서 마산포에 와서 모두 팔고 머물고 있었고, 그러던 때에 강진 '남면' 정산리 사람 박가란 사람 또한 양대를 팔고서 돈 86냥을 가지고 와서 서로 만나게 되었다. 그러던 차에 평택 사람 문성대의 선박에 올라탔던 것이다.[75]

이처럼 강진 사람들은 동남해 곳곳에 진출했다. 지역으로는 울릉도, 울산, 기장, 웅천, 창원 등지가 확인되고 있다. 자신의 기존 선박이나 새로이 매입한 선박 또는 타인으로부터 임대한 선박을 활용했다. 이때 한 척 단위로 움직이기도 하지만 두 척은 물론이고 그 이상의 선단을 이루었을 가능성도 점쳐진다. 강진 사람이 가지고 간 것으로는 돈, 곡물, 포목, 양대 등이 확인된다. 그리고 사서 나온 것으로는 청어, 갈치, 건어, 소금, 콩 등이 있었다. 이때 돈 500냥 또는 목화 3,600근이라는 거액을 가지고 가서 갈치 43동 또는 소금 230석이라는 다량을 매입하였다는 것은 지역내 소비를 상대로 한 상행위가 아니라 광역 소비를 겨냥한 증거가 아닐까 한다. 이렇게 많은 강진 사람들이 동남해 지역에 진출하다 보니, 자연히 그쪽에 가서 살면서 장사를 하거나 운송업에도 뛰어들었다. 여기에서 눈여겨 볼만한 사실은 제주 특산품인 양대가 강진 사람들 손에 의해 경상도 지역에 유통되었다는 것이다. 이규경은 갓의 경우 전통적으로 제주산이 가장 좋았는데, 근래에는 통영산을 제일로 치고, 개성산도 좋다고 했다. 그래서 물량은 제주산이

---

75) 『전객사일기』 48, 순조 1년 3월 28일.

전국의 90%를 차지하지만, 값은 통영산이 가장 비싸다고 했다.[76] 이렇게 보면 통영산이나 개성산 갓이 강진으로 나와 강진 상인들에 의해 유통된 제주 양대로 제작되었다고 정리해도 될 성싶다.

맺음말

조선 안에서 호남 사람들의 해상활동이 매우 활발했다. 그 안에서도 강진 사람들이 가장 돋보였다. 그래서 그들은 가장 높은 빈도수의 표류를 경험한 것으로 보고되고 있다. 그것은 좋은 조건의 포구, 제주도와의 가까운 거리, 부속 도서의 보유, 동남해와 서남해의 중간지점, 그리고 청해진 경영과 같은 역사적 경험 등을 지니고 있었기 때문이다. 그래서 강진의 남당포와 마도(마량)는 동남해와 서남해를 오가는 사람, 제주도와 서남해 도서를 오가는 주민·상인·어민은 물론이고, 유배객·수령·진장·봉명사신이 거치는 곳이었다. 이들은 바람을 기다리느라 일행과 함께 심지어 한 달 이상을 체류하는 경우도 있었다. 자연히 강진 안에서의 상품 소비나 공급이 활발할 수밖에 없었다.

무엇보다 남당포는 대표적 포구였다. 관아로부터 5리 지점에 있어 강진읍내의 관문 역할을 했다. 무엇보다 섬이 입구를 막고 있는 강진만의 최북단에 있어 풍랑 위험을 덜 받고 정박할 수 있고, 최단거리 육로로 전라감영이나 서울로 올라갈 수 있는 곳이다. 그래서 남당포는 제주도의 문호로써 제주도 특산품의 집산지였다. 강진의 읍내상인이나 병영상인은 제주에 없는 백목과 담배 및 누룩 등을 가지고 제주에 들어가서 제주 특산품을 사가지고 나왔다. 강진과 제주를 오가는 선박

---

76) 『林園經濟志』, 贍用志 2, 服飾之具, 「笠」.

은 진상선이나 전령선 및 상고선 등으로 매일 줄을 잇고 있었기 때문에, 강진 상인들은 손쉽게 제주를 드나들며 제주 물건을 사와 강진에서 직접 팔거나 아니면 다시 각지로 다니며 판매했다. 나오는 제주의 상인·향리에 의해서도 말과 양대 및 해산물 같은 제주 특산품은 강진에 집산되었다. 이를 매입하기 위해 서울이나 개성 및 기타 지역 상인들이 강진에 운집했고, 그들 중에는 아예 제주로 들어가 매입해 나오기도 했다. 이래저래 강진 땅에는 제주 물산뿐만 아니라 전국 특산품이 넘쳐났다. 강진 상인들은 이 제주 물산을 곡물·포목과 함께 다시 가지고 경상도 해역으로 나가 영일, 울산, 기장, 웅천, 창원 등지를 다니며 팔고 대신 어물·소금·콩 등을 가지고 왔다.

결국 조선 상업사에서 강진이 차지하는 비중은 매우 높았다. 남북으로 생산지 제주와 소비도시 서울·개성을 연결하고, 동서로 서남해 농산물·수공업품과 동남해 해산물을 연결하는 매개처 역할을 했기 때문이다. 특히 강진산 포목은 서울 시전은 물론이고 제주도와 경상도 지역에 보급되어 전국적 명성을 얻었고, 제주산 양대는 개성과 통영에 보급되어 당대 최고의 갓 제조에 사용되었다.

| 머리말

전통시대에는 도로와 수레 사정 때문에 육상교통보다는 선박을 이용한 해상교통이 더 발달하였다. 그런 점 때문에 조선후기의 유통경제 발달상을 밝히는 과정에서 외방포구의 상품유통도 다루어졌다.[1] 그 결과 포구의 증설, 포구 주인층의 성장, 권세층의 포구 침탈, 포구의 시장권, 포구 유통의 성격 등이 연구되어 포구상업에 대한 전체적인 윤곽과 그것이 조선사회에 미친 영향이 드러나게 되었다. 포구상업이 발달하면 자연히 지역사회의 통치구조에도 영향을 미칠 수밖에 없을 텐데, 이 점을 주목한 연구는 없는 것 같아 전라도 낙안군(樂安郡)을 사례로 삼아 본고를 작성하였다.

낙안은 조선시대에 군수가 파견된 독립 고을이었지만, 1908년에 순천

---

1) 오미일, 「조선후기 상품유통 연구현황」, 『한국중세사회 해체기의 제문제』하 (근대사연구회 편), 한울, 1987.
고동환, 「상품유통경제의 발전」, 『한국역사입문』②(한국역사연구회 엮음), 풀빛, 1995.
이욱, 「조선후기 상업사에서의 자본주의 맹아론」, 『조선후기사 연구의 현황과 과제』(강만길 엮음), 창작과비평사, 2000.

과 보성으로 분리·흡수되어 사라지고 말았다. 폐읍된 덕택에 개발에서 제외되어 살아남은 읍성이 오늘날 큰 관광 자원이 되고 있는 것은 다행이다. 당시의 주된 경제기반이 되는 전결과 가호의 보유량을 통하여 볼 때, 낙안의 읍세는 매우 열악한 수준이었는데, 바로 이 점이 폐읍의 요인이 되었을 것 같다. 하지만 관내에는 포구가 발달하여 실제 낙안의 경제력은 자료상의 데이터를 상회하는 수준이었다. 포구가 낙안의 전체적인 경제력을 끌어올리는 데에 견인차 역할을 한 셈인데, 당연히 포구경제가 지역사회 말단에 적지 않을 영향을 미치게 되었다. 바로 이 점을 면리제 변화와 교량 구축에 초점을 맞추어 알아보겠다.

낙안 관내의 면 가운데 남면과 고읍면이 인구면에서 가장 큰 면이었고, 곧이어 남면은 관내에서 유일하게 남상면과 남하면으로 분면되기까지 하였고, 고읍면에는 길이 27.6m의 국내 굴지의 석교(石橋, 보물 제304호)가 가설되었다. 그런데 이 남면과 고읍면에는 장좌포와 벌교포라는 포구가 있었는데, 이들 포구는 포구상업이 발달한데다 장시가 개설되어 있거나 해창이 설치된 곳이다. 따라서 남면과 고읍면의 성장, 남면의 분면, 고읍면의 석교 가설에는 이들 포구가 원동력이 되지 않았을까 추정할 수 있다. 바로 이 점을 하나씩 검증해 나가고자 본고를 작성하였다.

1. 낙안군의 연혁과 읍세

1) 낙안군의 연혁

먼저, 낙안의 연혁을 알아보자. 이에 대한 종합적인 내용은 『신증동국여지승람』에

본래 백제 분차군(分嵯郡, 分沙라고도 한다)이던 것을 신라 때에 고쳐
서 분령군(分嶺郡)을 삼았고, 고려에서는 지금 이름 낙안(樂安, 陽岳이라
고도 한다)으로 고쳐서 나주에 소속시켰다. 명종 2년에 감무를 두었다가
뒤에 다시 군으로 삼았는데, 본조에 와서도 그대로 했다.[2]

고 기록되어 있다. 이를 보면, 낙안의 명칭이 분차·분사 → 분령 →
낙안·양악으로 변했음을 알 수 있다. 이 5개 외에 부사, 낙천 등도 사
용되었다. 이를 구체적으로 살펴보면 다음과 같다.

　　낙안의 연혁은 문헌상으로는 마한 시대로 거슬러 올라간다. 기원전
1세기경에 형성된 마한은 78개의 소국으로 구성되어 있었다. 전라남
도 동부지역에는 불사분사, 불운, 원지, 초리 등의 소국이 있었다고
하는데, 이 중에서 불사분사(不斯濆邪)가 낙안 지역에 있었던 것으로
추정되고 있다.[3] 불사분사 지역은 마한의 쇠락과 함께 백제의 영역으
로 편입되었다. 백제는 불사분사 지역에 분차군이라는 고을을 설치하
였는데, 분차군은 분사군이라고도 불리었다. 그런데 김정호(金正浩)는
낙안군은 본래 파지성(波知城)이었고, 일명 분사(分沙) 혹은 부사(夫
沙)라고 한다고 하였다.[4] 불사분사와 분차·분사·부사의 어감이 비슷
한 것으로 보아, 마한시대의 이름을 그대로 차음하여 사용하였던 것
같다.

　　삼국을 통일한 신라는 전국을 9주로 나누었는데, 지금의 전라남도
지역에 무진주를 두었다. 무진주는 757년(경덕왕 16)에 무주로 개칭
되었다. 그리하여 분차군 지역은 무진주·무주에 소속되어 있었다. 무

---

2) 『신증동국여지승람』 40, 낙안군, 건치연혁.
3) 변동명, 「낙안의 역사와 인물」, 『낙안과 낙안읍성』(순천시·순천대박물관),
　 2001, 7쪽.
4) 『여도비지』 낙안군, 건치연혁.

진주를 무주로 개칭한 때에 지방군현 개편작업도 병행되었다. 『삼국사기』에 의하면,

분령군(分嶺郡)은 본시 백제의 분차군으로 경덕왕이 (분령으로) 개명하였다. 지금 낙안군(樂安郡)이니 영현이 넷이다. ① 충렬현(忠烈縣)은 본시 백제의 조조례현으로 경덕왕이 (충렬로) 개명하여 지금의 남양현이다. ② 조양현(兆陽縣)은 본시 백제의 동로현인데 경덕왕이 (조양으로) 개명한 뒤 지금도 그대로 한다. ③ 강원현(薑原縣)은 본시 백제의 두힐현으로 경덕왕이 (강원으로) 개명하였으니 지금의 두원현이다. ④ 백주현(柏舟縣)은 본시 백제의 비사현으로 경덕왕이 (백주로) 개명하여 지금의 태강현이다.[5]

고 하여, 분차군은 분령군으로 개명되었다. 이전 이름 냄새는 사라지고, 고개를 넘는 고을이라는 뜻의 새로운 이름이 사용되었다. 그리고 분령군으로 하여금 인근의 충렬현(현재 고흥), 조양현(현재 보성), 강원현(현재 고흥), 백주현(현재 고흥) 등 4현을 거느리도록 하였다. 이렇게 보면, 통일신라 때에 낙안 지역은 분령군이라는 새로운 이름으로 9주 가운데 무진주(무주)에 소속되어 있었고, 지배영역이 오늘날의 고흥과 보성까지 이를 정도로 상당히 넓었음을 알 수 있다.

이러한 낙안 지역의 행정편제도 고려의 등장으로 크게 흔들리게 되었다. 고려는 신라의 9주를 5도 양계로 재편하였다. 그 가운데 낙안 지역은 전라도에 소속되었고, 아울러 명칭이나 통치권도 크게 바뀌었다. 『고려사』에 의하면,

낙안군(양악이라고도 한다)은 본래 백제의 분차군(분사라고도 한다)이

---

5) 『삼국사기』 36, 지리 3, 분령군.

었다. 신라 경덕왕 때에 고쳐서 분령군이라고 했다. 고려 때에 지금 이름
으로 고쳐 (나주목에) 래속시켰다. 명종 2년에 감무를 두었고, 뒤에 지군
사(知郡事)라고 했다.[6]

고 하여, 건국 초기 태조 때 10세기로 추정되는 시기에 낙안으로 이름
을 고쳤는데 양악이라고도 하였다.[7] 이로써 낙안이라는 지역명이 처
음 등장하게 되었다. 그런데 낙안은 1018년(현종 9) 지방제도 개편 때
에 수령이 파견되지 않은 나주의 속현으로 위상이 강등되었다. 그러다
가 1172년(명종 2)에 감무라는 관리를 두었다가, 언제인가는 모르겠으
나 뒤에 다시 군으로 삼아 지군사가 파견되었다. 이리하여 낙안은 다
시 자체적으로 통치권을 행사하는 고을로 거듭나게 되었다.

　낙안은 조선에 와서도 고려시대 때와 비교하여 외형상 큰 변화가 없
었다. 고려시대처럼 전라도 소속이었고, 이름도 그대로 낙안군이라고
했고, 영역도 통폐합이 없었다. 군이었기 때문에 법적으로 종4품의 군
수가 수령으로 부임하였다. 그러나 내부적으로 향·소·부곡 폐지, 읍
호 승강, 치소 이동, 읍성 신축 등의 일이 있었다.[8] 그러다가 1908년
(순종 2)에 낙안군이 폐지되면서 순천과 보성 양군에 분속되었다. 이
로 인해 2천여년 가까이 유지된 독립고을 낙안은 역사 속으로 사라지
게 되었다.

---

6)『고려사』57, 지리 2, 전라도 나주목 낙안군.
7) 양악이라는 별칭이『신증동국여지승람』·『고려사』에는 고려 때에 발생한 것
　으로 기록되어 있으나,『세종실록 지리지』에는 신라 때에 발생한 것으로 기
　록되어 있다. 어느 것이 옳은 지는 확인할 없지만, 어감상 낙안이라는 호칭
　과 함께 고려 때에 처음 사용되었을 것으로 추정된다.
8) 김덕진,「역사적 배경」,『낙안읍성의 삶과 앎』(순천시·한국민속학회), 2011.

2) 낙안군의 읍세

이어, 낙안군의 읍세를 알아보자. 낙안은 전라도의 남단 순천과 보성 사이에 위치한 바닷가 고을로, 북쪽은 산을 끼고 있고 남쪽으로 들이 펼쳐져 있다. 행정운영의 편의를 위해 구획된 전라도의 좌도(21읍)와 우도(36읍) 가운데, 낙안은 순천·보성과 함께 좌도에 속하였다. 그리고 지리적 위치에 의해 구획된 전라도의 해읍(27읍)과 산읍(26읍) 가운데, 낙안은 순천·보성과 함께 해읍에 속하였다. 이러한 낙안의 읍세에 대해 1454년(단종 3)에 전라감사 이석형(李石亨, 1415~1477)은 낙안 객사 기문에서

> 낙안은 큰 고을이다. 동쪽으로 개운산(開雲山)을 바라보고 서쪽으로 금오산(金鰲山)이 군의 끝까지 가며 남쪽으로 큰 바다에 임해 있고 북쪽으로는 금전산(金錢山)이 웅거하고 있다. 땅은 넓고 백성이 많이 살며 한 지방이 평평하게 뻗쳐 있어 남방의 형승지(形勝地)로는 이곳이 제일이다. 전에 왜적이 침입하여 백성들이 모두 달아나자 기름진 땅이 쑥대밭이 되었다. 땅을 잃게 되고 왜적의 침입은 더욱 심하여 장차 회복하기에도 겨를이 없거늘 어찌 공관(公館)이 있을 수 있었겠는가. 그 뒤 얼마 안 되어 비록 그 땅은 도로 찾았으나 백성은 아직도 모여들지 않았다.[9]

고 하여, 고려말~조선초에 왜구가 침략하여 백성들이 모두 달아나고 기름진 땅이 쑥대밭이 되기 이전까지는 땅은 넓고 백성이 많은 큰 고을이라고 평하였다. 그러나 이석형의 이러한 평가는 일종의 찬사에 불과하였고, 실제 낙안의 읍세는 다른 군현에 비해 열악한 수준이었다. 그것은 조선시대 전답과 호구의 보유 현황을 살펴보면 쉽게 확인된다.

---

9) 『신증동국여지승람』 40, 낙안군, 궁실.

먼저, 군현별 전답 면적을 비교해 볼 수 있는 자료로는 15세기에 편찬된 『세종실록 지리지』가 최초이다. 이에 의하면, 낙안은 2,016결로 현재의 광주·전남에 속하는 25읍 가운데 21위에 불과하였다. 인근 순천은 7,315결이었고, 보성은 5,233결이어서 낙안의 세 배와 두 배를 각각 넘었다.[10] 그 다음으로 살펴볼 수 있는 자료가 18세기에 편찬된 『여지도서』이다. 이에 의하면, 2,279결을 보유한 낙안은 광주·전남의 25개읍(해진이 해남과 진도로 분립되었으나, 진원이 임진왜란 이후 장성에 합병) 가운데 19위 수준이었다. 6,051결인 순천과 4,885결인 보성에 비하면, 열악한 수준이었다.[11] 이 무렵 여러 궁방과 아문이 흥양·보성·낙안·강진 등지에서 갯벌을 막아 논을 만드는 공사를 '爲民巨弊'가 될 정도로 대대적으로 추진하였기 때문에,[12] 낙안의 토지도 늘어났을 것 같지만 그 효과는 미미했던 것 같다. 이상을 통해 전답 보유 측면에서 낙안은 열악한 고을이었음을 알 수 있다. 대동법을 시행하면서 전결 보유량에 따라 전라도의 군현을 대읍(7읍), 중읍(14읍), 소읍(26읍), 잔읍(6읍) 등 5등급으로 나눈 문서에 의하면, 낙안은 2천 결 이하의 소읍으로 분류되었다. 당시 토지 결수를 얼마나 보유하고 있느냐에 따라 6천결 이상은 대읍, 4천결 이하는 중읍, 2천결 이하는 소읍, 겨우 1천결을 넘으면 잔읍으로 분류하였다.[13]

　이어, 군현별 인구수를 비교해 볼 수 있는 자료로는 15세기에 편찬된 『세종실록 지리지』가 최초이다. 이에 의하면, 낙안은 1,439구로 현재의 광주·전남에 속하는 25읍 가운데 8위를 차지하였다. 인근 순천은 낙안보다 많은 2,618구였지만, 보성은 낙안보다 적은 1,245구였

---

10) 『세종실록 지리지』, 전라도, 각읍, 간전.

11) 『여지도서』, 전라도, 각읍, 한전.수전.

12) 『승정원일기』 582, 영조 즉위년 12월 27일(丙申).

13) 『전남도대동사목』(규 1556, 1663년).

다. 그 다음으로 살펴볼 수 있는 자료가 18세기에 편찬된 『호구총수』이다. 이에 의하면, 9,018구를 보유한 낙안은 광주·전남의 25읍 가운데 20위에 불과하였다. 46,330구인 순천과 22,274구인 보성에 비하면, 턱없이 열악한 수준이었다. 가호수도 이와 비슷한 추세였다. 이상을 통해 호구 보유 측면에서 낙안은 전기에는 상대적으로 많은 편이었으나, 후기에는 열악한 고을로 존재하였음을 알 수 있다. 1734년(영조 10)에 군포 때문에 낙안에서 어린아이가 스스로 거세한 일이 보고되어 당국을 놀라게 한 적이 있었다.[14] 황구첨정이 두려워 그러하였을 것인데, 19세기 다가가면서 도처에서 발생하기 시작한 이런 끔찍한 일이 상당히 이른 시기에 발생하였다는 사실은 그만큼 낙안의 호구가 적어 군역 배정에 어려움이 많았다는 것을 반증할 것이다.

이처럼 주된 경제기반이 되는 전결과 호구의 보유량을 통하여 볼 때, 조선시대에 낙안의 읍세는 매우 열악하였다. 그래서 낙안은 쇠잔한 고을로 인식되었는데, 1717년(숙종 43)에 전라도를 여행하면서 낙안에 들어온 김창흡(金昌翕, 1653~1722)은 낙안을 남쪽의 소읍으로 갯벌이 펼쳐져 있고, 승려가 향리나 백성에 비해 많은 고을로 읊었다.[15] 그렇지만 또 다른 경제기반을 감안하여 종합적으로 판단하면 꼭 그런 것만은 아니었다. 여기서 말하는 또 다른 경제기반이란 바로 바다였다. 바다를 끼고 있는 낙안은 연해인과 도서인이 생산하는 해산물이 풍부하고, 도서인과 육지인을 연결하고 해산물의 생산자와 소비자를 연결하는 포구가 흥성한 곳이었다. 이른바 해상교역이 발달하였던 곳이 낙안이었고, 낙안은 흥양(현재 고흥)으로 내려가는 길목이기도 하였다. 그렇기 때문에 낙안의 읍세는 데이터 상에 나타난 것처럼 결

---

14) 『영조실록』 39, 영조 10년 9월 6일(戊寅).
15) 김창흡, 『삼연집』 권14, 시, 「樂安縣」.

코 열악하지 않았다.

일반적으로 해상교역은 조선사회의 내재적 발전도를 가늠할 수 있는 산업 분야로 평가되고 있다. 조선후기에 전국적인 시장권을 형성시켜 상품경제를 촉진시킨 장본인은 단연 포구였다.[16] 유통경제가 발달한 후기로 갈수록 포구상업이 산업계에서 차지하는 비중이 높아졌다는 말이다. 그러므로 우리도 논의의 초점을 포구에 맞추고자 한다. 포구는 상선과 어선이 드나들며 상품과 어염이 집하될 뿐만 아니라, 생산자와 유통업자 및 소비자가 직판이나 위탁으로 물품을 거래하는 곳이었다. 낙안의 포구도 그러하였다. 김창흡이 징광사에서 숙박을 하고서 낙안 읍내로 향하면서 읊은 시에 의하면, 눈앞에 어염이 가득한 포구가 펼쳐져 있다고 하였다.[17] 이 시는 낙안 소재 포구의 모습 가운데 한 단면을 읊은 것으로 보인다.

조선전기에 낙안 소재 포구로는 장암포 한 곳만 보인다(『신증동국여지승람』). 그런데 조선후기에 이르면 다음과 같이 다섯 곳이 보인다(『여지도서』, 『대동지지』, 『낙안읍지』).[18]

斷橋浦: 군 남 15리, 일명 伐橋浦
長佐浦: 군 남 20리, 海倉
眞石浦: 군 남 25리, 船所(숙종 13년 보성 용두포에서 선창을 이곳으로 이건)
場巖浦: 군 남 30리, 鹽盆
大浦: 　군 남 30리, 監營募軍倉(일명 新橋浦

---

16) 고동환, 『조선후기 서울상업발달사연구』, 지식산업사, 1998, 437쪽.

17) 김창흡, 『삼연집』습유 권10, 시, 「早發澄光寺向樂安」.

18) 고지도에는 이 외에 두포(斗浦), 동포(東浦), 양포(陽浦) 등도 보이지만, 이들이 읍지에 수록되어 있지 않은 것은 활약상이 미미하였기 때문일 것이다.

조선전기의 장암포와 조선후기의 단교포·장좌포·진석포·장암포·대포는 각각 당대에 낙안을 대표하는 포구였을 것 같다. 그런데 그 수가 전기에 비하여 후기에 늘어났다는 점은 그 만큼 포구의 활약상이나 경제력이 높아져 사회적 주목을 받았음을 반영할 것이다. 이 점은 다음을 통해 짐작할 수 있다. 전라도 각 영문이 소속처가 없는 낙안·광양·흥양 등지를 침학하자, 그곳 해민들이 이기지를 못하여 자원에 의해 기로소에 소속되었고, 기로소는 그곳에서 수세하여 원로 신하들의 약값에 사용한 지가 오래되었다. 그런데 1724년(경종 4)에 비변사는 기로소에서 낙안·광양·흥양·보성·기장 등지의 여러 도서와 포구에서 사적으로 수세하는 행위, 그리고 사재감에서 사적으로 관문을 보내 흥양·순천 등지의 여러 도서와 포구에서 어염선세를 수세하는 행위를 모두 혁파하도록 하였다.[19] 공식적인 절수를 받아 수세하는 것은 가능하나, 그렇지 않고 임의로 대리인을 직송하여 수세하는 것은 부당하다고 여겨 이런 조치를 취하였다. 그러자 세원이 줄어든 기로소는 도리어 해민이 각처로부터 큰 피해를 입고 있다고 하면서 1727년(영조 3)에 이전처럼 본소에서 계속 수세하게 하도록 청하였다.[20] 결과는 알 수 없지만, 결국은 낙안의 도서와 포구에서 어세, 염세, 선세를 거두어가려는 각처의 쟁탈전이 치열하게 펼쳐지고 있음을 알 수 있는데, 이는 낙안 소재 포구의 경제력이 상당히 높았음을 의미한다.

---

19) 『승정원일기』 567, 경종 4년 윤4월 24일(丁酉).
20) 『승정원일기』 635, 영조 3년 윤3월 15일(辛未).

2. 장좌포의 상업발달과 그 영향

1) 장좌포의 상업발달

앞에서 전체적인 활약상을 살펴보았기 때문에, 이제부터는 개별 포구를 알아볼 차례이다. 위에서 제시한 포구 가운데 장좌포, 장암포, 대포는 남면에 있고, 벌교포는 고읍면에 있고, 진석포는 초천면에 있다. 우선 남면 소속의 장좌포, 장암포, 대포 등 3포구의 상업활동을 하나씩 알아보겠다.

첫째, 장좌포를 알아보자. 장좌포에는 장시가 개설되어 있었다. 조선에 장시가 처음 등장한 때는 15세기 후반이다.[21] 낙안에는 언제 어디에 장시가 들어서기 시작하였는지에 대해서는 자료가 보이지 않아 자세히 알 수 없지만, 18세기 자료부터 확인된다. 그것을 정리하면 다음과 같다.

『동국문헌비고』: 邑內場(1일, 6일), 斷橋場(4일, 9일)
『여암전서』　　: 邑內場(1일, 6일), 斷橋場(4일, 9일)
『임원경제지』　: 邑內場(2일, 7일), 伐橋場(4일), 佐村場(9일)
『여도비지』　　: 邑內場(2일, 7일), 伐橋場(4일), 長佐村場(9일)
『고지도』　　　: 邑內場, 伐橋場, 長佐場

낙안 지역의 장시에 관한 최초의 기록은 1770년(영조 46)에 작성된 『동국문헌비고』와 그 무렵에 저술된 신경준(申景濬, 1712~1781)의 『여암전서』에 의하면, 낙안에는 1일과 6일 월 6회 개시하는 읍내장, 4일

---

21) 이경식, 「16세기 장시의 성립과 그 기반」, 『한국사연구』 57, 한국사연구회, 1987.

과 9일 월 6회 개시하는 단교장 등 2곳이 있었다.[22] 그러다가 1830년 (순조 30) 무렵에 서유구(徐有榘, 1764~1845)가 발간한 『임원경제지』에는 2일과 7일 월 6회 개시하는 읍내장(관문 외), 4일 월 3회 개시하는 벌교장(남 10리 고읍면), 9일 월 3회 개시하는 좌촌장(남 20리 남하면) 등 3곳이 있었다.[23] 이러한 장시체제는 이후에도 변화없이 유지되었다. 이 무렵 고지도에도 '場市三處'라고 기록되어 있다. 여기에서 장좌장(장좌촌장, 좌촌장)은 장좌포에 개설된 장인데, 처음에는 없다가 18세기 말기에 벌교장에서 분리되어 개설된 것으로 보인다. 4·9일 장이었던 벌교장이 4일장 벌교장과 9일장 장좌장으로 분설되었다는 말인데, 현지인들의 말에 의하면 벌교장을 윗장이라고 하고 장좌장을 아랫장이라고 했다고 한다. 장좌장은 1922년 일제가 조사할 때까지 존재하였고,[24] 1926년까지도 9일장으로 존재하였다.[25] 그런데 1925년에 발간된 『보성군지』에 장좌시는 보이지 않고 벌교시는 4일과 9일에 개시한다고 기록되어 있으니, 이 무렵에 장좌시는 벌교시에 흡수·통합되고 사라졌음을 알 수 있다.

또한 장좌포에는 낙안의 세곡을 모아서 발송하는 해창(海倉)이 있었다. 『여지도서』에 의하면, "해창은 군 남쪽 20리에 있다"고 했는데 그곳이 바로 장좌포였다. 이는 19세기 고지도를 보면 쉽게 확인된다. 그리고 오늘날까지 남아 있는 장좌포의 당산제 유래 또한 해창과 관련되어 있는데, 그 유래란 평소 선정을 베풀던 어떤 관리가 세곡을 싣고 서울로 가다가 풍랑을 만나 바다에서 죽자 마을 사람들이 애석하게 여겨

---

22) 신경준, 『여암전서』, 「도로고」, 개시.
  『증보문헌비고』 권165, 시적고 3, 향시.
23) 서유구, 『임원경제지』, 예규지 권4, 화식, 팔역장시.
24) 조선총독부, 『조선의 시장』, 1924, 86쪽.
25) 조선총독부, 『조선의 시장경제』, 1929, 126쪽.

그 부부를 당산신으로 삼아 매년 제사를 지냈다는 것이다.[26] 그러면 해창은 어떤 곳인가? 조선초기에 세곡은 부역제를 토대로 하는 관선 조운제로 납부되었다. 농민들이 관할 조창에 세곡을 납부하면, 조창에서는 조운선을 이용하여 서울로 운반하는 것이었다. 세종 대에 전라도에는 나주의 영산창과 함열의 덕성창 등 2개의 조창이 있었다. 낙안은 이 중에서 영산창 소속이었다. 그런데 곧이어 영광에 법성창이 건립되면서 영산창 관할에 있는 일부 고을이 법성창으로 이관되었지만, 낙안은 여전히 영산창 관할이었다. 그런데 나주 영산창은 영광 칠산 앞바다에서 자주 발생하는 해난 사고 때문에 1511년(중종 6)에 폐창되고 그 관할 고을은 법성창으로 이관되었다. 그러면서 법성창에는 12읍만 소속되었고, 나머지 26읍(강진, 고부, 광양, 김제, 나주, 낙안, 남평, 능성, 만경, 무안, 무장, 무주, 보성, 부안, 순천, 여산, 영암, 용안, 임피, 장흥, 진도, 진원, 함평, 해남, 흥덕, 흥양)은 직접 납부하는 직납읍이 되었다. 이리하여 이들 직납읍은 세곡을 모으고 선적하여 발선할 수 있는 해창을 바닷가에 설치하게 되었는데,[27] 그 해창을 낙안은 장좌포에 두었던 것이다.

낙안이 상납할 조세는 전세와 대동미를 합쳐 대략 2,500석 정도였다(『여지도서』). 이 정도면 보통 3척의 배가 있어야 하였다. 척당 1천석 내외를 적재하기 때문이다. 낙안 해창에서는 처음에는 지토선(地土船)이라고 불리는 현지 선박을 임대하여 세곡을 운반하였던 것 같다. 어업과 해운이 발달한 연해 지역이기 때문에 충분히 그럴 수 있었을 것이다. 그러다가 병술년(1706, 숙종 32)부터 영남의 진주 등 9읍, 호남의 낙안 등 8읍의 세곡을 대변선(待變船, 都監船 또는 訓局船)이라

---

26) 이경엽, 「벌교의 민속문화」, 『벌교읍지』(벌교읍지편찬위원회), 2007, 174쪽.
27) 김덕진, 「전라도 순천 해창의 설치와 풍경」, 『전남사학』 18, 전남사학회, 2002.

고 불리는 훈련도감 선박을 임대하여 운송하도록 하였다.[28] 그런데 1726년(영조 2)에 훈련도감은 선혜청에서 선인을 모집하여 낙안 세곡을 운반하려 한다고 말하며 그것을 중단시켜 달라고 하소연하였다.[29] 세곡 운송권을 차지하기 위한 힘 있는 기관들의 쟁탈전이 치열하게 전개되고 있음을 알 수 있는데, 그 사이에 해난 사고가 자주 발생하여 세곡을 제대로 납부하지 못하는 일이 빈번해졌다. 이에 낙안 군수가 어렵사리 돈을 모아 선박 2척을 마련하여 무사고로 세곡을 운반하였다. 이 사실이 알려져, 1774년(영조 5)에 조정에서는 다른 고을도 그렇게 하면 잦은 체납을 막을 수 있는 좋은 대안이 되겠다고 제안하였다.[30] 그러나 이런 일도 임운권을 차지하려는 수도권 선운업자들의 로비에 막혀 오래 갈 수 없었다. 실제 낙안의 경우 1798년(정조 22) 기록에 의하면, 예전처럼 훈련도감 선박을 이용하고 있었다.[31] 어떤 선박이건 간에, 보통 해창을 오가는 세곡선들은 빈 배로 오가는 것이 아니라 상품을 반출입하는 것이 예사였다. 그리고 3척에 승선하는 1백여명에 이르는 선원이나 관내 도처에서 육로나 해로로 세곡을 가지고 온 납세자들이 해창에 체류하였는데, 2월에 세곡을 거두어 3월에 선적·출항한다고 하였으니 이 적지 않은 기간 동안 체류하며 소비하는 재화도 적지 않았다.

이렇게 보면 장좌포는 상업과 교통의 요지이자 거대한 소비시장이었다. 장시가 10일마다 개설되어 인근 마을과 도서를 대상으로 상품이 유통되었다. 그리고 해창이 들어서 있어 매년 봄이면 납세자들이 운집하고 세곡선이 왕래하며 소비를 진작하고 상품을 반출입하였다. 다른

---

28) 최완기, 『조선후기선운업사연구』, 일조각, 1989, 241쪽.
29) 『승정원일기』 613, 영조 2년 3월 16일(戊申).
30) 『승정원일기』 1356, 영조 50년 10월 21일(辛丑).
31) 『승정원일기』 1794, 정조 22년 7월 27일(己丑).

어선이나 상선들도 출입하였을 것이다. 상업과 교통이 발달하였기 때문에 장좌포촌은 인구수가 많은 매우 큰 마을로 성장하였다. 『호구총수』에 의하면 장좌도포촌과 장좌도육촌으로 나누어져 있었으니, 갯가 마을과 동산 마을로 분업화되어 있었다. 자연히 장좌포를 오가는 사람과 물자가 많을 수밖에 없었다. 게다가 장좌포는 고흥으로 내려가는 길목에 위치한다. 그런데 장좌포 앞에는 금화산에서 나와 동쪽으로 흐르는 백정천과 개곡천이 흐른다. 이 냇가를 건널 수 있도록 다리가 필요할 수밖에 없어 다리를 건립했는데, 그 다리가 바로 선근교(善根橋, 고지도에는 善近橋로 기록되어 있다)이다. 물에 발을 적시고 다니는 어머니를 생각하여 아들이 징검다리를 놓았다는 선근교 전설이 『벌교읍지』에 소개되어 있다.[32]

둘째, 장암포를 알아보자. 『신증동국여지승람』에 의하면, "장암포는 군의 남쪽 30리에 있으니 어량과 염분이 있다"고 하여, 장암포에는 어장과 소금을 굽는 염분이 있었다. 이후에도 그러하였다. 그렇다면 제법 많은 선박과 사람들이 출입하였을 것이다. 이는 장암포에 상장암리와 하장암리가 있었던 점을 통해 짐작된다(『호구총수』, 고지도). 포구 상업이 왕성한 나머지 장암리가 팽창하여 상리와 하리로 분리되었다는 말이다.

셋째, 대포를 알아보자. 1687년(숙종 13) 기사에 따르면, 낙안 땅에 우수영 도청(都廳)이 있었다. 우수영에서 감관(監官)과 색리(色吏)를 차정하여 본전을 이식하게 하자, 그것을 감당하지 못한 감관과 색리들이 본전을 가지고 인근 고을 포구에 가서 소금과 고기를 구매하여 낙안 도청으로 실어왔다. 그리고는 장시에서 개인적으로 매매하는 자들을 전부 몰아내고 강제로 판매하여 원금은 수영에 납부하고 나머지는

---

32) 진인호, 「벌교의 지명유래」, 『벌교읍지』(벌교읍지편찬위원회), 2007, 28쪽.

사적으로 착복하였다. 이로 인해 낙안의 해변가 잔약한 백성들이 참혹하게 괴롭힘을 당하여 원망하는 자가 한이 없었다. 이런 일은 통영에서 설치한 광양의 두치 도청(豆致 都廳)에서도 발생하여 혁파의 대상의 되었다.[33] 여기에서 도청이란 감영·병영·통영·수영 등 지방영문에서 제법 부유한 포구를 골라 역군을 모집하거나 재정을 충당한다는 이유로 민호(民戶)를 점유하는 곳인데, 일종의 무단 점유지나 불법 면세지에 해당된다. 그러면 낙안 어디에 우수영 도청이 설치되어 있었을까? 장시가 거론된 것으로 보아, 벌교포에 있었던 것 같다. 또 대포에도 있었는데, 이를 알아보기 위해 다음을 보자. 1698년(숙종 24)에 암행어사로 호남을 순찰한 최창대(崔昌大, 1669~1720)는 통영 소관의 광양 두치에 수영 도청이, 감영 소관의 낙안 대포에 수영 도청이 설치되어 바닷가 사람들을 침탈한다고 하였다.[34] 낙안 대포는 원래 감영 도청이었는데, 근래에 수영 도청도 설치되어 양쪽에서 사적인 수취행위를 하고 있다는 말이다. 양남의 수영에서 각 고을에 도청을 설치하여 그 폐단이 많으므로 당시 혁파해야 한다는 의논이 여러 번 있었다. 그래서 그런지 몰라도 대포의 수영 도청은 폐지되고 감영 도청은 계속 존속하였다. 『여지도서』에 "대포는 군 남쪽 30리에 있는데 감영의 모군창(募軍倉)이 있다"고 하였으니, 대포에 전라 감영의 환곡을 이식하여 보관하는 창고가 있었다. 대포의 도청이 언제까지 존재하였는지에 대해서는 알 수 없지만, 당국의 끊임없는 혁파 노력에 의해 멀지 않아 사라졌을 것이다.[35] 이러한 도청 관련 사실을 통해, 대포가 경제력이

---

33) 『비변사등록』 41, 숙종 13년 4월 30일.

34) 최창대, 『곤륜집』 10, 서계, 「廉問時書啓」.

35) 하지만 통영 도청은 계속되는 문제 제기에도 불구하고, 재정난을 이유로 곳곳에 오래도록 남아 있었다. 이런 일로 그래서인지는 몰라도, 현재까지 남해안 지역에는 도청리(都廳里)라는 마을 이름이 상당수 존재한다.

풍부한 포구였음을 쉽게 짐작할 수 있다. 이는 현재 대포에서 당산제가 거행되고, 과거에 여수·삼천포·부산을 비롯하여 목포·완도·군산 등지에서 상선을 이용하여 생선을 구입할 뿐만 아니라 동부 6군은 물론이고 전북 남원에서도 쪽지게를 지고 상인들이 몰려들었다는 전언을 통해서도 확인이 가능하다.[36]

2) 남면의 분면

조선후기에 낙안 관내에서 가장 인구가 많은 면은 남면과 고읍면이었다. 그리고 남면은 관내에서 유일하게 남상면과 남하면으로 분면되었다. 그렇다면 이들 남면과 고읍면이 어떤 사정에서 관내에서 가장 큰 면이 되었고, 남면은 어떤 사정에서 관내에서 유일하게 두 개 면으로 나뉘었을까? 이에 대한 실마리는 자연스럽게 우리가 앞에서 살펴본 포구에서 찾아질 수 있다.

그러면 먼저 면리제에 대해 알아보자. 우리나라의 지방통치 체제 역사에서 군현과 리의 중간단계에 해당하는 면이 등장한 시기는 고려 때이지만, 그것이 제도화된 시기는 15세기 조선초기이다. 조선초기의 면은 후대와 달리 동·서·남·북 등 방위면 형태를 띠었고, 그 기능도 거의 없었던 것으로 지적되고 있다. 그런데 『여지도서』나 『호구총수』 등 18세기 조선후기 자료를 보면, 면의 이름이 방위명에서 지역명으로 바뀌고, 그 기능도 편제상에서 실질적인 행정·조세·군사업무로 변화될 뿐만 아니라, 수는 고을 당 적게는 4~8개 많게는 20개 이상으로 증가하게 된다.[37] 이러한 면이 일제 강점기에 재편되어 오늘에 이르고 있다.

낙안에 면이 언제부터 있었는지에 대해서는 정확하게 알 수 없다.

---

36) 벌교읍지편찬위원회, 『벌교읍지』, 240쪽.
37) 김준형, 「지방행정체제의 변화」, 『한국사』 34, 국사편찬위원회, 1995.

현재 확인할 수 있는 자료로는 17세기 실학자 유형원(柳馨遠, 1622~
1673)이 편찬한 『동국여지지』가 최초이다. 『동국여지지』 낙안군 건치
연혁조에 의하면, '掌面六'이라고 하여 6개 면이 있었음을 확인할 수
있다. 읍내면(邑內面), 고읍면(古邑面), 초천면(草川面), 동면(東面),
서면(西面), 남면(南面) 등이었을 것으로 추정된다.

그 다음으로 면리를 확인할 수 있는 자료가 18세기 중엽 영조 때에
작성된 『해동지도』이다. 이에 의하면, 고읍면이 고읍면상도와 고읍면
하도로, 초천면이 초천면상도와 초천면하도로, 서면이 내서면과 외서
면으로, 남면이 남면상도와 남면하도로 나뉘어져 있다. 그러니까 읍내
면, 고읍면상도, 고읍면하도, 초천면상도, 초천면하도, 동면, 내서면,
외서면, 남면상도, 남면하도 등 10개면이 있었던 셈이다. 아마 분면
정책에 따라 6개면을 10개면으로 늘리었을 것 같은데, 이는 어디까지
나 실험적인 조치로 일시 시행되고 말았을 것으로 추정된다. 낙안만의
일이 아니라 다른 고을도 그러하였다.

그 다음으로 확인할 수 있는 자료가 18세기 중반 영조 때에 편찬된
『여지도서』이다. 이에 의하면, 원래대로 6개면이 존재했고 각 면마다
호구수까지 기록되어 있다. 가호가 가장 많은 순서대로 열거하면 다음
과 같다. 남면은 관문으로부터 30리에 있고 659호에 2,010명, 고읍면
은 관문으로부터 15리에 있고 548호에 1,680명, 초천면은 관문으로부
터 20리에 있고 397호에 1,145명, 읍내면은 368호에 988명, 서면은
관문으로부터 20리에 있고 342호에 1,072명, 동면은 관문으로부터
10리에 있고 339호에 1,174명이 거주하였다. 이 무렵 군현별로 총액
제를 적용한 호총제가 실시되고 있었기 때문에,[38] 이 가호수가 실제의
수인지 아니면 조정한 수인지에 대해서는 속단할 수 없지만 실수의 테

---

38) 손병규, 『호적』, 휴머니스트, 2007, 324쪽.

두리를 크게 벗어나지는 않았을 것이다. 이렇게 보면 이들 6개면 중에서 남면이 가장 크고, 고읍면은 그 다음이다.

그 다음으로 확인할 수 있는 자료가 18세기 후반 정조 때에 편찬된 『호구총수』이다. 여기에는 면이 7개이고 리가 102개라고 기록되어 있다. 면이 1개 늘어난 셈인데 남면이 남하도면(南下道面)과 남상도면(南上道面)으로 분면되었고, 동면 이름이 동이면(東二面)으로 개칭되었다. 면별 가호 규모를 순서대로 들면 다음과 같다. 고읍면 602호에 2,020명, 초천면 404호에 1,208명, 남하도면 390호에 1,337명, 동이면 370호에 1,207명, 서면 365호에 1,291명, 읍내면 337호에 950명, 남상도면 303호에 1,005명이다. 이들 7개면 가운데 남하도면과 남상도면의 옛 남면 지역이 단연 가장 크고, 그 다음은 여전히 고읍면이다. 특히 남하도면은 분면된 상태에서도 인구면에서는 2위 규모였다.

『호구총수』 이후부터 낙안은 7개면을 기본으로 하였다. 19세기 말기의 『고지도』에도 '坊曲七面'이라고 하여 읍내면, 동면, 초천면, 서면, 고읍면, 남상면, 남하면이 기록되어 있다. 또한 대원군 때의 『호포절목』에도 위 고지도와 똑같이 기록되어 있다.[39] 그리고 19세기의 각종 읍지에도 마찬가지였다.

이상에서 살핀 것처럼, 낙안 관내에서 남면은 조선후기 내내 호구수가 가장 많은 면이었다. 그리고 남면만이 유일하게 분면되었던 셈이다. 왜 그러하였을까? 여기에는 두 가지 요인이 있었다. 하나는 외적인 요인으로 정부의 조세강화 정책이었다. 토지나 호구 등 세원을 대상으로 개별적으로 조세를 부과하던 조선정부는 18세기에 재정수입을 증대하기 위해 도-읍-면-리를 대상으로 일정액을 할당하는 총액제

---

39) 김덕진, 「전라도 낙안군의 호포제 운영」, 『조선후기 경제사연구』, 선인, 2002, 80쪽.

(또는 비총제)를 실시했고, 총액제로 할당된 조세를 납세단위였던 면이나 리에서는 공동으로 마련하여 납부하는 공동납을 실시했다.[40] 이 과정에서 낙안군에서는 세원확대를 위해 면을 늘릴 필요가 있었는데, 이런 일은 다른 지역에서도 있었다. 세금 회피를 위해 반대로 합면을 하는 경우도 있었지만, 전체적으로 분면을 하는 경우가 훨씬 많았다.

또 하나는 내적인 요인으로 남면에 인구 유입 요소가 많았다. 영조 때에 남면 호구수는 659호에 2,010명으로 관내에서 가장 많았다. 이 수가 정조 때에는 693호에 2,342명으로 늘어 관내에서 가장 큰 면일 뿐만 아니라 증가율도 가장 높았다. 바로 이런 점 때문에 남면을 남상면과 남하면으로 나누었던 셈인데, 그렇게 나누어도 남상면과 남하면이 각각 다른 면에 비교하여 손색이 없을 정도의 규모였다. 남면이 왜 이렇게 큰 면이 되었을까가 궁금한데, 그것은 우리가 앞에서 살핀 것처럼 관내에 장좌포, 장암포, 대포 등의 포구가 있었던 데에 있었다. 이들 포구는 배가 드나드는 항구로서 어장과 염분, 장시와 해창이 있었다. 어염을 생산하고, 상품을 판매하고, 선박을 경영하고, 서비스업에 종사하는 사람들이 모여들 수밖에 없었다.

3. 벌교포의 상업발달과 그 영향

1) 벌교포의 상업발달

낙안 관내에는 5개 이상의 크고 작은 포구가 있었다. 그 중에서 가장 활동이 활발했던 포구는 단연 군의 남쪽 15리에 있는 단교포였다.

---

40) 고동환, 「19세기 부세운영의 변화와 정소운동」, 『국사관논총』 43, 국사편찬위원회, 1993.

단교라는 다리가 벌교로 불리었듯이, 단교포라는 포구도 벌교포로 불리었다. 벌교포는 오늘날 벌교읍의 모체가 되는 벌교리라는 마을에 있었다. 벌교리는 낙안에서 두 번째로 큰 면인 고읍면의 중심지였다. 벌교리가 고읍면의 중심지였다는 점은 ① 벌교 다리는 군 남 15리에 있고, ② 벌교포는 군 남 15리에 있고, ③ 고읍면은 관문 15리에 있다는 기록을 통해 알 수 있다. 고읍면이 군 남 15리에 있는데, 바로 그곳에 벌교 다리와 벌교포가 있다는 말이기 때문이다. 고읍면의 소속 마을로 『호구총수』에 16개가 보이는데, 그 가운데 벌교리가 고읍면의 맨 앞에 기록되어 있는 것도 벌교리가 고읍면의 중심지였음을 전해준다. 이런 점 때문에 고읍면치에 해당하는 마을은 벌교리라고 하였다.[41] 이에 그치지 않고 벌교포는 낙안군의 관문 역할을 하였다. 왜구가 낙안포(樂安浦)에 침입하여 조선 수군을 공격하였다는 기사에서 낙안포는 벌교포였음에 분명하다.[42] 당연히 벌교포에 선박과 사람과 물화가 집중될 수밖에 없었다. 바로 이러한 벌교를 가을철에 방문한 황현(黃玹, 1855~1910)은 그 느낌을 장문의 시로 읊었다.

아침나절 밀물에 갈대와 대숲에 바람 일고 / 蘆竹蕭蕭上午潮
사공의 뱃노래에 물새들은 놀라 일어나네 / 浦禽驚起榜人謠
천 가호의 유자에 밝은 해그림자 옮기어라 / 千家橘柚晴陽轉
남국의 가을 풍광이 온통 벌교에 가득쿠려 / 南國秋光滿筏橋

벌교의 아녀자들은 어부가도 잘하는데 / 筏橋兒女善漁歌
스스로 배 저어 먼 파도를 가르며 나가네 / 能自操舟劈遠波
앞 나루를 다 못 가서 일제히 되돌아온 건 / 未及前津齊返棹

---

41) 변동명, 「벌교의 역사적 환경」, 『벌교읍지』(벌교읍지편찬위원회), 133쪽.
42) 『태종실록』 6, 태종 3년 12월 7일(庚辰).

이어풍[43]이 한낮에 많이 불어온 때문일세 / 鯉魚風信午來多

배마다 쇠고기와 술로 선신께 제사할 제 / 船船牛酒祭船神
채색 깁 오려 만든 깃발 바람에 펄럭이네 / 拂拂風旗剪綵新
일종의 사투리는 알아들을 수가 없어라 / 一種妽隅聞不辨
바다 상인은 거개가 영남 사람이로구려 / 海商多是嶺南人

돌다리 동쪽에 가을 구름 갑자기 걷히니 / 秋雲忽破石橋東
수면 위로 우뚝히 채색 무지개가 솟았네 / 水面亭亭起彩虹
두 언덕 푸른 산 위로 둥근달이 떠오르니 / 兩岸靑山一輪月
인가들이 온통 태호 가운데 있는 것 같네 / 人家如在太湖中.[44]

이미 벌교는 이른 아침부터 온갖 선박이 잠자는 물새들을 놀라게 하며 출항하고 있었다. 다소 과장된 시어이지만 1천호에 이르는 많은 민가에는 유자가 주렁주렁 열리어 있었다. 영남 등의 외지인들도 북적거리고 있었다. 어느덧 벌교는 남국의 가을 풍경을 만끽할 수 있는 도회지와 같은 곳이었다.[45] 이와 같이 벌교가 낙안의 대표적 포구로 성장할 수 있었던 데에는 몇 가지 조건이 충족되어 있었다.

첫째, 어염 생산이 많았던 점을 들 수 있다. 조선전기에 낙안 관내에서 소금을 생산하였던 염소는 월배도리(군 동)와 장암포에 있었다

---

43) 이어풍(鯉魚風)은 늦가을 9월에 부는 바람을 말한다.

44) 황현, 『매천집』권2, 시, 「筏橋雜絶」.

45) 현재 벌교를 평하고 있는 표현을 보면, 과거 한가로운 갯마을에 불과하던 벌교가 일제의 수탈정책에 의해 제법 큰 배가 드나들고 경전선 철도가 지나면서 크게 성장하여 보성읍내보다 더 커졌다고 한다. 이는 사실과 다른 표현으로 조선후기 벌교의 모습을 제대로 읽지 못한데서 빚은 결과이다. 벌교는 이미 18~19세기에 상당히 번성한 포구로 성장해 있었다.

(『세종실록지리지』,『신증동국여지승람』). 19세기 말기에 이르면, 남하면 대롱곡에 5곳, 저두에 3곳, 동면 양촌에 1곳, 하양촌에 1곳, 초천면 호산에 1곳, 용두에 2곳 등 12곳이나 되었다.[46] 그리고 관내에서 생산되는 어물로 초기에는 숭어, 민어, 병어, 오징어, 낙지, 굴, 대하 등 7종이 있는 것으로, 후기에는 김, 어물 10여종이 있는 것으로 기록되어 있다.[47] 후기로 갈수록 어염 생산이 증가하였음을 알 수 있다. 이들 가운데 일부는 낙안군의 진공으로 선정되어 중앙에 상납되었는데, 마른 숭어, 어란, 홍합, 해삼, 김, 다시마, 전복, 말린 전복, 날 전복, 가루 미역, 햇미역, 말린 미역 등이 있었다.[48] 그렇지만 상당수는 벌교포에 반입되어 현지에서 매매되거나 외부로 유통되었다. 황현이 "벌교의 아녀자들은 어부가도 잘하는데 / 스스로 배 저어 먼 파도를 가르며 나가네"라고 하였듯이, 벌교에 적을 두고 있는 어선들이 심지어 부녀자들까지 나서서 출어하여 잡은 어물이 포구로 반입되었다. 또한 외지 어선들도 어물을 싣고 들어왔을 것이다. 그리하여 김창흡이 읊은 것처럼, 벌교 포구에 어염이 가득차 있었다.

둘째, 장시상업이 발달하였던 점을 들 수 있다. 『동국문헌비고』와 『여암전서』에는 4일과 9일 월 6회 개시하는 단교장이 있었다. 『임원경제지』에는 4일 월 3회 개시하는 벌교장(남 10리 고읍면)이 있었다. 이 단교장과 벌교장은 동일한 것으로 단교포(벌교포)의 홍교 근처에 개설되었다. 그런데 벌교장은 이전 17세기에도 개설되어 있었다. 이는 뒤에서 언급하겠지만, 석교를 창건하고 작성한 문건에 "이곳은 땅이 갯벌이어 농사를 짓지 못하고 오직 다리 가에 시장을 세워 교역을 하는

---

46)『樂安郡驛屯賭各樣稅額廢止公廨調査成册』(규 20682, 1901년).

47)『신증동국여지승람』,『대동지지』

48)『낙안읍지』, 진공.

것으로 생업을 삼고 있다."고 한 구절을 통해 확인된다. 일찍부터 포구상업이 발달하였기 때문에, 비교적 이른 시기에 장시가 열렸을 것이다. 벌교장은 18세기 중반에는 4일과 9일, 월 6회, 5일장 형태로 개시되고 있었다. 나중에는 4일, 월 3회, 10일장 형태로 축소되고 말았는데, 이는 10리 아래에 장좌장이 개설되었기 때문이다. 일반적으로 당시 장시간의 거리는 30~40리 혹은 20~30리였다.[49] 지근거리 장좌포에 장시가 들어서는 것을 막을 수 없는 상황에서, 벌교장은 4일장만 고수하고 9일장을 장좌장에 넘겨주고 말았다. 하지만 윗장과 아랫장 형태로 한 유통권 안에 있는 벌교장과 장좌장은 다시 통합될 가능성이 존재하였는데, 이 두 장시는 일제 강점기 후반기에 벌교장으로 통합되어 예전처럼 4일과 9일에 개시되어 현재에 이른다.

셋째, 해상교통이 발달하였던 점을 들 수 있다. 지리적으로 벌교의 위치는 결절점에 해당하는 요지에 속한다.[50] 산지와 평지가 만나는 지점이면서, 육지와 바다가 만나는 지점에 자리 잡고 있다는 말이다. 따라서 벌교는 포구가 발달할 수 있는 지리적 조건을 갖추고 있었다. 여기에 바람과 외침을 막을 수 있도록 여자만 깊숙한 곳에 위치한데다, 썰물이 되어도 배가 올라올 수 있도록 물이 흐르는 벌교천을 끼고 있어 벌교포는 천혜의 포구로 평가된다. 이리하여 벌교는 일찍부터 해상교통이 발달하여 남해 곳곳을 오가는 많은 선박들이 벌교를 출입하였다. 오늘날은 매립되어 흔적을 찾을 수 없지만, 옛 선창은 현재의 홍교 아래에 있었다. 바로 이곳에서 선박이 입출항하였는데, 일제 강점기 초기까지만 하여도 쌀 몇 백가마니를 실은 배가 정박했다고 한다. 19세기에 작성된 고지도를 보면, 벌교를 '諸島發船處', 즉 여러 섬

---

49) 김대길, 『조선후기 장시연구』, 국학자료원, 1997, 147~148쪽.
50) 이홍영, 「벌교의 지리적 환경」, 『벌교읍지』(벌교읍지편찬위원회), 2007, 49쪽.

으로 가는 선박이 떠나는 곳으로 표기되어 있다. 이를 통해 우선 생각할 수 있는 것이 생활물자나 생산물의 매매 및 공공업무의 수행을 위해 육지와 관내 도서를 오가는 선박이 벌교를 이용하였다는 점이다. 낙안 관내에는 장도, 지주도, 여음주도, 장고도, 해도, 가차라도, 남매우도, 웅도, 귀사라도, 월음도, 이화주지도, 말을구지도, 말개도 등 13개에 이르는 크고 작은 섬들이 남해 바다에 있었다(『신승동국여지승람』). 이 가운데 장도와 지주도에는 순천 감목관 소속의 목장이 있었다.

넷째, 포구상업이 발달하였던 점을 들 수 있다. 상품과 어물을 매매하기 위해 남해를 오가는 상선이나 어선이 벌교를 이용하였을 것이다. 다소 뒤늦은 1908년 보도 자료이지만, 벌교포는 사방 물품이 모두 모여서 판매되는 곳이라고 하였다.[51] 어느 지역 선박이 출입하였을까와 관련하여 황현이 "일종의 사투리는 알아들을 수가 없어라 / 바다 상인은 거개가 영남 사람이로구려"라고 말하였듯이, 적어도 경상도 선박이 상당수 출입하였음은 확인된다. 이들 선박은 "배마다 쇠고기와 술로 선신께 제사할 제 / 채색 깁 오려 만든 깃발 바람에 펄럭이네"라고 하였듯이, 무사항해를 위해 해신제를 올리기도 하였다. 자연히 술과 안주, 여자와 연희가 얽힌 진한 여흥이 펼쳐질 수밖에 없었다. 한말의 역둔토 자료에 정육점에 해당하는 포사(庖肆)가 벌교에 1곳 있어 세금으로 288냥을 납부하였던 점을 상기하면, 흥이 넘치는 포구의 풍경을 상상하고도 남겠다. 또한 이들 선박을 상대로 위탁판매를 하는 객주도 활약하였다. 1902년 자료에 의하면, 전라남도 봉세관(捧稅官) 강용구(康瑢九)가 해남군 화원목장, 보성군 해창포, 낙안군 벌교포에 각각 매년 200냥, 200냥, 500냥씩을 포구세로 배정하고, 선여각주인(船旅

---

51) 全羅南道樂安郡 北據峻嶺 南通大海 中有筏橋之浦 四方物品都聚興販之地也 (황성신문 1908년 10월 22일자).

閣主人)으로 최두남, 이현우, 엄석태를· 각각 추천한다고 보고하였다.[52]

2) 석교의 건립

벌교는 양호한 해항성을 지닌 곳이어서 육지와 남해 곳곳을 연결하는 선박이 찾아와 물품을 교환하였다. 그리고 인근에 어장이 형성되어 있어서 어물이 반입되기도 하였다. 또한 장시가 개설되어 물품 교환의 기회를 제공하였다. 더군다나 육로로 흥양을 오갈 때에 반드시 거쳐야만 하는 곳이 벌교였다. 벌교 지역은 교통과 상업의 중심지였던 셈인데, 바로 이 점이 벌교가 속한 고읍면을 관내 두 번째의 큰 면으로 끌어올리는 견인차가 되었을 뿐만 아니라 고읍면의 중심지로 성장하는 원동력이 되었다. 그런데 벌교천이라는 한 가지 장애물이 가로 놓여 있었다. 이 문제를 벌교 사람들은 어떻게 해결해 나갔는지를 이어서 살펴보겠다.

교통로 상에는 편리하게 냇물을 건널 수 있도록 다리가 건립되어 있다. 낙안도 예외일 수가 없다. 낙안에 이전에는 어떤 다리가 있었는지에 대해서는 알 수 없지만, 『여지도서』에는 석교(읍성 동문 밖), 단교(군 남 15리), 선근교(군 남 20리) 등 세 개가 보인다. 이 가운데 단교(斷橋)는 벌교에 있는 것이다. 『여지도서』 지도에도 단교라고 표기되어 그려져 있다. 단교는 벌교라는 이름으로도 불리었을 뿐만 아니라, 이전에는 목교였지만 당시에는 석교로 바뀌어 있었다. 이름의 유래, 목교에서 석교로 교체된 이유와 과정 등이 궁금하다. 하나씩 살펴보자.

먼저, 이름의 유래에 대해 알아보자. 이에 대해 보성 출신의 박사형(朴士亨, 1635~1706)은 석교를 창건하고 지은 비문에서 다음과 같이

---

52) 『訓令照會存案』(규 19143).

말하였다.

　낙안의 여러 물이 동남방으로 모여 바다를 접하는 데에 포구가 되었다. 포구에 다리가 있으니 보성, 흥양, 순천 3읍의 접계에 걸쳐 있어 실로 사방으로 통하는 중요한 포구이다. 길가에는 거주하는 백성들의 집이 천호나 연해 있고, 다리의 둘레에는 날마다 많은 상선이 정박해 있다. 물살이 되게 치면 반드시 끊어지므로 이 다리를 단교라고 하고, 다리가 끊어지면 통행도 끊어지므로 단교라고 한다고 하지만 모두 그렇지 않다. 이곳은 땅이 갯벌이어 농사를 짓지 못하고 오직 다리 가에 시장을 세워 교역을 하는 것으로 생업을 삼고 있으니, 다리가 끊어지면 시장도 끊어지고 사람의 목숨도 끊어지려 한다. 그래서 실지에 맞추어 이름을 그렇게 지은 것이다.[53]

　벌교는 보성, 흥양, 순천을 연결하는 내륙교통의 요지이자 상선이 왕래하는 해상교통의 요지에 위치한 포구였다. 이 교통의 요지에 다리가 있는데, ① 물살이 되게 치면 반드시 끊어진다고 하여, ② 다리가 끊어지면 통행이 끊어진다고 하여, ③ 다리가 끊어지면 시장도 끊어지고 사람의 목숨도 끊어진다고 하여 단교라고 했다는 것이다. 다리는 나무나 돌로 축조되는 것이 보통인데, 이 다리는 나무로 건설되어 있기 때문에 홍수 때마다 떠내려갔고, 그로 인해 단교라는 이름이 지어졌음을 알 수 있다.
　벌교의 잦은 홍수는 지리적 조건 때문에 발생하였다. 낙안 지역은 북쪽에 호남정맥의 오봉산(592m), 금전산(668m), 백이산(584m), 금화산 등 큰 산을 등지고 남쪽을 향하여 위치해 있다. 그래서 이 산록에서 발원한 하천은 모두 벌교가 있는 남쪽으로 흐른다. 그런데 이 지역

---

53) 박사형, 『청광집』 2, 「樂安郡斷橋碑文」.

은 강수량이 많아 현재 다우지역으로 분리되고 있다. 더욱이 여름에 장마가 찾아오면 벌교 뒤 산자락에 엄청난 폭우를 쏟아낸다. 이 물은 여러 갈래로 남류하다 벌교에서 합류하여 남해 바다로 들어간다. 가령, 읍지의 경우 동천, 서천, 개곡천, 백정천이 벌교 다리 위에서 합류하여 선근천(善根川)을 이룬다고 적혀 있다(『여도비지』). 현재의 경우 낙안천, 교촌천, 벌교천이 다리 위 홈태거리에서 합류하여 벌교천을 이룬다. 이렇듯, 낙안의 주요 하천들이 하나로 집수되어 빠져나가는 것이 이 지역의 특징이다.[54] 그러면 우기 때에 냇물이 한꺼번에 벌교천으로 밀려오면 대홍수가 나 나무다리가 떠내려 갈 수밖에 없다. 떠내려가면 다시 다리를 놓기 위해 나무를 베야 하기 때문에 벨 벌자를 써서 벌교(伐橋)가 되고, 떠내려 갈 때에 나무는 물위에 뜨기 때문에 뜰 벌자를 써서 벌교(筏橋)가 된다. 실제 18세기 영조 때에 작성된 『해동지도』에는 다리 이름이 벌교(伐橋)로, 그리고 『호남읍지』 소수 「낙안읍지」에는 벌교(筏橋)로 기록되어 있다. 이렇게 보면, 다리 이름이 단교(斷橋), 벌교(伐橋), 벌교(筏橋) 셋이 된 셈인데, 마을 이름이 조선후기에 벌교(伐橋)나 벌교(筏橋)로 쓰여졌으니 다리 이름이나 마을 이름은 같은 의미이다. 그렇다면 단교와 벌교 가운데 어느 이름이 먼저 사용되었을까? 이 점에 대해 신경준은 장시를 열거하면서, 단교의 옛 이름은 벌교(伐橋)인데 지금은 부언교(夫言橋)로 잘못 불린다고 하였다. 이를 보면 벌교로 불리어오다가, 상업이 발달한 어느 시기에 단교로 불리었음을 짐작할 수 있다.

이어, 목교에서 석교로 교체된 이유와 과정에 대해 알아보자. 제재가 나무여서 무거운 하중을 받기가 어려워 많은 화물과 사람이 통행하

---

54) 박철웅, 「지리적 배경」, 『낙안읍성의 삶과 앎』(순천시·한국민속학회), 2011, 21쪽.

기가 어려웠을 뿐만 아니라, 떠내려가면 그때마다 다시 만들어야 하기 때문에 불편이 이만저만이 아니었다. 더욱이 다리가 끊어진 시기에는 사람과 물자가 쉽게 반입되지 않아 벌교 경제가 마비될 지경이었다. 그래서 낙안 사람들은 이런 문제를 해결하기 위해 목제 다리를 석제 다리로 교체하는 공사에 착공하여 1705년(숙종 31)에 완성하였다. 그 사연이 앞서 인용한 「낙안군단교비문」에 들어 있다.

아! 끊어지면 이어야지 끊어지게 해서는 안 되겠다. 끊어진 것을 어떻게 이을꼬? 그것은 돌보다 좋은 것이 없다. 돌은 어떻게 해야 튼튼한가? 무지개처럼 한 것보다 좋은 방도는 없다. 무지개처럼 만들면 길게 되고 길게 되면 오래 간다. 길고 오래 가기를 생각한 사람은 누구인가? 대광사 (大廣寺)의 대자비 우리의 대사 초안(楚安)이 그 사람이다. 노끈으로 장단 고저를 재본 뒤에 앉아서 마음으로 경영하고 반년 동안 일을 하였으니 귀신을 부린 것이 아니다. 비 개인 날도 아닌데 무지개가 반년 동안이나 비켜 있도다. 그 공이 역시 만년이나 가리라. 또한 속인으로 김일산(金日山)과 강진현(姜震玄) 및 이 지방에 사는 신자 화일(和一) 3인이 마음을 하나로 뭉쳐 그 공적의 뒷받침을 하여 돈을 모아주고 식량을 대줬으며, 상좌승 성습(性習)의 공도 많았다고 한다. 재물을 내놓고 인연을 맺고 시주를 한 세 가지 덕택이 적지 않다. 돌에 새기는 날 청광자(淸狂子)가 우연히 지나다가 기술하다.

석교 공사는 민간인 김일산(金日山), 강진현(姜震玄), 그리고 불교 신자 화일(和一) 등 3인이 공사비와 식량을 마련하고, 대광사의 승려 초안(楚安)이 공사를 맡고, 성습(性習)이라는 승려가 후원하여 무지개 형태의 홍교로 반년 만에 완성했다.
이를 보면 총 5인이 홍교 공사를 주도하였다. 한 사람씩 살펴보자.

① 김일산과 ② 강진현에 대해서는 현재 알 길이 없지만, 지역 상권을 주도하고 있는 재력가로 추정된다. ③ 화일은 여성인 것 같은데, 1660년 부터 송광사·징광사 등지에서 후진을 양성하였던 성총(性聰, 1631~1700)이 남긴 자료를 통해 추정한 것이다. 그에 의하면, 낙안군의 남쪽 10리에 단교라는 다리가 있는데, 그곳은 수레가 다니기에 편리한 도로이고 육지와 바다를 연결하는 중요한 포구이다. 그런데 여러 냇물이 모이고 밀물과 썰물이 이르러 하루라도 이 다리가 없으면 통행할 수 없다. 여름과 가을에 번갈아 사나운 바람이 일 때에 연이어 폭우가 쏟아져 큰 파도를 치고 다리를 때려 단교가 다시 단절되었고, 그로 인해 백성들이 모두 힘들게 건너고 통행이 지체되었다. 이에 한 여성신자가 '普濟之心'을 발휘하여 중생들로 하여금 모두 피안의 세계로 오를 수 있도록 남장을 하고서 모금활동을 폈다. 그 결과 남녀 신자들이 각기 재력을 모으고 함께 힘을 모아 이 역사를 마쳤다.[55] 이 여성 신자가 바로 화일일 것이다. 그러면 화일이 누구인가가 궁금한데, 상업과 관련된 인물일 것 같다. 이렇게 보면, 김일산, 강진현, 화일은 효율적이고 지속적인 상품유통을 위해 여론을 조성하고 경비를 지원하여 석교공사의 스폰서 역할을 하였던 것이다. ④ 초안은 여기에 대광사(大廣寺) 승려라고 기록되어 있다. 대광사의 존재에 대해서는 확인할 길이 없지만,[56] 아마 선암사와 관련 있는 사찰이었던 것 같다. ⑤ 성습을 상좌승이라고 한 것으로 보아 그는 초안의 제자였다.[57] 그러면 성습 역

---

55) 성총, 『백암집』하, 문, 「樂安治南斷橋架橋梁勸善文」.

56) 순천부 서 90리에 大光寺라는 사찰이 있는데(『순천부읍지』, 규 17434), 이를 오기하지는 않았는지 하는 생각이 들 뿐이다.

57) 비문과 문집에는 성습(性習)이라고 기록되어 있다. 그런데 1974년에 발간된 『보성군향토사』의 122쪽에는 건립자를 성습이 아니라 습성(習性)으로, 창건시기를 1705년이 아니라 1729년으로 오기하였다. 그래서 그런지 오늘날 대다수 문헌이나 인터넷상에는 습성과 1729년으로 말하고 있다.

시 대광사나 선암사 승려일 것 같다. 앞에서 언급한 성총의 기록에 의하면, 석교 공사에 한 여성 신자의 공이 지대한 것으로 나와 있다. 하지만 성총의 법을 계승한 수연(秀演, 1651~1719)이 지은 기록에 의하면, 오히려 성습의 공이 으뜸으로 나와 있다. 성습이 '濟人之心'을 문득 떠올려 쉽게 썩는 목재를 버리고 견고한 석재로 다리를 교체하였다는 것이 그의 말이다.[58] 어떠하던 간에 초안과 성습은 석교 공사의 기술자 역할을 하였던 것이다.

이렇게 5인이 주도한 것으로 나타나 있지만, 수많은 주민들과 불자들이 참여하였던 것 같다. 추붕(秋鵬, 1651~1706)이 지은 기록에 의하면, 사경의 대소빈려와 백리의 사농공상이 통행의 편리함을 위하여 조, 쌀, 마포, 비단을 내어 이 공사를 완성하였다고 하기 때문이다.[59] 돌로 된 석교는 많은 인원과 화물이 지나 다닐 수 있어 당시 상업과 교통발달에 크게 기여하게 되었다. 특히 벌교는 호남 좌수군의 주력부대를 형성하고 있는 고흥으로 내려가는 길목에 위치하여 군사적으로도 중요한 다리였다. 하지만 오래지 않아 다리가 무너지게 되었다. 이에 1737년(영조 13년)에 선사(禪師)가 고을 사람 6인과 함께 중수하였다.[60] 이후에도 여러 차례 중수되어, 현재에 이르고 있다.

맺음말

조선시대에 낙안은 당시의 주된 경제기반이 되는 전결과 가호의 보

---

58) 수연, 『무용당유고』하, 문, 「斷橋募緣文」.
59) 추붕, 『설암잡저』 2, 시문, 「浮槎縣斷橋勸善文」.
60) 「湖南浮槎郡斷橋重修記碑銘」. 이 비는 현지에 세워져 있고, 비문은 전라남도, 『전남금석문』, 1990, 151쪽에 실려 있다.

유량을 통하여 볼 때, 읍세가 매우 열악한 곳이었다. 하지만 관내에는 많은 포구가 있어 재화가 유입된 나머지 실제 경제력은 자료상의 데이터를 상회하는 수준이었다. 전기의 기록에는 한 곳의 포구만 보이지만, 후기의 기록에는 다섯 곳의 포구가 보인다. 이는 없던 포구가 새로이 발생했다기 보다는, 이미 있던 포구의 경제력이 높아져 새롭게 사회적 주목을 받았다는 의미로 해석된다. 포구경제가 후대로 갈수록 발달하여 지역경제에서 차지하는 비중이 높아졌다는 사실을 반영하고 있다는 말이다. 따라서 포구경제의 발달은 자연스럽게 지역사회 말단에 적지 않을 영향을 미칠 수밖에 없었다.

조선후기에 낙안 관내의 면 가운데 남면과 고읍면은 가장 인구가 많은 면이었다. 그리고 남면은 관내에서 유일하게 남상면과 남하면으로 분면되었고 분면된 상태에서도 여타 면모다 인구수가 적지 않았다. 또한 고읍면에는 홍수만 지면 떠내려가는 목교 대신 길이 27.6m에 이르는 국내 굴지의 석교가 가설되어 사람과 화물의 이동을 용이하게 하였다. 그런데 남면에는 장좌포, 장암포, 대포라는 포구가 있었고, 고읍면에는 벌교포라는 포구가 있었다. 이들 포구에는 선창이 개설되어 상선과 어선이 내왕하였다. 벌교포의 경우 상선이 운집했다고 하고, 인근 도서와 멀리 경상도 사람들의 선박이 대거 입항하였다. 그리고 어장과 염소가 있어 각종 어염이 반입되었다. 또한 장시가 개설되어 정기적인 교역을 하였는데, 장좌포와 벌교포에는 각각 10일장이 열리었다. 그리고 또 해창도 설치되어 있었다. 장좌포에 그러하였는데 2,500석을 가지고 온 납세자와 3척에 승선할 선원들이 1달 가량의 선적 기간 동안 체류하며 재화를 소비하였다. 이 외에 대포의 경우 감영과 수영의 도청(都廳)이 설치되어 재정을 충당하는 곳이었다. 이리하여 이들 포구는 교통, 상업, 어염업이 발달한 곳이어서 상품, 어물, 사람, 선박이 운집하였다. 자연히 유입 요소가 발생하여 포구마을은 인구가 많은 대촌으로 성장하여 분촌으로 분업화하고, 당산제를 지내어 결속력을 다졌다. 따라서 남면과 고읍면의 성장, 남면의 분면, 고읍면의 석교 가설에는 이상의 포구경제가 원동력이 되었던 것이다.

| 머리말: 달량포란?

『동국여지승람』에 달도(達島)를 포함하여 24개의 도서가 전라도 영암
군(靈巖郡) 소속으로 기록되어 있다. 달도의 남쪽이 완도(莞島)이고, 북
쪽은 달량(達梁)이다. 달도와 완도는 대진양(大津洋)이란 바다를 사이에
두고 약간 떨어져 있다. 하지만 달도와 달량은 지근거리로 고지도에는
떨어진 상태로 그려져 있지만, 1918년 지도에는 연륙이 되어 있다. 달량
은 달량포(達梁浦)란 포구이지만, 보통 달량으로 불리었다. 포구 앞에 양
(梁), 즉 좁은 물길을 사이에 두고 달도란 섬이 있어서 지명을 달량이라
고 하였을 것 같다. 결론적으로 달량과 달도는 별개이지만, 병부(兵符)와
『대전(大典)』이 서로 일치하지 않아 "달도를 고치어 달량이라"[1]고 하였
듯이 하나로 불리기도 하였다. 사도-사량, 마도-마량 또는 녹도-녹도
량, 여도-여도량 사례를 통해 알 수 있듯이, 당시 포구나 수군진의 이름
은 도(島)와 양(梁)을 번갈아가면서 사용되었다. 모두들 돌출로 인해 목
이 좁아 섬처럼 생겼거나, 선창 바로 앞에 좁은 물길을 사이에 두고 섬
이 있는 지형이어서 그렇게 불리었을 것 같다.

---

1) 『성종실록』 89, 성종 9년 2월 10일(癸卯).

달량과 달도가 언제부터 영암 소속이 되었는지에 대해서는 알 수 없지만, 고려 초 군현제 개편 때 래속되어 북평향(北平鄕) 영역이었을 것이다. 조선시대에 들어와서 향·소·부곡이 폐지되고 면리제가 정착되면서 행정구역상 영암군 북평종면(北平終面)에 편재되어 있었는데, 정조 때 편찬된 『호구총수』에는 마을 이름이 '이창(梨倉)'과 '달도(達島)'로 각각 기록되어 있다. 이진진(梨津鎭)이 있는 마을은 '이진진'으로 기록되어 있어 '이창'·'달도'와는 별개의 마을이다. 한 군과 한 면에 속해 있던 달량과 달도는 근대 개혁기에 서로 다른 곳으로 소속되게 된다. 우선 달도는 1896년 완도군 창설 때 완도군으로 이속되어 군외면(郡外面) 원동리(院洞里) 달도 마을로 편재되어 그대로 오늘에 이르고 있다.[2] 반면에 달량은 1906년 칙령 제49호 「지방구역정리건」에 의한 월경지(越境地) 정비 때 해남으로 이속되어 오늘에 이른다.[3] 일제 강점기 초기 1912년에 나온 『구한국지방행정구역명칭일람』에는 북평종면 14개 마을 가운데 남창리(南倉里, 이창 마을이 남창으로 개명), 이진리(梨津里), 서진리(西津里)가 보인다.[4] 이가 1914년 행정구역 개편 때 남창과 이진 동쪽 일부를 합하여 '남창리'라고 하였고, 현재 주소는 해남군 북평면 남창리로 되어 있다. 반면에 이진 서쪽 일부와 서진을 합하여 '이진리'라고 하여 오늘에 이른다.

결국 달량(이창, 남창), 달도, 이진(이진진)은 각기 존재하는 독립 마을

---

2) 『완도군지』(1925년), 군외면.
3) 김덕진, 『전라도의 탄생』 1, 선인, 2019, 298쪽.
4)　　　　　　　　　　영암군 북평종면 마을

호구총수	15	加幕里, 達島, 良下浦, 墨洞, 鼠浦里, 西湖亭, 石浦, 新洪里, 岩井里, 梨津鎭, 梨倉, 靑龍里, 七星洞, 平登里, 黃場
구한국지방행정구역명칭일람	14	加幕里, 今皐里, 金烏里, 南倉里, 墨洞里, 西津里, 西湖里, 新洪里, 安平里, 巖井里, 梨津里, 田翁里, 平嶝里, 活口味里
해남군지(1925년)	6	南倉里(南倉, 梨津), 西洪里(平嶝, 平津, 新洪, 墨洞), 永田里(西湖, 田翁, 活口味, 安平), 烏山里(加幕, 金烏, 洪海, 大淸), 梨津里(梨津, 西津), 平巖里(今皐, 巖井, 安平, 墨洞, 田翁)

이지만, 지근거리에 있어 한 구역이나 다름 없다. 그 가운데 중심지는 달량이고, 조선 초기 당시 그곳에 많은 사람이 살고 있었다. 이는 회령 포, 마도, 달량, 어란 등지의 해변에는 사는 사람이 매우 많다는 1478년 (성종 9) 중앙관료들의 발언을 통해서 알 수 있다.[5] 큰 포구여서 거주자가 많았을 것이다. 18세기 『여지도서』를 보면, 영암 관내 18개 면 가운데 북평종면 호수가 군내면(읍내면) 다음으로 864호였다. 『호구총수』를 보아도 역시 마찬가지 형세로 다른 면에 비해 압도적으로 많다. 이는 '달량권'의 높은 인구밀도 결과일 것이다.

그곳에는 어업에 종사하는 사람들이 살고 있었다. 그리고 바로 앞 완도 원동을 오가는 진(津)이 달량에 있었는데, 조선후기 자료에는 '이창진'으로 표기되어 있다.[6] 그리고 달량은 남해와 서해를 오가는 상선·조운선·여객선이 왕래하는 곳이었다. 무엇보다 달량은 김진상(金鎭商, 1684~1755)의 시에 "要衝一路大津流"[7]이라고 할 정도로 교통의 요지였고, 1872년 영암 고지도에 "古達梁鎭地 關隘要衝地"라고 적혀 있을 정도로 달량은 대일 수군의 전략적 요충지였다. 이러한 점으로 인해 일찍이 달량에 수군진이 설치되어 있었다. 달량진은 을묘왜변 때 상륙하려는 왜구와 막으려는 아군 사이에 벌어진 혈전의 현장이 되었고 그 결과 폐진되고 말았다. 폐진 후 군사적 기능이 사라짐으로써, 달량은 고달량(古達梁)이란 이름으로 재탄생하여 지역경제의 활성화에 기여하였다.

---

5) 『성종실록』 94, 성종 9년 7월 20일(己卯).

6) 『군국총목』, 영암, 진도.
   一處 梨倉津 在北平面 自官南距一百二十里.
   『대동지지』, 영암, 진도.
   梨倉津 在梨津.

7) 『영암읍지』, 누정, 해월루.
   竹島松峯點點浮 要衝一路大津流 時平戰艦湖邊繫 老將開眼海月樓.
   죽도(竹島)는 확인되지 않지만, 송봉(松峯)은 1872년 「영암군지도」에 표기되어 있는데 서(嶼)로 보인다.

바로 이러한 점을 하나씩 알아보겠다. 먼저, 달량진이 건국 초기에 설치되어 만호진(萬戶鎭)에서 권관진(權管鎭)으로 변경되었던 점, 그리고 달량진이 을묘왜변(乙卯倭變) 때 함락된 후 혁파되었던 점, 그리고 그 후 장시(場市)와 후풍소(候風所) 및 선소(船所)와 남창(南倉)이 들어서 지역경제 활성화에 기여하였던 점 등을 차례로 살펴보겠다. 이상을 통해 한 포구의 역할과 위상이 국가 통치체제의 변화에 어떻게 대응하여 지역사회에 기여하였는지를 알 수 있을 것이다.

1. 달량진의 설치

1) 만호진에서

고려 말기는 왜구 때문에 골치를 앓은 때였다. 왜구 출몰은 조선왕조에 들어와서도 계속 되었다. 고려와 조선 정부는 왜구 소탕에 나설 수밖에 없었다. 그 대표적인 실적이 왜구 소굴로 알려진 쓰시마 섬을 두 차례나 정벌하였던 것이다. 그리고 고려와 조선은 왜구 방어 전략 또한 수립하지 않을 수 없었는데, 그 대안으로 최종 채택되었던 것이 수군(水軍) 창설이었다. 본고에서 다루고자 하는 달량진(達梁鎭)의 등장은 바로 이 수군 창설에서 비롯되었다.

따라서 우선 전라도의 수군 편재부터 검토해보자. 『세종실록 지리지』 전라도 총설편을 보면, 수군의 최고 지휘부로 처치사영(處置使營)이 무안현 대굴포(大堀浦)에 있고, 그 좌우에 도만호(都萬戶)가 각각 포진되어 있다. 좌도 도만호 선박처는 보성군 동쪽 여도량(呂島梁)에 있었고, 그 아래에 만호(萬戶)가 8인 있었다. 순천부 남쪽 머포에 있는 내례(內禮), 순천부 남쪽 용문포에 있는 돌산(突山), 고흥현 남쪽 고흥포에 있는 축두(築頭), 장흥부 북쪽 녹도량에 있는 녹도(鹿島), 장흥부 남쪽 주포에 있는 회령포(會寧浦), 강진현 남쪽 원포에 있는 마도(馬島), 영암군 남쪽에 있는 달량(達梁), 해진군 남쪽 삼촌포에 있는 어란(於蘭)이 그것이다.[8] 그 가운데 달량은 중선(中船) 7척과 맹선(孟船) 2척, 군사 5백 19명과 뱃사공 4명을 거느렸다. 동 지리지 영암군편에도 달량은 병선이 머무는 곳이라고 적혀 있다. 『경국대전』을 보면, 전라도 수군편제는 변하게 된다. 순천부 내례포에 수군절도사가 있고, 그 아래 좌우에 첨절제사 2인이 사도(蛇渡)와 임치(臨淄)에 각각 있었다. 그리고 좌도의 사도진 아래에 종4품의 만호가 회령포, 달량, 여도, 마도, 녹도, 발포(鉢浦), 돌산포 등 7곳에 있었다.[9] 이전과 비교하여 상당한 변화가 있었고, 어란진이 우도로 넘어가는 바람에 만호진 1곳이 줄었다. 결국 달량은 조선전기에 만호가 주둔하는 수군진이었던 것이다.

달량포에 수군진이 언제 설치되었는지에 대해서는 확언할 수 없다. 태종 때에 여성을 간음한 설연(雪然)이란 중을 달량 수군에 충군시켜야 한다는 기사,[10] 이지로(李智老)가 달량만호(達梁萬戶)를 역임하였다는 기사가 각각 보인다.[11] 이로 보아 달량이 수군 만호진이 되었던

8) 『세종실록』 151, 지리지, 전라도.
　한편, 우도 도만호 선박처는 함평현 서쪽 원관(垣串)에 있고, 관내 만호는 무안현 남쪽에 있는 목포(木浦), 무안현 서쪽 와포에 있는 다경포(多慶浦), 영광군 북쪽에 있는 법성포(法聖浦), 부안현 남쪽 웅연에 있는 검모포(黔毛浦), 옥구현 북쪽 진포에 있는 군산(群山) 등 5인이다.
9) 『경국대전』 4, 병전, 외관직.
　한편, 우도의 임치진 아래에 종4품의 만호가 검모포, 법성포, 다경포, 목포, 어란포, 군산포, 남도포(南桃浦), 금갑도(金甲島) 등 8곳에 있었다. 전에 비해 3곳이 증가했다.
10) 『태종실록』 11, 태종 6년 6월 19일(丁丑).
11) 『태종실록』 30, 태종 15년 11월 1일(甲午).

때는 최소한 건국 직후로 거슬러 올라갈 수 있다. 달량이 한반도의 남해와 서해 경계선에 있는 해양 방어의 요충지여서 그곳에 수군진이 설치되었을 것이다. 1408년(태종 8) 전라도 병마도절제사 강사덕(姜思德)이 도내의 군영이 바다와의 거리가 1백 30여 리나 되어 왜적이 하륙하여도 매번 쫓아가 미치지 못한다고 하면서, 영암이나 회진 등지에 땅을 보아 옮겨 배치하면 막아내기가 편리할 것이라고 건의한 바 있다.[12] 영암이 왜적을 막는 데에 요지로 인식되었고, 그곳으로 병영을 옮기려 하였음을 알 수 있다.

오늘날과는 달리 당시 영암은 한반도의 남해와 서해를 끼고 있었기 때문에, 해양 방어의 요충지였다. 자연히 영암 지역에 군사시설을 증축하자는 건의와 왜구의 침범 사례가 빈번할 수밖에 없었다. 1478년(성종 9) 임금이 정승 역임자, 의정부, 6조, 한성부, 대간, 전라도 관찰사·절도사 역임자들과 국정을 논의하는 자리에서 달량과 어란포 두 진 사이에 석보(石堡)를 설치하자는 말이 나왔다. 영암읍성과의 거리가 너무 멀어 혹시 급한 일이 발생하게 되면 의지할 만한 곳이 없다는 취지에서였다.[13] 이로부터 얼마 지나지 않은 1483년(성종 14)에 왜선 수척이 달량과 청산도에 이르러 상선을 약탈하고, 무명 50필과 미곡

이지로는 달량만호로 있으면서 기쁘게 진휼을 실시하여 사람을 살려내니 모두들 그를 신뢰했다고 한다(김안국, 『모재집』 13, 묘갈명, 「嘉善大夫忠清道兵馬節度使李公墓碣銘」).

12) 『태종실록』 16, 태종 8년 9월 17일(壬戌).

13) 『성종실록』 94, 성종 9년 7월 20일(己卯).
당시 전라도 수군은 수군절도사 아래에 좌도의 사도진관과 우도의 임치진관으로 편성되어 있었는데, 달량진은 좌도의 사도진관 휘하의 만호진이고 어란포진은 우도의 임치진 휘하의 만호진이다. 이런 양분된 체제 때문에 경계선상에 놓여 있는 달량~어란 지역의 수군 지휘에 혼선이 있었을 것 같고, 그것을 보완하기 위해 양진 사이에 석보를 설치하려고 하였을 것 같다.

30여 석을 빼앗아 갔으며, 세 사람을 죽이고 일곱 사람에게 부상을 입혔다.[14] 이 일이 일어나자 형조는 달량만호 남희(南熙)가 자기가 맡은 경내에 왜적이 횡행하여 인명을 살해하는데도 곧 추포하지 못한 죄로 장 4백 대에 변방의 군인으로 징발하자고 하였다. 이는 왜구가 달량을 직접 공격한 첫 사례로 실록에 수록된 것이다. 1499년(연산군 5)에 전라좌도는 적의 침략을 받는 가장 긴요한 곳이므로 마도와 달량 등지는 금년에 성을 쌓아야 한다고 하였다.[15] 성곽이 없어서가 아니라 작아서 증축하자는 말일 것이다. 1522년(중종 17)에는 왜선 12척이 깃발을 세우고 징과 북을 치면서 달량을 침범하였다. 왜적 80여 명이 먼저 하륙하자, 달량 군사들이 성벽을 굳게 단속하고 화살을 마구 쏘며 또한 포를 쏘자 왜적들은 흩어져 북쪽으로 도망갔다.[16] 규모와 깃발 사용 및 우리 말 사용 등 여러 측면에서 당국을 긴장시켰다. 1554년(명종 9)에는 왜선 한 척이 영암 땅 보길도·횡간도(현재 완도군)에 정박하였다. 그러자 전라우수사 김빈이 병선을 몰고 나가 싸웠다. 아군의 피해도 있었지만, 참획한 왜인의 머리가 15급에 이르렀다.[17] 이러한 일련의 달량과 그 인근 지역에 대한 왜구의 침범 속에서 을묘왜변이 일어났던 것이다.

2) 권관진

그런데 이러한 왜구의 침범과 그 대응 속에서 완도의 가리포(현재 완도군 완도읍)에 수군진이 신설되고, 달량진은 혁파되어 신설 가리포

---

14) 『성종실록』 151, 성종 14년 2월 29일(壬辰).
15) 『연산군일기』 34, 연산 5년 7월 12일(庚午).
16) 『중종실록』 45, 중종 17년 6월 11일(丙戌).
17) 『명종실록』 16, 명종 9년 6월 8일(丁丑)·18일(丁亥).

진(加里浦鎭)으로 합병되고 말았다. 두 진의 신설과 혁파 시기에 대해 상이한 기록이 있으니, 정확한 이해를 위해 원사료부터 검토해 보자.

〈표 1〉 가리포진과 달량진의 치폐

번호	전거	내용
가	동국여지승람, 관방	영암: 達梁營 在郡南九十里 水軍萬戶一人 (新增) 正德壬午 草移于康津加里浦
나	〃	강진: (新增) 加里浦鎭 在莞島 石城周三里 今上十六年 以倭寇要路 始設鎭 置僉使一人 並合達梁水軍
다	동국여지지, 영암, 고적	達梁廢鎭 在郡南九十里 舊有水軍萬戶 中宗十六年 革合于康津加里浦
라	대동지지, 영암, 진보	達梁鎭 南一百五十里 中宗十七年 移設于莞島加里浦 降萬戶爲權管 後廢
마	호남진지, 가리포진	嘉靖元年壬午 設鎭 屬右水營 設置兩艦
바	〃	中廟朝十七年壬午 移達梁僉使設鎭 鎭名加里
사	완도군지, 건치연혁	正德元年壬午 朝鮮成宗九年 加里浦鎭

먼저, 가리포진의 설치 시기는 '嘉靖元年壬午'(마)와 '中廟朝十七年壬午'(바), 즉 1522년(중종 17)이 옳다. 그러므로 '今上十六年'(나), 즉 1521년은 오기임에 분명하다. '正德元年壬午 朝鮮成宗九年'(사)은 잘못 편집된 사료인데, 정덕 원년은 임오년이 아니라 병인년이고, 성종 9년이 아니고 중종 즉위년이기 때문이다. 가리포에 수군진을 설치한 이유는 가리포가 왜구가 한반도로 들어오는 요지이기 때문이었다. 가리포진 설치는 이미 예견된 일이었다. 일찍이 1449년(세종 31)에 의정부는 완도가 바다 가운데에 떨어져 있고 달량·마도의 방어소와 거리가 멀어 혹시 적이 침입해오면 구원하러 나가지도 못하여 실로 고립되

고 위험한 곳이라고 하였다.[18] 완도에 대한 전략적 중요성을 조정에서 인식하고 있었던 것이다. 1510년(중종 5) 3포왜란 이후 서남해에 대한 경각심이 높아지고 있는 가운데, 3년 뒤 1513년(중종 8) 왜적이 경상도의 연화도·욕지도, 전라도의 완도·보길도 등을 근거로 밤을 타서 출입하고 있었다.[19] 1522년 5월 7일자로 가리포에 축성을 하도록 하였다는 기사가 실록에 등장한다.[20] 그러더니 26일에는 적왜(賊倭)들이 추자도에 나타나 우리나라 사람 30여 인을 살상하고 노략질을 자행했고, 이를 접한 정부는 "이번의 왜변은 다른 때보다도 심하다"고 인식하고서 우도의 수사·우후·수령·만호·첨사 등을 추고해야 한다고 하였다.[21] 심지어 좌도가 허술해서 그랬으니 그곳 수사 또한 죄가 없을 수 없다는 말까지 나왔다. 조방장을 파견해야겠다고 논의하는 사이에 다음 달 6월에는 왜선(倭船)들이 15척 또는 10여 척씩 떼를 지어 달량, 보길도, 추자도 등지를 드나들고 있었다. 남도포와 금갑도 만호가 노근도에서 왜선 8척을 만나 신기전과 총통을 쏘아대니 그 때에서야 물러갔다.[22] 왜구들이 전라도 남해의 포구와 도서를 유린하고 있었고, 그러한 상황에서 가리포에 수군진이 설치되었음을 알 수 있다.

이어, 달량진의 혁파 시기에 대해서는 '正德壬午'(가), '中宗十七年'(라), '中廟朝十七年壬午'(바), 즉 1522년(중종 17)이 옳다. 따라서 '中宗十六年'(다)은 오기임에 분명하다. 그러면 왜 혁파되었을까? 그 해 6월에 왜선 12척이 깃발을 세우고 징과 북을 치면서 80여 명이 먼

---

18) 『세종실록』126, 세종 31년 11월 24일(庚子).

19) 『중종실록』18, 중종 8년 4월 8일(丙午).

20) 『중종실록』44, 중종 17년 5월 7일(壬子).

21) 『중종실록』44, 중종 17년 5월 26일(辛未).27일(壬申).

22) 『중종실록』45, 중종 17년 6월 11일(丙戌).14일(己丑).

저 하륙하여 달량을 침범한 결과였다.[23] 왜구의 상륙을 사전에 차단할 필요가 있었다. 그리고 연산군 때 쌓은 달량진성은 견고한 편이었으나, 산허리에 성을 쌓았기 때문에 만일 적이 성 뒷산의 정상에 올라간다면 성 안을 내려다 볼 수 있는 허점도 있었다.[24] 규모도 적은 편이었다. 이상의 필요와 허점 때문에 달량에 있는 수군진을 바다와 보다 가까운 전방의 가리포로 옮긴 것 같다.

이처럼 1522년에 가리포진이 첨사진으로 설치됨과 동시에 만호진(萬戶鎭)인 달량진이 가리포진으로 병합되었음을 알 수 있다. 그렇다고 달량진 자체가 바로 없어진 것은 아니었다. 달량진은 진(鎭) 급의 규모가 아니라 그 아래 급의 보(堡)로, 위상이 만호진이 아니라 권관진(權管鎭)으로 계속 존치되었다. 최소한의 방어시설도 없이 가리포가 무너진다면 달량 지역에 치명타가 가해지리라고 예상하여 달량을 권관진 수준으로 남겨 놓았을 것 같다. 이러한 일은 좌도 순천에서도 재현되었는데, 1522년에 여수반도에 있던 돌산(突山) 만호진을 권관진으로 격하시키는 것과 함께 그 앞에 있는 돌산도에 새로이 방답(防踏) 첨사진이 들어섰다.[25] 전방에 첨사급의 방답진이 신설되었다고, 후방에 있는 만호급의 돌산진을 바로 없애지 않고 권관급으로 남겨 놓은

---

23) 『중종실록』 45, 중종 17년 6월 11일(丙戌).
　　全羅道觀察使申鏛 節度使吳堡馳啓 倭船十二隻 設旗纛 擊錚鼓 八十餘人先下陸 犯新達梁 我軍堅壁亂射 又放炮 奔竄北走云.
24) 『중종실록』 45, 중종 17년 6월 20일(乙未).
　　全羅道御史尹止衡入來 以全州等所犯書啓曰 達梁城子完固 然築城於山腰 賊若登城後山頂 則俯視城中矣.
25) 변동명, 「조선시대 돌산도 방답진의 설치와 그 구조」, 『한국사학보』 27, 고려사학회, 2007.
　　변동명, 「조선시대의 돌산진과 고돌산진」, 『역사학보』 198, 역사학회, 2008.

것이다.

보란 여수 석보(麗水 石堡) 사례에서 드러났듯이, 읍성에서 멀리 떨어져 그에 의지할 수 없는 밀집도 높은 바닷가 주민들로 하여금 느닷없이 난입하는 왜구의 칼끝을 잠시 피하도록 마련된 소규모 보루였다.[26] 정약용도 을묘왜변 때 장흥부사 한온(韓蘊)과 영광군수 이덕견(李德堅)이 병마절도사 원적(元績)과 함께 달량보(達梁堡)에 진을 쳤다고 하였다.[27]

권관이란 적로 요해처 또는 보와 같은 소형 성곽에 두는 임시 장수로, 그로 하여금 군사를 거느리고 들어가서 지역민을 수호하게 하였다. 보통 현지인이 맡기도 하지만, 무과 급제 후 함경도 동구비보(童仇非堡)와 건원보(乾原堡) 권관을 역임한 이순신 사례처럼 무과 급제자가 임명되기도 하였다. 달량권관(達梁權管)으로 조현(曺顯)이 보인다. 조현은 전라도 능성 사람으로 임진왜란 의병장 최경회·문홍헌과 함께 삼충각·포충사에 배향되어 있는 인물이다. 조현은 1554년에 18세의 나이로 무과에 급제하고, 이듬해 1555년에 선전관으로서 곧바로 달량권관에 제수되었다. 제수된 해에 일어난 을묘왜변 때 왜구가 달량을 침략하자 검을 뽑아 분격하여 살상한 자가 매우 많았으나 화살이 떨어지고 힘이 다하고 성이 함락되자 마침내 죽음을 맞이하고 말았다.[28] 이 점을 높이 산 선조는 "절의는 국가의 원기이고 우주의 동량

---

26) 변동명, 「조선시기 여수의 석보와 석(보)창」, 『역사학연구』 33, 호남사학회, 2008.

27) 『목민심서』, 병전6조, 어구(『여유당전서』 5, 경인문화사, 1981, 506쪽).

28) 『여지도서』, 능주, 인물.
곽종석, 『면우집』 160, 묘갈명, 「効力副尉行達梁鎭權管贈通政大夫兵曹參議曺公墓碣銘」.
을묘왜변 때 조현이 가리포첨절제사로서 달량에서 전사하였다는 기록이 있지만(양진영, 『만희집』 10,「襃忠祠給復事實記」), 이는 당시 가리포첨사

(棟梁)이다. 지난 을묘년 왜변 때 변장(邊將)들이 어떤 사람은 갑옷을 벗고 항복하기도 하고 어떤 사람은 성을 버리고 달아나기도 하고 어떤 사람은 머뭇거리면서 진격하지 않기도 했는데 장흥부사 한온과 달량 권관 조현은 홀로 절의를 지키다가 죽었으니 이 두 사람의 늠름한 의기를 내가 매우 가상히 여긴다. 특별히 사제(賜祭)할 일에 대해 대신에게 의논하라."고 지시한 바 있다.[29] 아무튼 을묘왜변 때 달량은 권관이 지휘하는 보였다. 을묘왜변에 대해서는 이이서 알아보자.

2. 달량진 혁파

1) 을묘왜변

1555년(명종 10)에 왜구의 대규모 침략이 있었다. 이를 을묘년에 일어난 왜변이라고 하여 을묘왜변(乙卯倭變)이라 한다.[30] 을묘왜변은 전라도 서남부를 초토화시켰고, 서울까지 바싹 긴장시켰다. 이 점은 신

는 실록에 이세린으로 나오기 때문에 오기로 보인다.

29) 『선조실록』 12, 선조 11년 5월 6일(丙辰).

30) 을묘왜변에 관해서는 다음의 논고가 참고 된다.
송정현, 「을묘왜변에 대하여-강진주변을 중심으로」, 『호남문화연구』 12, 전남대학교 호남문화연구소, 1982.
김병하, 「을묘왜변고」, 『탐라문화』 8, 제주대 탐라문화연구소, 1989.
정영석, 「조선 전기 호남의 왜변에 대하여-을묘왜변을 중심으로」, 『전통문화연구』 3, 조선대학교 전통문화연구소, 1994.
윤성익, 「'후기왜구'로서의 을묘왜변」, 『한일관계사연구』 24, 한일관계사학회, 2006.
문준호, 「조선 명종대 을묘왜변에 관한 군과 정부의 대응」, 『군사』 103, 국방부 군사편찬연구소, 2017.

흠(申欽)이 "(왜구가) 명묘 을묘년에 전라도를 노략하면서 달량·장흥·영암·어란포·마도·강진·가리포를 함락하고 병사 원적 등을 죽이니 서울에 계엄(戒嚴)이 걸렸다."[31]고 말한 데서 확인된다. "殺掠不可盡記 國內大震"[32]이란 말도 있다. 참혹한 살육이 있었고 내국인이 크게 동요했음을 알 수 있다. 그런데 이 왜변의 최대 격전지는 달량진성(達梁鎭城)과 영암읍성(靈巖邑城)이었다. 이 점은 을묘왜변을 요약한 여러 글에 잘 나타나 있다. 예를 들면 김정호(金正浩)는 왜선 70여 척이 달량진을 포위한 후 절도사 원적과 장흥부사 한온의 군대를 무너트리고 그들을 죽였고, 연이어 어란포·마도·가리포 제진을 함락시키고 영암에 이르니 전주부윤 이윤경이 병력을 이끌고 와서 영암을 구하고 적 1백 수십 급을 베니 나머지는 군량과 마초를 버리고 도망가고 말았다고 『여도비지』에 기술했다.[33] 을묘왜변의 변곡점을 달량진성 전투에서 아군이 패전함으로써 도내 전역으로 왜군이 진출하였고, 영암읍성 전투에서 아군이 승리함으로써 왜군을 물리쳤다고 정리할 수 있다.

1555년 5월 11일, 왜구들이 선박을 타고 영암 땅 달량진성 밖 바다에 출몰했다. 달서봉(達嶼峰) 앞에다 구름처럼 진을 쳤다고 한다.[34] 달서봉은 달도의 봉우리를 말할 것 같다. 유자나무가 많아 유자도(柚子島)라고 불린 달량포 바로 앞 섬에 적선이 정박했었다는 기록도 있다.[35] 유자도는 19세기 고지도에 보이는 귤도(橘島)로 짐작된다. 출몰

---

31) 신흠, 『상촌집』 34, 설, 「備倭說」.

32) 조태억, 『겸재집』 37, 시장, 「城府判尹南謚狀」.

33) 김정호, 『여도비지』, 영암군, 「戰略」.
   本朝明宗十年 倭船七十餘艘 圍達梁鎭 節度使元績·長興府使韓蘊兵潰死之 賊連陷於蘭浦·馬島·加里浦諸鎭 垂勝至靈巖 全州府尹李潤慶領兵往救靈巖 賊衆大潰 斬百數十級 餘賊棄粮草遁去.

34) 백광훈, 『옥봉집』 하, 시, 「達梁行」.

35) 구봉령, 『백담속집』 2, 칠언절구, 「柚子島」(乙卯 羣倭陷達梁之處).

한 왜적의 숫자에 대해 6천여 명, 1만여 명 [36]등이 보인다. 선박의 숫자에 대해서는 수십 척,[37] 60여 척,[38] 70여 척, 1591년에 최립이 올린 주본에 1백여 척[39] 등이 보인다. 적선의 돛대가 바다를 덮었다고 하니, 대규모 침범임을 알 수 있다.

왜구들은 두 진영으로 나뉘어 동쪽 달량포(達梁浦)와 서쪽 이진포(梨津浦)를 통해 육지로 상륙하기 시작하였다. 상륙하며 왜구의 일부는 창을 휘두르며 칼을 빼들고 사람에게 덤벼들었다. 또 일부는 호각을 불며 불을 놓아 달량진성 아래 민가를 불태우니 연기가 3일 동안이나 하늘을 덮었다. 백광훈(白光勳, 1537~1582)이 「달량행」에서 "洪海 언덕 끝에는 왕래가 끊어졌네"라고 읊은 것으로 보아, 달량에서 2km 이상 떨어진 '홍해' 마을까지 왜구의 발길이 미쳤던 것 같다. 상륙한 적들은 모두 달량진성으로 몰려와 6겹으로 포위하며 성곽을 공격하였다. 달량권관 조현이 홀로 성을 지키며 성 담장 위에 올라가 화살로 적을 쏘아 맞히며 저지하였다. 그러나 5월 13일, 왜구들은 성문을 열고

---

36) 『영암읍지』, 선생안, 이덕견편에는 5월 13일 적병 만여 명이 달량을 약탈하였다고 적혀 있다. 6천이건 1만이건 간에 숫적으로 을묘왜변은 전면전 양상이었다.

37) 소세양, 『양곡집』14, 기, 「兵營重創記」.
歲乙卯夏五月 倭船數十艘 出沒於靈巖之達梁鎭 節度使元績 領軍馳赴其城 賊之帆檣 蓋海而來 績也素乏算略 戰守乖方 顧洒投書乞降 賊衆開門闌入 績及一城將士 竝被屠害 列鎭守將 望風奔竄 猶恐或後.

38) 박동량, 『기재잡기』3, 「歷朝舊聞」3 明宗.
乙卯倭賊六十餘艘來寇 陷於蘭達梁兵營康津 靈巖郡守李德堅被虜 賊進圍長興 九官救兵 一時潰散 兵使元績敗死 府使韓蘊 城陷死之.

39) 최립, 『간이집』1, 주, 「辛卯奏奉敎製」.
至嘉靖乙卯 有倭船一百餘艘 來犯全羅道達梁等鎭 緣是小邦狃安之久 戰守兵吏 多有被害 然賊亦敗衄 殆無得還.

난입하여 달량진성을 함락시켰다.[40] 조현은 화살이 다하고 활이 부러지자 몸을 날려 지붕으로 올라가서 잇따라 기와 조각을 던져 무수한 적들을 죽였으며, 기왓장이 다하자 북쪽을 향해 재배(再拜)하고는 적을 꾸짖다 그만 죽고 말았다.

왜적의 출몰 사실을 가리포첨사 이세린이 즉각 전라병사 원적에게 보고하였다. 원적은 군사 2백여 명을 거느리고 장흥부사 한온, 영암군수 이덕견과 함께 달량으로 갔다. 날이 저물기도 하였지만 왜적들이 거짓으로 피하여 도망가자, 원적은 드디어 성 안으로 들어가 지키며 방어하였다. 이튿날 아침에 적의 무리가 성을 포위하였다. 병사(兵使)와 군사들이 그들을 굽어보며 활을 쏘아 맞는 자가 많자, 왜인들이 큰 깃발을 성 밑으로 옮기어 꽂고 각각 방패를 지니고서 날뛰며 북을 치고 소리를 질러댔다. 성안의 사람들이 돌로 내리치자 깃발과 방패가 더러는 부숴지기도 하고 찢어지기도 하여 패배하는 듯한 모양이 있기도 했다. 달량진은 조그마한 진(鎭)인데다가, 성 안에 군사가 적고 구원병은 패해 달아나고 외부의 구원도 지연되고 있었다. 관군은 대부분 성을 넘어 몰래 도망쳐버렸다. 왜적이 성을 포위한 지 3일째 되니, 식량마저 바닥나고 말았다. 원적은 항복을 하기 위해 군사들로 하여금 의복과 갓을 벗어 항복을 표하는 모양을 보이게 하였다. 왜적들은 성 안에 화살이 다 떨어지고 힘도 다한 것을 알아차리고서 서로 돌아보며 날뛰어 사다리를 타고 성을 넘어 마구 들어와 드디어 성이 함락되고 말았다. 왜적들은 원적의 머리를 베고 군사들도 남김없이 살해하였으며 한온[41]도 또한 죽었다. 이덕견은 항복한 후 애걸하여 살아서 돌아

---

40) 노수신, 『소재집』 4, 시, 「入智力山次簡齋韻」.
    이 시의 세주에 "五月十三日 晴 倭寇先聲達梁圍三日 垂陷"이라고 적혀 있다.
41) 장흥부사 한온에 대해 어떤 사람은 죽었다고도 하고, 어떤 사람은 도적과

왔다. 상당히 많은 사람들이 도륙당하고 말았다.

정부는 급히 이준경(李浚慶)을 전라도 도순찰사로 삼아, 남치근(南致勤)을 전라좌도 방어사로 삼아, 김경석(金景錫)을 우도 방어사로 삼아 내려 보냈다. 해남현감 변협(邊協)이 달량이 포위된 것을 듣고서 군사 3백 명을 거느리고 달려가 구원하는데, 전 무장현감 이남(李楠)과 힘을 합쳐 접전을 펼치다가 적에게 격파되어 이남은 죽고 변협은 패배하여 겨우 몸만 빠져 나왔다. 우도수사 김빈(金贇)과 진도군수 최린(崔潾)은 어란포에서 왔으나 달량이 함락된 뒤였다. 그래서 정부 당국자들은 우수영에서 가까운 거리에 있는 달량으로 군사를 거느리고 달려가서 구원하지 않고 성이 함락되는 것을 보고만 있었다고 하여 김빈을 잡아다가 추문하여 법률대로 다스려야 한다고 하였다. 김빈 외에 주변의 많은 지휘관들이 도망가거나 구원하지 않았다고 문책을 받았다.

계속해서 왜구들은 동쪽으로 나아가 강진의 가리포진, 마도진을 습격했고, 강진읍성, 병영성, 장흥읍성을 차례로 함락시켰다. 다른 무리는 진도의 금갑도진, 남도포진을 무너트리고 진도를 쑥밭으로 만들어 버렸다. 또 다른 무리는 서북쪽으로 올라가 해남의 어란포진[42]을 점령한 후 온갖 방화와 약탈을 일삼으며 해남읍과 영암읍에도 침입했으나, 격퇴 당하고 말았다. 해남의 경우 현감 변협의 뛰어난 지략과 주민들

함께 갔다고도 하고, 어떤 사람은 평량자(平涼子)를 쓰고 성을 넘어 달아났다고도 하는데, 그 시체는 끝내 찾지 못하여 의복만으로 장례를 치렀다. 조정에서는 참인지 거짓인지 의아한 상태로 있었는데, 6년이 지난 뒤에 그 처의 상언(上言)으로 인하여 2품에 증직(贈職)되었다. 그러다가 그 이듬해에 명종은 달량권관 조현과 함께 절의를 지키다가 죽었다면서 치제(致祭)하게 하였다.

42) 어란포진은 이때는 해남 소속이었지만, 뒤에 영암으로 이속되었다가, 월경지 정비 때 다시 해남으로 이속되어 현재 주소는 해남군 송지면 어란리이다.

의 용맹으로 읍성을 지켜냈다. 이때 성을 지킨 공훈을 기념하기 위해 당시 해남 동헌 앞뜰(현재 군청)에 소나무 한 그루를 심고 이름을 '수성송(守城松)'이라고 칭하여 오늘에 이른다.[43] 영암의 경우 향교에 진을 친 왜구들이 성 밖 민가들을 불태우며 이준경·김경석 등이 진을 친 읍성을 공략하였으나, 관군과 양달사(梁達泗) 등 영암 출신 의병의 반격에 큰 피해를 입고 퇴각하고 말았다.

2) 달량진 함락·혁파

달량진성의 규모와 구조에 대해서는 자세히 알 수 없다. 일단 규모는 소규모였던 것 같다. 그리고 구조에 대해서는 율곡 이이가 쓴 장흥부사 한온에 관한 기록에 나오는데, 달량진성 전투 때 전라병사 원적은 북문(北門)을, 장흥부사 한온은 남문(南門)을 각각 지켰다.[44] 달량진성에 남문과 북문 등 2개의 성문이 있었음을 알 수 있다.

〈1872년 지방지도 속의 이진진〉

영암군지도

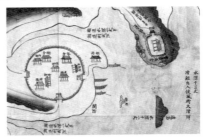
영암군이진진지도

43) 정윤섭, 「해남읍성과 관아의 공간구성」, 『향토문화』 35, 향토문화개발협의회, 2016.
44) 이이, 『율곡전서』 13, 발, 「韓長興蘊敍後跋」(庚申).

을묘왜변 때 왜구들의 공격으로 달량진성은 크게 파괴되었다. 이는 전투의 긴박감과 참혹함을 통해 충분히 짐작할 수 있는 바다. 이로 인해 진을 유지할 수 없는 상황에 이르렀던 것 같다. 그 결과 언제인가는 확인할 수 없지만, 달량진은 권관진마저 폐지되었다(표1, 라). 김제민 (金齊閔)이 1586(선조 19) 전라도사 재임 때 지었을 것으로 추정되는 시를 보면, 제목 속에 "達梁古城 城堞殘毀", 시 속에 "荒圯餘殘堞 傷心古達梁"이란 구절이 들어 있다.[45] 달량진 혁파 후 진성은 옛 성이 되어 성가퀴는 허물어진 채 성벽만 남아 있었던 것이다.

그렇다고 달량의 포구 기능이 사라진 것은 아니었다. 그리고 달량의 군사적 중요성을 중앙정부나 지방관부가 방기하였던 것도 아니었다. 구봉령(具鳳齡)이 1583년(선조 16)에 전라감사가 되어 도내를 순력하다가 이진보(梨津堡)에서 묵었다. 묵으면서 느낀 감회를 읊은 시 속에 "만고의 세월 백전을 치르던 성은 텅 비었네(百戰城空萬古春)"란 구절이 들어 있다.[46] 이 시의 세주에 "을묘년(1555, 명종10) 왜란 후에 달량을 폐하고 이 보를 설치하였다."고 적혀 있다. 달량진은 혁파되어 성은 텅 비어 있었지만, 그 자리에 '이진보'란 보가 있었던 것이다. 을묘왜변 관련 기사를 보면 달량포와 이진포는 동서 지근거리에 각기 존재한 지명이었지만, 달량진 혁파 이후 '달량'에 대한 명칭 사용에 혼선이 있었던 것 같다. 예를 들면, 달량진 혁파 후 그 자리에 보가 신설되

---

45) 김제민, 『오봉집』1, 오언사운, 「達梁古城城堞殘毀追感乙卯倭冦憑凌全軍覆沒回詠一律以寓悲慘之意」.
荒圯餘殘堞 傷心古達梁 將軍先鼠竄 賊勢更鴟張 數郡良家子 同時血染鋩 至今風雨夜 冤哭橘州傍.

46) 구봉령, 『백담집』4, 칠언율시, 「宿梨津堡」.
天涯客夢泊梨津 海戌秋晴鼓角新 潮沒岸沙騰玉馬 月窺雲嶂聳氷輪 一聲雁度三更夜 百戰城空萬古春 珍重戎行各努力 聖明恩化配蒼旻(乙卯倭亂後 廢達梁而設此堡).

었으면 '달량보'라고 해야 할 텐데 그렇게 하지 않고 '이진보'라고 하였다. 이는 이진을 고달도라고 하고, 이진에 해월루가 있다고 한 김익(金熤)의 시를 통해서도 확인된다.[47] 그리고 이는 앞에서 말한 것처럼 달량이 있는 마을을 '이창(梨倉)'이라 하고, 뒤에서 나오겠지만 달량에 있는 환곡 외창을 이진창(梨津倉)이라고 한데서도 증명된다. 달량을 이진이라고도 하여서 달량진 혁파 후 들어선 보를 이진보라 하였다는 말이다.

이진보 상태에서 '손죽도 왜변(損竹島 倭變)'이 일어났다. 손죽도 왜변이란 1587년(선조 20)에 18척의 선박에 분승한 규슈 왜구들이 손죽도를 점령한 후 흥양에서 강진에 이르는 도서와 연해를 5·6일 동안 유린한 사건이다.[48] 이때 왜구들에 의해 이진의 군량이 불타버리자, 다른 진보도 굶주리게 되었다.[49] 그리고 바로 이어 1592년 임진왜란을 맞았다. 왜란 중에 달량에서 무슨 일이 일어났는지에 대해서는 보이지 않지만, 해양 방어에 한계가 있을 수밖에 없었을 것 같다. 정유재란 당시 왜군은 군선 130여척을 이끌고 이진포 앞바다로 들어오자, 이순신은 병선을 정돈하여 벽파정에서 진을 치고서 명량해전을 승리로 이끌었다.[50]

1597년(선조 30) 정유재란이 발발하자, 달량포에서 서쪽으로 5리 떨어진 이진포에 권관진이 설립되었다. 이진진은 1626년(인조 4)에

47) 김익, 『죽하집』 2, 시, 「疊前韻」.
逆旅吾生本自浮 孤臣片帆水同流 南征十日登臨興 古島之西海月樓(梨津卽古達島也).
48) 김덕진, 「1587년 손죽도 왜변과 임진왜란」, 『전쟁과 전라도 지역사』, 선인, 2018.
49) 『선조수정실록』 25, 선조 24년 3월.
50) 『선조실록』 94, 선조 30년 11월 10일(丁酉).

만호진으로 승격되어 수군진으로서의 위상을 갖추었다. 이 사실은 「영암군이진진지도」 주기에 기록되어 있는 것이다. 그런데 이 보다 훨씬 앞서 1556년(명종 11)에 이진권관(梨津權管) 신종우(申宗祐)가 보길도와 작지도를 침범한 적왜를 격파한 적이 있고,[51] 그리고 1594년(선조 27) 남해 상에 머물고 있는 이순신에게 금갑과 이진 장수가 찾아간 적이 있다.[52] 이 이진이 '이진진'의 이진인지, 아니면 달량의 별호로서의 이진인지에 대해서는 확언하기 어렵다. 언제이건 간에 신설 이진진은 옛 달량진의 역할을 자연스럽게 이어받아, 달량 지역에 대한 통치권을 영암군과 함께 행사하였다.[53]

이후 달량진은 끝내 수군진으로 돌아오지 못하였다. 그러나 남북으로 뻗은 타원형 성곽과 북쪽에 조성된 북문이 고지도에 선명하게 그려져 있는 것으로 보아 '보' 수준의 성 자체는 19세기 후기까지 그대로 유지되었음을 알 수 있다. 현재까지 동벽과 북벽의 일부가 남아 민가의 담장으로 이용되고 있다.[54] 그에 따라 달량은 김제민의 시에 등장한 것처럼 지명이 고달량(古達梁)이 되었고, 바로 앞 달도는 정부 문

---

51) 『명종실록』 21, 명종 11년 7월 20일(丙子).

52) 이순신(노승석 옮김), 『난중일기』, 민음사, 2010, 213쪽.

53) 이진진에 대해 알아보자면, 『호남진지』 속의 「이진진진지(梨津鎭鎭誌)」를 보면 진성의 둘레는 포척(布尺)으로 3,440척, 높이는 9척이었다. 성문은 동·서·남 세 곳에 열렸다. 성 안에는 객사(3칸), 동헌(3칸), 장청, 사령청, 군기고, 환향고 등이 들어섰다. 전선 1척, 병선 1척, 사후선 2척에 주사군(舟師軍) 209명, 기군(旗軍) 37명, 장교(將校) 2명, 진무(鎭撫) 2명, 노령(奴令) 1명이 있었다. 진촌(鎭村)은 없고, 진민(鎭民)은 90호에 불과하였다. 『영암읍지』에는 진속으로 대솔군관(帶率軍官) 12인, 진리(鎭吏) 18명, 사령(使令) 6명, 군뢰(軍牢) 2명 등이 보인다. 진성, 성문, 공해, 선소의 모습은 「영암군이진진지도」에 묘사되어 있다. 이진진에 대해서는 이 외에 1794년(정조 18)에 편찬된 『군국총목』도 참고 된다.

54) 『해남군지』 중, 2015, 158쪽.

서에도 등장한 것처럼 고달도(古達島)로 이름이 바뀌었다. 대신 옛 달량진 자리, 즉 고달량 지역은 다른 역할을 새롭게 부여받을 수밖에 없었는데, 그것을 지역경제와 지역통치 차원으로 나누어 알아보겠다.

3. 고달량과 지역경제

1) 장시와 후풍소

수군진이 혁파됨으로써, 고달량은 군사적 기능보다는 포구로서의 기능을 강화하여 지역의 유통경제 활성화에 큰 영향을 미쳤다. 그와 관련하여서는 포구상업의 발달과 공무선박의 후풍소(候風所) 지정 등을 들 수 있다.

우선, 고달량은 수군진 혁파 후 포구상업이 발달한 곳이 되었다. 국립중앙도서관 소장 『영남호남연해형편도(嶺南湖南沿海形便圖)』에 영암의 선박처(船泊處) 16곳과 그곳의 수용 척수(隻數)가 기록되어 있다. 그 가운데 영암 선소가 10척, 달도포구가 20척, 이진선창이 30척이다. 영암 선소는 달량에 있고, 달도포구는 달량 앞 달도 포구를 말할 것이고, 이진선창은 이진진 선창을 말할 것이다. 이곳과 관련된 두 사례를 우선 살펴보자. 첫째, 뱃일로 먹고 사는 제주 사람이 제주목에서 왕실에 봉진(封進)하는 삭선 진상물(朔膳 進上物)을 운임을 받고 이진으로 수송하는 도중에 서북풍이 크게 일어나 돛 2개가 부러져 버리고 치목(鴟木)과 노목(櫓木)은 떠내려가 유실되는 바람에 큰 바다에서 정처 없이 떠돌다 일본으로 표류하고 말았다.[55] 또 다른 어떤 배는 진상물을 달량에 하륙한 뒤에 쌀과 보리 300석을 사서 제주도로 돌아왔

---

55) 『統制營啓錄』 1882년 2월 13일.

다. 둘째, 이원조(李源祚)가 1843년(헌종 9)에 제주목사가 되어 들어가면서 고달량에 왔다. 해월루(海月樓)에 올라서 사방을 보니, 어촌(漁村)의 민가가 그물처럼 늘어져 있고 상선(商船)이 구름처럼 들어와 있었다. 공무 수행자이기 때문에, 발선(發船)하려 할 때는 이진의 진리(津吏)가 승선을 재촉하였고 영암의 관속은 출항을 알리는 고각(鼓角)을 울렸다.[56] 이 두 사례를 통해 고달량은 어업과 상업이 발달한 포구였음을 알 수 있다. 포구에는 '객점(客店)'이라고 불리는 상점도 있었으니, 각양의 상인도 활동하고 있었을 것이다.

상선만 출입하는 것이 아니라, 완도를 오가는 진선(津船)도 달량 지역에 있었다. 완도를 오가는 진 역시 달량, 달도, 이진에 각각 있었다. 달량에 있는 진은 이창진, 달도에 있는 진은 달도진,[57] 이진에 있는 이진 등으로 불리었다. 특히 달도는 완도 입경 초로로서 전토가 널리 개간되어 있었다. 마주보고 있는 완도 원동진에는 선박과 진부(津夫) 10명이 있어 공사 월섭(越涉)을 담당하였고, 복호(復戶) 10결이 있어 그에 해당하는 전세를 그들로 하여금 받아먹게 하였다.[58]

어업과 상업이 발달하고 이진진이라는 수군진을 끼고 있기에, 고달량에는 조선후기 유통경제의 발달에 조응하여 정기시장인 장시가 들어섰다. 영암 추자도 사람 8명이 1780년(정조 4)에 본도에서 승선하여 본군 '고달도 장시(古達島 場市)'를 갔다. 미포(米布)를 구매한 후

---

56) 이원조, 『응와집』1, 시, 탐라록 상, 「海月樓雨中」.「發船」.

57) 『해남군지』(1925년), 진도.
達島津 在郡南七十里 莞島往來之路.

58) 『호남진지』,「가리포진진지」.
院洞大津洋 津夫十名 公私越涉是白齊.
『완도군지』(1925년), 군외면, 진도.
院洞津 達島相對入境要路 在昔民力造船 立沙工二名 其料賴自朝家元稅中
十結復之.

본도로 돌아오다가 중간에 영풍(獰風)을 만나 표류하여 중국까지 갔다가 돌아온 적이 있다.[59] 읍지의 장시 조항이나 장시 관련의 자료에는 보이지 않지만, 고달량에 육지와 도서를 연결하는 장시가 있었음을 알 수 있다.

이어, 고달량은 세곡선의 후풍소(候風所)로 이용되었다. 고달량 앞에는 달도가 있고, 달도 앞에는 완도가 있다. 『대동지지』를 보면, 달도와 완도 사이의 좁은 수로를 '대진양'이라 하는데 서울로 향하는 각지의 선박이 그곳을 통과하였다. 「영암군이진진지도」에 달량을 '조선출입 후풍소(漕船出入 候風所)'라고 적어 놓았다. 『여지도서』 속의 강진현 전세 운송로를 보면, 2월에 수봉하고 3월에 장재하여 본현 해창에서 출항하여 영암 고달도·갈두, 진도 벽파정, 시아, 임치, 칠산, 법성, 늦도, 고군산, 안흥 등지를 거쳐 경강에 이른다고 하였다. 동쪽의 전라도·경상도 세곡선이 고달량을 경유하였고 바람이 불면 고달량을 후풍소로 삼았다. 그러다 보니 고달도 앞바다에서 세곡선이 치패되는 해난사고가 발생할 수밖에 없었는데, 경상도 조운선이 그러한 적이 기록으로 남아 있다.

그리고, 고달량은 제주도를 오가는 남해안 대표적인 창구 가운데 하나였다. 특히 공무 수행자의 후풍소로 이용되었다. 공무 수행자란 제주도 3읍 수령, 어사·경차관·압송관 등의 봉명사신을 말한다. 동부승지 이수봉(李壽鳳)이 1764년(영조 40)에 어사(御使)로 임명되어 제주도를 왕래하였다. 복명하기를 강진·해남은 제주를 왕래하는 도회(都會)인데 근래 물길이 자주 변하여 해남 관두(館頭)는 옛날에는 발선소(發船所)였지만 지금은 관두를 거치지 않고 모두 영암 땅 '이진 고달도(梨津 古達島)'에서 발선한다고 하였다. 이수봉은 그러면서 영암을 다

---

59) 『비변사등록』 162, 정조 5년 2월 15일.

시 도회로 정하고, 영암 읍내와 '이진 고달도'의 거리가 130리나 되어 영암 읍내에서 후풍사객을 지공하기가 매우 불편하니, '이진 고달도'가 속한 면을 해남현에 떼어주어 지공하게 하거나 이진창에서 지공하고 뒤에 영암군에서 회감하게 하면 좋을 것이라는 의견을 냈다.[60] 영암을 제주 왕래 도회관(都會官)으로 다시 정하고, 도회관으로 하여금 사객 지공을 맡도록 하자는 말이다. 이 의견은 곧바로 정책으로 채택되어, 제주 3읍수령 및 봉명사신의 왕래 때 강진·해남·영암 3읍에 도회를 나누어 정하여 1년씩 돌아가면서 거행하도록 하였다. 금방 그렇게 된 데에는 제주도의 조천포(朝天浦)나 미북포(未北浦) 등에서부터 남당포나 고달도 등의 포구까지는 큰 바다로 나가는 뱃길이 일직선으로 마주 대하고 있으므로, 사공이나 뱃사람들이 저쪽이나 이쪽이나를 막론하고 모두 물길에 익숙한 결과였던 것 같다.[61] 그래서 '靈岩都會之年' 때에는 고달도에서 후풍을, '康津都會之年' 때에는 남당포에서 후풍을, '海南都會之年' 때에는 관두포에서 후풍을 각각 하게 하였다. 최종적으로 고달도 후풍객에 대해서는 이진창(梨津倉)에 육방(六房)을 설치하여 접대하도록 하였다.[62] 6방이란 향리 집무처를 말할 것이다. 이로

---

60)『비변사등록』145, 영조 40년 3월 24일.

　　康津海南 爲濟州往來之都會 而近來水道屢變 海南之館頭 古則爲發船之所 今則不由館頭 而皆自梨津古達島發船 梨津古達島 卽靈巖地也 距海南爲 五十里 三邑公行 欲梨津候風 則海南謂以他境 而不爲支供 靈巖謂非都會 而 不爲支供 故不得已留滯於海南邑中 待風而往十里 則風勢中變 每不免還留 海南 以致其失風遲滯 前後御史書啓中 以靈巖復定都會爲請 而臣意靈巖 距 梨津古達島 爲一百三十里 去津頭絶遠 而定爲都會 亦甚難便 若以梨津古達 島所付面 劃付海南縣 俾爲候風支供之地 則事極便好 而不然則自梨津古達 島 倉所支供後 使靈巖郡照例會減 俾免公行失限遲滯之患 似宜 故敢達矣.

61)『정조실록』39, 정조 18년 3월 2일(己丑).

62) 서영보,『죽석관유집』6, 계,「湖南慰諭別單」.

　　濟州三邑守令及使客往來時 康津海南靈巖三邑 分定都會 各一年輪回擧行

인하여 영암의 고달도 또한 선박 왕래의 길목이 되는 섬이 되어 비록 영암이 공식적으로 도회를 맡은 해가 아니더라도 이런저런 연유로 그곳 백성들이 받는 폐단이 적지 않다는 지적이 나오기도 하였다.

신광수(申光洙)는 1764년(영조 4)에 금오랑이 되어 죄인을 압송하는 일로 제주도를 들어갈 때 고달량 해월루에서 출항하여 소안도에서 숙박한 적이 있었다.[63] 그때 그는 고달량에서 4일간 바람을 기다렸다. 최익현(崔益鉉)도 1873년(고종 10)에 제주도로 유배 갈 때 이곳에서 4일간 기다리다 소안도로 떠났다. 2년 뒤 해배될 때에도 이곳으로 나왔다. 그러므로 고달량 옛 성 안에 바람을 기다리고 출항을 감독할 수 있는 누정이 건립되어 있었는데, 그것이 바로 해월루(海月樓)였다. 영암 이진에서 발선하여 제주도에 이르는 해로 소개에 따르면, 해월루는 이진 동쪽 5리의 고달량창(古達梁倉) 창고 마당에 있었다. 이진창이 나룻머리에 있었기에, 해월루 역시 그곳에 있었다. "皆候風於此發船"이라고 하였듯이, 제주를 가는 사람들은 모두 해월루에서 바람을 기다렸다가 출항하였다.[64] 해월루는 이진 남쪽에 있는데, 제주도로 들어가는 사람은 이곳에서 배를 출발하고, 소안도에 이르러 바람을 기다

自有其規 而使客出入 每於靈巖古達島候風 故靈巖則設置六房於梨津倉 以爲支供 而康海兩邑都會之年 則越他境支應 捉船修裝等節 俱係大弊 因此而古達島亦爲孔道 雖非本邑都會之年 島民受弊一也 臣意則靈巖之古達島 康津之南塘浦 海南之舘頭浦 同是濟州入去候風之路 此後則輪回分排 靈巖都會之年 依前從古達島候風 康津都會之年 從南塘浦候風 海南都會之年 從舘頭浦候風 濟州三邑守令及大小使客之行 依此定式則在兩邑 除越境供頓之費 在古達島 除年年受困之弊 事甚便宜是白齊.

이 사료는 축약되어 정조 18년 12월 25일자 『정조실록』, 『비변사등록』, 『승정원일기』 등에도 실려 있다.

63) 신광수, 『석북집』 7, 시, 탐라록, 「海月樓」.

64) 『대동지지』 권28, 정리고, 제주해로.
梨津東五里 有古達梁倉 倉有海月樓勝賞 故皆候風於此發船.

린다고 하였다.[65] 이러한 지리지뿐만 아니라, 1872년 제작 고지도에도 '濟州入去使客 候風所'라 하여 해월루는 제주를 오가는 사람들의 후풍소라고 적혀 있다. 그래서 해월루 아래 바다를 대진에서 나가는 바다라는 뜻으로 대진양(大津洋)이라 하였다.[66] 해월루에 오르면 남쪽의 바다와 달도가 바로 내려다보여 경치가 아름다웠다. 자연히 시인묵객들의 글 속에 해월루가 심심찮게 등장한다. 예를 들면, 능주 출신 양진영(梁進永, 1788~1860)이 해월루의 아름다운 경치를 "烟松露竹蘸長湖 舡步團圓一勝區 九曲欄頭明月夜 却疑身世在冰壺"라고 읊었다.[67] 김익(金熤)이 1770년(영조 46) 제주도 유배 갈 때 이진에 배 닻줄을 매놓고 해월루에 오르니, 퇴어자(退漁子)의 시가 걸려 있어 그 운을 따라 시를 읊었다.[68] 1813년(순조 13)에 전라도 남쪽을 여행한 이재의(李載毅)도 퇴어자의 시에 차운하였다. 퇴어자는 김진상(金鎭商)의 호인데, 이 시는 1736년 남쪽을 여행할 때 지었을 것 같지만, 그의 문집에는 보이지 않는다. 해월루에는 김진상 외에 이중익(李仲翊), 이덕휘(李德輝), 이향규(李享逵), 윤면동(尹冕東), 이석보(李奭輔), 서적수(徐迪修), 엄사만(嚴思晚), 박명구(朴命球) 등의 시가 걸려 있었다.[69] 모두 달량 해월루에 직접 와서 읊은 시일 것이다. 이러한 해월루도 중간에 사라졌다가, 최근에 해남군에서 복원해 놓았다.

제주도를 들어가는 공무자와 수행원들이 여러 날 바람을 기다렸기

---

65) 『대동지지』, 영암, 누정, 해월루.
　　海月樓 梨津南 入濟者發船於此 至所安島候風.
66) 『영암읍지』, 형승.
　　大津洋 在邑南邊一百二十里 海月樓下.
67) 양진영, 『만희집』 2, 시, 칠언절구, 「自達梁觀沿海佳處」.
68) 김익, 『죽하집』 2, 시, 「繫纜梨津登海月樓 用退漁子板上韻」.
69) 『영암읍지』, 누정, 해월루.

때문에, 달량은 숙박업이나 유통업이 발달할 수밖에 없었다. 그리고 발선 때 거행되는 해신제(海神祭)로 인해 그곳을 무대로 활동한 예능인도 적지 않았을 것이다. 오고가는 세곡선, 상선, 진선도 들리었던 점을 감안하면 달량의 유흥업 흥성을 충분히 예상할 수 있다. 실제 1794년 6월, 심노숭(沈魯崇)이 제주도로 부친을 뵈러 가던 중 이진에서 수십일 동안 순풍을 기다렸다. 광대놀음을 그곳 사람들과 함께 모여 구경했다. 그때 이진진 아전의 딸인 어린 소녀를 만났다. 돌아올 때는 해월루를 거쳐서 왔기 때문에 이진에 가지 않아 그 소녀를 보지 못했다.[70] 이를 통해 달량 지역에서 활약하는 광대가 있었고, 그에 의해서 연희(演戲)되는 공연도 있었음을 알 수 있다.

2) 선소와 이진창(남창)

수영 관할의 수군진이 혁파됨으로써, 고달량은 국가적 역할보다는 통치시설이나 부세조직이 들어서는 등 지역적 역할이 증대되었다. 그와 관련하여서는 선소와 남창을 들 수 있다.

우선, 고달량에는 영암 선소(船所)가 설치되어 있었다. 선소란 본래 없던 것인데, 임진왜란 전후에 등장한 수군읍의 군선 정박소이다. 전라 좌수영의 속읍으로는 장흥·순천·보성·낙안·광양·흥양이, 우수영의 속읍으로는 나주·영암·영광·진도·무안·해남·함평 등이 있다.[71] 이들 군현에서는 관내 포구에 선소를 두어 군선을 정박시키고 그에 따른 무기와 군량을 비축해야 하였다.[72] 이에 따라 영암에서도 선소를

---

70) 심노숭(안대회 등 옮김), 『자저실기』, 휴머니스트, 2014, 97~98쪽.

71) 『만기요람』, 군정편 권4, 주사.

72) 송은일, 「조선시대 전라좌수영 관할지역의 '선소' 연구」, 『군사』 105, 국방부 군사편찬연구소, 2017.

두었다. 영암 선소가 어디에 있었고, 무엇이 있었는지를 알아보자.

A −1) 戰兵船各一艘 伺候船一艘 船所在達島.[73]

　−2) 古達島船所 在邑南邊一百二十里 代將一人 戰船一隻 兵船一隻
　　　伺候船二隻 旗牌官五人 船上軍卒二百三十二名.[74]

고지도를 보면, 영암 선소는 달량포에 있었다. 달량포는 달도라고도 하였기 때문에, 『여도비지』에는 영암 선소가 달도에 있다고 기록되어 있다. 달도는 조선후기에 흔히 고달도라고도 하였기 때문에, 『영암읍지』에는 영암 선소가 읍 남쪽 120리 고달도에 있어서 '고달도 선소(古達島 船所)'라고 하였다. 그곳 책임자로 전선대장(戰船代將) 1인이 군관청의 군관 중에서 선임되었다. 전선 1척과 병선 1척과 사후선 2척 등 4척의 군선이 있고, 군선을 운용할 기패관 5인과 선상군졸 232명

〈영암 선소와 이진창〉

여지도서 속의 영암지도의 선소와 이진창　　해동지도 속의 영암지도의 선소와 이진창

73) 『여도비지』, 영암, 무비.

74) 『영암읍지』, 관액.

이 있었다. 이 외에 군기고나 군량고 등도 있었을 것이다. 전선대장은 정기적인 해상훈련을 하였고, 군선은 84개월이 지나면 개조해야 하고, 군량이나 군기 또한 정기적으로 충당되어야 하였다. 이런 일들이 바로 고달량 선소에서 이루어졌다.

이어, 고달량의 옛 성 안에 영암 환곡을 관리하는 이진창(梨津倉)이 그곳 진두(津頭)에 설치되어 있었다. 『여지도서』이래 영암 외창으로 서창, 옥천창, 이진창 세 곳이 보인다. 이진에 있어 이진창이라 하였지만, 이진창은 줄여서 이창(梨倉), 고달도에 있어서 고달도창(古達島倉)이라고 하였다. 읍 남쪽에 있어서 영암 남창이라고도 하였다. 그래서 고지도에 '古有達梁鎭 今設南倉' 또는 '靈巖 南倉'이라고 적혀 있다. 이진창 또는 남창은 이진창포(梨津倉浦), 이창진(梨倉津), 이창(梨倉)마을, 남창포(南倉浦), 남창리(南倉里) 등 지역의 여러 이름으로 사용되었다. 이 가운데 남창은 오늘날 지명의 근원이 된다.

이진창의 책임자로 향청 향임 중에서 선임된 감관 1원이 정해졌다. 이창감관(梨倉監官)으로 오희명(吳希明)과 오경익(吳慶益)이 보인다. 그들이 달도 앞 바다와 그 부근에서 일어난 조운선 치패 사건과 제주도 사람이 표류했다가 돌아왔다고 영암군수에게 보고한 사실을 통해,[75] 이창감관의 역할은 다양했던 것 같다. 그리고 색리(色吏) 1인, 고직(庫直) 1명이 이진창에 배치되어 있었다.[76] 1796년(정조 2) 호남 암행어사 정만석이 제주도 공행과 관련되어 드러난 영암 관내의 소안도 폐해를 여러 가지 열거하였는데 그 가운데 '梨津倉屬例給錢'이 들어 있다.[77] 그 무렵 남창 색리의 소안도에 대한 수탈 사실도 소안도 주민

---

75) 『湖南啓錄』2, 1885년 8월 18일. 『全羅右水營啓錄』2, 1862년 8월 23일

76) 『영암읍지 부사례』, 이창.

77) 『비변사등록』183, 정조 20년 1월 29일.

의 상언으로 드러났다.[78] 이로 보아 이진창 색리 역할이 다양하고 그 위세가 상당했음을 알 수 있다.

이진창의 창고 규모는 상당히 컸던 것 같다. 1894년 전라도 각읍 소재 곡물을 조사한 문서에 영암미 1,795석이 이진창에 보관되어 있었던 것으로 보아 쉽게 알 수 있다.[79] 나리포창(羅里舖倉)은 전라도 임피현에 있어 제주의 세 고을을 구제하는 곳인데,[80] 정약용은 나포창은 마땅히 영암의 이진포(梨津浦)에 있어야 할 것이라고 하였다. 그래야 어려울 때 서로 구제하는 교제(交濟)의 취지를 살릴 것이라는 것이 정약용의 생각이었다.[81] 달량포의 선박 수용능력과 이진창의 창고 규모가 컸기 때문에 정약용의 생각이 가능했을 것 같다.

이진창에서는 북평시종면과 송지시종면 등 4면의 환곡을 관리하였다. 이자는 관에 납부하기도 하지만, 자체적으로 여러 용도에 사용되었다. 첫째, 바람을 기다리는 사객의 접대비로 소요되었다. 1867년(고종 4) 전라도암행어사 윤자승(尹滋承)의 보고서에 제주3읍 수령 및 여타 사객의 왕래 행차에 대한 후풍 접대비는 이진창에서 조달하고 있었다.[82] 둘째, 제주에 기근이 들면 진휼곡으로 제주에 투입될 '제주 이전곡'에 대비하기 위해 전라도의 강진·해남 등지로 하여금 '設倉儲穀' 하게 한 것은 국초 이래의 국정 가운데 하나였다. 그러다가 18세기에

---

78) 『일성록』 정조 24년 3월 22일.

79) 『공문편안』 3, 1894년 10월, 「호남 읍진의 미태 운송 재촉」.

80) 문광균, 「18세기 전라도 나리포창의 운영과 변화」, 『역사와 담론』 90, 호서사학회, 2019.

81) 『목민심서』 진황6조, 비자.

82) 『승정원일기』 2715, 고종 4년 6월 16일(戊戌).
　　濟州三邑守令及外他使客往來之行 候風處所 隨其都會當次 必由直路 而勿爲迂入於大芚寺之意 成節目施行事也 候風之必取梨津倉 旣非定式攸在 使星之轉入大芚寺 不無貽弊之端 並令道臣 依繡單 成節目施行.

는 강진·해남·영암 3읍 후풍소에서 출항하게 하였다. 들여보낼 때 제단을 설치하고 곡물선이 모두 도착하기를 기다려 날아 잡아 해신제를 지내고 배를 출발시켰다.[83] 따라서 이런 일을 이진창이 모곡을 가지고 수행하였던 것이다. 셋째, 「영암읍지 부사례」를 보면, 영암 관용의 전복, 생복, 해삼, 감곽, 사어, 유자, 해의 등을, 그리고 제주와 그 외 지역에서 산출되는 목물(木物)을 이진창으로 하여금 환곡 모곡으로 구매하여 납부하게 하였다. 또한 보길도에서 담당해 오던 송판(松板)도 이진창이 보길도에서 거둔 돈 18냥으로 담당하도록 하였다.

맺음말

고려 이래 전라도 영암의 달량포, 달도, 이진은 각기 독립된 포구 마을이지만 지근거리에 있어 하나의 생활단위로 존재하였다. '달량 지역'은 어업이 흥성하고, 남해와 서해를 오가는 상선·조운선·여객선이 왕래하는 상업과 교통의 요지였고, 왜구가 하륙하는 국방상 요충지이기도 하여 많은 인구가 거주하였다. 오랜 공동체 생활에도 불구하고, 달도는 해읍론(海邑論)에 의해 1896년 신설된 완도군으로 이속되고, 달량과 이진은 월경지여서 1906년 해남군으로 이속되어 오늘에 이르고 있다.

고려말기부터 조선건국에 이르기까지 왜구의 잦은 출몰은 최대 국정사안 가운데 하나였다. 그 대안으로 수군이 창설되었고, 그 연장선에서 조선초기에 전략적 요충지인 달량에 만호진이 설치되었고, 크지

---

83) 『비변사등록』182, 정조 18년 12월 25일.
　　濟州移轉穀入送時 各其都會官候風處所 設置祭壇 待穀船畢到 卜日行祭發船事也 神之格思如水在地 以理以勢 所論甚當 此後則依此擧行爲宜.

는 않지만 진성도 축조되었다. 그런데 중종 때에는 3포왜란 이후 왜구가 경상도 해역은 물론이고, 전라도의 초도·완도·보길도·추자도 등지를 침범하더니, 급기야 1522년(중종 17)에는 달량을 침범하여 하륙하기까지 하였다. 이에 달량 앞에서 왜구를 격퇴하기 위해 완도 가리포에 만호진이 설치되었고, 그와 함께 달량진을 폐하고 가리포진에 합병하게 하였다. 그렇지만 달량진은 완전 사라지지 않고, 권관진 형태로 계속 존속되었다.

달량진은 권관진 상태로 1555년(명종 10) 을묘왜변을 맞이하였다. 6천~1만명, 60~1백척에 이른 왜군이 상륙한 곳이 달량이었다. 3일간의 혈전의 공방전 끝에 성이 함락되고 수많은 장졸들이 목숨을 잃었다. 이로 인해 달량진은 혁파되고 말았다. 그렇다고 달량의 군사적 기능이 완전 사라진 것은 아니었다. 옛 성을 수리하여 긴급 피란을 할 수 있는 보 형태를 유지하였다. 이러한 상태에서 손죽도 왜변과 임진왜란을 맞이하였고, 그런 과정에서 달량 지역의 군사적 역할이 주목을 받아 달량에서 서쪽으로 5리 떨어진 이진포에 이진진이 설치되었다.

이제 달량은 고달량으로 이름이 바뀌었고, 군사적 역할보다는 경제적·문화적 역할이 중시되어 지역의 경제·문화 활성화에 기여하였다. 포구상업이 발달하고 장시가 들어섰다. 세곡선의 제주 공무선의 후풍소로 지정되었다. 제주도를 들어가는 공무자와 수행원들이 여러 날 바람을 기다렸기 때문에, 달량은 숙박업이나 유통업이 발달할 수밖에 없었다. 그리고 발선 때 거행되는 해신제로 인해 그곳을 무대로 활동한 예능인도 적지 않았을 것이다. 또한 영암 선소가 달량에 들어서 읍내에서 파견된 군관의 책임하에 군선이 정박하고 군졸이 상주하였다. 그리고 4개 면 환곡을 관리하는 이진창(남창)이 설치되어 그 이자로 감관과 색리들이 3읍수령과 봉명사신에 대한 접대와 관에 납부할 물종의 무납을 담당하였다.

이상은 포구의 역할과 위상이 국가 통치체제의 변화에 대응하여 지역사회에 어떻게 기여하였는지를 알아본 사례 연구이다. 이를 통해 달량포란 포구가 수군진이 혁파됨으로써, 군사적 기능보다는 경제적 역할을 증대시켜 지역경제 활성화에 큰 영향을 미쳤음을 알 수 있다.

| 머리말

　광양 다압면 섬진강변의 섬진(蟾津)이라는 곳에 수월정(水月亭)이라는 정자가 있었다. 섬진은 문자 그대로 하동을 오가는 섬진강 나루터였기 때문에 사람과 물화의 왕래가 잦은 곳이었다. 「수월정기(水月亭記)」에 있듯이, 상선과 상인이 몰려드는 곳이 섬진이었다. 그리고 섬진은 맑은 물과 탁 뜨인 전경으로 경치가 좋은 곳이었다. 그런데 수월정은 중간에 없어지고 말았다. 언제 사라졌을까? 이렇다 할 기록이 없다. 추정하자면 1705년(숙종 31)에 섬진 나루터에 섬진(蟾鎭)이라는 수군진이 설치된 때가 아닐까 한다. 수군진이 설치되면서 종8품의 별장(別將)이 서울의 교련관이나 통영의 중군 중에서 파견되었다.[1] 그리고 아사·작청·장청·사령청 등의 청사, 군기고·화약고·진창 등의 창고, 성황당 등의 제단, 4척 군선이 정박하는 선창 등이 들어섰다. 자세한 공간 구성은 19세기 후반에 작성된 고지도를 보면 쉽게 알 수 있고, 진리나 군관 등의 인

---

1) 『호남읍지』(1872년 무렵), 「광양읍지」, 섬진.
　萬曆癸卯。自統營設都廳置募軍矣。康熙乙酉本道巡使閔公鎭遠巡撫使權公尙
　遊統制吳公重周 以蟾鎭防守緊要之意論理狀啓設鎭焉。別將一員從八品。京營
　則敎鍊官。統營則守成中軍。三十朔交遞.

적 구성은 물론이고 군수 물자나 재정 구조에 대해서는 「섬진지(蟾鎭誌)」를 보면 알 수 있다. 당연히 넓은 공간이 필요하였을 것이고 그때 민간 정자인 수월정도 철거되었을 것 같다. 그 후 한참을 지나서 수월정은 1999년에 광양시에 의해 본래 자리에서 동쪽으로 약 50미터 떨어진 현재 위치에 다시 세워졌다.

수월정은 나주에서 광양으로 삶의 터전을 옮긴 정설(鄭渫, 1547~?)이 여생을 보내기 위해 만년에 광양 땅 옥곡 섬진강 변에 지은 별서였다. 수월정은 기문과 제영시 등 기본적인 조건을 갖춘 전형적인 상류층 누정이기도 하였다. 그런데 이 수월정 기문(記文)을 누가 지었느냐를 놓고 논란이다.[2] 기문이 「송강집(松江集)」에 실려 있어 송강 정철(鄭澈, 1536~1593)이 지었다는 말과 「수은집(睡隱集)」에 실려 있어 수은 강항(姜沆, 1567~1618)이 지었다는 말이 있어 그렇다. 사실을 정확하게 알아볼 필요가 있어 이 글을 작성해 보았다.

이를 위해 필자는 우선 정설의 가계와 생애 및 수월정 건립에 대해 알아보겠다. 이어 광양 지리지 속에 수월정이 어떻게 기록되어 있고, 그것의 저본이 된 「송강집」이 언제 발간되었고, 그 속의 기문이 어떻게 수록되어 있는가를 알아보겠다. 마지막으로 「수은집」이 언제 발간되었고, 기문이 어떻게 수록되어 있고, 「송강집」과 「수은집」 속의 두 기문 사이에 어떤 차이가 있는가를 알아보겠다. 이런 절차로 알아보면서 등장인물의 생몰연대와 가족관계, 기문의 내용, 문집의 발간시기, 정설과 정철·강항의 관계 등을 면밀하게 주시할 것이다. 그러면 자연스럽게 수월

---

2) 2005년에 발간된 「광양시지」 제4권 931쪽에서 그 글의 필자는 「수월정기」를 쓴 사람을 사람들은 정철이라고 말하는데, "나주목사 정설과 송강 정철과의 생몰연대가 서로 맞지 않은 점이 있어 앞으로 좀 더 살펴보아야 할 사항임"이라 적어 놓았다. 「수월정기」 지은이에 대한 이상함을 광양 현지 사람들은 일찍부터 발견하였음을 알 수 있다. 사실 이 발견은 새로운 것이 아니고, 이미 단서가 1924년에 발간된 「광양군지」에 제시되어 있다. 그럼에도 불구하고 현재까지 해결은 답보 상태인 것이다.

정 기문의 진짜 주인공이 드러나게 될 것이다. 이를 토대로 독자들은 역사 기록물의 오류와 변개에 대한 한 사례를 접하게 될 것이다.

---

1. 정설의 가계와 수월정 건립

1) 가계

정설의 생애에 대한 기록은 매우 영세하다. 그러면서 그 기록마저 변개되어 있는 것이 적지 않다. 그래서 잘못된 기록을 바로 잡아가면서 그의 생애를 알아보겠다.

우선 족보 기록을 검토해 보겠다. 현재 가장 오래된 족보로는 19세기 전반에 필사된 족보, 그리고 20세기 전반에 석인본으로 간행된 족보가 찾아지고 있다. 『광주정씨세보(光州鄭氏世譜)』라는 이름의 두 족보 속에 정설 관련 기록이 들어 있다.[3] 그것을 보면, 정설의 본관은 '광주(光州)'였다. 정설 본인은 물론이고 그의 증조·조·부의 방목에도 모두 광주로 기록되어 있는데, 그 기록은 국사편찬위원회에서 제공하는 한국역사정보통합시스템을 통하여 확인된다.

정씨들은 처음에 만들었던 족보에서도 자신들의 본관을 광주라고

---

3) 『光州鄭氏世譜』(19세기 전반).
　　字元潔。萬曆丙子文科。癸巳羅州牧使後。棄官僑居光陽玉谷。選築水月亭。松江鄭先生序其亭。配完山崔氏父仁孝.
　　『光州鄭氏世譜』(20세기 전반).
　　字元潔。宣祖丙子文科。癸巳羅州牧使後。丁酉忠淸監司。五十棄官。僑居光陽玉谷。選築水月亭於蟾江之上。松江鄭先生序其亭。墓玉川公墓階下。配完山崔氏父仁孝.

했다. ‘勝國之中葉’이라고 한 것으로 보아, 그때가 고려 중엽으로 추정된다. 그런데 그 족보가 ‘병선(兵燹)’으로 소실되고 말았다. 아마 임진왜란 때에 그랬을 것 같다.[4] 병화 이후 족원 정오규(鄭五奎)가 1736년(영조 12) 병진년에 족보 발간을 위한 기초 작업을 했으나 실행에 이르지는 못했다. 문중 사람들이 1768년(영조 44) 무자년에 경향의 합의하에 단자까지 수합하여 등재까지 하였으나 역시 성사되지 못하였다. 그러다가 1802년(순조 2) 임술년에 경향 종족들이 또 발의하여 무자년 초보를 입수까지 했으나 재력이 부족하여 역시 인간하지 못하였다. 몇 년 뒤 정운팽(鄭運祊)이 자기 찬성공파의 파보만이라도 발간하려 했으나 분란이 일어나 또한 중단되고 말았다. 그래서 그는 하는 수 없이 「무자초보(戊子草譜)」를 수정·보완하여 1807년(순조 7) 정묘년에 4권으로 등사하여 완성하였다.[5] 이상은 정오규가 지은 「광주정씨세보발(光州鄭氏世譜跋)」과 정운팽이 지은 「광주정씨초보발(光州鄭氏草譜跋)」에 들어 있는 내용인데, 이때에도 정씨들은 자신들 본관을 광주라고 했다.

그런데 이 이후 어느 때인가는 모르겠지만, 본관이 ‘광산(光山)’으로 바뀌고 말았다. 아마 19세기 중후반 무렵이었을 것으로 추정된다. 그 이유에 대해서는 정확하게 알 수 없다. 광산은 광주의 별호이기 때문

---

4) 「光州鄭氏世譜跋」.
　　我鄭之籍貫光州。始於勝國之中葉。而譜牒散秩於兵燹.

5) 「光州鄭氏草譜跋」.
　　二去丙辰族叔五奎氏起草未刊。英廟戊子京鄉合議收單。幾及載梓而罷。今上壬戌京鄉宗族又發議。再從兄雲亨氏與羅州宗人履煊。上京求得戊子年舊草譜而來。亦以財力之不贍遂未印刊。則起事而罷者非止一二。亦豈非關繫於門運而然耶。余追歎其累次敗事。去年春間。相議於吾十代祖贊成公子孫。欲爲派譜印出矣。事有多端。有志未就 故畧取戊子舊草譜。攷訂補漏。而謄成四卷。(중략) 一以待來頭之印刊。一以示後人之憑覽耳.

에, 무심코 그랬는지 아니면 어떤 의도를 가지고 그랬는지 확인할 수 없다는 말이다.[6] 그리고 정씨 집단 전체가 그랬는지 아니면 특정 파만 그랬는지에 대해서도 자세하게 알 수 없다. 하지만 적어도 전라도 쪽에서는 바꾸었던 것은 분명하다. 그래서 이 무렵에 나온 전라도내 읍지에 정씨들의 본관이 모두 광산으로 기록되어 있다. 예를 들면, 1879년에 나온 『광주읍지』 인물조에 정설의 7대조 정구진(鄭龜晉)의 본관이 광산으로 기록되어 있다. 여기에는 본관은 명시되어 있지 않지만, 정구진의 후손들(정만종, 정서, 정인관, 정설 등)이 대거 입록되어 있다. 그리고 1897년에 나온 『금성읍지』 사마안조에 정설의 선대 본관이 모두 광산으로 기록되어 있다. 또한 1923년에 발간된 『능주읍지』 생진조에 정인홍과 그의 아들들의 본관이 모두 광산으로 기록되어 있다. 이러한 결과 정설의 본관 또한 위에서 말한 『광주읍지』,[7] 『금성읍지』,[8] 『광양군지』[9]에 모두 광산으로 기록되었다. 이상으로 보아, 다른

---

6) 16세기에서 17세기 전반에 이르는 시기에 정씨들은 과거 급제자와 관직 진출자들을 대거 배출했다. 그런데 17세기 후반부터는 족세가 크게 위축되었다. 현달한 사람이 줄어들다가, 어의 정후계(鄭後啓)는 소쇄원 출신 양제신(梁濟臣)과 함께 어의로 활동했고(김덕진, 『소쇄원 사람들』 2, 선인, 2011, 49쪽), 화원 정선(鄭敾) 같은 중인을 배출하기도 하였다. 굳이 추정하자면 이런 족세의 위축에 대한 반전의 기회를 삼고자 본관을 바꾸지 않았을까 한다. 참고로 정선의 본관 또한 '광주'(이태호, 「겸재의 가계와 생애」, 『이화사학연구』 13·14, 이화사학연구소, 1983)와 '광산'(한국민족문화대백과사전)으로 엇갈려 알려져 있는데, 이런 혼선은 언제 때의 기록을 기준으로 했느냐에 따른 것이다. 정선이 살았던 때는 광주라고 했는데, 후대 사람들이 광산으로 한 것 같다.

7) 『光州邑誌』, 人物, 本朝文科.
   鄭澕。仁寬子。宣祖丙子文科。府使.

8) 『錦城邑誌』, 文科案.
   鄭澕。光山人。號水月亭。丙子登科。官至府使.

9) 『光陽郡誌』, 文科.

지역은 몰라도 전라도 안에서는 일사분란하게 '광주'를 '광산'으로 바꾸었음을 알 수 있다.

2) 수월정 건립

정설은 1547년(명종 2)에 태어났다. 자는 원결(元潔)이다. 후손들 기록에 수월(水月)이라는 호가 보이고 읍지에 수월정이라는 호가 보이데, 이는 말년에 불리어진 호임에 분명하다. 그의 문과방목에는 거주지가 남원으로 기록되어 있는데, 그의 아버지의 방목에는 아버지의 거주지가 나주로 기록되어 있다. 그의 형 사마방목에도 형의 거주지가 나주로 되어 있다. 그의 큰 할아버지 정서(鄭犀)의 거주지도 사마방목에 나주로 기록되어 있다. 이로 보아 정설은 나주에서 태어나 성장하였던 것 같다. 구체적인 거주지는 광주와 가까운 나주 땅이었을 것이다. 그의 선대 묘가 용진산에 있다고 한 것으로 보아 그렇게 생각되는데, 용진산은 광주와 인접한 나주에 있는 산이다(현재는 광주 영역). 그래서 정설은 나주와 광주의 인물로 읍지에 각각 기록되어 있는 것이다.

정설은 30세 되던 1576년(선조 9)에 문과에 급제하였다. 바로 직전 1575년에 사림이 동인과 서인으로 분당되었기 때문에, 정설 또한 어느 당에 휩쓸릴 수밖에 없었을 것이다. 그 무렵 정설의 당색에 대해서는 알 수 없다. 그런데 1585년(선조 18)에 전 성균박사로서 정설이 올린 공격성 상소에 대해 선조가 "이이와 성혼 두 사람은 실로 나라의 큰 선비이고 온 조정이 모두 추천한 자이기 때문에 내가 성심으로 위임시켰고 내 몸을 굽혀서 맞아왔던 것이지 사사로이 치우친 마음으로

鄭渫。光山人。宣祖朝登第。官至羅州牧使.

등용했거나 내 의견만으로 발탁한 것은 아니었다."[10]고 말하며 반론을 펴며 방어한 바 있다. 이이와 성혼을 등용했다며 정설이 선조를 공격했던 것으로 보아, 이 무렵 정설의 당색은 동인 쪽이었던 것 같다.

정설은 동인 안에서도 강경론을 편 인물로 추정된다. 그에 대한 단서로 "기축년 무렵에 사람들이 정설 보기를, 지난해에 사람들이 윤경우(尹景祐)를 보듯이 했다"[11]는 후대의 말을 들 수 있다. 윤경우는 1602년(선조 35)에 흉악한 말로 무고를 하여 많은 선비들을 위험에 빠뜨린 인물이다. 정설이 기축옥사(1589년) 때에 거친 말로 강하게 서인을 공격했음을 알 수 있다. 그래서 급기야 그는 기축옥사 때에 서인에 의해 화를 당하고 말았다. 1591년(선조 24) 11월에 평안감사 권징이 정언지·홍종록·정설 등의 사면을 요청하자 선조가 수용하기 어렵다고 말한 것으로 보아 그렇다.[12] 서인들이 동인 계열의 정언지와 홍종록을 정여립과 가까운 인물로 지목하여 유배를 보냈기 때문에,[13] 정설 또한 동인 쪽에 서서 화를 당하였음에 분명하다. 곧 바로 정설은 서인을 타도하기 위해 동인 일행들과 모종의 공작을 펴기도 하였다. 서인이 동인의 영수 이발(李潑)에게 위해를 가하려고 했다는 상소를 전군수 정설이 올렸는데, 증거 불충분으로 무고죄에 걸리고 말았다.[14] 또한 "정설은 일찍이 채지목(蔡之穆)을 교사하여 상소하게 한 일로 형을 받고 유배되었다가 난리 후에 복직하여 외직에 보임되었다"[15]는 후대 기사를 보아서도 그렇다. 채지목은 비밀 상소를 올려 서인에게 화

---

10)『선조수정실록』19, 선조 18년 7월 1일.

11)『선조실록』163, 선조 36년 6월 1일(丙戌).

12)『선조실록』25, 선조 24년 11월 19일(辛巳).

13)『선조실록』23, 선조 22년 11월 12일(丙辰).

14)『선조실록』25, 선조 24년 4월 15일(庚戌).

15)『선조실록』153, 선조 35년 8월 21일(庚戌).

를 입히려 했던 사람으로 전라도 담양 출신이다.

이후 한 동안 정설은 관직에 나가지 못한 것 같다. 그러다가 정유재란이 발발하고서 10여일 지난 1597년(선조 30) 1월 23에 류성룡이 군수물자 조달에 고생한 전라도 사람에 대한 인사 발탁을 주장하면서 "최상중(崔尙重)을 수령으로 삼았으니, 정설과 변이중(邊以中)도 역시 거두어 써야 합니다."[16]고 말하였다. 족보에 이 정유년(1597년)에 충청감사를 역임했다고 적혀 있는데, 충청감사 선생안에는 보이지 않는다. 이미 수령에 임명된 최상중은 남원 출신으로 동인계 인물인데, 부여현감으로 1596년에 부임하여 1597년에 체임되었다.[17] 전라도 장성 출신으로 서인계 인물인 변이중과 함께 추천된 것으로 보아, 정설은 동인계 인사였음에 분명하다. 당시 두 사람을 추천하면 서로 다른 당색인으로 조합을 했던 것이 관행이었기 때문이다.

정설은 51세 되던 1598년(선조 31)에 나주목사를 단기간 역임하였다. 족보에 계사년(1593년)에 나주목사를 역임했다는 말은 착오임에 분명하다. 『나주읍지』 선생안 조항에는 1월 22일에 도임하여 5월에 나거(拿去)했다고 기록되어 있다.[18] 사연은 알 수 없지만, 임진왜란 전쟁 중이던 때에 체포되어 5개월 만에 체임되었다. 상피제 때문에 나주 출신이 나주목사에 부임하여 문제가 되었을 것 같은데, 이 외에는 그 어떤 단서도 보이지 않는다.

---

16) 『선조실록』 84, 선조 30년 1월 23일(甲寅).

17) 『扶餘邑誌』, 官案.

18) 실록에는 정설이 전년 12월 2일에 나주목사로 제수되었다고 기록되어 있다(『선조실록』 95, 선조 30년 12월 2일戊午). 그렇지만 그는 현지에 이듬해 1월 22일에 도임하여 5월에 나거되었다(戊戌正月二十二日到任 同年五月日拿去, 『호남읍지』(1872년 무렵), 「나주읍지」). 그리고 후임 목사로 남유(南瑜)가 8월 3일에 도임하였다.

그러다가 이듬해 1599년에 선산부사에 임명된 바 있다.[19] 1618년에 편찬된 선산 읍지 『일선지(一善誌)』의 읍쉬(邑倅) 조항에 이름이 보이지 않은 것으로 보아, 부임하지는 않은 것으로 보인다. 아마 나주목사 체임 이후에 곧바로 광양 옥곡으로 이거하고서 섬진에 수월정을 건립했을 것 같다. 족보에도 그렇게 기록되어 있다. 이때가 바로 그의 나이 50을 갓 넘긴 때이다. 그런데 1602년(선조 35)에는 의옥(疑獄)에 연루되었다가 석방되는 일을 겪었다. 4월에 충청도 사람이 역졸 화철(華鐵)의 역모를 고발하여 잡아 죽였는데, 조사 결과 연좌된 사람이 매우 많아 여러 읍이 소란하였다. 이때 광양에 사는 전목사 정설, 남원에 사는 전현감 김식(金軾)과 출신 윤우(尹遇) 등이 검거되었으나 모두 석방되었다.[20] "괴수를 잡지 못하자 특별히 승지를 보내 상금을 걸어 잡아온 자들이다. 윤경우는 상을 바란 나머지 처음에 어리석은 권건을 통해 정설 등이 무단을 부린 자취를 얻어 듣고는 스스로 기회를 얻었다고 생각하고, 이어 그 말을 끌어다 대어 창화하고 날조하여 진고까지 하였는데, 승지가 자세히 살피지도 않고 어전에서 아뢰면서 또 착오를 면치 못함으로써 드디어 큰 옥사를 이루었으나 끝내는 실상이 없었다."[21]고 하였듯이, 윤경우·권건 등이 상금에 눈이 어두워 정설을 무고한 것이었다. 이때의 실록 기사를 보면, 정설이 광양 해변에 옮겨가 살면서 토지를 마련하고 어염을 판매하여 재력을 축적하고 있다고 하였다.[22] 이 무렵에 정설은 광양에 완전히 뿌리를 내리고 있었음에 분명하다. 그의 아버지 정인관도 광양에 우거한 바 있기 때문에 그의 정착은 손쉽게 이루어질 수 있었을 것이다.

---

19) 『선조실록』 114, 선조 32년 6월 4일(辛巳).
20) 『亂中雜錄』 임인년 4월.
21) 『선조실록』 153, 선조 35년 8월 20일(己酉).
22) 『선조실록』 153, 선조 35년 8월 21일(庚戌).

결국 나주 출신으로 문과 급제자인 정설이 나주목사를 역임한 1598년 무렵, 그의 나이 50대에 들어서 광양 옥곡으로 옮겨왔다. 그리고 나서 경치 좋은 섬진강 가에 수월정을 건립한 것으로 정리된다.

2. 정철의 「수월정기」 창작설

1) 『광양읍지』 속의 수월정

누정의 건립에 대한 배경이나 내력에 관한 글이 기문(記文)이다. 그런데 앞에서 말한 것처럼, 수월정 기문은 정철이 지었다는 것과 강항이 지었다는 것 등 두 개가 남아 있다. 「수월정기」가 두 개 있다는 말인데, 내용이 사실상 동일하다. 따라서 진위를 가려보자는 것이 이 글을 쓰는 목적이다. 그 가운데 정철이 지었다는 「수월정기」를 먼저 알아보겠다. 그에 앞서 광양 지리지에는 수월정이 언제, 어떻게 등장할까를 알아볼 필요가 있다. 수월정이 광양에 있기 때문에 광양 지리지에 소개되어 있을 것으로 여겨지기 때문이고, 그것과 『송강집』 수록 것은 어떤 관계가 있을까가 궁금하기 때문이다.

광양 지리지라면 17세기 현종 때에 유형원이 지은 『동국여지지』, 18세기 중반 영조 때에 관찬으로 나온 『여지도서』 등이 있다. 여기에는 수월정이 보이지 않고, 정씨들도 한 사람 소개되어 있지 않다.

그러다가 1795년(정조 19) 무렵에 편찬된 것으로 추정되는 『광양읍지』(규장각 소장)에 수월정이 처음 등장한다. 그 「제영」 조항에 "水月亭。浮世功名五十年。歸來四壁客無氈。唯有溪風與竹月。取之應不費文錢。牧使鄭渫"이라고 기록되어 있다. 수월정을 읊은 시 1수를 소개하고 그 시를 누정의 주인인 목사 정설이 지었다는 것이다. 그리고 정씨들도 처음 등장한다. 「문과」 조항에 "鄭仁寬。明宗朝壬子登第。官至密陽府使。鄭渫。宣祖朝登第。官至羅州牧使"라는 기사가 들어 있다. 정인관과 정설이 광양 사람이라는 것이다. 그런데 여기에는 본관은 없고 단지 급제와 관력 사항만 있다.

그리고 1872년 무렵에 편찬된 『호남읍지』에 들어 있는 「광양읍지」에도 수월정이 보인다. 그곳 「누정」 조항에 관련 기사가 들어 있는데, 단지 "水月亭 今廢"라고만 적혀 있기 때문에 그 어떤 사실도 알 수 없다. 그리고 「문과」 조항에 앞의 『광양읍지』(1795년)에 들어 있는 내용과 똑같이 정인관과 정설이 소개되어 있다.

〈섬진진(1872년 고지도〉

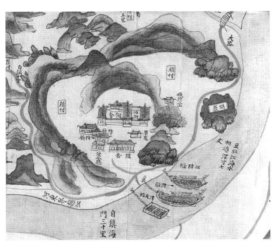

또한 1895년 무렵에 작성된 『호남읍지』에 들어 있는 「광양읍지」에도 수월정이 등장하는데, 여기에는 이전과는 달리 비교적 자세한 내용이 소개되어 있다. 우선 「누정」 조항에 "水月亭。在縣東六十里。牧使鄭渫晚年所居別墅。松江鄭先生作亭記矣。今廢"라고 기록되어 있다. 수월정은 현의 동쪽 60리에 있었다. 그 지근거리에 섬진강을 건너는 나루와 역참이 있었다. 현의 동쪽 59리에 섬진도(蟾津渡)가, 58리 나루 언덕에 섬진원(蟾津院)이 각각 있었다.[23] 섬진강 나룻터 영역 안에 정자가 있었음에 분명하다. 수월정은 목사 정설이 만년에 기거한 별서였다. 주인은 정설이라는 말이다. 송강 정철이 수월정의 기문을 지었고, 지금은 폐지되고 없다는 것이 누정조 내용이다. 그리고 「제영」 조항에는 수월정 관련 시와 기문이 수록되어 있다. 먼저 시를 보면, 목사 정설이 지은 시라고 하면서 "浮世功名五十年。歸來四壁客無氈。唯有溪風與枅月。取之應不費文錢"과 같은 시 1수가 수록되어 있다. 이 시의 내용과 작자는 앞에서 말한 1795년 『광양읍지』 것과 동일하다. 그런데 이 시는 강항이 지은 「수월정삼십영(水月亭三十詠)」 가운데 제1수이다. 읍지 편찬자들이 강항 시를 정설 시라고 적어 놓은 것이다. 이 시는 광주 정씨 문중에서 1914년에 간행한 『광주정씨세고(光州鄭氏世稿)』 권1 시편에도 실려 있다. 그곳에는 정설이 수월정의 경치를 읊은 시라면서 3수가 수록되어 있다.[24] 읍지 수록 시 1수 외에 2수가 더 실려 있는 것이다. 이 시 역시 모두 강항의 「수월정삼십영」 가운데 제1·2·3수에 해당된다. 세고 편찬자들이 강항 시를 정설 시라고 적어 놓은 것이다. 「수월정삼십영」은 강항 작품임에 분명하다. 그래서 『수은집』에 실려 있

---

23) 『東國輿地志』, 光陽縣, 郵驛. 關梁.

24) 水月亭景詠(東稿三十咏)
　　浮世功名五十年。歸來四壁客無氈。唯有溪風與枅月。取之應不費文錢(大洞風月).
　　煙霞深鎖岳陽天。正似鴻濛未判前。分明方丈神仙子。隔斷漁樵晉客船(岳陽煙霞).
　　千岩競學千芙蓉。直入閶門第九重。疑是媧皇補天石。至今片片落橫縱(競秀千岩).

고, 고전문학 연구자들도 그렇게 알고 분석한 바 있다.[25] 이어 기문을 보면, 위 시를 뒤이어 송강 정철이 지었다고 하며 수월정 기문을 수록해 놓았다. 그것을 들면 표(1)-①에 있는 것과 같은데, 자세한 설명은 뒤에서 하겠다.

그리고 또한 1924년에 발간된 『광양군지』에도 수월정은 등장한다. 우선 「누정」 조항에 수월정이 이전과는 달리 상세하게 소개되어 있다.[26] 그에 따르면, 수월정은 현 동쪽 60리에 있었다. 목사 정설이 만년에 기거한 별서였다. 정철이 정기를 지었다. 그리고 30영 시가 있는데, 『광주정씨세고』에는 정설이 지었다고 하였다. 『송강집』에는 단지 2절만 수록되어 있고,[27] 『수은집』에는 전편이 모두 수록되어 있는데, 모두 목사의 수월정을 위해 지은 것이라고 하였다. 옛 읍지에는 정설이 지었다고 하는 시 1절만 수록되어 있는데, 누구 것인지를 몰라 아울러 자세히 기록한다고 하였다. 이는 옛 읍지에 수록된 정설이 지었다는 시 1수 또는 『송강집』에 수록된 정설을 위해 정철이 지었다는 시 2수는 『수은집』에 실린 강항이 정설을 위해 지은 「수월정30영」 가운데

---

25) 박세인, 「수은 강항의 연작형 제영시 고찰」, 『한국고시가문화연구』 25, 한국고시가문학회, 2010.
　　황수정, 「강항의 수월정삼십영 표현 양상」, 『한국고시가문화연구』 32, 한국고시가문학회, 2013.

26) 水月亭。在縣東六十里。牧使鄭渫晚年所居別墅。松江鄭先生作亭記。又有三十詠鄭氏世稿云。牧使所作。而松江集只錄首二絕。姜睡隱集盡錄全篇。皆爲牧使水月亭作云。舊誌以首一絕爲牧使詩。未知孰是。故并細錄。

27) 실제 『송강집』에는 "浮世功名五十年。歸來四壁客無氈。惟有松風與杉月。取之應不費文錢。煙霞深鎖岳陽天。正似鴻濛未判前。分明方丈神仙子。隔斷漁樵晉客船(『松江集』 別集 1, 詩, 次水月亭韻(曾爲鄭渫記亭詩。有懸板。二首)"라고 하여 수월정 시 2수가 실려 있다.
　　이 시는 정철이 정설을 위하여 지은 것으로 현판으로 제작되어 수월정에 걸려 있다는 말인데, 현판의 유무와 내용에 대해서는 현재 확인할 수 없다. 그런데 이 2수는 강항의 「수월정삼십영」 가운데 제1·2수와 동일하다.

일부이니 진짜 주인이 누구인지 궁금하다는 말로 해석된다. 당시 광양 사람들은 수월정 30영의 작자에 대한 모순을 이미 인지하고 있었음을 알려준다.

그리고 군지의 「정기」 조항에는 「수월정기」가 수록되어 있는데 송강 정철 작이라고 적혀 있다. 내용은 앞의 『광양읍지』 것과 대조해보니 완전 동일하다. 그렇다면 1924년에 군지에 수월정 기문을 넣을 때에 1895년에 보았던 것을 그대로 넣었음을 알 수 있다.

또한 군지의 「제영」 조항에는 「수월정30영」이 수록되어 있는데 수은 강항 작이라고 적혀 있다. 그 내용은 『수은집』 것과 대조해보니 완전 동일하고, 『수은집』에 수월정 주인은 정설인데 관직이 목사에 이르렀다고 적혀 있다. 이를 보면 『광양군지』 편찬자들이 『수은집』을 보았음에 틀림없다. 그럼에도 불구하고 「수월정기」의 작자를 정철로 명시하며 그 어떤 의문도 표하지 않았다.

이렇게 보면, 1795년 읍지에 수록된 수월정 관련 기록은 큰 틀의 변화 없이 1924년까지 이어졌다.[28] 그러면서 1924년 『광양군지』 편찬자들은 몇 가지 모순된 점을 발견하고서 말해두었다. 그들은 「수월정 30영」은 강항이 지은 것은 맞는데, 구지에 정설이 지었다고 하는 시 1수가 실려 있고 『송강집』에 송강이 정설을 위해 지었다고 하는 시 2수가 수록되어 있다고 말하였다. 자신들 입으로 강항의 시가 정설·정철의 시로 바뀌쳐져 있다고 직설적으로 말하지는 않았지만, 잘못 되어 있다고 시인한 셈이다. 실제 『송강집』에 2수가 수록되어 있는 점으로 보아, 그들은 『송강집』을 직접 보고서 그렇게 말했던 것임에 분명하다. 그렇다면 그들은 『수은집』도 보고 『송강집』도 보았으면서 진정 「수월정기」

---

28) 이 외에 1995년에 발간된 『광양향교지』에도 「수월정기」가 수록되어 있는데, 지은이를 영일 정철이라고 하였고, 내용은 앞에서 말한 읍지·군지에 수록된 것과 동일하다.

의 작자에 대해서는 의심을 말하지 않은 셈이다. 30영에 대해서는 의문점을 발견하고서 정확한 판단을 내렸던 것과 비교된다. 아마 이 점의 모순에 대해서도 발견했을 것 같은데, 수습이나 대안을 제시하기에는 너무 벅차서 모른 체 하고서 넘어 갔을 것 같다.[29]

2)『송강집』속의 수월정

수월정 기문은 정철의 문집『송강집』에도 실려 있다. 한장석(韓章錫, 1832~1894)이 1893년에 쓴 송강집 중간 서문에 의하면,[30]『송강집』은 1633년 무렵에 송강의 막내 정홍명에 의해『송강유고』라는 이름으로 목판본 1권으로 처음 간행되었는데, 이것이 원집에 해당된다. 그후 우암 송시열(宋時烈, 1607~1689)이 있어온 연보 2권을 수정하였고, 이선(李選, 1632~1692)이 누락된 것을 수집하고 보충하여 속고 1권을 만들었는데(이때가 1677년 무렵이다), 이것이 속집으로 발간되었는지에 대해서는 확언할 수 없지만 발간되지 않은 것으로 보인다. 그렇기 때문에 속집에 어떤 글이 들어 있었는지에 대해서는 알 수 없는 형편이다. 그러다가 후손 정재경(鄭在褧)이 또 빠트린 것을 수습하여 3권으로 늘리었는데, 이것이 별집에 해당된다. 그리고 그는 부록 2권과 함께 모두 8권으로 편집하였다. 바로 이것을 한장석이 교정을 보았던 것이다.

그런데『송강집』의 실제 간행은 1894년에 이루어졌다. 간행된 목차는 원집(元集) 2권, 속집(續集) 2권, 별집(別集) 7권 등 모두 11권이나

---

29) 글의 주인이 바뀌어 문집에 들어가는 사례는 매우 많다. 거기다가 후인들이 그 진위를 따지지 않고 무조건 인용하는 사례도 빈번하다. 그러다보니 오류가 시정되지 않은 채 장기간 지속되고 그로 인해 해결도 더 어려워지고 있는 것이 우리의 현실이다.

30) 韓章錫,『眉山集』7, 序,「松江集重刊序」.

되었다. 한장석이 교정 본 것보다 3권이 늘어난 것이다. 정홍명이 간행한 원집에서 한 권 늘어났고, 이선이 모은 속집에서 한 권 늘어났고, 한장석이 교정한 별집에서 한 권 늘어난 결과였다. 이 통계는 필자가 계산한 것이기도 하지만, 1894년판 『송강집』 범례에도 그렇게 소개되어 있다.[31] 원집은 원래 1권이었는데 2권으로 간행되었고, 속집도 원래 1권이었는데 2권으로 간행되었던 것이다.

수월정 기문은 『송강집』 속집 2 잡저 편에 「수월정기」라는 이름으로 실려 있다. 앞에서 언급한 것처럼, 속집은 본래 1677년에 편집되었지만, 1894년 발간 때에 모아진 것도 들어 있다. 따라서 속집에 실려 있는 글이 1677년 이전에 모아진 것인지, 아니면 1894년 이전에 모아진 것인지에 대해서는 전혀 분간할 수 없다. 그런데 굳이 추정하자면 수월정 기문은 1894년 무렵에 수집된 것일 것 같다. 왜냐 하면 속집은 충청도 단양 출신 이선이 수집한 것이었기 때문이다. 서울에서의 관료생활과 충청도에서 스승 송시열 현창사업에 몰두하던 그가 광양에 있는 수월정의 기문을 발견하였을 가능성은 아무래도 낮아 보인다. 수월정 시가 1894년 무렵에 모아진 별집에 수록된 것으로 보아 더더욱 그렇게 여겨진다. 이렇게 보면, 수월정 기문은 시와 함께 1633년 발간 『송강집』의 원집에는 보이지 않다가, 나중에 포착되어 1894년 발간 때에 실렸음에 분명하다.

『송강집』에 수록되어 있는 수월정 기문을 제시하면 표(1)-②와 같다. 이를 보면 수월정 기문을 정철이 '辛○'년 가을에 지었다고 기록되어 있다. 정철은 임란 개전 초기 1593년 12월에 강화도에서 숨을 거두었다. 그러면 '辛'자가 들어간 해는 1571년 辛未년, 1581년 辛巳년,

---

31) 一。原集一卷。乃是畸菴公之所編次刊布者也。
　　一。續集一卷。卽李公芝湖之繕寫成秩者也。

1591년 辛卯년 등이 있을 수 있다. 어느 해로 추정하든 간에, 이는 기문 속에 들어 있는 내용과 일치하지 않는다. 이어서 자세히 살펴보겠다.

「수월정기」속의 다음 구절을 보자. "兵火十年。文物一空。而水月則依舊也。世降俗末。人心不古。而水月則猶昔也"인데, "전쟁의 화가 십여 년을 끌어 문물이 몽땅 없어졌으나 수월은 옛대로요. 세상이 내려가 풍속이 떨어져서 인심이 예와 같지 않은데 수월은 전과 같고"로 해석된다.[32] 병화(전쟁)가 10년 지속되어 문물이 모두 퇴락해도 그리고 세월이 흘러 인심이 전만 못해도 수월(산천)은 옛 그대로구나 정도로 이해된다. 10년 병화라면 임진왜란 외에는 다른 대안이 없다. 왜군이 1592년 4월에 침범하여 1598년 12월에 철수 완료하였기 때문에, 임진왜란은 7년간 지속되었다. 그런데 명군은 1600년 9월에 철수 완료하였기 때문에, 임진왜란은 사실상 9년 걸린 전쟁이었다. 이래서 사람들은 부르기 좋은 말로 보통 임진왜란을 10년 전쟁이라고도 하였던 것이다.[33] 그렇다면 '신○'년에 지었다는 기문의 간기와 10년 전쟁을 치렀지만 세상 물색은 그대로라는 기문의 내용이 일치하지 않는 모순이 발견된다. 정철은 전쟁 초기에 죽었는데, 글은 전쟁 종료 이후 상황을 언급하고 있기 때문이다. 이와 유사한 모순은 도처에서 발견된다. 정설이 나이 50에 세상에 버림을 받았다면 그때가 1597년 이후여야 하

---

32) 강항(이을호 역), 『국역 수은집』, 전라남도, 1989, 218쪽.

33) '兵火十年'이라는 용례는 여러 곳에서 발견된다. 두 건만 소개하겠다. 이수광이 1604년에 평안도 안변부사로 가서 지은 시에서 당시의 국방 상태를 '兵火十年後 北虜禍仍構'로 표현하였다(『芝峯集』 12, 鶴城錄, 「登州紀事」). 왜란 10년 뒤에 여진의 화가 이어진다는 말이다. 또한 병화를 모면한 전주본으로 4건의 실록 인출 작업을 1603년에 착수하여 1606년에 마친 이정귀는 그 기쁨을 '兵火十年之後 斯固一大幸也', 즉 '병화 10년 뒤에 진실로 큰 다행이구나'로 표현했다(『月沙集』 39, 序, 「實錄印出廳題名錄序」). 참고로 이정귀는 『송강유고』 서문을 쓴 사람이다.

고, 정설이 나주목사를 역임하였다고 하면 그때가 1598년 이후여야 하는데, 이때 정철은 이미 이 세상 사람이 아니기 때문이다. 또한 내가 비록 '侯'의 누정에 오르지 않았지만 기문을 적는다는 말 또한 존재할 수 없는 것이다. 누정 짓기 전에 정철이 죽었기 때문이다. 이러한 모순들은 정철이 「수월정기」를 짓지 않았다는 점을 드러내주고 있다고 볼 수 있다.

문제는 여기에만 그치지 않고 광양 지역 사회로 확산되고 말았다. 1895년 발간 『광양읍지』 수록 「수월정기」는 1924년 발간 『광양군지』 수록 「수월정기」와 완전 동일하다. 이는 후자가 전자를 보았음을 알려준다. 그러면 1895년 『광양읍지』는 무엇을 보고 그렇게 적어 놓았을까? 이를 알아보기 위해 1895년 간행 『광양읍지』 수록 「수월정기」와 1894년 발간 『송강집』 수록 「수월정기」를 비교 분석해보겠다. 〈표 1〉이 그것이다.

〈표 1〉 지리지 수록 수월정기와 송강집 수록 수월정기

士大夫之進不得有爲於斯世。棄位而巷處者。必占名山麗水之濱。池館園囿之樂。一以爲淸寒寂寞之娛。一以舒憂時戀闕之情。歐陽公穎之上。杜祈公之睢陽。皆是已。	士大夫之進不得有爲於斯世。棄位而巷處者。必占名山麗水之濱。池館園囿之樂。一以爲淸閒寂寞之娛。一以敍憂時戀闕之情。歐陽公穎之上。杜祁公之睢陽。皆是已。
<u>前錦牧光山後人鄭侯</u>。年五十而棄於世也。遂求先大夫玉川先生之別墅於光陽。距先廬四十里而居之。選築亭曰水月。	<u>前錦牧光山後人鄭侯濮</u>。年五十而棄於世也。遂求先大夫玉川先生之別業於光陽。距先廬四十里而居之。選勝築亭。名曰水月。
余觀夫南方之山。巍然高者以千数。而白雲爲最奇。南方之水可勝舟者以千数。而蟾江爲最大。以白雲之東麓爲屋上。而以蟾江之上流置屋下。則形勝有不暇論也。而況天下之三神山。<u>方丈居</u>	余觀夫南方之山。嵬然高者以千數。而白雲爲最奇。南方之水可勝舟者以千數。而蟾江爲最大。以白雲之東麓爲屋上。而以蟾江之上流置屋下。則形勝有不可論也。而況天下之三神山。<u>方丈居其一</u>。

①-1895년「광양읍지」수록「수월정기」	②-1894년『송강집』수록「수월정기」
二。煙火食者之生世間。聞此山之名者亦罕矣。其於起居飲食。早夜相對。爲如何哉。	煙火食者之生世間。聞此山之名者亦罕矣。其於起居飲食。早夜相對。爲如何哉。
左嶺右湖。控引島巒。來舡去舳。雲飛而鳥逝。官津野墟。魚鱗而輻湊。渭川千畝。鄰水朱華。鶴洞朝嵐。岳陽暮煙。躑躅成山。火雲成峯。霜落而千林紅。氷塞而長川白。千熊萬像。畢集於凡房之下。則水月之所以選勝也。	左嶺右湖。控引島巒。來船去舳。雲飛而鳥逝。官津野墟。魚鱗輻湊。渭川千畝。鄰水朱華。鶴洞朝嵐。岳陽暮煙。躑躅成山。火雲成峯。霜落而千林紅。氷塞而長川白。千態萬象。畢集几房之下。則水月之所以選勝也。
兵火十年。文物一空。而水月則依舊也。世降俗末。人心不古。而水月則猶昔也。市道日巧。一錢且踊。而水月則無價也。棄枯集菀。門雀可羅。而水月則不遐也。逝者如斯。而未嘗往也。盈虛者如彼。而卒莫消長也。浮光躍金。靜影照壁。而水得月而益淸。月得水而益白。	兵火十年。文物一空。而水月則依舊也。世降俗末。人心不古。而水月則猶昔也。市道日巧。一錢且涌。而水月則無價也。棄枯集菀。門雀可羅。而水月則不遐也。逝者如斯。而未嘗往也。盈虛者如彼。而卒莫消長也。浮光躍金。靜影沈璧。而水得月而益淸。月得水而益白。
直與侯之胸次。瑩澈而同符焉。則水月之所以命名也。余雖不獲登侯之亭。誦侯之歌。見侯之書。粗得水月之萬一。而若信之方寸。則余固知已 故於是乎書。	直與侯之胸次。瑩澈同符焉。則水月之所以命名也。余雖不獲登侯之亭。誦侯之歌。見侯之書。粗得水月之萬一。而若侯之方寸。則余固知已。故於是乎書。

이상을 보면, 모두 네 군데에서 차이가 남을 알 수 있다. 하나는「前錦牧光山後人鄭侯」와「前錦牧光山後人鄭侯渫」이다. 전자는 정 목사라고만 하였고, 후자는 정설 목사라고 하였다. 또 하나는「方丈居二」과「方丈居其一」인데, 전자에는 지시사 '기'가 없는데, 후자에는 '기'가 들어 있다. 그리고 하나는「踊」과「涌」인데, 글자 모양만 다르지 뜻은 동일한 것이다. 마지막으로「瑩澈而同符焉」과「瑩澈同符焉」이다. 전자는 어조사 '이'가 있는데, 후자는 없다. 있건 없건 의미는 변하지 않는다. 이렇게 보면, 전자와 후자는 사실상 동일한 것이다. '기'자와 '이'자가

없는 것은 단순 실수였던 것 같다. 그렇다면 전자는 후자를 보고 작성한 것임에 분명하다.

그런데 후자(『송강집』)에는 결정적 오류가 들어있고, 그 오류를 전자(『광양읍지』)는 그대로 답습하였다. 바로 「前錦牧光山後人鄭俟」과 「前錦牧光山後人鄭俟渫」이다. 이는 전 나주목사 광산후인 정설이라는 뜻인데, '광산후인'이란 광산 정씨라는 말이다. 앞에서도 언급하였듯이, 이 정씨는 정설 생존 당시에는 광산 정씨라고 하지 않고 광주 정씨라고 하였다. 이 무렵 그들의 방목을 보면 그들의 본관이 모두 광주라고 기재되어 있다. 국사편찬위원회에서 제공하는 「한국역대인물 종합정보시스템」을 보면, 그의 형은 정약(鄭瀹), 부는 정인관(鄭仁寬), 조부는 정표(鄭彪), 증조부는 정응종(鄭應鍾)이다. 정약은 1545년(인종 1)에 진사시에 합격하였는데 본관은 광주로, 정인관은 1552년(명종 7)에 문과에 급제하였는데 본관은 광주로 기록되어 있다. 다 이런 식이다. 그래서 필자가 광주 정씨 족보를 보고 문중인사를 만난 결과 본관이 본래는 '광주'이었는데, 중간(19세기 중후반으로 추정)에 '광산'으로 변경되었다가, 1980년대부터 다시 '광주'로 환원되었다고 한다. 이런 애매한 사연을 익히 알고 있어서였던지, 2001년 발간된 『광주정씨족보』 상(上) 32쪽에 실려 있는 「수월정기」는 송강 정철 작이라고 하면서도 '광산후인'이건 '광주후인'간에 이 자체를 아예 누락시켰고, '병화십년'이라는 구절도 삭제되어 있다. 과거에 일어났던 변개를 털지 못하고 미봉책으로 덮으려 했거나 「수월정기」 작자가 뒤바뀌었던 사실을 모르고 있었던 것 같다.

3) 정설과 정철

그러면 강항이 지은 「수월정삼십영」과 「수월정기」가 어떻게 하여 정철의 문집에 들어가게 되었을까? 이 점과 관련하여 이종묵 교수는 "정철이 정설과 인연이 깊었기에 후대 『송강집』의 속집을 편찬할 때 정철의 문집에 잘못 들어간 것이라 하겠다."고 말한 후, "결국 이 점에서 「수월정기」의 주인은 강항이라 하겠다."고 말하였다.[34] 정철과 정설의 인연으로는 현재 1592년 9월에 도체찰사 정철의 종사관으로 정설이 활약했다는 점만 발견되고 있다. 이 말은 남원 출신 조경남이 쓴 『난중잡록(亂中雜錄)』에 들어 있는 것이다.

　도체찰사 정철이 행조에서 출발하여 경기·충청도로 오면서 배가 황해도를 지나다가, 밤에 연안을 바라보매 포성과 불꽃이 천지를 뒤흔들다. 정철이 성중의 인명을 생각하고 눈물 흘리기를 마지아니하다. 9일에 장연(長淵)의 금사사(金沙寺)에 이르러 바다의 바람이 순하지 못하기 때문에 열흘을 유숙하다. 또 고경명·조헌이 연달아 패하여 죽었음을 듣고 뜰에다 신위를 설치하고 절하고 술잔을 올리며 통곡하다. 밤에 절간의 방에서 4율 한 수를 슬피 읊어서 종사관 정설·황붕(黃鵬)에게 보내어 화답을 구하다.[35]

　정철은 좌의정으로 있던 1591년에 건저의 사건으로 평안도 강계로 유배 갔다. 임진왜란이 발발하자 해배되어 1592년 7월에 양호체찰사에 임명되었다(도체찰사의 이름으로 양호에 파견). 강화도·홍주 등지에 머물러 있던 1593년 2월에 종사관을 호남에 내려 보내어 서울을 수복할 계획을 세우기도 하였다.[36] 바로 이때에 정설이 황붕과 함께

34) 이종묵, 「광양 매화마을의 수월정」, 『선비문화』 26, 남명학연구원, 2014, 104쪽.
35) 『亂中雜錄』 임진년 9월 7일.
36) 김덕진, 「송강 정철의 학문과 정치활동」, 『역사와 경계』 74, 부산경남사학

정철의 종사관으로 활약했던 것 같다. 그리고 5월에 사은사로 중국을 갔다가 11월에 돌아왔고, 마침내 12월에 강화도에서 생을 마감하였다.

그런데 여기에서 한 가지 의문이 든다. 종사관이 되었다고 하여 정설·황붕이 정철과 친하였을까 이다. 정철은 서인의 영수로써 기축옥사 때에 위관을 맡아 동인을 희생시키는 데에 일조를 한 인물이다. 반면에 정설은 동인으로써 서인을 공격한 바 있는 인물이고, 황붕 또한 동인의 영수 이산해의 조카로써 두말할 나위 없는 동인 인물이다. 이렇게 보면 정설·황붕이 정철과 친할 리는 없었다. 시간적으로도 서로 간에 친할 여유도 없었다. 조정에서는 정승을 지낸 국정 경험을 살려 소모활동을 진작시키기 위해 정철을 해배하고서 재등용하였고, 그러한 정철을 옆에서 견제·보완하기 위해 정설·황붕을 종사관으로 보냈을 것 같다. 친했건 그렇지 않았건 간에 정철과 정설 사이에는 체찰사와 종사관이라는 상하관계가 존재했던 것만은 사실이다. 이 인연을 토대로 누가 먼저인가는 모르겠으나, 두 정씨 집안에서는 「수월정기」를 정철의 작품으로 판단하고서 정철 집안에서는 문집에 집어넣었고 정설 집안에서는 읍지에 집어넣었을 것 같다.

3. 강항의 「수월정기」 창작

1) 『수은집』 속의 수월정

강항이 지은 「수월정기」는 강항의 문집 『수은집』 권3 기에 수록되어 있다. 그러면 『수은집』은 언제 간행되었을까? 『수은집』은 강항이 세상

회, 2010, 216쪽.

을 뜬지 40년 지난 1658년에 목판본으로 처음 간행되었다. 그러면
『송강집』의 원집보다는 다소 늦지만, 속집보다는 훨씬 앞서 간행된 것이
다. 그렇다면 「수월정기」 가운데 『수은집』 것이 가장 앞선 것이 된
다. 「수월정기」가 『송강집』의 원집에는 없고 속집에만 있기 때문이다.

  그러면 『수은집』에 실린 수월정 기문은 누가 지은 것일까? 기문의
분석을 통해 해결의 실마리를 찾아보겠다. 기문 안에 "前牧使光州鄭
侯。年五十而棄於時。遂求先大夫玉川先生之別業於光陽。距先廬十里許
而居之。選勝爲亭。以水月爲名焉"이라는 구절이 있다. 이는 "목사를 지
내고 본관이 광주(光州)인 정후(鄭侯)가 나이 50에 시대에 버림을 받
고 드디어 광양에 있는 선대부 옥천 선생(정인관)의 별서를 찾아가서
선조 집과 10리쯤 떨어져 살면서 아름다운 경관을 골라 정자를 짓고
수월로 이름하였다"로 해석된다. 이를 통하여 크게 세 가지를 확인할
수 있다.

  하나는 정설의 본관이 '광주'라는 것이다. 앞에서 여러 번 나왔듯이
수월정을 지을 당시 정씨들은 자신들의 본관을 광주라고 했고, 『수은
집』을 발간할 때에도 사정은 마찬가지였다.

  또 하나는 정설이 나이 50세에 세상에서 버림을 받고서 아버지의
별업이 있는 광양에 와서 살면서 수월정을 지었다는 것이다. 정설 나
이 50이라면 1547년에 태어난 사람이 1598년에 나주목사에서 탄핵을
받은 때와 일치하고, 강항이 지은 30영의 제1영에 "뜬 세상 공명 찾아
50년 지났는데"와 일치한다.

  그리고 또 하나는 아버지 집에서 10리 떨어진 곳에 수월정이 있다는
것이다. 수월정이 현 동쪽 60리에 있기 때문에, 아버지 집은 광양읍에
서 50리 떨어진 곳에 있어야 한다. 족보에 정인관(정설 증조부), 정표
(정설 조부), 정인관(정설 부)의 묘가 19세기 전반에 나온 족보에는 나
주 용진산에 있다고 하는데, 최근 족보에는 광주 광산구에 있다고 기

록되어 있다. 정설의 묘도 나주에 있는 것으로 기록되어 있다. 그런데 정설의 부인 완산 최씨의 묘는 옥곡면 선적리 어양동에 있고, 그곳에 정설의 아들 정여의 부인 죽산 안씨 묘도 있다고 족보에 기록되어 있다. 이 옥곡면 선적리는 정인관·정설과 인연이 있었던 곳임에 분명한데, 고종 때 고지도에 현 동 28리에 있다고 기록되어 있다. 그렇다면 정인관의 별업은 선적리와 수월정 사이에 있었던 것으로 보인다. 정리하자면 읍에서 50리 떨어진 곳에서 정인관이 살았고, 그곳에서 10리 더 떨어진 곳에 정설이 살면서 수월정을 건립하였던 것이다.

이처럼 본관, 시기, 위치 등에 있어서 『수은집』 수록 「수월정기」는 정확한 사실성을 담고 있다. 따라서 위 글은 강항이 지었음에 분명하다. 이는 두 기문을 비교해 보면 더 분명하게 알 수 있다. 이어서 살펴보겠다.

2) 두 「수월정기」의 비교

그렇다면 『송강집』과 『수은집』에 각각 수록되어 있는 수월정 기문은 어떠할까? 두 기문을 비교해보면 다음과 같다.

〈표 2〉 『송강집』과 『수은집』 비교

士大夫之進不得有爲於斯世。棄位而巷處者。必占名山麗水之濱。池館園囿之樂。一以爲淸閒寂寞之娛。一以敍憂時戀闕之情。歐陽公之穎上。杜祁公之睢陽。皆是已。	士大夫之進不得有爲於斯世。棄位而巷處者。必謀明山麗水之濱。池館苑囿之樂。一以爲淸閑寂寞之娛。一以抒憂時戀闕之懷。六一翁之於穎上。杜祁國之於睢陽。皆是已。
前錦牧光山後人鄭侯渫。年五十而棄於世也。逐求先大夫玉川先生之別業於光陽。距先廬四十里而居之。選勝築亭。名曰水月。	前牧使光州鄭侯。年五十而棄於時。逐求先大夫玉川先生之別業於光陽。距先廬十里許而居之。選勝爲亭。以水月爲名焉。

余觀夫南方之山。嵬然高者以千數。而白雲爲最奇。南方之水可勝舟者以千數。而蟾江爲最大。以白雲之東麓爲屋上。而以蟾江之上流置屋下。則形勝有不可論也。而況天下之三神山。方丈居其一。煙火食者之生世間。聞此山之名者亦罕矣。其於起居飲食。早夜相對。爲如何哉。

左嶺右湖。控引島巒。來船去舳。雲飛而鳥逝。官津野墟。魚鱗輻湊。渭川千畝。鄴水朱華。鶴洞朝嵐。岳陽暮煙。蹲躅成山。火雲成峯。霜落而千林紅。冰塞而長川白。千態萬象。畢集几房之下。則水月之所以選勝也。

兵火十年。文物一空。而水月則依舊也。世降俗末。人心不古。而水月則猶昔也。市道日巧。一錢且涌。而水月則無價也。棄枯集菀。門雀可羅。而水月則不遷也。逝者如斯而未嘗往也。盈虛者如彼而卒莫消長也。浮光躍金。靜影沈璧。而水得月而益清。月得水而益白。

直與侯之胸次。瑩澈同符焉。則水月之所以命名也。余雖不獲登侯之亭。誦侯之歌。見侯之書。粗得水月之萬一。而若侯之方寸。則余固知已。故於是乎書。

余觀夫南方之山。巍然高者以千數。而白雲爲最奇。南方之水可行舟者以十數。而蟾江爲最大。以白雲之東麓爲屋山。而以蟾江之上流置屋下。則勝絶有不暇論也。而況天下之三神山。方丈居其一。煙火食人之生世間。聞方丈之名者亦罕矣。其於起居飲食。早夜相對者。何如哉。

左嶺右湖。控引島蠻。商舡之所走集。市賈之所輻湊。岳陽朝嵐。鶴洞暮煙。蹲躅成山。火雲成峯。霜落而千林紅。冰塞而長河白。千態萬狀。畢集於几席之下。則此水月之所以選勝也。

兵火十年。文物一空。而水月則依舊也。世降俗末。人心不古。而水月則猶前也。市道日巧。一錢俱湧。而水月則無價也。棄枯集菀。門雀可羅。而水月則不遷也。逝者如斯而未嘗往也。盈虛者如彼而卒莫消長也。浮光躍金。靜影沈壁。水得月而益清。月得水而益白。

直與侯之胸朶。上下乎同符。則此水月之所以得名也。余雖不獲登公之亭。而幸嘗竊誦公之歌。見公之書。已得水月之大槩。而若公之心則余固知之。於是乎書。

①-『송강집』 수록 「수월정기」	②-『수은집』 수록 「수월정기」

이상을 보면, 두 기문 사이에 무려 29군데에서 차이가 발견된다. 이 중에서 누구 말이 옳은 지를 분별하기 어려운 것도 있다. 가령 "名曰

水月"(『송강집』)이라고 하던, "以水月爲名焉"(『수은집』)이라고 하던 간에 진위를 가리기 어렵고 의미도 다르지도 않다. 그런데 사실을 가릴 수 있는 것이 세 군데 보인다. 그것을 들면 다음과 같다.

〈송강집〉

前錦牧**光山**後人鄭**侯**潀。

余雖不獲登**侯**之亭。

〈수은집〉

前牧使**光州**鄭**侯**。

余雖不獲登**公**之亭。

먼저, 정설의 본관이 『송강집』에는 광산이라고 적혀 있다. 반면에 『수은집』에는 광주라고 적혀 있다. 앞에서 말한 것처럼, 당시 그 사람들은 자신들 본관을 광주라고 하였으니, 『송강집』은 후대(19세기 후반기로 추정)에 불리던 본관 이름을 사용한 것이다. 그렇다면 『송강집』 기문은 광산으로 부르던 시대에 변개된 것임에 분명하다.

이어, 『송강집』은 전 나주목사 정설(鄭潀)이라고 하여 이름을 적시하였다. 반면에 『수은집』에는 전 나주목사 정(鄭)이라고 하여 이름을 적시하지 않았다. 뒤에서 자세히 말하겠지만, 강항에게 정설은 처가 외삼촌이기 때문에 감히 이름을 호명할 수 없어 그러하였던 것이다. 『송강집』 「수월정기」에도 작자 정철을 정모(鄭某)라고 적었으니 자기 조상 이름을 함부로 부르지 않은 관행이 있었기 때문에 정철 후손들이 그렇게 한 것이다.

마지막으로, 『송강집』에는 목사의 정자에 오른다고 하였다. 반면에 『수은집』에는 공의 정자에 오른다고 하였다. 목사 보다 공이 더 존칭임에 분명한데, 남이라면 몰라도 친인척 관계라면 당연히 공이라고 하였을 것이다.

결국 정철의 사망 시기(1593년)와 기문 작성 시기(辛○년)는 수월정의 건립 시기(1597년 이후)와 맞지 않는다. 그렇기 때문에 정철이 지었다는 기문 속에는 앞에서 말한 것처럼 오류가 도처에 산재해 있다. 더군다나 정설을 남처럼 묘사한 대목이 여러 곳에 있기도 한다. 반면에 강항은 정설을 존칭으로 일관하였는데, 사실 두 사람은 인척관계이다. 이어서 살펴보겠다.

3) 정설과 강항

이제 수월정을 지은 정설과 그 기문을 지은 강항의 관계에 대해서 알아보겠다. 정설의 거주지는 방목에 남원으로 기록되어 있지만 나주 땅 안에 광주와 인접하고 있는 곳을 연고로 한 사람이었다. 그런데 강항은 영광 출신이다. 그러면 강항은 어떤 인연으로 정설이 건립한 수월정에 대한 기문을 지었을까? 그 실마리는 가족관계에서 찾을 수 있다. 이해의 편의를 위해 우선 정설의 가족관계를 표로 정리하면 다음과 같다.

〈표 3〉 정설의 가족관계

정설의 증조부는 정응종(鄭應鍾)이다. 정응종은 정서(鄭犀), 정해(鄭獬), 정휴(鄭貅), 정표(鄭彪) 등의 아들을 두었다. 이 가운데 정서는 1507년에 증광 생원시를 거쳐 1516년에 문과에 급제하여 지평을 역임한 바 있는데, 거주지가 생원방목에는 나주로 기록되어 있지만 문과방목에는 미상으로 기록되어 있다. 그리고 1879년에 발간된 『광주읍지』의 인물조에도 수록되어 있는데, 문장과 도덕이 세상에 드러났다고 소개되어 있다. 1897년에 발간된 『금성읍지』의 문과안조에도 병자년에 등과하여 관이 지평에 이르렀다고 기록되어 있다.

정설의 조부 정표(鄭彪, 1599~1551)는 『금성읍지』의 사마안조와 음사조에 임오년에 진사가 되었고 지평을 역임하였다고, 족보에는 남행으로 승지를 역임하였다고 기록되어 있다. 여흥 민희점의 딸과 결혼하여 정인관, 정인홍 등 두 아들을 두었다.

정설의 부 정인관(鄭仁寬, ?~?)은 자가 백유(伯裕)이고 호가 옥천(玉川)이다. 거주지가 방목에 나주 또는 미상으로 기록되어 있고, 밀양 선생안에도 나주인으로 기록되어 있다. 말년에는 광양으로 이거하였다. 그래서 그의 행적은 나주, 광주, 광양의 읍지에 기록되어 있다. 『금성읍지』 사마안조에 기유년에 진사가 되었다고 기록되어 있고, 문과안조에는 "광산인으로 호가 옥천이고 임자년에 등제하여 관이 부사에 이르렀다"고 기록되어 있다. 『광주읍지』 문과조에 "서의 조카로 명종 임자(1552)에 문과에 급제하여 승지를 역임하였다. 강항의 문집에 이르기를 '정인관의 문하에 남방 선비들의 종유한 자가 천백의 수다'하였다."고 기록되어 있다. 그리고 『광양군지』 문과조에는 "명종 임자년에 등제하여 관이 밀양부사에 이르렀다"고 기록되어 있다. 정인관은 1543년(중종 38)에 식년 진사시에 합격한 후 1552년에 식년 문과에 급제하였다. 1566년(명종 21)에 천거된 바 있었으나, 노모가 계시는 호남으로 내려가는 바람에 관직을 얻지 못하였다.[37] 1571년(선조 4)

---

37) 『명종실록』 33, 명종 21년 7월 25일(甲寅).

6월에는 미암 유희춘과 접촉하였다. 전라감사로서 도내 순력을 돌다 구례에 이른 유희춘에게 정인관이 화순에 살고 있는 조굉중(曺閎中)이 현명하여 아버지가 죽자 세 아우를 가르치고 길러 고인의 풍모가 있다는 말을 해주었다.[38] 직접 만나서 했는지 편지로 했는지 알 수 없지만, 조굉중은 조경중·조민중·조대중의 형인데 이들은 동인계로써 기축옥사 때에 서인의 공세에 의해 화를 당한 사람들이다.[39] 정인관은 1571년 8월부터 1573년까지 장흥부사를 역임하였다.[40] 장흥부사로 있던 1572년에 고봉 기대승이 서거하자 그를 '망우(亡友)'라고 일컬으며 추모하는 제문을 지었다.[41] 정인관은 능주에서 양팽손의 아들로 태어난 송천 양응정과 절친하였다. 양응정은 1573년에 자신이 지은 「광양향교신루기(光陽鄕校新樓記)」에서 정인관을 친구로 표현하면서 함께 손을 잡고 즐겁게 살고 싶다고 하였다. 문집을 편집한 측에서는 기문 세주에 정인관을 양응정의 어렸을 때의 친구로서 그때 부사로서 광양에 우거하였다고 기록하였다.[42] 이는 정인관이 당시 장흥부사를 그만두고 광양에 머물고 있었음을 알려준다. 정인관은 1575년(선조 8)에는 전적에 임명되었다.[43] 『밀양읍지』 선생안에 "丙戌春下車 同年秋遞去 羅州人"으로 기록되어 있다. 1586년(선조 19) 병술년에 밀양부사를 역임하였다는 말인데, 1543년에 소과에 합격했던 점을 감안하면 적어도 이 당

---

38) 『眉巖日記』 1571년 6월 27일.

39) 박해장, 「정곡 조대중의 생애와 사상」, 『호남문화연구』 46, 전남대 호남문화연구소, 2009.

40) 『長興邑誌』 선생안에 정인관은 신미년(1571) 8월에 도임하였고, 다음 부사로 오운이 계유년(1573) 9월에 도임하였다고 기록되어 있다. 이를 종합하면 정인관이 1571~1573년에 장흥부사로 재임하였음을 알 수 있다.

41) 奇大升, 『高峯集』 別集, 附錄, 祭文.

42) 梁應鼎, 『松川遺集』 4, 雜著, 「光陽鄕校新樓記」.

43) 『선조실록』 9, 선조 8년 1월 11일(辛亥).

시 나이가 60을 훨씬 넘었을 것 같다. 정인관은 해미곽씨·남원양씨와 결혼하여 참봉이 된 정융(鄭瀜, 1536~1596), 나주에 거주하다 1573년에 진사가 된 정약(鄭瀹, 1545~?), 그리고 정설(鄭渫, 1547~) 등의 아들을 두었다. 이렇게 보면, 정인관은 본래 나주 출신이었는데 새로이 광양에 터전을 내렸음에 분명하다. 그래서 정설이 아버지 곁으로 갔고 『광양읍지』에 광양 인물로 기록되었던 것이다.

정설과 강항 사이에 연결고리가 된 사람은 정설의 숙부 정인홍(鄭仁洪, 1530~1589)이다. 정인홍은 자가 수유(秀裕)로 1552년에 진사가 되었고 참봉을 역임하였다. 기묘명인 학포 양팽손의 둘째 딸과 결혼하여 4남 2녀를 두었다. 장남은 진사 정명(鄭溟, 1551~?)이고, 차남은 생원 정영(鄭濚, 1554~?)이고, 삼남은 진사 정화(鄭沐, 1558~?)이고, 사남은 진사로 현감을 역임한 정운(鄭澐)이다. 두 딸은 안사국(安師國)과 김봉(金琫)에게 각각 출가하였다.[44] 양팽손은 능주 출신이다. 혼인 때문이었는지 정인홍은 나주를 떠나 처가 능주에 새 터전을 잡았다. 그래서 그와 그의 아들 방목에 거주지가 능주로 기록되어 있다. 그리고 정인홍은 『금성읍지』 사마안조와 『능주읍지』 생진조에 각각 입록되어 있다. 하지만 그의 아들 정명·정영·정화·정운은 『능주읍지』의 생진조에만 입록되어 있으니, 나주 굴레를 완전히 벗어나 진정한 능주인이 된 것이다. 이 가운데 셋째 아들 정화는 1558년(명종 13)에 태어났다. 자가 등숙(登叔)이고 1605년(선조 38)에 진사가 되었다. 50살 정도에서 그만 세상을 떠나고 말았다. 그의 애도시를 바로 강항이 지었다.[45] 그리고 둘째 딸은 진주 김씨 김봉과 결혼하였다(『진주김씨족보』). 김봉은 딸을 1588년에 22세의 강항에게 시집보냈고, 1597년 정

---

44) 梁彭孫, 『學圃集』 3, 附錄, 家狀.

45) 姜沆, 『睡隱集』 七言律詩, 「挽鄭進士沐」.

유재란 때에 사위 강항과 함께 피란하다 왜군에 납치되어 일본까지 다녀온 인물이다. 이렇게 보면, 강항에게 정화는 9년 연상의 처외숙부이고, 정설은 20년 연상의 처외당숙이었던 것이다. 이런 관계가 있었기에, 강항은 「수월정기」에서 정설을 존칭어로 표현하였던 것이다.

맺음말

지금까지는 오류를 찾고 그것을 바로 잡아서 진실을 제시하는 방법으로 논지를 전개하였다. 그러다 보니까 글이 번잡하거나 왔다 갔다한 면이 없지 않았다. 이제는 그것을 종합하여 어떻게 해서 수월정, 「수월정30영」, 「수월정기」가 탄생했는가를 제시하고자 한다.

정설(鄭渫, 1547~?)은 나주 출신이지만 나주목사(1598년) 때에 탄핵을 받고서 아버지의 별업이 있는 광양 옥곡으로 옮겨갔다. 그리고 만년을 보내기 위해 아버지 집에서 10리쯤 떨어져 있는 섬진강 변 경치 좋은 섬진에 수월정(水月亭)이란 정자를 건립하였다. 건립 시기는 1600년 전후로 추정되는데, '兵火十年'과 '年五十而棄於時'이라는 구절도 좋은 증거가 된다. 그 후 처조부·처부모 등 처갓집 식구들과 함께 왜군에 납치되어 일본으로 끌려갔던 수은 강항(姜沆, 1567~1618)이 1600년에 귀국하였다. 귀국 소식을 들은 정설은 정시 합격 후 좌랑을 역임한 바 있는 강항에게 편지를 보내 수월정 기문(記文)을 부탁하였다. 강항은 직접 가보지는 않았지만, 정설에 대해 익히 알고 있고 수월정을 소개한 편지도 받았기 때문에 마다하지 않고 기문을 지어 주었다. 이 점에 대해 강항은 "내가 비록 공의 정자에 올라가 보지는 못했으나 다행히 일찍이 공의 노래를 외었고 공의 편지를 보아 이미 수월의 대체적인 것을 알고 있으며 공의 마음은 내가 본디 알고 있는 바다"라고 「수월정기」에서 말하였다. 그리고 곁들여 정자의 아름다움을 노래한 30영 시도 지어 주었다. 강항은 처의 외숙부 정화의 애도시도 1608년 무렵에 쓴 바 있다. 정설은 정화와 4촌으로 강항의 처 외당숙이다. 그래서 정설은 강항에게 부탁하였고, 강항은 기문에 '정설'이라는 이름을 적시하지 않았고 '공'이라는 존칭어를 구사하였던 것이다.

그런데 수월정 시와 기문이 1894년 무렵에 발간된 정철의 『송강집』에도 실려 있다. 시는 강항의 30영 가운데 앞 2수를 실어 놓은 것이다. 기문의 경우 여러 군데에서 모순이 발견되었다. 첫째, 수월정 건립 시기는 '年五十而棄於世'라고 하여 정설의 나이 50이 넘어간 때이다. 정설이 1547년생이니까 그때란 1597년 이후여야 한다. 그런데 정철은 그 이전 1593년에 세상을 떠났다. 그러므로 건립 시기와 사망 시기가 맞지 않다. 둘째, 정설의 본관을 광산(光山)이라고 적었다. 그런데 당시 정씨들은 자신의 본관을 광주(光州)라고 하였고, 19세기 중후반 무렵에 와서 광산으로 바꾸었다가, 최근에는 광주로 복구하였다. 그러므로 기문은 19세기 중후반 이후에 '작성'되었음을 스스로 인정한 셈이다. 셋째, '前錦牧'이란 전 나주목사라는 말이다. 정설이 나주목사를 맡은 때는 1598년이다. 이때라면 정철은 이미 이 세상 사람이 아니다. 넷째, '兵火十年'이란 말도 들어 있는데, 이는 임진왜란 10년을 뜻한다. 임진왜란은 1598년 아니면 1600년에 끝나게 되는데, 정철은 그 이전에 죽었다. 다섯째, '余雖不獲登侯之亭'이란 비록 누정에 오르지는 않았지만 기문을 짓는다는 말이다. 정철 생존 당시에는 누정이 없었기 때문에 있어서는 안될 말이다. 여섯째, 『송강집』에 「수월정기」의 간기가 '辛○'년이라고 적혀 있다. '신'자가 들어간 해와 기문 속의 '年五十而棄於世', '前錦牧', '兵火十年' 등과는 일치하지 않는다. 결론적으로 강항의 기문이 정철의 기문으로 둔갑되어 『송강집』에 실린 것이다. 왜 이런 일이 빚어지게 되었을까? 이에 대한 언급은 괜한 억측을 자아내게 될 것 같아 그만 두는 것이 좋을 성 싶다. 마땅한 단서도 없는 상황에서 독자들의 자유로운 상상에 맡기는 편이 훨씬 좋기 때문이다.

이처럼 많은 모순이 보임에도 불구하고, 『송강집』「수월정기」는 그 어떤 의문도 없이 『광양읍지』와 『광양군지』에 그대로 실리고 말았다. 정설이나 정철이 지었다고 하는 시는 강항의 시가 아니냐며 의문을 표했던 것과는 너무나 대조적이다. 광양의 향권을 쥐고 있던 사람들의 정치적 판단 결과였음에 분명하다. 또한 「수월정기」는 최근 광주 정씨 족보에도 실려 있는데, 거기에는 '광산'이라는 단어와 '병화십년'이라는 단어가 누락되어 있다. 광산이라는 단어는 본인들의 본관을 광주로 칭하기 때문에 삭제한 것 같고, 병화십년은 정철의 사망 시기와 맞지 않기 때문에 삭제한 것 같다. 이미 문중에서는 의혹의 단서를 간파하였던 것 같은데, 그것을 바로 잡기에는 너무 일이 복잡하여 미봉시켰을 것으로 생각된다.

머리말

한반도 서남부 해상에 자리 잡고 있는 진도는 현재 많은 사람들의 관심 대상이 되고 있는 곳이다. 민속과 예술의 보고(寶庫)로 알려진 점이 사람들의 관심을 끄는 가장 큰 이유일 것이다. 따라서 진도 사람들이 어떻게 살아왔고, 어떤 사정 때문에 민속을 지키고 예술을 발전시켰는지가 궁금하지 않을 수 없다. 그런데 오늘날 사람들의 가장 가까운 기원이 되는 조선시대의 진도 지역사에 대해서는 알려진 바가 그렇게 많은 편은 아니다. 그러므로 오늘날 진도 문화의 외형적 현상에 대해서만 무성하게 알려져 있을 뿐 그 역사적 연속성에 대해서 우리가 알고 있는 것은 의외로 매우 부족한 실정이다.

그러면 왜 조선시대 진도 지역사 연구성과는 일천한 수준일까? 가장 큰 이유는 자료 부족과 고식적 연구방법에 있을 것이다. 다시 말하면 18세기 사찬읍지 『옥주지』를 포함한 읍지 외에는 진도인들이 남긴 문집이나 고문서가 거의 남아 있지 않고, 지역사 연구가 읍지 중심으로 이루어져 왔기 때문이다. 따라서 현재 가장 시급한 문제는 새로운 자료 발굴과 분석방법 개발에 있다고 여긴다.

그런데 진도 지역정보를 담고 있는 자료가 전혀 없는 것은 아니다. 그 자료가 바로 진도에 온 유배인이 남긴 시문이다. 진도는 함경도의 삼수·갑산, 경상도의 남해도·거제도, 제주도와 함께 유배인을 가장 많이 맞이한 곳이다. 최근 발간된 『진도군지』에 의하면, 고려시대 때부터 조선 말기까지 300명 이상이 진도에 유배온 것으로 보인다.[1] 진도에 온 유배인 중에는 정치적 사안이나 정쟁에 밀려 온 사람, 반란을 일으켜 온 사람, 중범죄를 저질러 온 사람들이 섞여 있다. 신분별로도 왕족, 양반, 평민, 노비 등 다양하다.

조선시대에 진도에 온 유배인들 가운데는 각 분야에서 당대 최고 수준을 자랑하는 인물들이 적지 않다. 이들 유배인과 그를 수행한 가족들 가운데 상당수는 유배의 애환과 유배지에서의 생활·견문을 문집에 남겼다. 이 기록은 대부분 운문(韻文, 詩)이어서 해독에 어려운 점이 많지만, 진도에 관한 지역정보를 풍부하게 담고 있어 진도 지역사 연구에 중요한 자료가 된다. 이 연구는 바로 이 자료를 이용하여 아직 밝혀지지 않은 진도 지역사를 탐색하여 오늘날 진도 문화의 역사적 연속성을 밝혀보려고 한 것이다.[2]

필자는 여기에서 진도 유배인이 남긴 시문을 이용하여, 유배인이 소개한 산하, 추천한 물산, 목격한 풍속 등을 차례로 살펴보고자 한다. 필자의 과문한 식견인지 모르겠지만 이러한 작업은 이제까지 그 어느 지역에서도 시도된 적이 없는 것으로 알고 있고, 조선시대의 진도 지역사를 복원하고 진도 문화의 역사적 기원을 밝혀주는 데에 의미가 있다고 생각한다.

---

1) 박병술, 『역사속의 진도와 진도사람』, 학연문화사, 1999.
   『진도군지』, 2007.

2) 지금까지 우리나라 학계에서 유배인이 남긴 자료를 이용한 연구는 유배 문학이나 유배 생활에 집중되어 있을 뿐 지역사를 복원하는 데에 이른 것은 그리 많지 않은 것으로 알고 있다. 산문보다는 대부분 시문으로 기록된 자료의 해독과 의미파악이 어려운 점, 그리고 그러한 자료에 대한 사료적 가치를 크게 주목하지 못한 점이 요인일 것으로 생각된다.

1. 유배인이 소개한 진도의 산하

1) 명승 벽파정

해남에서 진도로 들어오는 나루터는 녹진과 벽파진 두 군데다. 이 가운데 주요 나루터는 벽파진(碧波津)이다. 벽파진에는 사신을 맞고 보내기 위해 벽파정(碧波亭)이라는 정자가 있었다. 벽파정은 1203년 (고려 희왕 3)에 건립되었다고 하는데,[3] 사라진 시기는 알 수 없다. 이 벽파정은 삼별초 난 때에 삼별초군을 토벌하기 위해 김방경이 여몽 연합군을 이끌고 들어간 곳으로, 그리고 정유재란 때에 이순신이 명량 해전을 승리로 이끌기 직전에 잠시 머물렀던 곳으로 유명하다. 그런데 남원 출신으로 장성 수령에 재임 중이던 양경우(梁慶遇)가 1618년(광해군 10)에 전라도 일원을 여행하면서 들렀을 때에 벽파정의 웅장한 누각은 왜란 때에 소실된 후 급히 중건되어 졸렬한 상태였고 관리하는 사람 없이 새들만 노닐고 있었다.[4] 이후 벽파정은 다시 옛 모습으로 크게 중건되었던 것 같다.

벽파정은 사방이 탁 뜨여 있고 맑은 바닷물이 흘러 경치가 아름다운 곳으로 이름이 나 있다. 이러한 점 때문에 벽파정을 거친 많은 사람들은 벽파정의 아름다운 경치를 시로 읊어 남겼고, 그 시를 보고 차운한 시도 적지 않다.

먼저, 진도에 부임해 오는 군수나 도내 순찰차 진도에 들른 전라 감사(채보문, 송인수, 김정국, 한준겸, 장유, 오시수 등)들이 벽파정을 읊은 시를 남겼다. 이들이 남긴 시는 지리지에 수록되거나 현판으로 게시되었다. 가령, 15세기에 편찬된 『동국여지승람』에 5인의 벽파정

---

3) 金夢奎(1694~1775), 『沃州誌』, 도진, 벽파진.

4) 梁慶遇(1568~1629), 『霽湖集』 11, 「神興紀行錄」.

관련 시문이 실려 있고, 이 가운데 2편은 『동문선』에도 수록되었다. 18세기 중반에 편찬된 『옥주지』에도 8편의 시가 실려 있다. 그런가 하면 17세기 초반에 양경우가 벽파정을 들렀을 때 벽에 유천(柳川) 한준겸(韓浚謙, 1602~1603 전라감사 역임),[5] 서경(西坰) 유근(柳根, 1549~1627) 등의 십운배율(十韻排律)이 걸려 있었다. 그 결과 벽파정은 진도의 명승으로 전국에 소개되어 시인문객들의 찾아가고 싶은 명소로 알려지게 되었다.

이어, 진도를 거쳐간 유배인들도 벽파정을 읊은 시를 남겼다. 그런데 벽파정에 관한 시는 앞서 언급한 인사들이 남긴 것보다, 유배객과 그의 가족·동료·후배들이 남긴 것이 더 많다. 따라서 벽파정의 명성은 바로 유배객들에 의해 전국에 더 알려지게 되었다고 보아도 크게 틀리지 않을 것 같다. 그러면 유배인이 남긴 벽파정 시를 하나씩 살펴보자.

유배인 가운데 벽파정 시를 남긴 최초의 사람으로는 고려 말 문신으로 진도에 유배와 창녕 조씨 진도 입도주가 된 조희직(曺希直)이 있는데, 그의 시는 『옥주지』에 실려 있다.

조선시대에 들어와서는 김정(金淨, 1486~1521)의 벽파정 시가 최초로 확인되고 있다. 김정은 기묘사화로 인해 금산에 유배되었다가 이듬해 1520년(중종 15) 5월에 진도로 이배된 후 다시 여름에 제주로 이배되어 그곳에서 이듬해에 사사되었다. 그는 진도로 들어오기 위해 벽파진을 건너면서 유배온 심정을 시로 읊어 남겼다.

벽파를 건너며 읊다. / 渡碧波口號

우주는 예로부터 심원하나 / 宇宙由來遠

---

5) 韓浚謙(1557~1627), 『柳川遺稿』 시, 칠언배율, 「次洪荷衣珍島碧波亭韻」.

외로운 이 삶은 떠다니네. / 人生本自浮

편주에 몸을 싣고 이제 떠나면 / 扁舟從此去

고개를 돌려보아도 아주 아득하겠지. / 回首政悠悠[6]

　김정의 이 시는 여러 사람들로부터 차운되었다. 이 시를 차운하여 송인수(宋麟壽, 1499~1547)가 전라감사(1543~1544) 재임 시절에 「진도벽파정차충암김공정운(珍島碧波亭次冲菴金公淨韻)」이라는 이름의 시를 남겼다.[7] 젊었을 때에 여러 번 진도를 방문하여 벽파정에 오른 적이 있던 임억령(林億齡, 1496~1568)도 말년에 또 벽파정에 올라 그곳의 경치를 '臨巨海之洶湧 實海山奇絶處也'라고 평한 후 충암 김정의 흔적을 떠올리는 시를 남겼다.[8]

　노수신(盧守愼, 1515~1590)은 을사사화로 인해 1547년(명종 2) 3월에 순천에 유배되었다가 윤9월에 '양재역 벽서 사건(良才驛 壁書 事件)'에 연루되어 진도로 이배(移配)된 후, 1565년(명종 20) 12월에 괴산으로 다시 옮겨지기까지 19년 동안 진도에서 유배생활을 하였다. 그는 바다를 건너 진도로 들어오며 솟아 오르는 감정을 억누르지 못한 채 벽파정에 이르자 흐르는 눈물을 닦으며 앞에서 언급한 김정과 송인수의 시에 차운하여

두 공은 천상에 있으나 / 二公天上在

고객은 해중에 떠 있네. / 孤客海中浮

---

6) 金淨(1486~1521), 『冲菴集』 3, 시, 「渡碧波口號」.

7) 宋麟壽(1499~1547), 『圭菴集』 1, 시, 「珍島碧波亭次冲菴金公淨韻」

8) 林億齡(1496~1568), 『石川詩集』 3, 오언사운, 「吾邑之西地盡之頭 有亭 名 碧波 臨巨海之洶湧 實海山奇絶處也 少時數登覽 無一語 豈非爲山海之羞 慨 然追吟」.

다행히 오늘 아침까지 목숨을 이었으나 / 幸緩今朝死
앞날은 오히려 멀기만 하네. / 前途尙自悠[9]

라는 시를 남겼다. 진도에 와서 노수신으로부터 사사를 받은 홍적(洪
迪, 1549~1591) 또한 벽파정 시를 남겨 벽파정을 중국의 동정호보다
더 아름답다고 평했다.[10] 홍적의 시에 차운하여 홍적과 함께 노수신의
동문제자인 심희수(沈喜壽, 1548~1622, 노수신의 동서 심건(沈鍵)의
아들로 노수신의 동생 노극신의 딸과 결혼),[11] 홍적의 매부인 전라감
사 한준겸 등도 벽파정 시를 남겼다. 이후 김정과 노수신이 사림의 추
앙을 받으면서 그들이 남긴 벽파정 시는 진도를 찾는 많은 사람들에게
회자되었다.

그리고 이공(李珙, 仁城君)이 1628년(인조 6) 봄에 유효립(柳孝立)
의 역모에 왕으로 추대되어 이귀(李貴)와 삼사(三司)의 탄핵으로 진도
에 안치되었다가 여름에 자결하였다. 이 때 그의 아들 이건(李健,
1614~1662)은 형제들과 함께 제주(濟州)에 안치되었다. 이건은 1635년
에 이귀가 죽고 나서 강원도 양양(襄陽)으로 이배되었다. 이배 도중
벽파정을 통과하던 이건은 진도 땅 민가에서 피어오르는 연기를 보고
끓어 오르는 감정을 억누르지 못하고 지난날 억울하게 죽은 아버지를
회상하였다.[12]

또한 이경여는 진도에서 함경도 삼수로 이배되어 나가면서 벽파정
을 시로 읊었다. 유배인 김수항과 그의 동생 김수증 및 아들 김창협·

---

9) 盧守愼(1515~1590), 『蘇齋集』 2, 시, 「和碧波亭韻 抆淚書之 先錄二詩」.

10) 『沃州誌』, 제영.

11) 沈喜壽(1548~1622), 『一松集』 4, 시, 「次洪太古迪碧波亭韻」.

12) 李健(1614~1662), 『葵窓遺稿』 2, 시, 「過碧波亭有感 亭在珍島 先府君曾謫
此地」.

창흡 형제, 조태채와 그의 아들 조관빈 등도 벽파정 시를 남겼다. 차마 전거를 들기가 번잡스러울 정도로 많은 유배인과 그 가족들이 벽파정을 읊은 시를 남겼다.

이렇게 볼 때 양적으로나 질적으로 벽파정 관련 시는 대부분 유배객들에 의해 지어졌다. 따라서 벽파정의 위상은 유배객들에 의해 한층 높아졌다고 정리할 수 있다. 바다를 건너가면 언제 돌아올 줄 모르는 심정과 벽파정의 한가한 풍경이 조화를 이뤄 유배자의 마음을 표현하기에 접합한 곳이 벽파정이었기에 많은 시를 남겼을 것이다.[13]

〈벽파진의 벽파정〉

---

13) 현재 벽파항은 제주도를 왕래하던 여객선이 대형 페리호 등장 이후 거의 단절되고, 진도대교 개통 후 해남으로 왕래하던 도선이 단절되면서 번화했던 추억을 뒤로 한 채 인적이 드문 항구로 쇠락하고 말았다. 벽파정마저 사라진 지 오래일 뿐 충무공비만 외로이 벽파항을 지키고 있었다. 따라서 벽파정을 복원하여 역대 명망가들의 시를 게시할 필요가 있다는 의견이 개진되었고 그 결과 최근 복원되어 진도 출신 서예가의 글씨로 쓰여진 현판이 걸려 있다.

2) 명산 금골산

15세기에 작성된 『동국여지승람』의 산천조에는 가흥산, 점찰산, 여귀산, 지력산, 부지산 등 5개의 산이, 그리고 불우조에는 죽림사, 봉성암, 사나사 등 3개의 사찰이 소개되어 있다. 그런데 16세기 전반에 작성된 『신증동국여지승람』에는 여기에 금골산(金骨山)이 추가되면서 산 위에 세 개의 굴(窟)이 있다는 사실까지 부기되었다.

그런가하면 18세기에 진도 출신 김몽규가 작성한 『옥주지』의 산천조에는 금골산이 가장 먼저 기재되어 있고 이어 첨찰산, 여귀산, 망적산, 지력산 순으로 기재되어 있다. 진도 출신 박진원이 1924년에 편찬한 『진도읍지』 산천조에도 금골산이 가장 먼저 기재되어 있다.

또한 18세기에 편찬된 『여지도서』에는 망적산(望敵山, 읍내 뒤쪽)은 읍의 주맥(主脉, 主山)으로, 그리고 금골산은 읍의 조종산(祖宗山, 主山위에 있는 主山)으로 기재되어 있다. 이후에 나온 관찬 읍지들도 대부분 금골산을 조종산으로 기록하고 있다.

이렇게 볼 때 15세기까지 세상 사람들에게 존재조차 알려지지 않았던 금골산이 16세기에 처음 진도의 명산(名山)으로 주목을 받은 후 진도의 맥 자리에 자리를 잡고 있는 최고의 영산(靈山)으로 인식되었다. 무명산에 불과하던 금골산이 15세기 후반에서 16세기 전반 사이에 누군가에 의해 진도의 최고 명산으로 발굴되어 『신증동국여지승람』에 실리면서 그 진가가 외부에 알려져 결국 진도의 조종산으로 인식된 셈이다. 그러면 언제, 누가 금골산을 명산으로 평가했을까?

바로 그 사람이 이주(李胄, 1468~1504)다. 이주는 1498년(연산군 4) 7월 가을에 무오사화(戊午士禍) 때 김종직의 문인으로 연루되어 국문을 받고 진도에 유배되어 1504년 4월 제주로 이배될 때까지 햇수로 7년 동안 진도에서 생활했다. 그는 유배오던 해 겨울에 금골산을 찾아가 산 전체를 둘러보고 서굴(西窟), 상굴(上窟), 동굴(東窟) 등 세 굴이 있다는 것을 안 후 배소로 돌아와 마음에 새겨두고 있었다.

그로부터 5년이 지난 1502년 가을 9월에 임금은 왕세자(王世子)를 책봉(冊封)하고 대사면령을 내렸는데, 유독 무오사화에 연루된 인사들을 사면에서 제외했다. 그래서 이주는 스스로 탄식을 하며 낙담으로 하루하루를 보내고 있었다. 그러던 10월 어느 날 하루, 종에게 술 한 병을 들게 하고 외로이 또 금골산으로 발길을 옮겼다. 금골산으로 가는 도중에 성은을 못입어 노모를 봉양하지 못하고 임금을 뵈지 못하는 심정과 승사에 몸을 맡겨 어지러운 세상을 잊고 싶은 마음을 시로 남겼다.[14] 금골산의 깍아 자른 듯한 층층바위, 산 위에서 멀리 보이는 끝없는 바다, 고즈넉한 산사는 낙담한 유배객의 발길을 사로잡기에 충분하였기에 오자마자 금골산을 찾은 후 또 들른 것 같다.

그는 서굴에 들러 승려 언옹(彦顒)·지순(知純)과 함께 곧장 상굴에 당도했다. 그런데 상굴은 불전재주(佛殿齋廚)가 모두 2칸인데, 비어둔 햇수가 너무 오래고, 사는 승려도 없어 낙엽이 문을 메우고 먼지와 모래가 방에 가득하여, 산바람이 부딪히고 바다 안개가 스며들어 남장(嵐瘴)이 다북히 쌓여 거처할 수가 없었다. 그래서 그는 먼지를 쓸어내고 벽을 바르며 나무를 베어 부엌에 불을 때고, 문을 열어 공기를 통하게 하며, 한낮에 밥 한 사발을 먹고, 아침저녁으로는 차 한 잔씩을 마시며, 닭의 울음을 들어 새벽인줄 알고 앞바다의 밀물을 살펴 때를 짐작하며 생활하였다. 그리고 다섯 가지 게를(偈) 지어 지순(知純)으로 하여금 밤마다 나누어 외우게 하였다. 이렇게 하여 그는 반달을 넘겨 어느덧 23일간 머물게 되었다.

그 때 군수 이세진(李世珍, 세진은 1501~1505 진도군수를 역임한

---

14) 李胄(1468~1504), 『忘軒遺稿』, 오언율시, 「金骨途中」.

李詢의 자나 호인 것 같다)이 술을 가지고 와서 위로하며 "이 땅이 지극히 위험하니, 속히 내려가도록 하라. 만약 중들과 더불어 소견하고 싶거든 서굴이 적당하다."고 말하였다. 마침 최탁경(崔倬卿)·박이경(朴而經)이 편지를 보내어 "듣자니 그대가 상굴에 가서 예측 못할 위험을 겪고 있다니 명(命)을 아는 군자의 행위가 아니다."고 하였고, 서울로부터 어명을 받들고 온 손여림(孫汝霖)도 위험한 곳에서 더 이상 머물지 말도록 말하였다. 이 말을 듣고 이주는 "친구끼리는 선의로써 책망한다는 것이 헛말이 아니다."고 말한 후 "지금 또 이 굴에 거하며 험한 줄을 모르니 만약에 한 번 차질이 있어 부모의 유체(遺體)를 손상한다면 이 이상 더 큰 불효는 없겠다."고 말하며, 지순·언옹 두 스님에게 이별을 알리고 산을 내려왔다.

누추한 상굴에서 죽을 각오로 살다가 주위의 만류로 23일만에 내려오는 이주를 두 스님이 전송하여 해원사 석탑 아래까지 내려 와서

산승(山僧)의 종적이란 구름같이 방향이 없는데, 어찌 일정한 주착(住着)이 있겠으며, 후(侯)도 또한 멀지 않아 임금의 은혜를 입어 떠날 터이니 어찌 이 금골산에 다시 처하게 되겠는가. 그렇다면 한 말을 써서 후일의 면목이 되게 하지 아니하려는가.

라고 말하며 금골산 기문을 요청했다. 그러자 이주가

스님의 말을 들어서도 쓸 만하거니와 『여지승람(輿地勝覽)』을 상고해 보니 이 섬의 명산 가운데 금골산은 들어 있지 아니하고, 절에 있어서도 삼굴이 빠졌으니, 이는 성명(聖明)시대에 판적(版籍)의 잘못된 것으로 금골산의 큰 불행이다. 지금 두 스님의 말에 따라 금골산을 기록해서 뒷날 이 기록을 보는 자로 하여금 이 섬에 금골산이 있는 줄을 알게 하고, 이

산속에 삼굴이 있는 것을 알리며 또 두 스님과 노부(老夫)와 함께 굴에서 거처한 줄을 알게 하면, 장차 오늘로부터 옛일이 되지 않겠는가.

라고 말하며 「금골산록(金骨山錄)」을 선뜻 지어주었다. 이때가 바로 1502년 10월이다. 그는 「금골산록」 서두 부문에서

금골산은 진도 읍내서 서쪽으로 20리 지점에 있는데, 중봉이 가장 높고 사면이 모두 돌로 되어 바라보면 옥부용(玉芙蓉)과 같다. 서북은 바다에 닿고, 지맥이 물구리며 남으로 달려 2마장쯤 가서 간점(艮岾)이 되고, 또 동으로 2마장쯤 가서 용장산(龍莊山)이 되어 벽파도(碧波渡)에 이르러 그쳤다. 산의 주위는 모두 30여 리인데, 아래는 큰 절터가 있어 이름은 해원사(海院寺)다. 9층의 석탑이 있고 탑의 서쪽에 황폐한 우물이 있으며, 그 위에 3굴이 있는데 그 맨 밑에 있는 것은 서굴이다.

라고 하여, 금골산의 위치·지세·규모, 해원사(海院寺, 혹은 海堰寺)의 터, 9층탑, 서굴·상굴·동굴 세 굴암(窟庵) 등을 열거했다. 그리고 이어서 금골산의 전체적인 모습과 산사의 풍경을 간략하면서도 생동감 있는 필체로 묘사했다.

현존 9층탑의 양식으로 보아 고려시대에 건립되었던 해원사는 사라지고 절터만 남아 있고, 그 바로 위에 창건 연대를 알 수 없는 서굴 암자가 있었다. 근자에 일행(一行)이라는 승려가 향나무로 16나한의 소상을 만들어 그 서굴에 안치하였고, 굴의 곁에 별도로 67칸의 요사체가 있어 중들이 거처하고 있었다. 그는 서굴에서 상굴을 지나 동굴에 이르는 코스를 다음과 같이 묘사했다.

서굴 맨 위의 것이 상굴인데, 굴이 중봉 절정의 동쪽에 있어 기울어진

비탈과 동떨어진 벼랑이 몇 천 길인지 알 수 없으니. 원숭이같이 빠른 동물도 오히려 지나가기 어려울 정도다. 동쪽에서는 무엇을 더 쉬 잡아 발붙일 땅이 없고, 서굴을 경유하여 동으로 올라가자면 길이 극히 위험하다. 비탈을 타고 돌에 굴러서 한치 한치 전진하기를 1마장쯤 가면 석봉(石峯)이 우뚝 솟아 앞에 있는데. 그냥 건너뛸 수 없어 돌을 포개서 13계단의 층층 사다리를 만들었다. 내려다보면 밑바닥이 없어 심목(心目)이 모두 현기증을 일으킨다. 거기를 올라가면 절정이 되고. 절정으로부터 동쪽으로 돌아 내려가기를 30보쯤 가면 마루턱 바위를 파서 오목하게 만들어 발을 붙이고 오르내리게 되었는데. 오목한 군데가 12군데 있는데 거기서 10여보를 내려가면 상굴이 나온다. 또 거기서 북쪽 바위로 두어 걸음 나가면 또 마루턱 비탈을 파서 허공이 베개를 매 놓았다. 동으로 향하고 곧장 내려가기를 8·9보쯤 가면 동굴이 나오는데. 앞 칸의 주사(厨舍)는 모두 비바람에 퇴락되었다. 굴 북쪽 비탈을 깎아서 미륵불(彌勒佛)을 만들었는데, 옛날 군수(郡守) 유호지(柳好池)가 만든 것이다. 불가에서 전해 오기를. "이 산이 옛날에는 영검이 많아서 매년마다 방광(放光)을 해서 신기한 점을 보이고, 유행병이나 수한(水旱)의 재앙에도 기도를 드리면 반드시 효과가 나타났는데. 미륵불을 만들어 놓은 뒤부터는 산이 다시 방광한 일이 없었다."하며, 그 유씨가 만약 외도(外道)꾼 김동(金同)과 같은 사람이 아니면 반드시 산 귀신을 누르는 사람일 것이라고 한다. 그 말이 황당하나 역시 들을 만하다.

이렇게 볼 때 이주가 『금골산록』을 지은 이유는 그곳 승려들의 요청도 있었지만, 『여지승람』에 금골산과 굴암이 들어 있지 않아 이 사실을 후대에 전하기 위한 데에 있었다. 이리하여 금골산은 진도의 명산이자 영산으로 평가받아 비로소 진도읍지에 수록되기 시작하였고, 『신증동국여지승람』이나 『동국여지지』 등의 전국 지리지에까지 수록되었던 것이다.

한편,「금골산록」은 이주의 문집『망헌집』[15]에 수록되어 있을 뿐만
아니라, 역대 명문(名文)을 모은『동문선』[16]에도 수록되었다. 그리하여
금골산은 진도뿐만 아니라 호남의 명산으로 알려져 문사들의 입에 오
르내리게 되었다. 김수항이 1689년 진도 유배 길에 오르기 전에 이미
이「금골산록」을 필사하였으나 유배올 때에 미처 챙기지 못했다. 그렇
지만 운좋게 진도에 와서「금골산록」을 보고 바위가 볼만하고 세 굴이
매우 위험한 절벽에 있다는 사실을 만형에게 편지로 전했다.[17] 그의
아들 김창흡도「벽파정」시에서 금골산을 지적한 것으로 보아 금골산
의 명성을 익히 알고 있었다.[18] 그리고 성해응(成海應, 1760~1839)은
호남의 명산으로 금골산, 덕유산, 서석산, 금쇄동, 월출산, 천관산, 달
마산, 한라산, 지리산을 열거하였는데,[19] 금골산 내용은 이주가 읊은
내용을 축약한 것이다.
　　「금골산록」은 명 문장으로도 평가되어 금골산의 승경을 더욱 돋보이
게 하였다. 이 점에 관하여 어숙권은『패관잡기』에서

　　옛사람이 글로써 일을 서술한 것을 기(記)라 하는데, 송나라 주회암(朱
　　晦庵)에 이르러 비로소「유형악록(遊衡嶽錄)」이 있었고, 우리나라에는 점
　　필재(佔畢齋)의「두류기행록(頭流紀行錄)」이 있으며, 청파 이육(李陸)의
　　「유지리산록(遊智異山錄)」과 나재 채수(蔡壽), 반계 유호인(俞好仁)에게
　　모두「유송도록(遊松都錄)」이 있으며, 주강 남효온(南孝溫)의「유금강산록
　　(遊金剛山錄)」과 탁영 김일손(金馹孫)의「속두유록(續頭遊錄)」이 있고, 철

---

15)『忘軒遺稿』부록,「金骨山錄」.

16)『東文選』속21, 록,「金骨山錄」.

17) 金壽恒(1629~1689),『文谷集』28, 서독,「上伯氏」.

18) 金昌翕(1653~1772),『三淵集』4, 시,「碧波亭」.

19) 成海應(1760~1839),『研經齋集』51, 산수기,「記湖南山水」.

성 이주(李胄)의 「금골산록(金骨山錄)」이 있어 드디어 문장의 한 체(體)가 되었다.[20]

고 하여 「금골산록」을 김종직의 「두류기행록(頭流紀行錄)」 등과 함께 우리나라 산행록(유산기)의 효시로 꼽았다. 이러한 점 때문에 고려 시대부터 조선 중기까지의 산수 유람에 대한 시문을 모은 『와유록(臥遊錄)』에도 「금골산록」이 수록되어 있다. 따라서 외부에 알려지지 않고 배일에 가려 있던 금골산을 진도의 명산이자 호남의 명산으로 드러나게 한 인물이 바로 유배객 이주였다고 볼 수 있다.

2. 유배인이 추천한 진도의 특산

1) 풍부한 물산

진도는 땅이 기름진 고을이라고 하여 옥주(沃州)라는 별칭으로 불린다. 일찍이 고려시대에 이숙함(李叔城)은 땅이 기름져 보물의 광이요 재물의 곳간으로 진도를 평한 바 있다.[21] 이러한 평가는 전해져 17세기 후반에 반계 유형원은 자신이 편찬한 『동국여지지』에서 진도를 '土地肥饒'한 곳으로 평하였다.[22] 진도 출신의 김몽규도 자신이 지은 『옥주지』에서 토지가 비옥하여 고을 이름으로 '沃'자를 썼다고 하였다.

그러면 진도에서 어떤 물산이 산출되었을까. 15~18세기 자료에 따르면, 진도의 토산품으로는 육지에서 산출되는 노루, 꿩, 석류, 유자,

---

20) 魚叔權, 『稗官雜記』 2.

21) 『新增東國輿地勝覽』 37, 전라도, 진도, 누정, 벽파정.

22) 『東國輿地志』 5, 전라도, 진도, 형승.

비자, 치자, 감, 배, 표고, 자단향, 전죽(箭竹), 그리고 바다에서 산출되는 소금, 낙지, 왕새우, 굴, 홍합, 죽합, 황각, 청각, 김, 해삼, 민어, 숭어, 전어, 사어(沙魚), 전복, 감태, 매산(苺山, 매생이), 어교(魚膠), 참가사리, 우뭇가사리, 미역 등 32여종에 이른다.[23] 이후 19~20세기 자료에 의하면, 여기에 토미(土米, 흑미), 귤, 목화, 구기자, 차,[24] 여정실(女貞實), 백옥, 화반석(花斑石) 등이 추가되어 있다.[25]

이렇게 볼 때 진도는 과수류와 해산물이 풍부한 고을임을 알 수 있다. 이러한 사정은 사찬 읍지『옥주지』토산조에 자세히 소개되어 있다. 육산(陸産)으로 채소, 버섯, 과일, 과(苽), 유자, 그리고 노루, 사슴, 산돼지, 꿩, 순(鶉, 메추라기), 기러기 등이 있었다. 그리고 해산(海産)으로 어패류가 풍부하여 낚시로도 넉넉하게 잡을 수 있으니 해변 인가에서는 이로도 자활할 수 있었다. 또한 농산(農産)으로 백곡이 잘 자라지만 수전보다 한전이 많은 관계로 숙(菽)·맥(麥)·서속(黍粟)을 본업으로 하고 면화를 널리 재배하였다.

진도의 농토는 지형상 산전(山田)과 해답(海畓)으로 구성되어 있었다. 진도의 토지 면적을 기록하고 있는 자료는 18세기『여지도서』가

---

23) 『동국여지승람』.『동국여지지』.『여지도서』.

24) 진도에서 차(茶)가 산출되었다는 기록은 1924년에 작성된 읍지가 유일하다. 그러나 조선시대에 전라·경상도 남부지역에서 차가 산출되었던 것으로 보아 진도에서도 산출되었을 가능성은 높다고 볼 수 있다. 어떠하든간에 진도의 차 관련 자료는 현재로서는 매우 빈약한 수준이다. 그런데 유배인들이 남긴 시문에 많지는 않지만 차가 언급된 바 있다. 일찍이 소재 노수신은 자신의 배소 안치(鞍峙) 주위에 란(蘭), 국(菊), 하(荷), 포,(蒲) 죽(竹), 매(梅), 차(茶), 치(梔), 귤(橘), 송(松) 등 열 가지 초목이 자라고 있다고 했다. 그리고 진도에서 가장 높은 첨찰산에 올라가 폐사된 삼성암(三聖庵)에 들러 그곳 반석에 앉아 차엽(茶葉)을 마시며 소일한 적이 있는데, 그곳에는 고승이 재배한 차가 자생하고 있었던 것으로 보인다.

25) 『진도부읍지』(1868년).『대동지지』.『여도비지』.『진도읍지』(1924년)

최초로 확인되고 있다. 이에 따르면, 진도의 토지 결수는 2,867결로 적은 편은 아니었다. 당시 전라도 남부지방에서 진도보다 적은 토지를 보유한 고을로는 낙안(2,279결), 광양(2,005결), 곡성(1,981결), 동복(1,715결), 옥과(1,694결), 구례(1,522결), 화순(1,293결) 등이 있다. 그렇지만 『옥주지』에 언급되어 있듯이, 진도는 논보다는 밭이 많은 지역이었다. 18세기 당시 논과 밭의 비율이 46%와 54%였고, 이러한 양상은 20세기 초까지 비슷하게 지속되었다. 당시 대부분의 고을은 생산성이 높은 논을 밭보다 많이 보유하고 있었는데, 진도는 유독 밭이 많은 곳이었다. 밭농사는 논농사에 비해 경작 횟수와 노동 집약도가 높다고 한다. 따라서 진도는 밭농사 문화가 발달할 수밖에 없는 조건을 지니고 있었다.

물산이 풍부하고 농지가 비교적 많았기 때문에 인구 또한 많았다. 18세기 후반 『호구총수』에 의하면, 진도 인구는 2만 5천명이었다. 당시 전라도 53개 고을 가운데 진도보다 인구수가 많은 고을은 16개 고을에 불과했고 나머지 37개 고을은 진도보다 적었다. 이렇게 볼 때 진도는 다른 고을에 비하여 농토 면적에 비하여 인구밀도가 높았다고 보여진다. 따라서 뒤에서도 언급되겠지만, 진도 사람들의 평균 경제력이 낮았고 그러한 점 때문에 양반지주가 형성될 여지도 희박했다. 그렇지만 조선 멸망 후 목장(牧場)이 철거되어 개발되고, 일제시대에 대규모 갯벌 간척사업이 추진되면서 종전의 양상은 역전되어 논의 비중이 늘어나고 대지주도 등장했는데, 1930년 50정보 이상 조선인 지주 가운데 진도 출신이 5명이나 되었다.[26]

이상에서 살펴본 바와 같은 진도의 생산구조에 대하여 진도에 온 유

---

26) 한국농촌경제연구원, 『농지개혁시 피분재지주 및 일제하 대지주 명부』, 1985, 209쪽.

배인들도 잘 알고 있었다. 김수항(金壽恒, 1629~1689)은 1689년(숙종 15) 2월 기사환국으로 진도에 안치(安置)되는 명을 받아 진도에 왔다가 4월 9일에 적소(謫所)에서 사사(賜死)되었다. 이때 그의 아들 김창협(金昌協)과 김창흡(金昌翕)이 아버지를 수행하여 함께 진도에 들어왔다. 이들 3부자는 진도 체류 기간이 만 2개월을 넘지 않았지만 진도의 풍물을 읊은 시를 많이 남겼다. 그 가운데 김창흡은 「淸明夕望」이라는 시에서 어촌은 어물로 넘치고 농촌은 보리가 많다고 하여 진도를 해산물이 풍부하고 밭농사가 발달한 곳으로 파악했다.[27]

조태채(趙泰采, 1660~1722)는 진도의 풍부한 물산과 무거운 세금에 대해 많은 시를 남겼다. 조태채는 노론 4대신(김창집·이건명·이이명·조태채) 중의 한사람으로 세자(경종)의 동생인 연잉군(영조)으로 하여금 대리청정케 할 것을 건의한 후 소론의 공격을 받고 1721년(경종 1) 12월에 진도에 위리안치되어 이듬해 11월 5일 배소에서 사사되었다. 조태채는 진도에서 1년 가까이를 보내면서 많은 진도 풍토와 풍속 관련 시를 남겼다.

그는 「晩眺」라는 시에서 진도의 가을 풍경을 읊었다. 포구에 선박이 조수를 따라 오고가고, 가동들이 시장이 열기를 기다려 고기를 가지고 가고, 들녘의 노인들은 송아지를 몰고 가고, 해가 기울어가자 취가(醉歌)가 울려 퍼지고 외촌 장시는 문을 닫기 시작하고, 관아 문을 열기가 바쁘게 사람들은 아침부터 떠들썩하다는 내용을 시에 담았다.[28] 각

---

27) 『三淵集』 4, 시, 「淸明夕望」.
   旅思添將夕。山川望若何。浦村漁是半。農地麥爲多。花竹荒荒立。淸明脉脉
   過。答春寧有酒。當泣秪成歌.

28) 趙泰采(1660~1722), 『二憂堂集』 2, 시, 「晩眺」.
   海天秋日晚來淸。眺望開時旅思平。船逐浦潮浮更泊。樹因山靄沒還生。家僮
   待市沽魚去。野老緣蹊訪犢行。何處小菴僧獨在。客膓頻送暮鍾聲。
   秋思悠悠未易裁。拄藤庭畔獨徘徊。孤飛鳥印天心沒。倒影人挓水面來。向晚

자 열심히 여유롭게 살아가고 있는 읍내 가까운 곳 진도인의 삶의 모습을 한 편의 시로 잘 묘사했다.

그는 유배객 가운데 유일하게 진도의 장시에 관한 시를 남겼다. 「島中場市」라는 시에서 읍내장이나 외촌장이나 모두 월 3회 열리는데, 채소·과일·떡·엿과 물고기·소금·서속·포목 등이 한 낮까지 분주하게 매매되고, 산속 승려들은 리(屨, 草鞋=짚신)를 팔고, 주막은 해가 질 때까지 막걸리를 팔았다.[29] 이 시는 진도의 장시에 관한 최초의 기록으로 확인된다는 점에서 의미가 있다.

그가 본 진도 장시의 개시 횟수는 이후에도 계속되었다. 1770년(영조 46)에 편찬된 『문헌비고』에 따르면, 진도 장시는 의신면(2일 개시), 고군내면(5일 개시), 목장면(7일 개시) 등 3곳이 확인되고, 모두 10일마다 서는 10일장이었다.[30] 그리고 1830년(순조 30)에 간행된 『임원경제지』에는 읍내장(2일 개시), 고군장(5일 개시), 임회장(7일 개시), 의신장(10일 개시) 등 4곳이 확인되고, 모두 10일마다 개시되었다. 당시 읍내장에서 매매되는 물종으로는 미곡, 면포, 어염, 해채(海菜), 해의(김), 석화(石花, 굴), 어유(魚油), 석류, 유자, 자단향(紫檀香), 인석(茵席, 자리) 등이 있었다.[31] 또한 19세기 중반 『여도비지』에는 의신장(2일 개시), 석현장(5일 개시, 고군장으로 보임), 목장장(7일 개시) 등 3곳이 확인되고 모두 10일장이었다. 육지 지역에 광범위하게 분포되어 있는 5일장이 아직 진도에는 들어서 있지 않았음을 알 수 있는데,

---

醉歌村市罷。終朝喧鬧郡衙開。詩情到此還蕭索。慚愧江生已退才。

29) 『二憂堂集』 2, 시, 「島中場市」.
月三場市邑村同。交易紛紛到日中。菜果饎糖多少錯。魚鹽粟布有無通。山僧販屨昏尋塔。海客沽醪夜倚篷。可笑此翁生計闊。低昂糴價任癡憧。

30) 『增補文獻備考』 165, 市糴考 3, 鄉市.

31) 『林園經濟志』, 倪圭志 4, 貨殖, 八域場市.

이러한 양상은 20세기 초까지 계속되었다. 1924년에 편찬된 『진도읍지』에 따르면, 읍내장(2일, 7일 개시), 오일장(5일 개시), 십일장(10일 개시) 3곳이 개설되어 읍내장만 5일장으로 확장되었고, 나머지 두 장은 여전히 10일장이었다. 이로보아 진도 장시는 300년 이상 동안 10일장 체제를 유지한 장기 지속성을 지녔음을 알 수 있다.

이 현상은 무엇을 반영한 결과이고 어떤 의미가 있을까? 토지면적에 비해 많은 인구수로 인한 개인별 낮은 경제력, 그리고 동부지역으로만 육지와 통하는 지역적 폐쇄성을 반영한 결과일 것이다. 자급자족형 낮은 구매력과 외부와 단절된 폐쇄형 유통망이 장시의 장기 지속성을 가져왔다는 것이다. 이러한 장기 지속성은 장시에서만 나타난 것이 아니라 진도 사회 전면에 투영되어 진도의 기층문화를 오래도록 큰 변화 없이 보존하도록 하는 환경적 요인으로 작용했을 것으로 파악된다.

한편, 조태채는 가혹한 세금으로 신음하고 있는 진도의 사정도 시로 남겼다. 「拈咸字韻記本邑事實」이라는 시에서 매년 바치는 부세도 부족해 백성들은 쉽게 가난해지고, 수령의 탐욕을 채우느라 관아 재정은 열악해지고, 공물로 귤을 바치느라 나무가 얼마 남아 있지 않고, 세금을 마련하기 위해 면포를 짜서 시장에 내다 파니 옷이 없고, 영문의 도서와 어염전 절수와 정부의 대소 어선에 대한 어세 징수로 어업인이 큰 피해를 입고 있었다. 당시의 무거운 세금에 대해 한 편의 시로 잘 표현했다고 보여진다.[32] 또한 「田家歎」이라는 시에서는 먹을 것마저 부족한 흉년든 해에 아전들의 세금 독촉과 채권자들의 채무 독촉으로 백성들의 근심이 심대하다는 사실도 지적했다.[33] 당시 가혹한 세금 문제는 전국적인 현상이었지만, 방어해주는 명망가가 부족한 상황에서

---

32) 『二憂堂集』 2, 시, 「拈咸字韻記本邑事實」.
33) 『二憂堂集』 2, 시, 「田家歎」.

진도는 유독 심했던 것 같다. 일반적으로 세금 부과액은 지역 유력인사나 거물 수령의 노력 여하에 의해 얼마든지 증감될 수 있었기 때문이다.

2) 유자와 귤

제주도와 함께 한반도 최남단의 경상도·전라도 지역은 조선 땅에서 유일하게 유자(柚子), 감자(柑子), 귤(橘) 등 남방성 수목이 자랄 수 있는 곳이다. 그래서 감귤은 이들 지역의 주요한 공물이었다. 정부는 이들 공물을 확보하기 위해 그 나무를 제주도에서 옮겨와 전라도와 경상도 연해읍에 심도록 권장하기까지 하였는데, 1412년(태종 12)에 상림원별감(上林園別監) 김용(金用)을 제주에 보내서 감귤(柑橘)나무 수백 주(數百株)를 전라도 순천 등 연해지역에 이식하도록 하였고,[34] 1426년(세종 8)에는 유자와 감자가 산출되지 않는 전라도와 경상도 연해 각지에서 그 나무를 심도록 하였다.[35]

먼저, 유자의 토산과 토공을 살펴보자. 15세기 『세종실록 지리지』에 따르면, 유자는 전라도 장흥·낙안·제주의 토공(土貢)이었다. 그리고 『동국여지승람』에 따르면, 유자는 전라도의 장흥·진도·강진·해남·제주·순천·낙안·보성·광양·흥양, 경상도의 동래·기장·곤양·남해·사천·하동·거제·고성·진해·웅천의 토산(土産)이었다. 또한 17세기 전반에도 '南方柚子之貢'이라 하여 유자는 남부지방의 대표적인 공물이었다.[36] 이렇게 볼 때 유자는 15~17세기에 제주도는 물론이고 진도·해남에서 동래·기장에 이르는 양남 남해안 광범위한 지역의 토산이자 토공이었고, 대동법 이후에도 약재(藥材)·청대죽(靑大竹)과 함께 대동

---

34) 『太宗實錄』 24, 태종 12년 11월 21일(壬寅).

35) 『世宗實錄』 31, 세종 8년 2월 4일(戊辰).

36) 『仁祖實錄』 3, 인조 1년 9월 27일(甲寅).

작미(大同作米)에서도 제외되어 조선 말기까지 주요 공물이었다.

이어, 귤의 경우를 살펴보자. 귤의 주산지는 두말할 필요도 없이 제주도다. 그런데『세종실록 지리지』에 의하면, 귤은 경상도 동래와 전라도의 순천·흥양의 토공이고, 전라도의 나주·영암·강진의 토산이었다. 이렇게 볼 때 귤은 유자만 못하지만 전라도·경상도 연해 지역의 토산이자 토공이었다. 순천의 경우 고려 때부터 귤 생산량이 많았던 것 같다. 고려 말기에 최영유(崔永濡)가 지은「승평군(昇平郡)에서 채안부(蔡按部)의 운대로」라는 시에서

가을날 기러기는 벌써 남으로 가는데 / 秋來征鴈已隨陽
물에 감촉되어 내 한이 그지없네. / 觸物悠悠感恨長
모래 위에 흰 몇 점은 해오리가 아닌가 / 數點鷺鷥沙上白
길가에 누런 것들은 모두 다 귤이로세. / 千頭橘柚道邊黃
산은 쌀쌀할수록 여윈 모양이 하좋아라 / 山寒却愛形容瘦
벼가 다 익어서 향내가 두루 구수하군. / 稻熟偏知氣味香
왕명을 받자온 몸 책임이 무거우니 / 爲奉往諧王命重
잔 들고 옛날과 같이 못 노니네.[37] / 啣杯那復舊時狂

라고 하여 가을철 길가에 누런 귤과 유자들이 가득하다는 싯구를 통하여 알 수 있다.

그런데『동국여지승람』에는 제주도를 제외하면 귤을 토산으로 하는 지역은 한 곳도 보이지 않는다. 이후 발간된 지리지에도 귤은 남해안 지역의 산물과 공물로 기록된 흔적은 거의 보이지 않고, 오직 제주도의 산물과 공물로만 보이고 있다. 정운경(鄭運經)이 제주목사로 부임한 아버지를 따라와 1732년(영조 8)에 지은『탐라귤보(耽羅橘譜)』에서

---

37)『東文選』13, 칠언율시,「昇平郡蔡按部韻」.

도 유독 귤만 제주도에서 생산된다고 기록했다.[38]

그러면 귤은 한반도에서 16세기 이후 영영 사라져버린 것인가? 전만 못했지만, 그렇지 않았다.[39] 18세기 말기에 편찬된 『순천부읍지』에 순천의 토산으로 감류(甘榴, 감자와 유자)가 기록되어 있다. 그리고 다산 정약용이 강진 유배지에서 살면서 "귤이 회수(淮水)를 넘으면 탱자가 되듯이, 지금 탐진에는 귤과 유자가 생산되는데 월출산(月出山) 북쪽만 가면 곧 변하여 탱자가 된다."[40]고 하였으니, 강진에서도 귤나무가 자라고 있었다. 또한 19세기 중반에 김정호가 지은 『여도비지』와 『대동지지』에 귤이 진도와 해남의 토산으로 기록되어 있다. 이렇게 보면, 초기에는 남해안 여러 지역에서 귤이 자생하였는데 후기로 가면서 진도·해남·강진·순천 등 극히 일부 지역에서 소량 생산되고 있었음을 파악할 수 있다.

그러면 진도는 어떠했을까? 앞서 언급한 바와 같이, 진도는 조선초기부터 유자의 산지였고, 그것은 오늘날까지 마찬가지다. 그렇기 때문에 유자는 관내 장시에서 매매되는 상품이었고, 조선시대 내내 진도의 주요 진공품이었다. 유자는 『옥주지』에 "柚子人家治圃之物 而土性所宜者也"라고 기록될 정도로 진도의 토성(土性)에 적합하여 민가에서 과

---

38) 정운경(정민 옮김), 『탐라문견록, 바다밖의 넓은 세상』, 휴머니스트, 2008, 197쪽.

39) 이 이유를 직접적으로 전해주는 자료는 보이지 않는다. 다만 생각할 수 있는 점은 첫째 무거운 공물을 피하기 위해 한반도 남부인들이 의도적으로 귤 재배를 기피했을 가능성이 있는데, 이 점은 다른 물종에서 종종 나타나는 현상이다. 둘째는 17세기 '소빙기' 기후로 한반도 남부의 귤나무가 성장하지 못했을 가능성이 있는데, '소빙기'의 존재 여부에 대해서는 논란이 없는 것은 아니지만 최근 그 실체를 검증하며 적극적으로 수용하는 추세다 (김덕진, 『대기근, 조선을 뒤덮다』, 푸른역사, 2008).

40) 『茶山詩文集』 22, 잡문, 「耽津對」.

포(果圃, 과수원)를 만들어 재배하는 진도의 최고 특산품이었다.

이어 귤의 산출 여부를 알아보자. 채보문이 벽파정 시에서 "금귤(金橘, 귤의 품종) 두어 가지 말머리에 늘어졌으니, 지나는 이 뉘라서 원님을 가난하다 하리요"라고 말한 것으로 보아 귤이 진도에서 고려시대에 산출되었음을 알 수 있다. 조선초기에도 남해안 여러 지역에서 귤이 산출되었던 것으로 보아 진도 또한 예외는 아니었을 것 같은데, 이숙함(李叔瑊)이 진도군수 박후생(朴厚生, 1463~1467 재임)의 요청에 의해 지은 「벽파정기」에 따르면 진도는 산이 높고 물이 깊으며 땅이 기름지고 말이 목장에서 잘 자라고 귤나무가 수풀을 이루고 있었다. 그런데 『동국여지승람』 및 이후 간행된 지리지 어디에도 귤이 진도에서 산출되었다는 사실은 언급된 적이 없다가, 19세기 중반 『여도비지』와 『대동지지』에 토산으로 기록되어 있고, 진도 출신의 소치 허련(許鍊)도 운림십경(雲林十景)의 「귤원(橘園)의 가을 향기」라는 시에서

울타리 가에 푸른 귤 주렁주렁 / 繞籬多綠橘
가을오면 그 향기 가득하네. / 秋來已生香
쌉쌀하고 시큼한 그 맛 좋을시고 / 愛此辛酸味
그 맛 같이 나눌 사람 없구나.[41] / 無人分與嘗

라고 하여, 운림산방 부근에서도 귤나무가 자라고 있었다.

이렇게 볼 때 귤이 진도에서 산출되었던 것만은 분명한데 그 사실을 전하는 기록이 많지 않아 구체적인 상황을 알 수 없는 실정이다. 그런데 진도에 온 유배인들이 진도산 귤을 목격한 후 그와 관련된 많은 시를 남겼으니 의미 있는 자료가 아닐 수 없다. 서울에서 내려온 이들에

---

41) 許鍊(1809~1892), 『雲林雜著』.

게 유자와 귤은 그야말로 진품이었다. 그래서 이들은 진도의 유자와 귤을 진도의 명품으로 추천했고, 유자와 귤이 내뿜는 남방의 향기는 유배객의 시심을 사로잡기에 충분했다.

일찍이 노수신이 제주도에서 건너온 청귤(靑橘, 귤의 품종)을 먹어보고 그 향기와 맛을 평한 바 있지만,[42] 진도의 유자와 귤 관련 시를 본격적으로 남긴 사람은 이경여(李慶輿, 1585~1657)다. 이경여는 소현세자 비 강빈(姜嬪)의 옥사에 연루되어 1646년(인조 24) 2월에 절도 원찬(絕島遠竄)되었다가 바로 이어 진도에 정배되었다. 3월에 진도에 들어왔는데 분노를 삼키지 못한 임금에 의해 위리안치의 명령이 내려졌다가, 1648년(인조 26) 3월에 다시 삼수로 이배되었다. 그러니까 진도에서 만 2년 이상을 유배 생활하였다.

그의 위리안치 장소가 어디에 있었는지에 대해서는 명확히 알 수 없지만, 그의 싯구에 '海鎭金筏夜 那堪月下聞'이라 한 것으로 보아 금갑진(金甲鎭) 관하 마을이었던 것 같다. 바다와 인접해 있고 제주도 한라산을 보았다는 싯구를 통해서도 진도 남쪽 바닷가였음에 분명해 보인다. 배소(配所)는 타인의 가옥을 빌려 마련되었고, 수령이 직접 와서 온돌과 자리를 살폈다고 한다.

바로 이곳은 진도 안에서도 가장 남쪽으로 배산남망 지역으로 유자와 귤이 가장 잘 자랄 수 있는 곳이다. 그는 이곳에서 유자와 귤을 직접 보고 먹으면서 관련 시를 남겼다. 「次工部韻四首」라는 시에서 '客寓荊籬匣 人家橘柚園' 또는 '逐客荊籬屋 人家橘柚林'이라 하여 가시덤불로 덮인 배소 인근 민가에 유자와 귤이 원림(園林)을 이루고 있던 모습을 표현했다.[43] 「柚子」라는 시에서 유자가 진도의 진공품이고, 민가의

---

42) 『蘇齋集』 2, 시, 「靑橘」.

43) 李慶輿(1585~1657), 『白江集』 3, 오언율시, 「次工部韻四首」.

원포(園圃)에서 자라고 있음을 지적했다.[44] 그리고 「次工部韻二十五首」라는 시 제14수에서 귤이 원포에 심어져 있고 겨울에도 나무에 가득 달려 있는 모습에 타향에서 느끼는 풍미(風味)가 가득하다고 했다.[45]

이경여 뒤에 와 봄철을 보낸 김수항은 유자나무의 새싹에 걸린 봄의 정취를 읊었다. 진도 사람들은 유자와 귤을 외부에서 온 김수항 일행에게 첫 인사 선물로 제공했다. 김창흡이 아버지와 함께 진도 배소에 와서 청명과 한식을 보내며 시름에 빠져 있을 때, 배소 이웃집 사람들이 전년에 수확한 유자와 귤을 그때까지 저장하고 있었는지 싸가지고 와서 첫 인사를 나누며 주었다.[46] 진도 사람들은 북쪽에서 온 손님과 처음 대면하는 자리에서 남쪽의 특산품을 주며 마음의 위안을 당부하였던 것 같다.

조태채도 여지승람의 제영을 보고 진도를 귤나무가 무성하게 자라고 있는 고을로 평했다.[47] 진도의 4계절을 읊은 「島中四時」라는 시 가을 편에서, 가을이 깊어가니 목화의 하얀 솜이 부풀어 오르고, 금귤(金橘)이 노랗게 익어 주렁주렁하고, 익은 벼를 낫으로 수확하고, 월동용 땔감을 실어 나르는 선박이 포구를 분주하게 오고간다고 하였다.[48] 누군가가 준 금귤을 석류가지에 걸어놓고 은은한 향기에 빠져들면서 관아에서 공물로 정해놓은 것을 안 후 귤을 땄다는 사실을 수령

---

44) 『白江集』 5, 칠언율시, 「柚子」.
　　品物流形孰主張。洪匀元不限遐荒。后皇嘉樹生南國。錫貢惟楊走北方。何處家封千戶素。幾枝香散九秋黃。上林苑隔長淮水。安得移根獻未央。

45) 『白江集』 3, 오언율시, 「次工部韻二十五首」.

46) 『三淵集』 4, 시, 「寒食後」.

47) 『二憂堂集』 1, 시, 「本郡輿地題詠韻」.

48) 『二憂堂集』 2, 시, 「島中四時」.

이 알까봐 걱정했다.[49] 무거운 공물 때문에 과거에 마을에 무성하던 유자와 귤나무가 이제는 듬성듬성 남아 있는데, 그 사실을 서울의 재상도 모르고 행차하는 암행어사도 모르고 있으니 주원(柚園)과 귤원 (橘園)이 사라지면 누가 그 토공을 바치겠으며 임금이 매년 반사(頒賜) 하는 은혜를 언제 다시 기대하겠는가고 생각하며 눈물을 흘렸다.[50] 그의 아들 조관빈도 천그루 귤나무가 봄에 숲을 이뤄 녹음을 만들고 가을에 수만개의 열매를 맺는다고 하였다.[51]

3. 유배인이 목격한 진도의 풍속

1) 곳곳에 서당을 열다

조선시대에 진도는 걸출한 학자를 배출한 곳이 아니고 사족이 흥성한 곳도 더더욱 아니다. 그럼에도 불구하고 진도 사람들은 곳곳에 서당(書堂)을 열었고 시서(詩書)를 애호했다. 진도를 문향(文鄕)의 고을이라고 불러도 손색이 없을 정도였다. 왜 그러했고, 그것이 어떤 의미를 지니고 있는지를 알아보자.

진도 최초의 서원은 소재 노수신을 배향하는 봉암서원으로 1602년에 관내 유림들에 의해 건립되었다. 궁벽한 고을 치고는 상당히 이른 시기에 서원이 건립되었다고 볼 수 있는데, 봉암서원 유생이 60명에 이른 적도 있었다. 서원 외에 향교와 양사재도 있어 교육을 분담하였다.

---

49) 『二憂堂集』 2, 시, 「客有饋黃香者 懸諸榴枝」.
50) 『二憂堂集』 2, 시, 「復次居字韻」.
51) 趙觀彬(1691~1757), 『悔軒集』 1, 시, 「橘林」.

이러한 전통 때문이었는지 진도에는 서당이 곳곳에 건립되어 있었다. 『옥주지』 서원조에 의하면,

서재(書齋)를 각처에 둔 것은 대개 미풍양속을 가르쳐서 아이들로 하여금 알게 한 것인데 만일 서재가 없으면 가르칠 수가 없기 때문에 마을마다 서재를 세워서 스승을 모셔오고 식량을 모아서 배움에 정진하게 하였다. (중략) 우리 진도 사람들은 책을 읽지 않는 사람이 거의 없으므로 무식은 능히 면하였다고 본다. 진도의 풍속이 공부를 가르치는 성의가 전통적으로 이처럼 대단하였건만 집안이 가난하고 경제가 뒷받침되지 못하여 크게 성공한 사람이 적으니 참으로 가슴 아플 뿐이다.

고 하여, 진도 사람들은 마을마다 서당을 두고 스승을 모셔와 자녀 교육에 정진하였음을 알 수 있다. 그렇지만 과거 급제자가 소수에 불과했고(사마 3인) 대외적으로 현달한 사람 또한 없었는데, 이러한 점에 대하여 『옥주지』의 찬자도 안타까워했다. 그 이유를 『옥주지』 찬자는 열악한 경제력에서 찾았는데, 이 점은 앞에서 살펴본 생산구조에서도 확인되었다. 열악한 경제력 때문에 진도 사람들은 외부 유학을 하거나 과거에 응시할 기회를 많이 갖지 못한 것 같다.

대표적인 서당으로 1684년(숙종 10)에 의신면 칠전리에 건립된 노암재(露巖齋)가 있다. 칠전리민들은 이 서재를 운영하기 위해 학계(學契)를 창립하여 운영하였는데, 그 내용은 1724년에 세워져 현재까지 남아 있는 학계철비(學契鐵碑)를 통해서 파악할 수 있다. 또 다른 서당으로 군내면 송산리에 있는 서당을 들 수 있는데, 이 서당 또한 1803년(순조 3)에 대동학계(大同學契)라는 조직을 만들어 운영하였고 대동학계안(大同學契案)이 지금까지 남아 있다.

이러한 전통은 20세기 초까지 계속되었다. 1924년에 편찬된 『진도

읍지』풍속조에 의하면, 진도 관내 곳곳에 서당이 있는데 비록 벽항궁촌(僻巷窮村)이라 하더라도 모두 학계가 있어 경비를 조달했다. 겨울과 봄 6개월간 학습하고 여름과 가을 6개월간은 귀농하였다. 이러한 교육 덕택으로 충신, 효자, 열녀가 많이 배출되었다고『진도읍지』를 편찬한 박진원이 평가하였다. 이들 서당의 문도들은 스승의 학덕을 기리는 학행비를 곳곳에 세웠는데, 현재 17개 가량이 남아 있는 것으로 조사되어 있다(『진도군지』, 2007).

이렇게 서당이 대거 들어서게 된 데에는 유배인들도 한 몫을 했다. 학식이 뛰어난 노수신, 김효성, 남이성, 신명규 등이 진도에 들어와 서재를 열어 학동을 가르쳤고, 19세기에는 김리익이 금갑진에, 정만조가 의신면 사상리에 관란재란 서당을 열었다. 어찌하던 간에 곳곳에 들어선 서당은 문풍을 증진시키기에 충분하였다.

2) 모두들 시서를 읽다

물산은 풍부하여 먹고 사는 문제는 쉽게 해결할 수 있지만 전반적으로 경제력이 열악한 지역이었기 때문에 진도 사람들은 밖으로 나가지 않고 섬 안에서 시서(詩書)를 열심히 읽었다. 시서 독서는 훈장이 좌정한 서당이 곳곳에 들어서 있어 유지되었다. 이 점이 진도 사람들이 서화(書畵)를 수용하게 된 기반이 되지 않았을까 여겨진다.

진도 사람들의 시서 독서에 대해 이경여는 1648년(인조 26) 3월에 3개년 동안의 유배생활을 끝내고 삼수로 떠나면서 진도의 풍토를 「別沃州鄕士」라는 시 속에서 표현했다. 그의 표현에 의하면 진도 사람들은 자신에게 찾아와 학문을 묻고, 시서(詩書)를 열심히 공부하고, 효우(孝友)를 잘 실천하고 있었다. 그리고 바닷가 정원에는 귤나무가 가득하고, 노래를 좋아하고, 비옥한 산천으로 사람들 인심이 순박했다.[52) 호화롭고 부유하지는 않지만, 갖가지 풍부한 물산 덕택에 여유로운 생활과 순박한 인심으로 노래를 좋아하고 시서를 열심히 공부했음을 알 수 있다.

진도 사람들이 시서 공부를 열심히 하는 모습은 1689년에 김창흡이 아버지를 따라 왔을 때에도 계속되었다. 그가 이웃 아이들의 독서 소리를 듣고 읊은 시를 보면, 궁벽한 곳이지만 「격몽(擊蒙)」이라는 서책이 있고 이웃에는 독서하는 아동들이 있었다. 그런데 아동들이 읽는 글소리가 제법 수준급이었던 지 김창흡은 유배생활의 적적한 마음을 달래면서 찾아오는 학동들의 발걸음을 물리치지 않았던 것 같다.[53) 『격몽』은 율곡이 지은 『격몽요결』이거나 노수신이 주해한 『동몽수지』로 생각된다. 이때 김창흡은 진도 사람들이 노래를 좋아하고 진도 사람들의 구슬픈 노랫가락이 끝내 자신의 눈물을 흘리게 했다는 점도 시로 남겼다.[54)

조태채는 「詠珍島」라는 짧은 시에서 진도의 풍습을 잘 읊었다. 바다로 둘러싸인 벽촌이고, 꾸밈이 없고 진실한 기풍이 아직까지 남아 있고, 토속(土俗)이 무당을 좋아하여 의약을 쓰지 않고, 민풍(民風)이 선비를 귀하게 여겨 시서가 있다고 하면서, 관에서 정한 귤 공물 때문에 사람들이 귤나무 심기를 기피하고, 어촌의 고기잡이 이익이 높고, 방언을 알아듣기가 어렵다고 하였다.[55) 진도 사람들이 비록 크게 유학예속을 신봉하지 않고 경서를 탐독하지 않고 성리학의 고담준론을 논

---

52) 『白江集』 5, 시, 「別沃州鄕士」.
53) 『三淵集』 습유 4, 시, 「聞隣童讀書」.
54) 『三淵集』 습유 4, 시, 「好歌」.
55) 『二憂堂集』 1, 「詠珍島」.
　　環溟一島僻村閭。大樸猶存混沌餘。土俗好神無藥石。民風貴士有詩書。官封貢橘嫌栽樹。浦積沽錢利捉魚。最是方言難曉解。笑憑隣老問何如。

하지는 않았지만, 서당의 기본교육에 만족하며 소리를 좋아하고 무속에 의지하는 본원적 생활방식에 젖어 있었던 것만은 분명해 보이는데, 이 점 때문에 19세기에 유배인 김리익이 『순칭록(循稱錄)』을 저술하여 생활습속을 예교예속으로 바꾸려고 했던 것이다.

궁벽한 고을의 사람들이 서당을 열고 독서에 열심이었던 것은 노수신의 영향이 컸을 것으로 보인다. 진도군은 궁벽한 곳에 위치한 데다 혁파되었다가 세종 대에야 복설되었기 때문에 유풍(儒風)이나 사풍(士風)이 미약할 수밖에 없었다. 이러한 진도에 유풍과 사풍을 진작시킨 인물이 바로 노수신이다. 그는 19년 동안 진도에서 유배생활을 하면서 진도의 풍속에 예속을 심어 크게 성과를 거두어 '珍島開化之祖'라고 부른다. 진도에 들어온 지 5년 만인 1552년에 초옥 3칸을 지어 스스로 소재(蘇齋)라 이름짓고 정좌하여 경사를 연구한 끝에 '인심도심전주'를 개작한 한편 '대학장구' 및 '동몽수지'를 주해하였을 뿐만 아니라, 이황, 김인후, 기대승, 이항, 노진, 김계, 나사율, 김천일 등과 사상을 논하기도 하였다.

진도의 아동들이 시서를 즐겨 읽고 있었기 때문에, 진도 사람들은 문신 출신 수령을 보내달라고 중앙에 요청하기도 하였다. 원래 진도는 해양방어 요충지이기 때문에 '文武間差'라 하여 문신과 무신을 교대로 수령으로 보내는 곳이었다. 그런데 진도 사람들이 1707년(숙종 33)에 전라우도암행어사 이교악(李喬岳)에게 '文官擇差'라 하여 문신을 보내주라고 요청하여 정부로부터 승인을 받았다.[56]

---

56) 『承政院日記』 434, 숙종 33년 1월 17일(辛未).

맺음말: 진도 문화의 역사적 연속성

오늘날 민속과 예술의 보고로 알려진 진도 문화의 역사적 연속성을 알아보기 위해 조선시대 유배인이 남긴 자료를 분석해 보았다.

진도의 생산구조는 '옥주'라는 별칭에서 알 수 있듯이 갖가지 물산이 풍부한 곳이다. 그렇지만 토지규모에 비하여 인구밀도가 높고 생산력이 낮은 밭이 많아 전체적인 경제력은 낮은 편이었다. 여기에 사통팔달의 일반적인 고을과는 달리 한 쪽 면만을 외부와 통하는 지역적 폐쇄성이 결부되어 되어 오래 동안 변화가 지체되는 장기 지속성을 지니었다. 장기 지속성에 대해서는 장시를 통해서 확인할 수 있었다.

또한 진도의 교육현황을 보면, 진도 사람들은 열악한 경제력과 서울과의 원거리 때문에 외부 유학을 포기하고 지역내에서 대부분 수학하여 과거 급제자나 학문 현달자 배출이 매우 미미했다. 이러한 점 때문에 곳곳에 서당을 건립하여 지역출신 훈장 밑에서 기초적인 시서 공부를 하는 수준에 머물렀다. 여기에 명망가 유배인이 가세하였지만 여전히 수준 높은 유학 연구나 유교 예속 연마까지는 이르지 못하는 형편이었다.

이러한 생산구조와 교육현황은 진도의 민속과 예술에 그대로 반영되었다. 진도 사람들은 대부분 심오한 유학을 연구하거나 대학자를 접할 기회를 얻지 못했다. 대신 기초수준의 시서를 훈장 밑에서 학습하는 정도에 그쳤는데, 이 점이 진도 사람들로 하여금 서화를 수용하고 그것에 정진하게 한 기반이 되었을 것 같다.

또한 진도 사람들은 갖가지 풍부한 물산 덕택에 부유하지는 않지만 여유롭고 순박한 인심으로 노래를 좋아하는 생활을 영위했다. 노래는 그들의 삶이었다. 그런데 진도는 밭이 많아 밭농사 문화가 발달할 수밖에 없는 조건을 지니고 있었다. 밭농사는 노동력 투입도가 높아 소리문화를 고조시킬 여건을 지니고 있었다. 이 점이 진도 소리문화를 발달시키고 그 성격을 규정짓는 요인이 되지 않았을까 여겨진다.

그리고 진도 사람들은 의약으로 질병을 치료하거나 유교 예속으로 관혼상제를 치르는 대신 무속에 기대어 인간사를 기원하고 예속을 치르는 경향이 강했다. 19세기까지 유교 예속을 보급할 정도로 타지역에 비해 유교화가 더딘 진도 사람들은 무속을 일상 생활화하고 있었다. 그런데 무속은 노래와 춤을 통해 연행된다. 따라서 진도 사람들의 민속은 무속을 통해 일상생활 속에 재현되었다.

이처럼 진도 사람들은 유학보다는 무속에 심취했고 밭농사를 위주로 하며 소리를 즐겨했고, 서당을 열고 시서를 읽으며 서화를 즐겨했다. 이렇게 정리하면 당시 진도 문화의 양상과 성격이 대강 그려진다. 그런데 이러한 무속, 소리, 서화는 진도 사회의 폐쇄성 때문에 장기 지속성을 지니어 오래도록 보존된 결과 오늘날 진도 민속과 예술의 기원이 되었다.

머리말

　　국가통치에 있어서 중요한 장치 가운데 하나가 지역 연결망이다. 중앙 집권적 통치체제를 실현하고자 하는 국가는 수도와 지방 곳곳을 연결하는 작업을 구축한다. 여기에 조선왕조도 예외가 아니어서 도로(道路), 정도(程途), 역원(驛院), 진도(津渡), 교량(橋梁) 등에 지대한 관심을 가졌다. 그 결과물이 지리지에 수록되어 있다. 예를 들면 15세기에 국가 경영서로서 편찬된 『동국여지승람』의 경우 정도, 산천, 역원 조항이 보이지만, 18세기에 왕명에 의해 편찬된 『여지도서』에는 전보다 더 늘어난 정도, 산천, 도로, 교량, 역원 조항이 보인다. 예를 들면, 곡성현의 경우 동으로는 구례현 경계 압록원까지 30리에 이르고, 서로는 동복현 경계까지 40리 및 옥과현 경계 어덕리까지 20리에 이르고, 남으로서는 순천부 경계 원달리까지 70리에 이르고, 북으로는 남원부 경계 순자진까지 10리에 이른다. 여기에 곡성현에서 서울·감영·병영·좌수영·우수영·통영까지의 거리도 나와 있다. 결국 특정 군현과 인접 군현을 연결하는 사방 도로망을 파악하는 것이 지리지 편찬의 관심사였고, 그것은 곧 중앙 정부의 관심사였던 것이다. 그렇지만 도로는 산이나 강물 및 거리에 의해 방해받거나 차단되기 때문에, 그것을 원만하게 연결해주는 매개체로 역원, 진도, 교량이 필요하였다. 이 가운데 역원과 진도는 국가 통치체제의 최하단에 자리 잡은 공조직이지만 아직까지 활발한 연구가 이루어져 있지 않고 있다. 이에 여기에서는 곡성현을 사례로 삼아 진과 원의 운영, 그리고 그것이 지역경제에 미친 영향을 알아보고자 한다.

오늘날 곡성군 오곡면 압록1리 압록마을은 조선시대에 압록진과 압록원이 동시에 있었던 곳으로써, 수상과 육상 교통의 중심지였다. 섬진강과 보성강의 푸른 물이 합류하는 곳이라 하여 '합록(合綠)'이라 부르다가, 400여 전 마을이 형성되면서 은어(銀魚)를 잡아먹기 위해 오리 떼 등 철새들이 많이 날아드는 것을 보고 합(合)을 오리 압(鴨)으로 바꾸어 '압록(鴨綠)'이라 부르게 되었다고 한다.[1] 18세기 후반 『호구총수』에 따르면, 압록마을은 곡성현 8개 면 가운데 오지면(梧枝面) 소속으로 '압록리(鴨綠里)'로 기록되어 있다. 오지면은 일제 강점기 행정구역 개편 때 우곡면(牛谷面)과 통합되어 오곡면이 되어 오늘에 이른다. 그리고 압록리는 역시 일제 때 이정리(梨亭里)와 통합되어 탄생한 압록리의 압록1리가 되고, 이정리는 압록2리가 되어 오늘에 이른다.

압록진과 압록원은 교통의 중심지였기에 국가 차원에서 보호·관리의 대상이었을 뿐만 아니라, 공무자와 여행객의 경유지였을 뿐더러, 유통경제가 흥성한 곳이었다. 따라서 이곳은 곡성 지역사를 이해하는 데에 중요한 곳이지만, 그간 전혀 관심을 받지 못하였다. 이에 여기에서는 압록진과 압록원의 구조와 역할을 하나씩 알아본 후, 그곳에서 일어났던 여러 가지 사회경제적 양상을 찾아보겠다. 이런 의도에도 불구하고 남아 있는 자료가 많지 않아 시론(試論)에 불과하다는 말을 덧붙이고자 한다. 특히 진과 원이 어떤 유기적 관계에 있었는지 등이 궁금하기도 하지만, 이 역시 초보적 수준에 머물 수밖에 없다.[2]

---

1) 곡성군, 『마을 유래지』, 2012, 208쪽.
2) 정읍 천원처럼 역과 원이 설치된 곳의 상호 연결성도 궁금하지만, 후일을 기약할 수밖에 없다.

1. 압록진

강물을 건너는 곳을 진(津) 또는 도(渡)라고 한다. 강의 폭에 따라 나누어진 개념이지만, 서울의 노량진과 삼전도를 통해 알 수 있듯이 특별한 구분은 없었던 것 같고, 보통 진(나루)으로 불리었다. 진도는 인마의 왕래를 위한 교통로, 물자의 운반을 위한 운송로, 범죄인을 기찰하기 위한 검문소로서의 기능을 발휘하고 그런 목적을 수행하기 위하여 설치되었다. 그렇기 때문에 정부는 효율적인 국가경영을 위해 진도를 통치체제에 포함시켜 체계적으로 관리해야 하였다. 이를 위해 대로 상의 도에는 도승(渡丞)이란 관리를 책임자로 파견하여 그곳을 관리하도록 하였다. 그리고 그곳 운영을 위해 그 등급에 따라 위전(位田), 진부(津夫), 진선(津船)을 지급해주었다.[3]

이런 정책은 곡성에도 실현되었다. 물론 수도를 오가는 한강이나 중국을 오가는 압록강의 진도는 곳곳에서 빈번하게 언급되지만, 외방의 작은 곳은 관찬사서에는 거의 거론되지 않고 지리지나 문집에만 등장하는 한계가 있다. 곡성현은 동쪽으로 순자강(현재 섬진강)이 흐르며 남원·구례와 경계를 하고, 남쪽으로는 대황천(현재 보성강)이 흐르며 순천과 경계를 한다. 따라서 곡성과 이웃 고을 사이에는 이들 강을 건너는 다리가 있었다. 북 10리에 중진교(中津橋)가 있었는데, 이는 순자강 위에 겨울철 갈수기에만 가설되었다. 남 40리에 대황천교가 있었는, 이는 대황천 위에 겨울철에만 가설되었다. 이 외에 묘천 위에 묘천교(猫川橋, 동 10리)와 용계교(龍界橋, 서 30리)도 있었다.[4] 압록

---

3) 최완기, 「조선초기 한강 진도제의 정비와 운영」, 『사학연구』 71, 한국사학
   회, 2003.
4) 『여지도서』, 곡성, 교량.
   中津橋在縣北十里, 猫川橋在縣東十里, 大荒川橋在縣南四十五里, 龍界橋在

강의 지류 작은 천에도 다리가 가설된 적이 있다. 남원 출신의 황신구(黃信龜, 1633~1685)가 압록강 작은 천에 기한이 되어 폐지된 진선의 판자로 다리를 만들었다.[5]

　작은 내에는 다리 가설이 가능하지만, 큰 내는 갈수기는 더러 가능하지만 강우기에는 어려운 일이다. 그런 곳에는 나루가 운영되었다. 곡성에도 나루가 여러 곳에 있었다. 15세기 『동국여지승람』과 18세기 『여지도서』의 산천조에는 각각 순자진(鶉子津), 압록진(鴨綠津) 등 2개의 나루가 보인다. 사람이 통행하고 있는 진은 이보다 많았지만, 뒤에서 나오듯이 이들 진은 관으로부터 인력이나 재원을 지원받는 곳이기 때문에 이들 진만 지리지에 기록되었을 것이다. 실제 19세기 중반 김정호가 편찬한 『여도비지』·『대동지지』의 진도조에는 순자진과 압록진 외에 대황진(大荒津)도 보인다. 1872년 고지도를 보면 도로와 도로를 연결해주는 강 위의 배가 7곳에 그려져 있다. 그리고 비록 행정구역이 개편된 후 1918년에 발간된 『곡성군지』의 선진조를 보면, 순자진, 중진(中津), 동산진(東山津), 압록진, 남양진(南陽津), 노정진(櫓亭津), 본토진(本土津), 강정진(江亭津), 관두진(冠頭津), 고달진(古達津), 호곡진(虎谷津), 두계진(杜溪津), 가정진(柯亭津) 등 13개의 나루가 보인다.

　이 가운데 압록진은 현 동쪽 30리에 있다. 나룻터가 운영되었던 곳을 '배석거리'라고 하는데, 전 압록초등학교 아래쪽이라고 한다. 압록진에서 순자강과 대황천이 합류한다. 그곳에서 합류한 강물은 "鴨綠江在鴨綠 鶉子大荒二水合"이라 하여 압록강(鴨綠江)이 되었다. 압록강은 압강(鴨江), 압수(鴨水) 등으로도 불리었다. 이런 표현법에 의해 압록

縣西三十里.

5) 黃信龜(1633~1685), 『雲溪集』 1, 시, 「鴨綠小溝以廢船板爲橋感而寓意」.

진도 압진(鴨津)이라고도 불리었다. 이덕형(李德馨, 1561~1613)이 1607년(선조 40)에 전라도 관찰사로 떠나는 최관(崔瓘)을 전송하는 시에서 "鴨津西畔小江南"이라 읊었다. 압진(압록진) 서쪽은 소강남(순천)이라는 말이다.[6] 압록강은 구례를 거쳐 광양 섬진으로 들어간다. 고지도에 "兩水合流東入于河東蟾津"이라고 적혀 있다.

압록진에서 순자강을 건너 구례로 들어가고 대황천을 건너 순천으로 들어간다. 그래서 압록진을 "求禮順天兩郡通渡"하는 곳이라고 하였다. 곡성에서 순천으로 가려면 압록진 또는 대황진(大荒津, 남쪽 45리)을 건너면 되지만, 구례로 가는 사람들은 압록진을 건너야만 한다. 조찬한(趙纘韓, 1572~1631)이 형 조위한, 양경우 등과 1618년(광해군 10)에 지리산 여행을 가면서 남원을 출발하여 곡성 읍내에서 투숙을 한 후 강을 따라 내려가 압록진에서 휴식을 취하고서 구례 읍내로 들어갔다.[7]

국초의『경국대전』에는 지방의 진에 대한 운영방안이나 지원책은 특별하게 보이지 않는다. 하지만 18세기 이르면 이전과는 다른 양상이 나타나는데, 영조 때의『속대전』에 "地方官定津夫給復, 賃私船使用"이란 조문이 보인다. 진부를 정하고, 복호를 지급하고, 관선이 없으면 사선을 임대하라는 말이다. 그리고 진선을 함부로 타고, 과적을 하고, 좌초를 하면 타는 사람은 물론이고 선주와 진부를 처벌하였다. 여기에 압록진도 예외가 아니었다. 그 결과 압록진에도 나룻배, 사공, 경제기반 등이 갖추어져 있었다. 하나씩 살펴보자.

첫째, 진선(津船)에 대해 알아보겠다. 이 점과 관련하여 1793년 무렵에 편찬된『곡성읍지』에 다음과 같이 기록되어 있다.

---

6) 李德馨(1561~1613),『漢陰文稿』2, 七言律,「送崔瑩中出按湖南」. 瑩中은 崔瓘의 자이다.
7) 趙纘韓(1572~1631),『玄洲集』1, 五言古詩,「曠遊篇」.

鶉子津: 津船一隻 與南原同造.
鴨綠津: 津船一隻 與求禮同造.

순자진은 물론이고 압록진에도 나루와 나루를 오가는 진선 1척이 있었다. 진선은 양쪽에서 분담하여 건조하였다. 순자진 진선은 남원과 함께, 압록진 진선은 구례와 함께 건조하였다. 그래서 『용성지』에는 "鶉子津船 在中洲院前 與谷城縣 同力造船 遞立津夫"라고, 『구례읍지』에는 "鴨綠津船一隻 與谷城并力造 遞立津夫"라고 적혀 있다. 그러므로 이곳 진선은 사선을 임대한 것이 아니라, 관에서 건조하여 비치하는 관선이었다. 19세기 말 『곡성읍사례』를 보면, 순자·압록 진선은 3년마다 개삭(改槊)하고 5년마다 개조(改造)한다고 하였다.[8] 그때 들어가는 재목과 철물은 남원·구례와 분담하고, 장인에게는 품삯을 쌀로 지급하는데 재원은 대동 저치미 중에서 나왔다. 『호남청사례』를 보면, 진선의 개조·개삭은 연한을 정하고 비용은 저치미에서 회감(會減)하였다. 남원·곡성 병정 순자강진선 1척은 6년 개조 가미 5석 5두, 3년 개삭 가미 2석 10두이다. 곡성·구례 병정 압록진선 1척은 6년 개조 가미 5석 5두, 3년 개삭 가미 2석이다.

둘째, 진부(津夫)에 대해 알아보자. 나룻배를 운영하는 사공이 압록진에 8명 딸리어 있었다. 1872년 고지도에 "津船一隻 津夫八名"으로 적혀 있다. 진부는 그곳 지역민 가운데서 선발되어 배정되었다. 나룻배를 두 고을이 분담하여 건조하였듯이, 진부도 양쪽 고을에서 돌아가면서 담당하였을 것 같다.

셋째, 복호(復戶)를 알아보자. 진부들에게 복역에 대한 경제적 급부로 제공되었던 것이 복호이다. 복호란 대동법 시행 이후 면부출세(免

---

8) 국초에 편찬된 『경국대전』의 공전 주거조를 보면, 수운 도선(渡船)은 5년마다 수리하고 10년마다 개조하도록 하였다. 해운 조운선도 마찬가지이다.

賦出稅)를 하는 토지이다.[9] 면부란 대동미를 면제한다는 것이고, 출세란 전세를 낸다는 말이다. 대동미를 관장하는 선혜청의 운영사례에도 복호는 세미만 내고 대동미는 걷지 않는다고 하였다.[10] 다시 말하면 토지 소유자가 국가에 낼 대동미(1결 12두)를 진부(복호 수급자)가 복무 대가로 대신 받아먹는다는 것이다. 19세기 말 『곡성읍사례』를 보면 순자진의 경우 진부에게 복호 2결 50부가 제공되었다. 압록진은 압록원에 4결의 복호가 제공되었기 때문에 그것으로 원과 진이 함께 충당하였던 것 같다. 이런 점으로 인해 진부복(津夫復)이 6결 50부라고 하였던 것으로 보인다.[11] 복호 수식인(受食人)이 전세를 마땅히 납부하고 나머지 세금(대동미, 결역, 잡비 등)을 받아먹는다고 적혀 있다. 선혜청 산하 호남청의 운영 내역을 적어 놓은 『호남청사례』 속에 각종 급복과 함께 진부들에 대한 복호의 운영·결수가 기록되어 있다.[12] 각읍 진부에게는 진의 바쁨과 한산함에 따라 복호를 차등 있게 지급하는데, 남원·곡성이 병정(竝定)하는 순자진에 5결, 구례·곡성이 병정하는 압록진에 8결이 각각 지급되었다. 두 읍이 병정하는 진부에게는 원래 수가운데 두 읍이 반반씩 복호로 지급하라고 하였다.[13] 이렇게 보면, 곡

---

9) 『속대전』 호전, 제전.
　　大同行後, 旣定營·官需, 而衙祿·公須位, 仍舊免稅, 只收大同.

10) 『호남청사례』, 복호.
　　凡給復田 只出稅米 而勿收大同米.

11) 당시 곡성의 복호는 인리복 15결, 역복 16결, 진부복 6결 50부이었다.

12) 당시 전라도 급복을 보면, 비전직·쌍충사·충신효열전망인 50부, 궁인·시인·외의녀 1결, 서원 1결 1부 5속, 내의녀 1결 50부, 내관·역졸·조군 2결, 진부 2~15결, 표충사 5결, 쌍계사 20결, 인리 25~15결.

13) 　　　　　　　　　　〈전라도 진부 급복(『호남청사례』)〉

2결	광주 공량진, 광주 생압진
4결	무주·금산 병정 소며진, 순창 적성진, 광주 선암진, 광주 극락진

성의 진부 복호와 운용은 규정대로 행해지고 있음을 알 수 있다.

압록에서 구례로 연결하는 다리가 놓이면서 나루가 폐쇄되고 진선
도 필요 없게 되었다. 1956년 발간『곡성군지』도선 조항에 "鴨綠船 鴨
綠求禮 接續"으로 기록된 것으로 보아, 당시까지 도선이 운항되었다.

〈압록진과 압록원(1872년 고지도)〉

2. 압록원

조선왕조는 건국 후 중앙 집권적 통치체제를 구축하기 위해 도로망

5결	남원·곡성 병정 순자진, 나주 영강진, 여산 황산진, 영암 고달진, 임피 나리진, 무안 몽탄진, 무안 주룡진, 무안 등산진, 해남 등산진
8결	순천·구례 병정 잔수진, 구례·곡성 병정 압록진, 광양 두치진
10결	무안 사호진, 해남 삼지원진, 완도진
14결	진도 벽파진
15결	전주·임피 병정 신창진
합계	148결, 23개 진

을 정비하였다. 우선 서울에서 전국 각지로 뻗어나가는 도로를 8개로 정비하였다. 그 가운데 서울에서 통영을 가는 제6로는 남원 - 중진원 진 - 곡성 읍내 - 압록원 - 잔수역으로 이어졌다. 그리고 전주에서 도내를 가는 노정 가운데 전주~좌수영 노선을 보면, 전주 - 오원 50리 - 임실 30리 - 오수역 30리 - 남원 40리 - 곡성 40리 - 압록원 30리 - 구례 30리 - 송치원 40리 - 광양 40리 - 성생원 40리 - 좌수영 40리로 되어 있다. 하루 통행 거리가 30~40리였기 때문에 고을과 고을의 중간에 통행을 연결해주기 위해 역이나 원을 두었다.

역이란 공무 수행자에게 역마를 제공하는 곳으로써, 곡성에는 읍내 남쪽 6리에 지신역(知申驛)이 있었다. 이와는 달리 원이란 공무로 여행하는 사람에게 숙식을 제공하기 위하여 중요한 길목에 설치된 편의시설이다. 영암 수원(燧院)은 읍지에 "大小別星中火處"라고 적혀 있고, 고지도에 원사가 와가로 그려져 있다. 순천 선천원(鐥川院)과 송현원(松峴院)은 초가 정자를 지어놓고 사객(使客)을 접대한다고 한다.[14]

곡성에는 자비원(慈悲院, 남쪽 55리), 관음원(觀音院, 서쪽 5리), 순자원(鶉子院, 순자진 언덕), 압록원(鴨綠院, 압록진 언덕), 삼기원(三岐院, 서쪽 25리) 등 5곳이 있었다. 이상은 『동국여지승람』에 적혀 있는 내용이다. 그런데 18세기 『여지도서』에는 지신역이 현 남 6리에 있고, 노(奴)가 3명이고 비(婢)가 5명이고 마(馬)는 4필이고, 남원 오수역에 속해 있었다. 그리고 동 30리 압록원과 남 50리 석곡원(石谷院) 등 2개의 원이 있었다. 전기의 5개 원이 후기에 2개로 축소·재편되었음을 알 수 있다. 이 이유는 장시와 점막의 발달로 원의 존재 필요성이

---

14) 원에 대해서는 다음의 논고를 참고할 수 있다.
   崔在京, 「朝鮮時代 「院」에 대하여」, 『嶺南史學』 4, 영남대 사학회, 1975.

줄었기 때문일 것이다.

압록원의 기능과 구성을 몇 가지로 나누어 하나씩 살펴보겠다.

첫째, 압록 나루를 건너는 공무 수행자가 가장 먼저 들리는 곳은 원이었다. 전라도 관찰사 김종직이 순천에서 올라올 때 그곳 잔수진을 거쳐 곡성으로 들어와 압록진을 건넜다.

잔수진 머리에서 삼십 리를 가는 동안 / 潺水津頭三十里
굽은 길 뚫고 가면서 사람은 못 만났고 / 行穿詰曲不逢人
문득 숲 끝에서 춤추는 갈매기를 보았는데 / 林梢忽見沙鷗舞
후리가 압록진에 나와서 맞이하누나 / 候吏來迎鴨綠津.[15]

그때 후리(候吏)가 나룻머리에 나왔다. 후리란 곡성현감을 말할 것이다. 그는 관찰사를 맞이하여 원사로 자리를 옮겼을 것이다. 김도수(金道洙, 1699~1733)가 경양역 찰방을 그만두고 영남 여행을 가면서 곡성현에서 잠을 자고 압록원에 도착하여 경치를 관람하고 지인을 만난 후 압록진을 건너 구례로 들어갔다.[16]

둘째, 원에는 경영 책임을 맡은 원주(院主)가 있었다. 원주는 대체로 그곳 주민 중에서 덕망이 있는 사람이 선발되었다. 압록원의 원주를 누가 어떤 절차로 맡았는지에 대해서는 자료가 없어 알 수 없다.

셋째, 원주에게는 원주전(院主田)이 지급되었다. 원주전은 '면세출부'지로서, 대로 상의 원에는 1결 35부, 중로에는 90부, 소로에는 45부가 지급되어 원 경비에 충당하도록 하였다.[17] 이는 건국 초기에 법으로 보장된 것이었고, 후기에도 변화 없이 그대로 적용되었다. 따라서

---

15) 金宗直(1431~1492), 『佔畢齋集』 21, 시, 「明日渡鴨津」.
16) 金道洙(1699~1733), 『春洲遺稿』 2, 記, 「南遊記」.
17) 최완기, 「역·원제의 정비」, 『한국사』 24, 국사편찬위원회, 1994.

원주는 원주전에서 내는 전세만큼의 소출을 토지 소유자로부터 받아 먹었던 것이다. 압록원은 삼남의 요충지로서 사객이 이곳을 통해 왕래하기 때문에 그들을 접대하는 데에 적지 않은 경비가 소요될 수밖에 없었다. 그러므로 압록원에도 토지가 지급되었다. 앞에서 말한 것처럼, 압록원과 압록진에는 복호 4결이 지급되어 공행지공(公行支供, 공공 행차의 접대)을 하게 하였다.

넷째, 원이 들어서 있는 마을을 보통 원촌이라 하였다. 석곡원이 있는 마을은 원리(院里) 또는 원촌(院村)으로 불리다가 흥지리로 개칭되었다. 삼기원이 있는 곳은 원등(院嶝)이라 하였다. 압록원이 있는 곳도 진이 있는 곳과 원이 있는 곳을 아울러 압록리라고 하지만, 원이 있는 곳은 원동(院洞)이라 불렀음이 1910년 무렵의 조사서인 『조선지지자료』에 기록되어 있다.

다섯째, 압록은 곡성 지역에서 구례 또는 순천·좌수영으로 내려가는 길 위에 위치하는 곳이다. 곡성 읍내로부터 30리 떨어진 대로(大路) 상에 있고, 석곡원으로부터 30리 떨어진 소로(小路) 상에 있다. 따라서 통행하는 관리와 민간인을 위한 압록원(鴨綠院)이란 원이 있었다. 『동국여지승람』 역원조에 "압록원은 압록진의 언덕에 있다."고 기록되어 있다. 고지도에 원사(院舍)가 그려져 있다. 원사의 편액은 백로정(白鷺亭)이었다. 원사의 구조에 대해서는 곡성 출신의 유복삼(柳復三, 1728~1813)의 일기가 참고된다. 1795년 순천부사가 곡성에 온다는 소식을 듣고 부사를 영접하기 위해 압록원에 갔다. 원사인 백로정에서 사공을 불러 순천부사가 지나갔는가를 물으니 알지 못한다고 답하였다. 하는 수 없이 깨끗하고 밝은 상방(上房)에서 편안하게 자고 다음 날 집으로 돌아왔다.[18] 단칸이 아닌 건물이었음을 알 수 있다. 백

---

18) 유복삼(권수용 역), 『삼한당일기』, 심미안, 2014, 47쪽.

로정 편액과 관련하여서는 남평 출신의 홍봉주(洪鳳周, 1725~1796)
가 지은 압록원 중수문이 참고된다. 곡성현감 이춘보(李春輔,
1793~1794 재임)가 현 예산과 1·2인의 찬조를 투입하여 퇴락한 압록
원을 중수하고 이름을 백로정으로 바꾸었다는 것이다.[19]

　여섯째, 압록원은 위치가 높은 곳에 있고, 앞 3면이 푸른 산과 맑은
강물로 가득 차 있다. 이런 점으로 인해 압록을 곡성현에서 경치가 가
장 아름다운 곳이라 하였다. 자연히 여러 선비들의 시편이 압록원 원
사에 걸려 전해오고 있었다. 곡성의 읍지·군지를 보면, 백헌 이경석
(李景奭, 1595~1671)의 시가 원사에 걸려 있다고 기록되어 있다. 이
시는 이경석이 망매를 성묘하기 위해 1654년(효종 5) 구례를 다녀온
때 지은 것으로 보인다. 그는 전주에 도착하여 임실·남원을 거쳐 구례
에 이른 후 상경 때 압록원을 거친 것 같다. 이 시는 이후 방문객들에
게 차운시로 이용되었다. 신익상(申翼相, 1634~1697)이 1681년(숙종
7)에 전라도 관찰사가 되어 순력 도중 압록원에 들렀다. 그때 원사 벽
에 걸려 있는 이경석의 시를 보고 차운시를 남겼다.[20] 창평 출신 정민
하(鄭敏河, 1671~1754)의 「鴨綠院次白軒懸板韻」도 마찬가지이다. 이
외에 암행어사 신심(申鐔)과 관찰사 이현기(李玄紀), 그리고 지역 선
비 조종렴(趙宗濂)과 유원묵(柳元黙)의 시도 걸려 있었다.

2. 지역경제

　이상에서 살펴본 것처럼, 압록은 진촌(津村)이자 원촌(院村)이어서

---

19) 洪鳳周(1725~1796), 『石崖集』 4, 상량문, 「鴨綠院重修上樑文」.
20) 申翼相(1634~1697), 『醒齋遺稿』 2, 시, 「谷城鴨綠津院壁。次白軒相國韻」.
　　風雨津頭一葉橫。客邊隨處有詩情。依然行色龍灣上。峽水誰傳鴨綠名。

통행하는 사람들이 많았다. 그윽한 정취도 있어 시인 묵객들의 발길도 잦았다. 동학농민운동 때 기록인『양호우선봉일기』를 보면, 압록원의 가구 수는 60여 호였다. 글쓴이는 여사(旅舍)에 묵었는데, 문은 긴 강을 마주하고 있고 울타리는 층층의 산봉우리를 둘러싸고 있어 산과 강물에 의지하는 즐거움을 삼기에 충분하다고 하였다.

조선후기의 장시 관련 자료를 보면, 곡성현에는 읍내장, 석곡원장, 삼기장 등 3 장시만 있었던 것으로 보인다. 압록에는 장시가 없었던 것으로 보인다. 그렇다고 두 강이 만나고, 두 고을로 들어가는 수륙교통의 요지인 압록에 유통시설이 없었을 리가 없다. 앞에서 말한 유복삼의 일기에 압록으로 어물을 사러 간 일이 있었다. 어물이 압록까지 반입되었고, 매장이 형성되어 있었음을 알 수 있다. 고지도를 보면 물건과 술을 팔고 숙식을 제공하는 점(店)도 압록에 있었다. 그런데 1918년『곡성군지』에는 '압록시'가 보인다. 압록리에 있으며, 매 2일과 7일 월 6회 개시하는 5일장이었다. 압록에 장이 들어선 것은 그곳이 두 강이 만나면서, 두 고을로 들어가는 수륙교통의 요지였기 때문이다.

압록은 수심이 1장 가까이 되는 곳이다. 1장이란 10척, 즉 3미터이다. 이 정도면 소형 선박은 왕래할 수 있다. 1982년 발간『곡성향토지』에 '곡성군팔경'과 각면 팔경으로 '오곡면팔경'이 수록되어 있다. '곡성군팔경'과 '오곡면팔경' 가운데는 공히 '압록귀범(鴨綠歸帆)'이 들어 있다. 문학적 형상화일 수 있지만, 그렇다고 선박 출입이 전혀 불가능한 것은 아니었다. 그렇다면 곡성현의 세곡이 압록을 통해서 반출되지 않았을까 하는 추정을 할 수 있다. 곡성현은 산읍이어서 대동미를 작목(作木)과 작전(作錢)을 하여 육로로 상납하였다. 그러나 조운읍이어서 전세미와 삼수미 670석을 영광 법성창에 직접 납부하여야 하였다. 도서원(都書員)과 세색(稅色)이 2월까지 책임지고 법성포에 납부하면, 3월 안에 조운선에 적재하여 세색이 승선하여 출발하여 서울에 납부하였다. 그러면 이때 곡성 사람들은 어떤 방법으로 법성포까지 세곡을 실어 날랐을까? 아마 압록진에서 소형 선박에 실어서 연곡사 입구 해창까지 옮긴 후 다시 대형 선박으로 법성포까지 갔을 것이다. 이렇게 보면, 압록진은 곡성으로 반입되는 상품이 들어오는 길목이었던 것이다.

하지만 갑오개혁으로 역원제가 혁파되면서 압록원은 사라지게 되었다. 그리고 국도와 철도가 놓이면서 압록진의 역할도 사양길로 접어들더니 아예 사라지고 말았다. 1956년 『곡성군사』에 따르면, 압록원 원사인 백로정은 정유(丁酉)년 화재로 없어졌다고 한다. 이후 원사 터는 흔적도 없이 사라지고 말았다. 1956년 발간 『곡성군지』에는 압록장이 현재는 폐시(廢市)되었다고 적혀 있다.

맺음말

곡성 압록은 압록강을 건너는 진과 구례·순천을 오가는 공적이나 사적 여행객에게 숙식을 제공하는 원이 설치된 교통의 요지였다. 진을 운영하기 위해 진선, 진부, 복호가 마련되어 있었다. 그리고 원을 운영하기 원주, 원주전, 원사, 백로정이 마련되어 있었는데, 역원제가 창설된 고려 때부터 혁파된 19세기 말 갑오개혁 때까지 압록원은 운영되었다. 이곳은 교통의 요지였기에, 상품이 반입되거나 세곡을 반출하고 점막·장시가 개설되어 지역경제를 견인하였지만, 교량이 가설되어 도로가 연결되고 철로가 지나면서 진마저 사라짐으로써 한산한 마을로 전락하고 말았다.

참고문헌

1. 자료

〈관찬〉

『各司受敎』

『經國大典』

『高麗史節要』

『高麗史』

『軍國總目』

『大典續錄』

『大典通編』

『大典會通』

『度支志』

『同文彙考』

『萬機要覽』

『邊例集要』

『賦役實摠』

『備邊司膽錄』

『三國史記』

『續大典』

『受敎輯錄』

『承政院日記』

『良役實摠』

『六典條例』

『日省錄』

『典客司日記』

『朝鮮王朝實錄』

『增補文獻備考』

『漂人領來膽錄』

『戶口總數』

〈지리지, 고지도〉

金夢奎(1694~1775), 『沃州誌』

『慶尙道地理志』

『谷城郡誌』

『光陽郡誌』

『光陽市誌』

『光陽縣各所事例冊』

『光州邑誌』

『구한국지방행정구역명칭일람』

『錦城邑誌』(1897년)

『樂安邑誌』

『大東地志』

『東國輿地志』

『嶺南湖南沿海形便圖』

『扶餘邑誌』

『世宗實錄地理志』

『續修羅州誌』(1920년)

『順天府邑誌』

『昇平志』

『新增東國輿地勝覽』

『新增昇平誌』

『輿圖備誌』

『輿地圖書』

『靈巖邑誌』

『莞島郡誌』

『邑誌』(亞細亞文化社)

『長興邑誌』

『全羅道地圖』

『朝鮮地誌資料』

『珍島郡誌』

『珍島府邑誌』(1868년)

『珍島邑誌』(1924년)

『忠淸道邑誌』

『海南郡誌』

『海東地圖』

『湖南邑誌』

『湖南鎭誌』

〈문집〉

『艮翁集』(李獻慶)

『簡易集』(崔岦)

『江南樂府』(趙顯範)

『謙齋集』(趙泰億)

『高麗圖經』(徐兢)

『高峯集』(奇大升)

『昆侖集』(崔昌大)

『圭菴集』(宋麟壽)

『葵窓遺稿』(李健)

『克齋集』(申益愰)

『記言』(許穆)

『寄齋雜記』(朴東亮)

『亂中日記』(李舜臣)

『亂中雜錄』(趙慶男)

『南圃集』(金萬英)

『南宦博物』(李衡祥)

『農巖集』(金昌協)

『農圃問答』(鄭尙驥)

『潭庭遺蕙』(金鑢)

『大東水經』(丁若鏞)

『東文選』(徐居正)

『頭陀草』(李夏坤)

『亂中雜錄』(趙慶男)

『旅庵全書』(申景濬)

『鹿谿自集』(尹命圭)

『柳川遺稿』(韓浚謙)

『林白湖集』(林悌)

『林園經濟志』(徐有榘)

『晩羲集』(梁進永)

『忘軒遺稿』(李胄)

『梅泉集』(黃玹)

『俛庵集』(李瑀)

『俛宇集』(郭鍾錫)

『慕齋集』(金安國)

『牧民心書』(丁若鏞)

『無用堂遺稿』(秀演)

『黙菴·愼齋遺稿合稿』(崔鎭河)

『文谷集』(金壽恒)

『眉山集』(韓章錫)

『眉巖日記』(柳希春)

『磻溪隨錄』(柳馨遠)

『白江集』(李慶興)

『栢潭集』(具鳳齡)

『栢庵集』(性聰)

『屛山集』(李觀命)

『北軒居士集』(金春澤)

『三淵集』(金昌翕)

『象村集』(申欽)

『西齋集』(任徵夏)

『石北集』(申光洙)

『石崖集』(洪鳳周)

『石川詩集』(林億齡)

『先祖 江華先生日記』(全舜弼)

『雪巖雜著』(秋鵬)

『惺所覆瓿稿』(許筠)

『醒齋遺稿』(申翼相)

『蘇齋集』(盧守愼)

『松江集』(鄭澈)

『松川遺集』(梁應鼎)

『睡隱集』(姜沆)

『安窩遺稿』(洪樂仁)

『陽谷集』(蘇世讓)

『陽谷集』(吳斗寅)

『陽村集』(權近)

『與猶堂全書』(丁若鏞)

『研經齋全集』(成海應)

『鰲峯集』(金齊閔)

『五洲衍文長箋散稿』(李圭景)

『玉峯詩』(白光勳)

『雲溪集』(黃信龜)

『雲林雜著』(許錬)

『雲養集』(金允植)

『月沙集』(李廷龜)

『月洲集』(蘇斗山)

『有懷堂集』(權以鎭)

『栗谷全書』(李珥)

『二憂堂集』(趙泰采)

『一松集』(沈喜壽)

『自怡集』(李時憲)

『佔畢齋集』(金宗直)

『靜觀齋集』(李端相)

『霽山集』(金聖鐸)

『霽湖集』(梁慶遇)

『存齋集』(魏伯珪)

『竹石館遺集』(徐榮輔)

『竹下集』(金熤)

『芝峯集』(李睟光)

『淸狂集』(朴士亨)

『春洲遺稿』(金道洙)

『冲菴集』(金淨)

『擇里志』(李重煥)

『稗官雜記』(魚叔權)

『鶴洲全集』(金弘郁)

『學圃集』(梁彭孫)

『漢陰文稿』(李德馨)

『涬溟齋詩集』(尹順之)

『虛白堂詩集』(成俔)

『玄洲集』(趙纘韓)

『弘齋全書』(正祖)

『悔軒集』(趙觀彬)

『希菴集』(蔡彭胤)

〈기타〉

「康津日報」

「湖南浮槎郡斷橋重修記碑銘」

「皇城新聞」

『江華府留營狀啓謄錄』

『公文編案』

『光州鄭氏世譜』

『鳩林大洞契誌』

『錦城日記』

『樂安郡驛屯賭各樣稅額廢止公廨調查成册』

『島津家文書』

『順天郡各掌重記』

『順天府補民庫新變節目』

『乙亥漕行錄』

『全南道大同事目』

『全羅可考』

『全羅監司啓錄』

『全羅右水營啓錄』

『佐賀縣史料集成』

『忠淸監營啓錄』

『忠淸道水營狀啓謄錄』

『忠淸水營啓錄』

『統制營啓錄』

『版籍司謄錄』

『湖南啓錄』

『湖南廳事例』(奎15232)

『訓令照會存案』

2. 논저

〈저서〉

강만길 엮음, 『조선후기사 연구의 현황과 과제』, 창작과비평사, 2000.

姜萬吉, 『朝鮮後期 商業資本의 發達』, 高麗大出版部, 1972.

강진군, 『강진군마을사』(강진읍편), 2001.

강진군, 『강진군지』, 2012.

강화군, 『강화 옛지도』 6, 2003.

江華文化院, 『江華史』, 1976.

高東煥, 『朝鮮後期서울商業發達史硏究』, 지식산업사, 1997.

고려대 민족문화연구원, 『법성포 단오제』, 월인, 2007.

곡성군, 『마을 유래지』, 2012.

국립나주문화재연구소, 『영산강 유역 마을의 역사와 문화』, 2009.

국립나주박물관, 『나주 서성문 안 석등』, 2017.

국립해양문제연구소, 『고려 뱃길로 세금을 걷다』, 2009.

근대사연구회 편, 『한국중세사회 해체기의 제문제』 하, 한울, 1987.

金玉根, 『朝鮮王朝財政史硏究』 I, 一潮閣, 1984.

금천면지편찬위원회, 『金川面誌: 나주배 본고장 금천』, 2017.

金京洙, 『榮山江 流域의 景觀變化 硏究』, 전남대박사학위논문, 2001.

金大吉, 『朝鮮後期 場市硏究』, 國學資料院, 1997.

金德珍, 『朝鮮後期 地方財政과 雜役稅』, 國學資料院, 1999.

金德珍, 『朝鮮後期 經濟史硏究』, 선인, 2002.

김덕진, 『대기근, 조선을 뒤덮다』, 푸른역사, 2008.

김덕진, 『소쇄원 사람들』 2, 선인, 2011.

김덕진, 『손에 잡히는 강진역사』, 남양 미디어, 2015.

김덕진, 『전쟁과 전라도 지역사』, 선인, 2018.

김덕진, 『전라도의 탄생』 1, 선인, 2019.

김덕진, 『전라도의 탄생』 2, 선인, 2020.

김정호 외, 『왕인과 도선의 마을 구림』, 향토문화진흥원, 1992.

나애자, 『한국근대해운업사연구』, 국학자료원, 1998.

나주시지편찬위원회, 『나주읍지』, 2006.

盧圭卨, 『論註 八域歌』, 민속원, 1996.

李樹健, 『朝鮮時代 地方行政史』, 民音社, 1989.

문경호, 『고려시대 조운제도 연구』, 혜안, 2014.

문화재청·국립해양문화재연구소, 『태안마도 4호선 수중발굴조사 보고서』, 2016.

朴廣成, 『韓國 中世社會와 文化』, 민족문화사, 1991.

박병술, 『역사속의 진도와 진도사람』, 학연문화사, 1999.

벌교읍지편찬위원회, 『벌교읍지』, 2007.

邊東明, 『韓國中世의 地域社會研究』, 學研文化社, 2002.

보성군, 『내고장 전통 가꾸기』, 1981.

손병규, 『호적』, 휴머니스트, 2007.

順天大學校博物館·靈光郡, 『靈光法聖鎭城』, 2001.

순천시·순천대박물관, 『낙안과 낙안읍성』, 2001.

순천시·한국민속학회, 『낙안읍성의 삶과 앎』, 2011.

순천시사편찬위원회, 『順天市史』, 1997.

심노숭[안대회 외 옮김], 『자서실기』, 휴머니스트, 2014.

오창현·편성철, 『영광군 법성포』, 전라남도·국립민속박물관, 2011.

유복삼(권수용 역), 『삼한당일기』, 심미안, 2014.

이하곤(이상주 편역), 『18세기초 호남기행』, 이화문화출판사, 2003.

이해준, 『조선시기 촌락사회사』, 민족문화사, 1996.

전성호, 『조선시대 호남의 회계문화』, 다할미디어, 2007.

전주 최씨 영암문중, 『연촌과 영보』, 신광, 2007.

정근식 외, 『구림연구』, 경인문화사, 2003.

정 민, 『강진 백운동 별서 정원』, 글항아리, 2015.

정운경(정민 옮김), 『탐라문견록, 바다밖의 넓은 세상』, 휴머니스트, 2008.

조선총독부, 『조선의 시장경제』, 1929.

조선총독부, 『조선의 시장』, 1924.

주희춘, 『제주 고대항로를 추적한다』, 주류성, 2008.

崔完基, 『朝鮮後期船運業史研究』, 一潮閣, 1989.

하원호 외, 『한말 일제하 나주지역의 사회변동연구』, 성균관대 대동문화연구원, 2008.

한국농촌경제연구원, 『농지개혁시 피분재지주 및 일제하 대지주 명부』, 1985.

한국역사연구회 엮음, 『한국역사입문』②, 풀빛, 1995.

한국정신문화연구원, 『고문서집성』 74: 영암 남평문씨편, 2004.

한국향토사연구전국협의회, 『榮山江流域史硏究』, 1997.

한정훈, 『고려시대 교통운수사 연구』, 혜안, 2013.

홍한주(김윤조 외 역), 『19세기 견문지식의 축적과 지식의 탄생(상)』, 소명
　　　출판사, 2013.

〈논문〉

강봉룡, 「신라 말~고려시대 서남해지역의 한·중 해상교통로와 거점포구」,
　　　『韓國史學報』 23, 高麗史學會, 2006.

강석화, 「조선후기의 경기남부 해로와 大皂·靈興島」, 『畿甸文化硏究』 28,
　　　인천교육대학교 기전문화연구소, 2000.

고동환, 「19세기 부세운영의 변화와 정소운동」, 『국사관논총』 43, 국사편
　　　찬위원회, 1993.

고동환, 「조선후기 상선의 항행조건」, 『한국사연구』 123, 한국사연구회,
　　　2003.

고동환, 「朝鮮後期~韓末 榮山江 水運과 場市」, 『島嶼文化』 38, 목포대 도
　　　서문화연구원, 2011.

구림초등학교·구림초등학교동문회, 『구림초등백년사』, 2007.

金建泰, 「1743~1927년 全羅道 靈巖 南平文氏 門中의 農業經營」, 『大東文
　　　化硏究』 35, 成均館大 大東文化硏究院, 1999.

김경옥, 「朝鮮後期 靈岩士族과 書院」, 『호남문화연구』 20, 전남대 호남문
　　　화연구소, 1991.

김경옥, 「조선후기 동성마을의 형성배경과 사족들의 향촌활동: 영암 영보
　　　리 사례」, 『지방사와 지방문화』 6-2, 역사문화학회, 2003.

金德珍, 「宣祖代 戶曹의 三手米 징수와 別營 설치」, 『國史館論叢』 105, 국
　　　사편찬위원회, 2004.

김덕진, 「송강 정철의 학문과 정치활동」, 『역사와 경계』 74, 부산경남사학
　　　회, 2010.

김덕진, 「17세기 해수저온과 수산공물」, 『이화사학연구』 43, 이화사학연구소, 2011.

김덕진, 「19세기말 전라도 강진 병영 박약국의 약재매입 실태」, 『역사와 경계』 103, 부산경남사학회, 2017.

김병하, 「을묘왜변고」, 『탐라문화』 8, 제주대 탐라문화연구소, 1989.

김성아, 「변화하는 농촌사회의 전통적인 사회조직-전남 영암군 구림대동계의 연구」, 한양대 석사학위논문, 1992.

金載名, 「高麗의 漕運制度와 泗川 通陽倉」, 『한국중세사연구』 20, 한국중세사학회, 2006.

김준형, 「지방행정체제의 변화」, 『한국사』 34, 국사편찬위원회, 1995.

김창민, 「영보의 친족조직과 친족집단간 관계」, 『지방사와 지방문화』 6-2, 역사문화학회, 2003.

김창호, 「貞元二年銘猪坪靈巖鳩林里碑의 검토」, 『梨花史學研究』 30, 梨花史學研究會, 2003.

김필순, 「18세기 영암 영보촌의 동계운영과 변화양상」, 중앙대 석사학위논문, 2007.

김하임, 「조선후기 족계의 재정운영-남평문씨『족계용하기』를 중심으로」, 『역사와 현실』 91, 한국역사연구회, 2014.

김현구, 「조선후기 조선업과 조선술에 관한 연구」, 『국사관론총』 81, 국사편찬위원회, 1998.

李志雨, 「傳統時代 馬山地域의 漕運과 漕倉」, 『加羅文化』 16, 慶南大 加羅文化研究所, 2002.

문경호, 「여말 선초 조운제도의 연속과 변화」, 『지방사와 지방문화』 17-1, 역사문화학회, 2014.

문경호, 「泰安 馬島 4號船 出水 遺物을 통해 본 朝鮮 初 漕卒의 船上 生活」, 『島嶼文化』 48, 목포대 도서문화연구원, 2016.

문광균, 「반계 유형원의 조운제도 개혁론」, 『朝鮮時代史學報』 79, 朝鮮時代史學會, 2016.

문광균, 「18세기 전라도 나리포창의 운영과 변화」, 『역사와 담론』 90, 호서

사학회, 2019.

문안식, 「왕인의 渡倭와 상대포의 해양교류사적 위상」, 『韓國古代史研究』
31, 31 韓國古代史學會, 2003.

문준호, 「조선 명종대 을묘왜변에 관한 군과 정부의 대응」, 『군사』103, 국
방부 군사편찬연구소, 2017.

朴　珠, 「조선중기 경상도 善山지역의 효자·열녀 ―『一善志』를 중심으
로」, 『朝鮮時代史學報』8, 朝鮮時代史學會, 1999.

박구병, 「어업」, 『한국사』33, 국사편찬위원회, 1997.

朴近七, 「唐代 漕運路와 外商의 活動―江淮運河와 新羅商의 활동을 중심으
로 ―」, 『대외문물교류연구』3, 해상왕장보고기념사업회, 2004.

박병익, 「소재 노수신의 「피구록」 연구」, 『한국시가문학연구』29, 한국고시
가문학회, 2012.

박세인, 「수은 강항의 연작형 제영시 고찰」, 『한국고시가문화연구』25, 한
국고시가문학회, 2010.

박　순, 「17~18세기 전라남도 동계 연구―광주·나주·영암·해남 지방을
중심으로」, 중앙대 박사 논문, 1992.

박원표, 「구림대동계의 지방교육 지원활동에 관한 연구」, 전남대학교 석사
학위논문, 1988.

박해장, 「정곡 조대중의 생애와 사상」, 『호남문화연구』46, 전남대 호남문
화연구소, 2009.

朴姬玉, 「朝鮮 肅宗朝 江華島의 農地開拓과 그 經營問題」, 『歷史敎育』88,
역사교육연구회, 2003.

배성수, 「肅宗初 江華島 墩臺의 축조와 그 의의」, 『朝鮮時代史學報』27, 조
선시대사학회, 2003.

백옥경, 「麗末 鮮初 偰長壽의 政治活動과 現實認識」, 『朝鮮時代史學報』
46, 朝鮮時代史學會, 2008.

卞光錫, 「18·19세기 경상도 남부지역의 상품유통구조」, 『지역과 역사』5,
부산경남역사연구소, 1999.

변남주, 「榮山江 중하류 뱃길 環境과 돛단배 항해술」, 『지방사와 지방문화』

14-1, 역사문화학회, 2011.

변남주, 「영산강 상류지역 포구와 바닷배 뱃길 여부 검토」, 『지방사와 지방
문화』 15-1, 역사문화학회, 2012.

변남주, 「영광 법성포 조창과 수군진의 변화」, 『도서문화』 44, 목포대학교
도서문화연구원, 2014.

邊東明, 「海龍山城과 順天」, 『全南史學』 19, 全南史學會, 2002.

변동명, 「조선시대 돌산도 방답진의 설치와 그 구조」, 『한국사학보』 27, 고
려사학회, 2007.

변동명, 「조선시기 여수의 석보와 석(보)창」, 『역사학연구』 33, 호남사학
회, 2008.

변동명, 「조선시대의 돌산진과 고돌산진」, 『역사학보』 198, 역사학회,
2008.

송양섭, 「17세기 江華島 방어체제의 확립과 鎭撫營의 창설」, 『韓國史學報』
13, 고려사학회, 2002.

송은일, 「조선시대 전라좌수영 관할지역의 '선소' 연구」, 『군사』 105, 국방
부 군사편찬연구소, 2017.

송정현, 「을묘왜변에 대하여-강진주변을 중심으로」, 『호남문화연구』 12,
전남대학교 호남문화연구소, 1982.

申章燮, 「江南樂府」에 나타난 社會·風俗 考察」, 『淵民學志』 3, 淵民學會,
1995.

廉定燮, 「18세기 중반 江華府 留守의 牧民에 관한 연구」, 『인천학연구』
2-1, 인천대 인천학연구원, 2003.

禹太連, 「高麗初 地名別號의 制定과 그 運用」(下), 『慶北史學』 12, 慶北史學
會, 1989.

윤경진, 「고려 성종 11년 읍호개정에 대한 연구 -고려초기 군현제의 구성
과 관련하여-」, 『역사와 현실』 45, 한국역사연구회, 2002.

尹京鎭, 「고려 말 조선 초 서해·남해안 僑郡 사례의 분석」, 『韓國史學報』
31, 高麗史學會, 2008.

尹龍赫, 「서산·태안지역의 漕運 관련 유적과 고려 永豐漕倉」, 『백제연구』

22, 충남대 백제연구소, 1991.

윤성익, 「'후기왜구'로서의 을묘왜변」, 『한일관계사연구』 24, 한일관계사학
　　　회, 2006.

尹用出, 「17세기 초의 結布制」, 『釜大史學』 19, 부산대학교 사학회, 1995.

이경식, 「16세기 장시의 성립과 그 기반」, 『한국사연구』 57, 한국사연구회,
　　　1987.

李敏雄, 「18세기 江華島 守備體制의 强化」, 『韓國史論』 34, 서울大 인문대
　　　국사학과, 1995.

이　욱, 「18~19세기 중반 제주지역 상품화폐경제 발전과 성격」, 『국학연
　　　구』 12, 한국학진흥원, 2008.

이은정, 「조선후기 해남 산막리 원주이씨 문중연구」, 『지방사와 지방문화』
　　　14, 역사문화학회, 2011.

이종묵, 「광양 매화마을의 수월정」, 『선비문화』 26, 남명학연구원, 2014.

이종화, 「朝鮮朝에 실시된 鳩林大同契의 性格 研究」, 圓光大學校 大學院,
　　　1984.

이철성, 「조선후기 『輿地圖書』에 나타난 인천 지역의 田結稅와 漕運路 연
　　　구」, 『인천학연구』 6, 인천대 인천학연구원, 2007.

이태호, 「겸재의 가계와 생애」, 『이화사학연구』 13·14, 이화사학연구소,
　　　1983.

임학성, 「17세기 전반 戶籍자료를 통해 본 귀하 野人의 조선에서의 생활
　　　양상－蔚山戶籍(1609)과 海南戶籍(1639)의 사례 분석」, 『古文書研
　　　究』 33, 韓國古文書學會, 2008.

張錫興, 「日帝下 榮山浦植民基地의 形成」, 『韓國學報』 58, 一志社, 1990.

정구복, 「韓國 族契의 淵源과 性格」, 『古文書研究』 16·17, 韓國古文書學會,
　　　2000.

정성일, 『전라도와 일본』, 경인문화사, 2013.

정영석, 「조선 전기 호남의 왜변에 대하여－을묘왜변을 중심으로」, 『전통문
　　　화연구』 3, 조선대학교 전통문화연구소, 1994.

정윤섭, 「해남읍성과 관아의 공간구성」, 『향토문화』 제35호, 향토문화개발

협의회, 2016.

정홍일, 「고려시대 전라도 지방 조창연구」, 목포대 석사학위논문, 2012.

趙樂玲, 「17세기 江華島 備蓄穀의 마련과 운영」, 『韓國史論』 51, 서울대 인문대 국사학과, 2005.

趙湲來, 「江南樂府 解題」, 『南道文化研究』 1, 順天大, 1985.

崔完基, 「高麗朝의 稅穀 運送」, 『韓國史研究』 34, 한국사연구회, 1981.

최완기, 「역·원제의 정비」, 『한국사』 24, 국사편찬위원회, 1994.

崔完基, 「朝鮮時代 牙山 貢津倉의 설치와 운영」, 『典農史論』 7, 서울시립대학교 국사학과, 2001.

최완기, 「조선초기 한강 진도제의 정비와 운영」, 『사학연구』 71, 한국사학회, 2003.

최완기, 「조운과 조창」, 『한국사』 14, 국사편찬위원회, 2003.

최일성, 「德興倉과 慶原倉 考察」, 『충주공업전문대 논문집』 25, 1991.

崔壹聖, 「興元倉 고찰」, 『祥明史學』 3·4, 祥明史學會, 1995.

崔在京, 「朝鮮時代 「院」에 대하여」, 『嶺南史學』 4, 영남대 사학회, 1975.

최재석, 「가족제도」, 『한국사』 25, 국사편찬위원회, 1994.

최재율, 「한국농촌의 향약계연구─구림대동계의 사례를 중심으로」, 『전남대논문집』 19, 1973.

韓禎訓, 「조선 건국기 漕運體制의 정비와 그 의미」, 『震檀學報』 120, 震檀學會, 2014.

한정훈, 「태안해역 출수 木簡의 비교를 통한 해운 활동 고찰─마도 4호선을 중심으로─」, 『목간과 문자』 19, 한국목간학회, 2017.

洪性讚, 「韓末 日帝下의 地主制 研究: 寶城 梁氏家의 地主經營과 그 變動」, 『동방학지』 114, 연세대 국학연구원, 2001.

황수정, 「강항의 수월정삼십영 표현 양상」, 『한국고시가문화연구』 32, 한국고시가문학회, 2013.

황인규, 「先覺國師 道詵의 宗風 계승 및 전개」, 『한국선학』 20, 한국선학회, 2008.

吉田光男,「李朝末期の漕倉構造と漕運作業の一例－『漕行日錄』にみる
　　　一八七五年の聖堂倉」,『朝鮮學報』113, 조선학회, 1984.

吉田光男,「一九世紀忠淸道の海難－漕運船の遭難一九０事例を通して」,『朝
　　　鮮學報』121, 조선학회, 1986.

吉田光男,「朝鮮後期 稅穀輸送船의 運航樣相에 관한 定量分析 試圖」,『碧
　　　史李佑成敎授定年退職紀念論叢』上, 1990.

北村秀人,「高麗初期の漕運についての考察」,『古代東アジア論集』上, 吉川
　　　弘文館, 1978.

六反田豊,「李朝初期の田稅輸送體制－各道單位にみたその整備·變遷過程」,
　　　『朝鮮學報』123, 朝鮮學會, 1987.

六反田豊,「海運判官小考」,『年報朝鮮學』1, 구주대학 조선학연구회, 1990.

六反田豊,「李朝初期の漕運運營機構」,『朝鮮學報』151, 朝鮮學會, 1994.

池內敏,『近世日本と朝鮮漂流民』, 臨川書店, 1998.

丸龜金作,「高麗の十二漕倉に就にて」,『靑丘學叢』22, 靑丘學會, 1935.

찾아보기

/ 저자 소개 /

김덕진

전남대학교 사범대학 국사교육과를 졸업하고, 전남대 대학원 사학과에서 석사학위와 박사학위를 받았다.

현재는 광주교육대학교 교수로 재직하고 있다. 광주교대 교무처장, 광주교총 회장, 지역문화교류호남재단 이사장, 전라남도 문화재전문위원, 광주시 문화재 위원 등을 맡고 있다.

주요 저서로는 『조선후기 지방재정과 잡역세』(1999), 『연표로 보는 한국역사』(2002), 『조선후기 경제사연구』(2002), 『소쇄원 사람들』(2007), 『대기근, 조선을 뒤덮다』(2008), 『초등 역사교육의 이해』(2009), 『소쇄원 사람들』2(2011), 『세상을 바꾼 기후』(2013), 『손에 잡히는 강진역사』(2015), 『전쟁과 전라도 지역사』(2018), 『전라도의 탄생』1·2(2018·2020) 등이 있다.